普通高等教育工程应用型系列规划教材

工程经济与项目管理

主　编　李慧民

副主编　谭菲雪　华　珊

科学出版社

北　京

内 容 简 介

本书全面阐述建筑业的基本经济规律、工程经济的评价理论、工程项目管理的基本方法。主要内容包括：绪论、工程经济评价基础、投资方案经济效果评价、项目工程经济分析、价值工程、工程项目施工合同管理、工程项目组织管理、工程项目质量管理、工程项目成本管理、工程项目安全与环境管理、工程项目风险管理、工程项目进度管理、案例分析等。

本书内容丰富、论述全面、理论联系实际，有较强的实用性和较高的科学性，可作为高等院校土木工程、交通工程、工程管理、安全工程、给水排水、建筑环境与设备工程等专业的教科书，也可作为建设单位、建筑企业、建筑行业主管部门、工程监理企业等部门工程技术人员和管理人员的参考书。

图书在版编目(CIP)数据

工程经济与项目管理 / 李慧民主编．—北京：科学出版社，2016.1
普通高等教育工程应用型系列规划教材
ISBN 978-7-03-046980-9

Ⅰ．①工…　Ⅱ．①李…　Ⅲ．①工程经济学－高等学校－教材 ②工程项目管理－高等学校－教材　Ⅳ．①FO62.4 ②F284

中国版本图书馆 CIP 数据核字(2016)第 006809 号

责任编辑：匡　敏　李　清 / 责任校对：郭瑞芝
责任印制：徐晓晨 / 封面设计：迷底书装

科学出版社出版
北京东黄城根北街 16 号
邮政编码：100717
http://www.sciencep.com

北京虎彩文化传播有限公司 印刷
科学出版社发行　各地新华书店经销

*

2016 年 1 月第　一　版　开本：787×1092　1/16
2021 年 7 月第七次印刷　印张：18 1/2
字数：426 000

定价：59.00 元

(如有印装质量问题，我社负责调换)

前　言

随着经济体制改革的不断深入和人民物质文化生活水平的不断提高，作为国民经济支柱产业之一的建筑业，必将持续、协调、科学发展，这对整个国民经济的发展起着非常重要的作用。如何从理论与实践两方面对提高建筑产品质量、降低产品成本、缩短建设周期及采用现代的科学管理等问题进行研究，是建筑业普遍关心的课题。为了使学生能够比较系统地学习和掌握工程经济与项目管理方面的基本理论与方法，培养和造就工程经济与项目管理方面的技术人员，并在经济建设中发挥作用，编者在多年从事教学、研究与实践的基础上，参考国内外的先进经济与管理方法，编写了本书。

本书由李慧民、谭菲雪、华珊主编。各章编写分工为：第 1 章由李慧民、王莉编写；第 2 章由王莉、谭菲雪编写；第 3 章由王雪丽、华珊编写；第 4 章由李慧民、孙瑞芬、李卢燕编写；第 5 章由李慧民、李卢燕编写；第 6 章由万婷婷、华珊编写；第 7 章由华珊、李慧民编写；第 8 章由李卢燕、谭菲雪编写；第 9 章由华珊、谭菲雪编写；第 10 章由李慧民、万婷婷编写；第 11 章由王雪丽、华珊编写；第 12 章由谭菲雪、李晨编写；第 13 章由谭菲雪、万婷婷、王莉、李晨编写。

本书在编写过程中，得到了西安建筑科技大学华清学院、长安大学、西安建筑科技大学、西安工业大学、北京建筑大学、青岛理工大学等院校师生的大力支持与帮助，并参考了许多专家学者的有关研究成果及文献资料，在此一并向他们表示衷心的感谢。

由于我国社会主义市场经济的不断深入发展，工程经济与项目管理中的诸多问题还需进一步探讨与研究，所以书中不妥之处，敬请读者批评指正。

编　者

2015 年 8 月于西安

目　　录

第 1 章　绪　　论

学习目的：了解基本建设的概念、内容、程序、作用，以及建设工程项目管理的一些基本知识。

学习重点：基本建设的内容；建设工程项目管理的基础知识；建设项目经济评价的内容。

学习难点：基本建设的内容；建设工程项目管理各参与方之间的关系。

建筑业作为国民经济支柱产业之一，对人类社会的进步和发展起着重要作用。作为一项有目的、有组织的经济活动，建筑业需要消耗一定的经济资源；因此，如何使这项经济活动以最少的投入得到最大的产出，既能最大限度地节约资源、保护环境，又能满足人们需要，就显得尤为重要。本书从理论和实践方面对如何提高建筑产品质量、降低建筑产品成本、缩短建设周期、确保建设项目安全、保护社会环境及采用现代化的科学管理等问题进行详细研究。

1.1　基本建设与建筑业

1.1.1　基本建设的概念与分类

基本建设（Capital Construction），国民经济中投资进行建筑、购置和安装固定资产以及与此相联系的其他经济活动。如建造工厂、矿山、港口、铁路、电站、水库、医院、学校、商店、住宅和购置机器设备、车辆、船舶等活动以及与之紧密相连的征用土地、房屋拆迁、勘测设计、培训生产人员等工作。基本建设一词源于俄文，含义是资本建设或资金建设，在经济建设中占重要地位。美国、英国等国家称之为固定资产投资（Capital Investment）或资本支出（Capital Expenditure），日本称之为建设投资。1952 年我国国务院规定：凡固定资产扩大再生产的新建、改建、扩建、恢复工程及与之连带的工作为基本建设。

基本建设有以下四种分类。

（1）按建设性质划分，分为新建项目、扩建项目、改建项目、迁建项目和恢复项目。

① 新建项目是从无到有、全新的建设项目；有的建设项目原有基础很小，需重新进行总体设计，经扩大建设规模后，其新增的固定资产价值超过原有固定资产价值 3 倍以上的，也属于新建项目。

② 扩建项目是指原有企事业单位为扩大原有产品的生产能力和效益，或增加新产品的生产能力和效益，而扩建的主要生产车间或工程的项目，包括事业单位和行政单位增建的业务用房（如学校增建教学用房，医院增建门诊部或病床用房，行政机关增建办公楼等）。

③ 改建项目是指原有企事业单位为提高生产效率，改进产品质量，或调整产品方向，对原有设施、工艺流程进行改造的项目。我国规定，企业为消除各工序或车间之间生产能力的不平衡，增加或扩建的不直接增加本企业主要产品生产能力的车间为改建项目。现有企业、事业、行政单位增加或扩建部分辅助工程和生活福利设施并不增加本单位主要效益，也为改

建项目。如现有企业、事业单位为了技术进步，提高产品质量、增加花色品种、促进产品升级换代、降低消耗和成本、加强资源综合利用和“三废”治理及劳保安全等，采用新技术、新工艺、新设备、新材料等对现有设施、工艺条件等进行技术改造和更新（包括相应配套的辅助性生产、生活设施建设）。有的企业为充分发挥现有的生产能力，进行填平补齐而增建不直接增加本单位主要产品生产能力的车间等，也属于改建。

④ 迁建项目是原有企业、事业单位、工程管理单位，由于各种原因，经有关部门批准迁到另地建设的项目；不论其建设规模是企业原来的还是扩大的，都属于迁建项目。

⑤ 恢复项目是指企事业单位的固定资产因自然灾害、战争或人为因素等原因，已全部或部分报废，而后又投资恢复建设的项目。不论是按原来规模恢复建设，还是在恢复的同时又进行改建的项目，都属于恢复项目。但是尚未建成投产的项目，因自然灾害损坏再重建的，仍按原项目看待，不属于恢复项目。

（2）按建设经济用途划分，主要分为生产性基本建设和非生产性基本建设。

① 生产性基本建设是指用于物资生产和直接为物资性生产服务的项目的建设。包括工业建设、农林水利气象建设、邮电和运输建设、商业和物质供应建设、地质资源勘探建设。

② 非生产性基本建设是指物质和文化生活项目建设。包括住宅、文教卫生建设、科学实验研究建设、公用事业建设等其他建设。

（3）按建设规模和投资大小划分，一般分为大型项目、中型项目、小型项目，不同行业有不同的划分标准。

（4）按建设阶段划分，一般分为预备项目、筹建项目、实施项目、建成项目和收尾项目。

1.1.2　基本建设的内容

1. 固定资产的建造

固定资产的建造包括建筑物和构筑物的营造与设备安装两部分。营造工作主要包括各类房屋及构筑物的建造工程、管道及输电线路的敷设工程、水利工程、炼铁及炼焦炉的砌筑工程；设备安装工作主要包括生产、动力、起重、运输、传动和医疗、试验、检验等各种需要安装的设备的装配和装置工程。

2. 固定资产的购置

固定资产的购置包括符合固定资产条件的设备、工具、器具等的购置。固定资产不是由其物质的技术性质决定的，而是由其经济用途决定的。设备购置是流通过程，也是形成固定资产的一条途径。因此，固定资产的购置是基本建设的重要内容。

3. 其他基本建设工作

其他基本建设工作包括勘察设计、土地征用、职工培训、建设单位管理等工作。这些工作是进行基本建设所不可缺少的，所以，它们也是基本建设的重要内容。

1.1.3　基本建设的程序

基本建设程序，是指建设项目从酝酿、提出、决策、设计、施工到竣工验收整个过程中各项工作的先后顺序；既是对基本建设的科学总结，也是客观存在的经济规律的正确反映。

随着各项建设事业的不断发展，尤其近十多年来管理体制的一系列改革，基本建设程序也不断变化，逐步完善和科学化。现行的基本建设程序为如下七个阶段。

（1）项目建议书阶段。项目建议书是由投资者（一般由项目主管部门或企、事业单位）对准备建设项目提出的大体轮廓性设想和建议。主要确定拟建项目必要性和是否具备建设条件及拟建规模等，为进一步研究论证工作提供依据。

（2）可行性研究阶段（包括可行性研究报告评估）。分别从项目的技术上、经济上和财务上进行全面论证、优化和推荐最佳方案，与这一阶段相联系的工作还有由工程咨询公司对可行性研究报告进行评估。从1992年起国家取消设计任务书的名称，统称为可行性研究报告。

（3）设计阶段（勘察设计阶段）。是项目决策后进入建设实施的重要阶段。设计阶段主要工作通常包括扩大初步设计和施工图设计两个阶段，对于技术复杂的项目还要增加技术设计文件。以上设计文件和资料是国家安排建设计划和项目组织施工的主要依据。

（4）建设准备阶段。主要工作包括申请列入固定资产投资计划及开展各项施工准备工作。这一阶段的工作质量，对保证项目顺利建设具有决定性作用。这一阶段工作就绪，即可编制开工报告，申请正式开工。

（5）施工安装阶段。在建设项目已列入年度基本建设计划，并已做好施工准备，具有开工条件，开工报告经主管机关批准以后，才允许正式施工。

（6）竣工验收阶段。这一阶段是项目建设实施全过程的最后一个阶段，是考核项目建设成果、检验设计和施工质量的重要环节，也是建设项目能否由建设阶段顺利转入生产或使用阶段的一个重要阶段。

（7）项目后评价阶段。在改革开放前，我国的基本建设程序中没有明确规定这一阶段，近几年随着经济的发展，国家开始对一些重大建设项目在竣工验收若干年后，规定要进行后评价工作，并正式列为基本建设的程序之一。这主要是为了总结项目建设成功和失败的经验教训，供以后项目决策借鉴。

1.1.4　基本建设的作用

1. 为国民经济各部门提供生产能力

基本建设是提高人民物质、文化生活水平和加强国防实力的重要手段。具体作用是：为国民经济各部门提供生产能力；影响和改变各产业部门内部、各部门之间的构成和比例关系；使全国生产力的配置更趋合理；用先进的技术改造国民经济，为社会提供住宅、文化设施、市政设施；为解决社会重大问题提供物质基础。

基本建设所形成的生产性固定资产，它的物质内容就是生产手段，而生产手段是构成生产力的重要因素之一。

2. 为提高人民的生活水平创造新的基础设施

基本建设新建的生产消费性产品的固定资产，使工业消费品的生产能力得到增加，从而提高了对人民生活需要的满足能力。基本建设还直接为社会提供住宅、文化设施、市政设施等固定资产。

3. 合理配置生产力

我国大部分工厂分布在沿海城市，而沿海城市资源相对缺乏；西北地区资源丰富，但工厂不多。为改变这种生产力布局不合理的状况，使资源得到合理利用，需要通过调控基本建设投资加以调整。

4. 利用先进技术改造国民经济

为尽快使我国生产力达到中等发达国家水平，就必须用现代化科学技术来改造国民经济各部门，既要通过基本建设新建一些用先进技术装备起来的新企业，又要通过基本建设对现有企业用先进技术进行技术改造。

1.1.5 建筑业的概念与分类

1. 建筑业的定义

广义的建筑业是指围绕土木建筑工程产品生产过程这一中心环节，向前延伸至建筑产品的规划和计划，向后延伸至运行和维护，包括工程勘察、设计、建筑材料的生产与供应、构配件加工与组装、土木与建筑工程施工、设备仪器以及管道安装、项目运营期间的维护、工程管理服务以及与这些过程有关的教学、咨询、科研、行业组织等机构在内的集合。从其定义来看，建筑业实质上是以建筑产品生产过程为主导，以相关工程服务为辅助，以与建筑业有关的科研、教育及相关工业生产（如建材、机械设备制造等）为依托的、功能完善的产业，它并不局限于施工活动中。

狭义的建筑业是指国民经济中直接从事建筑产品加工生产活动的行业。其基本特征是，通过物化劳动，将建筑材料、构配件和工艺设备组合，使之产生一系列的物理和化学变化，最终形成土木建筑工程产品；或运用工程机械，通过劳动，将建筑材料、构配件和工艺设备等物质资源转化为固定资产。

2. 建筑业的分类

根据国家标准《国民经济行业分类》（GB/T 4754—2011），建筑业进一步划分为四类。

1）房屋工程建筑业和土木工程建筑业

房屋工程建筑，指房屋主体工程的施工活动，不包括主体施工前的工程准备活动。如居民住宅的施工；商业用建筑物的施工；宾馆、饭店公寓楼的施工；学校、医院的施工等活动。但工程施工前的拆除、爆破、平整场地；企业特殊设施的施工；飞机场的跑道、火车站铁轨铺设施工；城市公共绿地、广场的建设不属于房屋工程建筑。

土木工程建筑。指土木工程主体的施工活动，不包括施工前的工程准备活动。包括铁路、道路、隧道和桥梁工程建筑，水利和港口工程建筑，架线和管道工程建筑，其他土木工程建筑。

2）建筑安装业

建筑安装业，指建筑物主体工程竣工后，建筑物内各种设备的安装活动。包括建筑物主体施工中的线路敷设和管道安装，以及铁路、机场、港口、隧道、地铁的照明和信号系统的安装；不包括工程收尾的装饰。

3）建筑装饰业

建筑装饰业，指对建筑工程后期的装饰、装修和清理活动，以及对居室的装修活动。包括门窗、玻璃、防护栏、地板的安装；地面、天花板、墙面的处理等。但不包括混凝土地面的施工；隔声工程；路面地面涂漆标志服务；车、船、机舱内装饰活动。

4）其他建筑业

其他建筑业，包括工程准备活动（房屋、建筑物施工前的准备活动）、提供施工设备服务（为各种施工场地提供配有操作人员的施工设备服务）、其他未列明的建筑活动（如防声、防尘设施的安装与搭建；建筑围墙、栏杆的装卸等）。

1.1.6 基本建设与建筑业的关系

1. 基本建设与建筑业的联系

（1）基本建设的主要内容由建筑业来完成。建筑安装工作量在基本建设投资中占有相当大的比例，一般为60%左右。建筑业技术进步和生产效率的提高，直接关系着基本建设工作的进程和效果。事实已充分证明，没有强大的建筑业，就无法进行大规模的基本建设。

（2）基本建设投资是促进建筑业发展的客观需要。基本建设投资的多少直接影响着建筑业工程任务的多少，如果基本建设投资忽高忽低，建筑业的日子就时好时坏。所以，只有基本建设规模得到健康发展，才能促进建筑业的发展。

2. 基本建设与建筑业的区别

（1）性质不同。基本建设是一种投资行为，是一种综合性的经济活动。而建筑业是一个物质生产部门，主要从事建筑安装等物质生产活动。

（2）内容不同。基本建设除了包括建筑业完成的建筑安装工程内容外，还包括对设备的购置。而建筑业的生产任务除了基本建设投资形成的建筑安装任务外，还有更新改造和维修资金形成建筑安装生产任务。

（3）任务不同。基本建设的主要任务是在一定期限和资金限额内完成投资活动，得到足够需要的固定资产，而建筑业的主要任务是为社会提供更多、更好、更经济的建筑产品并获取盈利。

1.2 建设工程项目管理

1.2.1 建设工程项目管理的概念及特征

1. 建设工程项目管理的概念

建设工程项目管理，是指从事工程项目管理的企业，受工程项目业主方委托，对工程建设全过程或分阶段进行专业化管理和服务活动。其内涵是：自项目开始至项目完成，通过项目策划和项目控制，以使项目的费用目标、进度目标和质量目标得以实现。

按建设工程生产组织的特点，一个项目往往由众多参与单位承担不同的建设任务，而各参与单位的工作性质、工作任务和利益不同，因此形成了不同的建设工程项目管理类型：业主方的项目管理（它是建设工程项目管理的核心，是建设工程项目生产的总组织者）、设计方的项目管理、施工方的项目管理、供货方的项目管理、建设项目总承包方的项目管理、其他建设工程项目管理。

2. 建设工程项目管理的特点

（1）建设工程项目管理是一种一次性的管理。项目的单件性和一次性特点决定了建设工程项目管理的一次性特点。

（2）建设工程项目管理的主体是多方面的。建设工程是个多主体参与的工程项目，涉及设计单位、施工单位、材料供应商、建设主管行政单位等，不同的参与主体所站的管理角度不一样，因此增加了建设工程项目管理协调和沟通上的难度。

（3）建设工程项目管理具有复杂性。建设工程项目投资大、建设周期长、项目组成复杂，其生产工艺技术和建造技术具有专业特殊性，因此造就了建设工程项目管理的复杂性。

（4）建设工程项目管理是一种全过程的综合性管理。建设工程项目各阶段既有明显的界限，既相互衔接、相互不可间断，这就决定了建设工程项目是对建设工程项目生命周期全过程的管理。

1.2.2 建设工程项目管理的内容

1. 建设工程项目质量管理

建设工程质量是指反映建设工程满足相关标准规定或合同约定的要求，包括在安全、使用功能及耐久性能、环境保护等方面所有明显和隐含能力的特性总和。因此在整个建设工程项目建设周期内，对涉及工程项目质量的因素均应纳入质量管理范畴。

建设工程项目质量管理应符合下列基本规定。

（1）项目质量控制应满足工程施工技术标准和发包人的要求。

（2）项目质量控制应实行样板制。施工过程中均应按要求进行自检、互检和交接检。隐蔽工程、指定部位和分项工程未经检验或已经检验定为不合格的，严禁转入下道工序。

（3）建设工程采用的主要材料、半成品、成品、建筑构配件、器具和设备应进行现场验收，凡涉及安全功能的有关产品，应按各专业工程质量验收规范规定进行复验，并应经监理工程师（建设单位技术负责人）检查认可。

（4）各工序应按施工技术标准进行质量控制，每道工序完成后应进行检查。

（5）相关专业工种之间，应进行交接检验，并形成记录，未经监理工程师（建设单位技术负责人）检查认可，不得进行下道工序施工。

（6）项目经理部应建立项目质量责任制和考核评价办法。项目经理应对项目质量控制负责。过程质量控制应由每道工序和岗位的责任人负责。

2. 建设工程进度管理

现代建设工程项目进度是一个综合指标，其直接目的就是按照合同要求工期完成建设工程项目内容。进度控制已不仅是指施工工期的控制，而必须对工期以及劳动消耗、成本、工程实物、资源因素等统一规划。工期作为进度的一个基本指标，建设工程进度控制首先表现为工期控制，高效的工期控制才能达到高效的进度控制。

建设工程进度控制的对象主体是建设工程项目的施工活动，进度是实施过程的时间要求，在具体施工过程中要消耗时间、劳动力、材料、成本等条件才能够完成施工建造任务。工程施工进度状况，通常是通过各个工程施工活动进度（完成量或者百分比）表现出来的。建设工程进度控制指标一般有以下三种。

1）工程持续时间

工程持续时间是工程项目进度的重要指标之一。现实中通常用实际工期跟施工计划工期相比较说明工程进度完成的情况。建设项目施工过程中，往往在开始一段时间内工作效率比较低，进度相应较慢；工程项目中期是投入量最大的一段时间，施工速度也达到最快；后期投入相对减少，速度会放慢。工程项目施工效率与施工速度并不呈现正比例关系，实际运作情况是已完成工期中存在的干扰事件会造成停工，导致实际工作效率明显低于计划工作效率。

2）工程施工完成的实物数量

工程施工完成的实物数量是用分部工程所完成的进度与任务总数比较来反映实际进度。

3）其他可比性指标

其他比较常用的可比性指标有劳动工时的消耗以及成本等。

3. 建设工程成本管理

建设工程项目成本管理是在保证满足工程质量、工期等合同要求的前提下，对工程项目实施过程中所发生的费用，通过进行有效的计划、组织、控制和协调等活动实现预定的成本目标，并尽可能地降低成本费用、实现目标利润、创造良好经济效益的一种科学的管理活动。

建设工程项目成本是围绕工程项目建设全过程而发生的资源消耗的货币体现，是业主方与承包方共同的任务。从建设单位角度看，工程项目成本管理贯穿于工程项目建设全过程，可概括为两方面的工作：其一，在项目的建设各个阶段，采用科学的计算方法和切合实际的计价依据，合理确定项目的投资估算、初步设计概算、施工图预算、承包合同价、竣工结算和竣工决算。其二，在项目建设的各个阶段把建设工程项目费用控制在批准的目标限额以内，随时纠正发生的偏差以确保工程项目目标的实现。

1.2.3 建设工程项目管理的分类

建设工程项目涉及建设单位、承包商、咨询单位、设计单位、供应商、用户、政府、金融机构、公用设施（服务）和社会公众等众多利益相关方，这些相关方都需要对其相关的部分进行管理。建设单位需要对建设项目进行管理，简称为业主方项目管理（OPM）；设计单位需要对设计项目进行管理，简称为设计项目管理（DPM）；施工单位需要对施工项目进行管理，简称为施工项目管理（CPM）；供应商需要对供应项目进行管理，简称为供应项目管理（SPM）；咨询单位需要对咨询项目进行管理，简称为咨询项目管理；政府需要对工程项目实施监督管理，简称为政府监督管理。

1. 业主方项目管理

业主方项目管理（OPM）是指由项目业主或委托人对土木工程项目建设全过程所进行的管理。是业主为实现其预期目标，运用所有者的权力组织或委托有关单位对工程项目进行策划和实施计划、组织、协调、控制等过程。

业主方项目管理的主体是业主或代表业主利益的咨询方。项目业主泛指项目的所有出资人，包括资金、技术和其他资产入股等。但项目业主实质上是指项目在法律意义上的所有人，是指各投资主体依照一定法律关系所组成的法人形式。目前我国所实施的项目法人责任制中的项目法人就是业主方项目管理的主体之一。

业主方是工程项目实施过程的总集成者——人力资源、物资资源和知识的集成，业主方也是工程项目实施过程的总组织者。所以，业主方的项目管理是工程项目管理的核心。

业主方项目管理是为业主方的利益服务，同时服务于其他相关方的利益。业主方对工程项目管理的根本目的在于实现项目的安全目标、投资目标、进度目标和质量目标，实现投资者的期望。

业主方项目管理贯穿项目进展全过程和各阶段，其主要任务因项目的不同阶段而异，但总体可归纳为“三控、三管、一协调”。三控即投资、进度和质量控制；三管即安全、合同和信息管理；一协调即组织和协调，如表1-1所示。

表1-1 业主方项目管理的主要任务

阶段	概念阶段	设计阶段	施工阶段	竣工验收阶段	保修阶段
安全管理	设定安全目标 策划安全管理方案	提出安全设计要求 监督设计方案的安全性	提出安全管理要求 明确安全管理责任 监督安全管理过程	进行安全评估	
投资控制	估算项目总投资 明确投资控制目标 制订投资控制方案	提出投资控制要求 监督投资控制的有效性	提出费用控制要求 控制项目变更和索赔 控制进度款的支付	进行费用结算和决算	界定保修责任
进度控制	确定工期目标 制订进度控制方案	提出设计进度要求 监督、控制设计进度	提出施工进度和工期要求 监督、控制施工进度	及时组织验收	
质量控制	进行质量策划 明确质量目标 制订质量控制方案	提出质量设计要求 明确质量标准 监督、控制设计质量	提出施工质量要求 监督、控制施工质量状态	严格进行质量验收和评价	解决所出现的质量问题
合同管理	策划合同结构 制订合同管理方案	签订合同 合同跟踪和管理	签订合同 合同跟踪和管理	合同终止 总结评估	
信息管理	策划信息管理方案	采集和处理相关信息	采集和处理相关信息	资料收集与归档 总结评估	记录保修信息
组织协调	建立项目管理组织 确定项目发包方式 确定项目管理模式	招标 监督 控制和协调	招标 监督 控制和协调	组织验收	协调

2. 咨询方项目管理

咨询单位受委托，对工程项目的某一个阶段或某一项内容进行管理。例如，受业主委托进行设计监理或施工监理；受业主委托进行招标代理；受业主委托进行项目的可行性研究等。也可以就项目的若干阶段进行管理或承担全部管理工作。例如，受业主委托进行管理总承包。咨询方可以受业主的委托从事项目管理工作，也可以受承包方的委托从事项目管理工作。目前，我国工程领域的咨询单位主要是受业主的委托从事项目管理工作。咨询单位所从事的最主要的项目管理工作就是监理。

3. 承包方项目管理

承包方项目管理是指承包商为完成业主委托的设计、施工或供货任务所进行的计划、组织、协调和控制的过程。其目的是实现承包项目的目标并使相关方满意。

根据承包方所承担的任务不同，承包方项目管理包括设计项目管理、施工项目管理、供应项目管理和总承包项目管理，如表1-2所示。

表1-2 承包方项目管理任务

管理内容	管理目标	管理主要任务
设计项目管理（DPM）	设计项目成本、进度、质量和安全目标、项目的投资目标和相关方的满意度目标等	“三控、三管、一协调”。与设计工作有关的安全管理；设计成本控制和与设计工作有关的工程造价控制；设计进度控制；设计质量控制；设计合同管理；设计信息管理；与设计工作有关的组织协调
施工项目管理（CPM）	施工项目的成本、质量、安全和进度目标，以及相关方的满意度目标等	“四控、四管、一协调”。“四控”是指施工安全控制、施工质量控制、施工成本控制、施工进度控制；“四管”是指施工信息管理、施工生产要素管理、施工合同管理和现场管理；“一协调”是指与施工有关的组织和协调
供应项目管理（SPM）	供应项目的安全目标、成本目标、进度目标、质量目标和相关方的满意度目标等	“三控、三管、一协调”。其中，“三控”是指供应成本控制、进度控制和质量控制；“三管”是指供应安全管理、合同管理和信息管理；“一协调”是指与供应有关的组织和协调
总承包项目管理	总投资目标、总承包项目的成本目标、进度目标、安全目标和质量目标，以及相关方的满意度目标等	“四控、四管、一协调”。其中，“四控”是指安全目标控制、投资控制和总承包成本控制、进度控制、质量控制；“四管”是指信息管理、合同管理、生产要素管理、现场管理；“一协调”是指与工程项目总承包有关的组织和协调

1.2.4 建设工程项目管理各参与方之间的关系

我国从1979年开始由原国家基本建设委员会相继颁发了《关于试行基本建设合同制的通知》《建筑安装工程合同试行条例》《勘察设计合同试行条例》等法规文件，开创了我国工程项目合同管理事业。相关法律法规和工程建设管理制度的实施，形成了以项目法人为主体的工程招标发包体系，以设计、施工承包商为主体的工程投标承包体系，以建设监理单位为主体的咨询、管理体系构成的三元主体结构。且三者之间以工程项目为中心，以经济为纽带，以合同为依据，相互协作、相互制约，构成了现阶段我国工程项目管理的新模式，见图1-1。

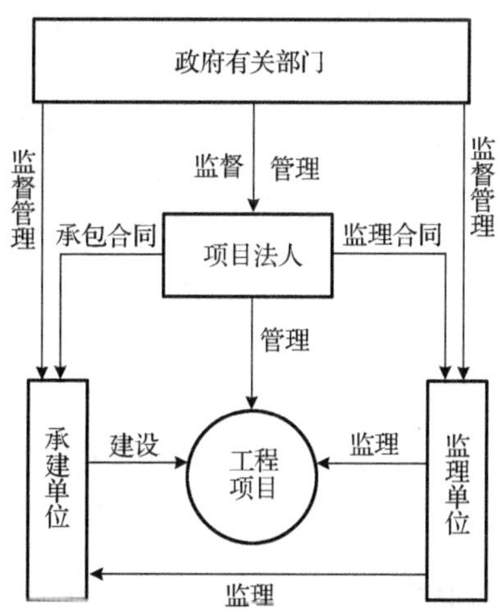

图1-1 建设工程项目管理各参与方之间的关系

1.3　建设项目经济评价

1.3.1　建设项目经济评价的概念

建设项目经济效果评价是对建设项目所投入的人力、物力、财力，经过建设工程活动所达到的效果的评价，其反映的是工程项目建设领域的劳动消耗和由此获得的固定资产之间的关系。其目的是根据国民经济发展战略和行业、地区发展规划的要求，在做好产品（或服务）市场预测分析和厂址选址、工艺技术方案选择等工程技术研究的基础上，对项目投入的费用和产出的效益进行计算、分析，通过多方案比较，分析论证拟建项目的财务可行性和经济合理性，为做出正确的决策提供科学依据。

对一个建设项目的评价，不仅要权衡其技术的先进性与完善程度，更重要的是权衡其投入使用后的经济效果。耗费大而经济效果差的项目，无论其技术如何先进与完善，都不能对社会作出应有的贡献。建设项目类型繁多，如工业项目、农林水利项目、文化教育项目、住宅项目等。这些项目的建设目标各异，因此它们各自经济效果的含义也有很大差别。本书主要介绍生产性建设项目的经济评价方法。

1.3.2　建设项目经济评价的内容

建设项目经济评价包括众多因素，如可计量因素和不可计量因素；远期经济效果和近期经济效果；微观经济效果和宏观经济效果；综合的、全面的经济效果。其内容包括两方面：财务评价和国民经济评价。

财务评价是从企业经济利益角度，考察建设项目的盈利能力、清偿能力、财务生存能力，评价建设项目在财务上的可行性，进而决定该建设项目是否应该投资建设。国民经济评价，是从国家和社会整个国民经济角度来考察建设项目的经济合理性，决策部门可根据项目国民经济评价结论，决定项目的取舍。财务评价是根据国家现行财税制度、价格体系和有关法规和规定，分析、计算项目直接发生的财务效益和费用，编制财务报表，计算评价指标，从项目（企业）角度考察项目盈利能力、清偿能力以及外汇平衡等财务状况，据以判别项目的财务可行性的一种经济评价方法。建设项目财务评价是工程经济分析的重要组成部分，其评价结果是决定项目取舍的重要依据，是国民经济评价的基础。

国民经济评价，是按合理配置稀缺资源和社会经济可持续发展的原则，采用影子价格、社会折现率等国民经济评价参数，从国民经济全局的角度出发，考察工程项目的经济合理性。其系统范围扩及整个社会，它是从整个国民经济出发，对项目所实施的国家效益进行分析。凡是对增加国民收入所作出的贡献都属于项目的效益，即项目的产出；而国民经济为项目所付出的代价称为费用，即项目的投入。在国民经济评价中，不仅要考虑项目自身的效益与费用，还要考虑项目的外部效益及费用，因而只有在衡量总的效益时前者要服从后者。

1.3.3　建设项目经济评价的原则

建设项目经济评价是项目可行性研究中，对拟建项目方案计算期内各种有关技术经济因素和项目投入与产出的有关财务、经济资料数据进行调查、分析、预测，对项目的财务、经济、社会效益进行计算、评价、分析比较各项目方案的优劣，从而确定和推荐最佳项目方案；其目的在于避免或最大限度地减少项目投资的风险。在进行评价时应遵循的原则：①符合国家有关规定，符合社会主义市场经济发展规律；②宏观经济评价与微观经济评价相结合；③动态经济评价与静态经济评价相结合；④定量分析与定性分析相结合；⑤价值量分析与实物量分析相结合；⑥全过程经济效果分析与阶段性经济效果分析相结合。

1.3.4 建设项目经济评价的作用

建设项目前期研究是在建设项目投资决策前，对建设项目的必要性和项目备选方案的工艺技术、运行条件、环境与社会等方面进行全面的分析论证和评价工作。经济评价是项目前期研究的重要内容和有机组成部分。

项目活动是社会经济活动的一个组成部分，而且要与整个社会的经济活动相融，符合行业和地区发展规划要求，因此，经济评价一般都要对项目与行业发展规划进行阐述。国务院投资体制改革决定明确规定，对属于核准制和备案制的企业投资项目，都要求在行业规划的范围内进行评审。这是国家宏观调控的重要措施之一。

在完成项目方案的基础上，采用科学的分析方法，对拟建项目的财务可行性（可接受性）和经济合理性进行科学的分析论证，做出全面、正确的经济评价结论，为投资者提供科学的决策依据。

项目前期研究阶段要做技术的、经济的、环境的、社会的、生态影响的分析论证，每一类分析都可能影响投资决策。经济评价只是项目评价的一项重要内容，不能指望由其解决所有问题。同理，对于经济评价，决策者也不能只通过一种指标就能判断项目在财务上或经济上是否可行，而应同时选择多种影响因素和多个目标，并把这些影响因素和目标相互协调起来，才能实现项目系统优化，进行最终决策。

复 习 题

1. 简述基本建设的内容、作用及分类。
2. 简述建筑业在国民经济中的作用。
3. 简述建设项目经济评价的含义及作用。
4. 简述建设项目可行性研究的内容。
5. 简述项目管理、工程项目管理及土木工程项目管理的内涵。

第 2 章　工程经济评价基础

学习目的： 熟悉工程项目及其建设的基本经济规律，工程项目经济效果分析的基础知识，树立正确的经济观点，掌握必要的技术经济分析方法，学会工程项目管理的基本原理与方法论。

学习重点： 资金等值的概念；基本复利公式；名义利率与实际利率的概念。

学习难点： 复利公式的适用条件；实际利率的概念。

2.1　现金流量内涵

2.1.1　现金流量的概念

现金流量（Cash Flows），是针对特定的经济系统（如一个建设项目、一个企业、一个国家、一个地区或一个部门）在某一时点发生了使用权或所有权转移的现金或其等价物（可以是国库券、定期存单、银行承兑汇票等）的数量。现金流量一般以计息周期（年、季、月等）为时间量的单位，用现金流量图或现金流量表来表示。

流入该系统的现金称为现金流入（Cash Inflows），通常用 CI 表示。流出系统的现金称为现金流出（Cash Outflows），通常用 CO 表示。同一时点上现金流入与现金流出之差称为净现金流量，通常用 CI–CO 表示。一个工程项目在某一时间内支出的费用称为现金流出，项目在该时间内取得的收入称为现金流入。现金流量是指拟建项目在整个项目计算期内的各个时点上实际所发生的现金流入、现金流出以及流入与流出的差额（又称为净现金流量）。

2.1.2　现金流量的分类

在现金流量表中，将现金流量分为以下三大类。

1. 经营活动现金流量

经营活动是指直接进行产品生产、商品销售或劳务提供的活动，它们是企业取得净收益的主要交易和事项。一般来说，经营活动产生的现金流入项目主要有：销售商品、提供劳务收到的现金，收到的税费返还，收到的其他与经营活动有关的现金。经营活动产生的现金流出项目主要有：购买商品、接受劳务支付的现金，支付给职工以及为职工支付的现金，支付的各项税费，支付的其他与经营活动有关的现金。

2. 投资活动现金流量

投资活动，是指经济主体构建或处置固定资产、无形资产和其他资产等长期资产的活动。其中，长期资产是指固定资产、无形资产、在建工程、其他资产等持有期限在一年或一个营业周期以上的资产。

需要注意的是，这里所讲的投资活动，既包括实物资产投资，也包括金融资产投资，它与《企业会计准则——投资》所讲的“投资”是两个不同的概念。“投资”是指企业为通过分配来增加财富，或为谋求其他利益，而将资产让渡给其他单位所获得的另一项资产。购建固定资产不是“投资”，但属于投资活动。这里之所以将“包括在现金等价物范围内的投资”排除在外，是因为已经将包括在现金等价物范围内的投资视同现金。

一般来说，投资活动产生的现金流入项目主要有：收回投资所收到的现金，取得投资收益所收到的现金，处置固定资产、无形资产和其他长期资产所收回的现金净额，收到的其他与投资活动有关的现金。投资活动产生的现金流出项目主要有：购建固定资产、无形资产和其他长期资产所支付的现金，投资所支付的现金，支付的其他与投资活动有关的现金。

3. *筹资活动现金流量*

筹资活动，是指导致企业资本及债务规模和构成发生变化的活动。这里所说的资本，既包括实收资本（股本），也包括资本溢价（股本溢价）；这里所说的债务，指对外举债，包括向银行借款、发行债券以及偿还债务等。应付账款、应付票据等商业应付款属于经营活动，不属于筹资活动。

一般来说，筹资活动产生的现金流入项目主要有：吸收投资所收到的现金，取得借款所收到的现金，收到的其他与筹资活动有关的现金。筹资活动产生的现金流出项目主要有：偿还债务所支付的现金，分配股利、利润或偿付利息所支付的现金，支付的其他与筹资活动有关的现金。

现金流量表按照经营活动、投资活动和筹资活动进行分类报告，目的是便于报表使用人了解各类活动对企业财务状况的影响，以及估量未来的现金流量。

在上述划分的基础上，又将每大类活动的现金流量分为现金流入量和现金流出量两类，即经营活动现金流入、经营活动现金流出、投资活动现金流入、投资活动现金流出、筹资活动现金流入、筹资活动现金流出。

2.1.3　现金流量图

现金流量图（Cash-Flows Diagrams），是能反映经济系统现金流量随时间变换的图示，是把经济系统的现金流入、现金流出量汇入一个时间坐标图中，从而清晰地表现出各现金流入、流出与相应时间点的关系，如图 2-1 所示。

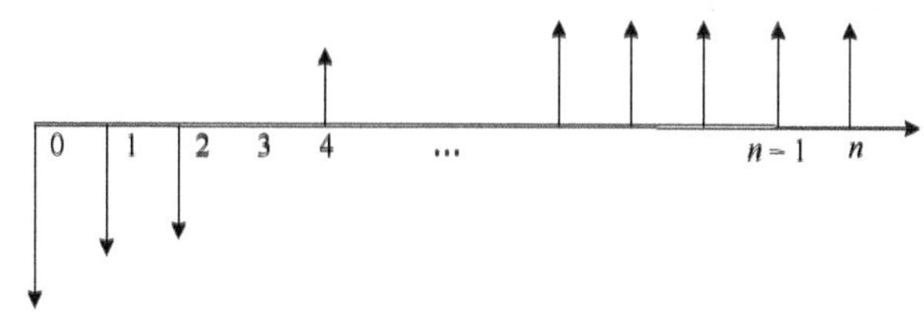

图 2-1　现金流量图的一般形式

在图 2-1 中，横轴称为时间轴，表示一个从 0 开始到 n 的时间序列；每一个刻度表示一个计息周期，如按年计息，则时间轴上的刻度单位就是年。

时间轴上，0 代表时间序列的起始点，从 1 到 n 分别代表各计息期的终点。每个数字都有两个含义，如对于 2 来说，它既代表第二个计息期的终点（结束），又代表第三个计息期的始点（开始）。每个时点既表示本时段结束，同时也表示下一时段的开始。如 3 时点，就表示第 3 计息期期末、第 4 计息期期初。

各时点上垂直于横轴的有向竖线用来描述现金流量。箭线的长度与流入和流出的金额成正比，金额越大，其相应的箭线长度越长。以图 2-1 为例说明现金流量图的作图方法。

（1）以横轴为时间轴，向右延伸表示时间的延续，轴上每一个刻度表示一个时间单位，可取年、半年、季度或月等，在没有特别说明的情况下，一般以年表示。0 表示时间序列的起点，n 表示时间序列的终点。

（2）垂直于时间坐标的箭线表示不同时点现金流量的大小和方向。一般规定横轴上方箭线为现金流入，横轴下方箭线为现金流出，有时为解决问题方便也可作相反约定。

（3）现金流量图中，箭线长短与现金流量数值大小应成比例。但由于经济系统中各时点现金流量的数额时常相差较多，不易绘成比例，因此现金流量图中的箭线长短只要能适当体现各自数值的差异，在各箭线上方或下方表示其现金流量的数值即可。

（4）箭线与时间轴的交点即现金流量发生的时点。

（5）时间序列中某一期的期末正好是下一期的期初。

（6）现金流入与流出总是针对特定的经济系统而言的，分析时所站角度不一样，其现金流入与流出也不一样。

总之，绘制现金流量图时，应把握好现金流量图的三个要素：大小——现金流量的数额；流向——现金流入或流出；时点——现金流入或流出所发生的时间点。

例 2-1 某企业拟建一项目，预计投资 20 万元，年收益为 5 万元，年费用 2 万元，项目计算期为 5 年，届时回收净残值 6 万元。试绘出其现金流量图。

解：该项目的现金流量图如图 2-2 所示。

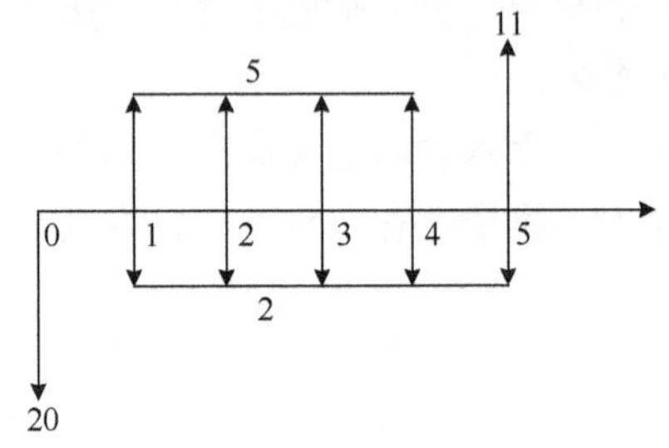

图 2-2 项目现金流量图

需要注意的是，对于一项经济活动，站在不同的角度上，所绘制的现金流量图是不同的。如某企业从银行取得一笔贷款，日后某个时间偿本付息，站在企业的角度上，获取贷款是现金流入，还本付息是现金流出；而站在银行的角度上，则放贷是现金流出，收取本息是现金流入。

2.1.4 现金流量的作用

1. 对获取现金的能力作出评价

现金流量可以将建设项目的物质形态转化为货币形态，为正确计算和评价建设项目活动的经济效果提供统一的信息基础。经济主体通过提供其他经济主体所需要的产品或劳务，获得一定的物质形态产品：厂房、设备、原材料等；同时经济主体通过垫付资本，在生产经营中花费成本，获得货币形态的收入。由于建设项目的物质形态缺乏可比性和灵活性，而货币形态由于具有一般等价物的特点而得到广泛使用。

2. 对偿债能力作出评价

现金流量能反映各个建设项目在寿命周期内经济效果的全貌。在技术经济活动的前期决策阶段，研究人员提出各种备选方案，以及每个备选方案中的产品方案、工艺方案、筹资方案、建设方案和经营方案等，都可以通过预测或估计其现金流量来展示其经济效果。

3. 对收益的质量及投资活动和筹资活动作出评价。

现金流量可以揭示建设项目的真实盈利能力。评价建设项目经济效果，不能只看资产收益率，如果资产收益率表现为盈利状态，但净现金流量为负值，说明建设项目存在问题。因此，现金流量是衡量建设项目投资收益的最重要的指标。

2.1.5 确定现金流量需注意的问题

（1）每一笔现金流入与现金流出都应有明确的发生时点。也就是说现金流量衡量的是经济系统内投入产出随时间的变化量或边际值。

（2）现金流量必须是实际发生的。不应将应收账款、应付账款、暂时不能兑现的有价证券和不能立即出让的固定资产账面价值等作为现金流量。

（3）确定同一建设项目的现金流量，因所站的立场和看问题的出发点不同而会产生不同的结果。例如，某建筑企业从银行贷款，对于该建筑企业而言，是现金流入；而对于银行而言却是现金流出。

（4）使用权或所有权未发生转移的现金或其等价物不是现金流量。如固定资产折旧在未被使用之前不列入现金流量。

2.2 资金的时间价值

2.2.1 资金时间价值的概念

资金是流动的，在其周转过程中会随着时间的变化而发生价值的增加。所谓资金的时间价值，就是指资金在生产和流通过程中随着时间推移而产生的增值。资金的价值随着时间的变化而变化，是时间的函数；因此描述一项资金，除了说清资金数额、性质（流入还是流出），还必须指明这笔资金所处的时点。

资金只有在生产和流通过程中随着时间推移才会产生增值。资金时间价值的产生取决于以下两个因素：其一，资金参与社会再生产，即投入生产和流通中；其二，有时间上的推移，即有参与社会再生产的过程。

在商品经济条件下，资金在投入生产与交换过程中产生了增值，给投资者带来利润，其实质是由于劳动者在生产与流通过程中创造了价值。从投资者的角度看，资金的时间价值表现为资金具有增值特性；从消费者的角度来看，资金的时间价值是对放弃现时消费带来的损失所做的必要补偿，这是因为资金用于投资后则不能再用于现时消费。

从根本上说，资金的时间价值是在社会生产和再生产中，由劳动者创造的价值；从表观上看，是资金在社会生产和流通中随着时间的推移而产生的，所以称为“时间价值”。

2.2.2 衡量资金时间价值的尺度

衡量资金时间价值的尺度有两种：其一为绝对尺度，即利息、盈利或收益；其二为相对尺度，即利率、盈利率或收益率。

1. 利息

利息是衡量资金时间价值的绝对尺度，是其最直观的表现。利息是劳动者为全社会创造的剩余价值（即杜会纯收入）的再分配部分。借贷双方的关系是通过银行，在国家、企业、个人之间调节资金余缺的相互协作关系，所以贷款要计算利息；固定资金和流动资金的使用也采取有偿和付息的办法，其都是为了鼓励企业改善经营管理，鼓励节约资金，提高投资的经济效果。

由此可见，利息是借贷资本时间价值的绝对衡量，是借贷过程中，债务人支付给债权人的超过原借款本金的部分，即

$$I = F - P \tag{2-1}$$

式中，I 为利息；F 为还本付息总额；P 为本金。

资金时间价值的存在，使不同时点上发生的现金流量无法直接加以比较。近期的资金由于具有增值能力而比远期同样数额的资金更有价值。因此，要通过一系列的换算，使资金在同一时点进行对比，才符合客观条件。

2. 利率

利率是衡量资金时间价值的相对尺度，又称为利息率。利率是一个计算期内所得的利息额与借贷金额（本金）的比值，它反映了资金随时间变化的增值率。用于表示计算利息的时间单位，称为计息周期。有年、季、月或日等不同的计息长度。其计算公式为

$$i = \frac{I}{P} \times 100\% \tag{2-2}$$

式中，i 为利率；I 为单位时间内的利息；P 为借款本金。

例 2-2　某人年初从银行贷款 1000 万元，年末需给银行还款 1144.9 万元，试求这笔贷款的年利率。

解：依据式（2-2），该笔贷款的年利率为

$$\frac{144.9}{1000} \times 100\% = 14.49\%$$

一般说来，利息是平均利润（社会纯收入）的一部分，因而利率的变化，要受平均利润的影响。当其他条件不变时，平均利润率提高，利率也会相应提高；反之，则会相应下降。此外，利率的高低，还受借贷资金的供求情况、借贷风险的大小、借款时间的长短、商品价格水平、银行费用开支、社会习惯、国家利率水平、国家经济政策与货币政策等因素的影响。

通常在分析资金借贷时使用利息或利率的概念，在研究某项投资的经济效果时则常使用收益（或盈利）或收益率（盈利率）的概念，项目投资通常是要求其收益大于应支付的利息，即收益率大于利率。收益与收益率是研究项目经济性必需的指标。

2.2.3　资金时间价值的分类

1. 一次支付的情形

一次支付又称为整付，是指所分析系统的现金流量，无论是流入还是流出，均在一个时点上一次发生，如图 2-3 所示。

在图 2-3 中，P 为计息期期初发生金额（即现金流量序列在 0 时点的等值）；F 为计息期末的金额（即本金在 n 期末的本利和现金流量序列在未来时点的等值）；i 为计息期利率。

2. 多次支付的情形

多次支付是指现金流量在多个时点发生，而不是集中在某个时点上。如图 2-4 所示。

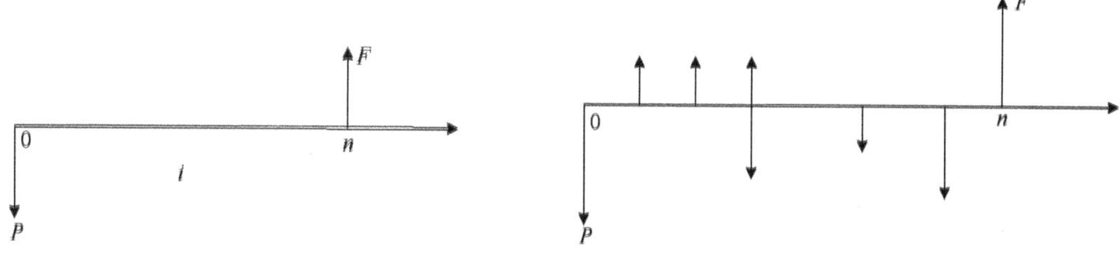

图 2-3　一次支付现金流量图　　　　图 2-4　多次支付现金流量图

图 2-4 中，P，F 表示含义同图 2-3 中描述一致，A_t 表示第 t 期期末发生的现金流量大小。依据 A_t 的不同特征，多次支付情形又分为以下几种。

1）等额序列现金流量

如图 2-5 所示，A_t 的特征为：在整个计算期内是连续发生的，且数额相等。

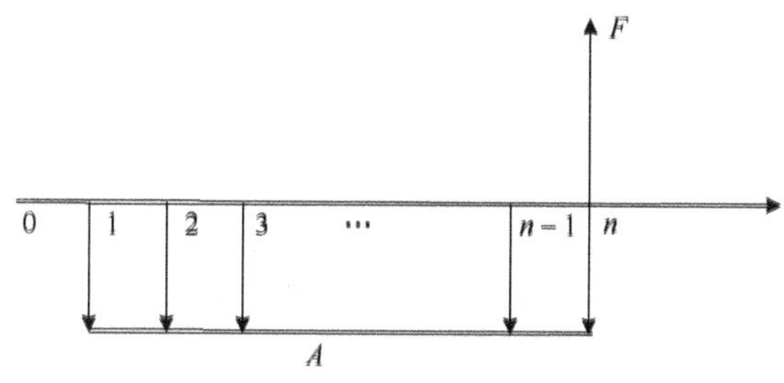

图 2-5　等额支付现金流量图

2）等差序列现金流量

如图 2-6 所示，A_t 表现为每年均有一定数量的增加，且现金流量序列是连续的，相邻现金流量相差同一个常数 G，称为等差序列递增现金流量情形。同理，A_t 若表现为逐年递减的情形，称为等差序列递减现金流量情形。

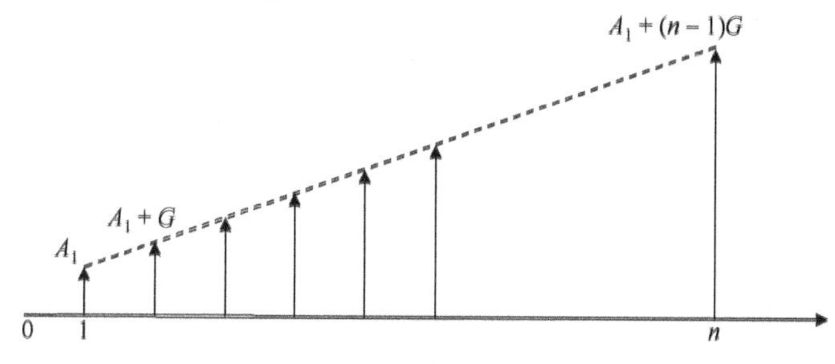

图 2-6　等差序列递增现金流量图

3）等比序列现金流量

图 2-7 中，整个计算期内现金流量序列是连续的，紧后现金流量较紧前现金流量按同一比率 g 连续递增。

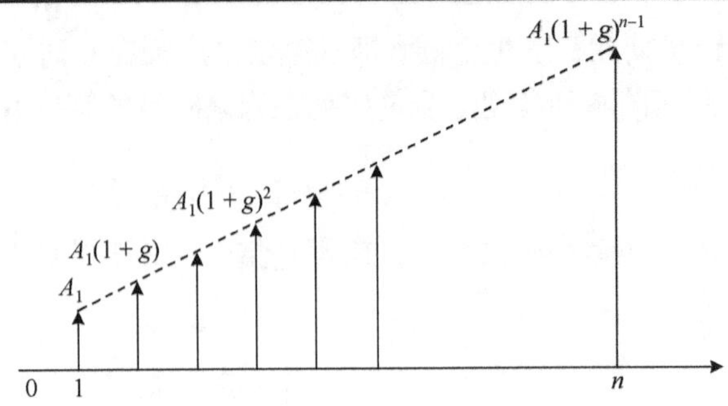

图 2-7　等比序列现金流量图

2.2.4　资金时间价值的计算

由于利息是资金时间价值的最直观体现，计算资金时间价值的方法就是如何计算利息的问题。利息计算有单利计息和复利计息两种方法。

1. 单利（Simple Interest）

单利计息是指仅用本金计算利息，利息到期不付不再生息。不论本金时间有多长，只对本金计算利息，不考虑先期产生利息的利息。设每期的利率相等，则本金 P 在第 t 期的利息额 I_t 及第 n 期期末的本利和 F_n 分别为

$$I_t = Pi \tag{2-3}$$

$$F_n = P + \sum_{t=1}^{n} I_t = p + n \cdot pi = p(1+ni) \tag{2-4}$$

单利法在一定程度上考虑了资金的时间价值，但对于以前已经产生的利息，没有累计计息，所以不够完善。

2. 复利（Compound Interest）

复利计息时，不仅本金计算利息，而且利息也生息，即用本金与前期累计利息之和计算当期利息。设每期的利率相等，本金 P 在第 t 期的利息额 I_t 及第 n 期期末的本利和 F_n 分别为

$$I_t = F_{t-1} \cdot i \tag{2-5}$$

F_{t-1} 为 $t-1$ 期期末本利和，

$$F_n = P(1+i)^n \tag{2-6}$$

本利和式（2-6）的推导过程如表 2-1 所示。

表 2-1　复利本利和的计算

计 算 周 期	期 初 本 金	本 期 利 息	期末本利和 F_n
1	P	$P \cdot i$	$F_1 = P + P \cdot i = P(1+i)$
2	$P(1+i)$	$P(1+i) \cdot i$	$F_2 = P(1+i)^2$
3	$P(1+i)^2$	$P(1+i)^2 \cdot i$	$F_3 = P(1+i)^3$
…	…	…	…
n	$P(1+i)^{n-1}$	$P(1+i)^{n-1} \cdot i$	$F_n = P(1+i)^n$

复利计息有间断复利和连续复利之分。如果计息周期为一定的时间区间（如年、季、月

等），并按复利计息，称为间断复利；如果计息周期无限缩短，则称为连续复利。从理论上讲，资金在不停地运动，每时每刻都通过生产和流通在增值，应采用连续复利计息；但在实际活动中，计息周期不可能无限缩短，一般都采用较为简单的间断复利计息。

复利计息更符合资金在社会再生产过程中运动的实际状况，工程经济分析中一般采用复利计息。

2.3 等值计算

2.3.1 等值的概念

资金有时间价值，即使金额相同，因其发生在不同时间，其价值就不相同。反之，不同时点绝对不等的资金在时间价值的作用下却可能具有相等的价值。这些不同时期、不同数额但其“价值等效”的资金称为等值，又叫等效值。资金等值计算公式和复利计算公式的形式是相同的。例如，今年的 100 元与明年 110 元在数量上并不相等，但在年利率 10%的情况下，两者却是等值的。

影响资金等值的因素有三个：金额、资金发生的时间、利率（或折现率）。其中利率是关键因素，一般等值计算中是以同一利率为依据的。

在工程经济中，在考虑资金时间价值的情况下，其不同时点发生的收入或支出是不能直接相加的。而利用等值的概念，则可以把在不同时点发生的资金换算成同一时点的等值资金，然后再进行比较。所以，工程经济中方案的比较都采用等值的概念进行分析、评价和选定。

2.3.2 等值计算的要素

等值计算中涉及的基本要素有现金流量、计息期数和利率等。

1. *有代表性的几种现金流量*

（1）现值 P（Present Value）：现值通常表示发生在建设初期，即 0 时点上的资金价值，或表示未来某时点之前的某时点的资金价值。将未来某时点的现金流量折算为现值，称为折现或贴现，是评价投资项目经济效果时经常采用的一种基本方法。

（2）终值 F（Future Value）：终值又叫未来值、将来值，通常表示计息期期末的资金价值，或表示现在某时点之后的某时点的资金价值。

（3）年值 A：狭义的年金表示连续地发生在每年年末且数额相等的现金流序列；广义的年金是连续地发生在每期期末且数值相等的现金流序列。

常见的如折旧、租金、利息、保险金、养老金等，通常都采取年值形式。年金有后付年值、预付年值和延期年值年金之分，其中后付年值是指每期期末收、付款的现金流量序列，是最常用的年值形式；预付年值是指每期期初收、付款的现金流量序列，计算要以后付年值为基础，并考虑款项提前收付的时间差异；延期年值是指距今若干期以后发生的每期期末收、付款的现金流量序列，计算时要考虑款项延期收付时间对货币资金价值的影响。

以上三种流量现值 P、终值 F 和年值 A，是实际经济分析中较为常见的流量。

（4）等差递增（减）年值：是指现金流量逐期等差递增（或递减）时相邻两期资金的差额，以符号 G 表示。

（5）等比递增（减）年值：是指等比序列资金流量逐期递增（或递减）的百分比，以符号 g 表示。

（6）时值：是指资金在某一特定时点上的价值。如现值就是 0 时点的时值，终值就是 n 时点的时值。

2. 计息期数 n

在利息计算中表示计息周期数；在工程经济分析中代表从开始投入资金到项目的寿命周期终结的整个期限，通常以“年”为单位，也可以以“半年”“季”“月”为单位。

3. 计息利率 i

在工程经济分析中，把根据未来值求现值的过程叫贴现或折现，贴现时所用的利率称为计息利率或贴（折）现率。

2.3.3 等值计算公式

1. 等值计算基本公式

一次支付终值公式（已知 P 求 F）

问题：现有一笔资金 P，经过 n 年以后以年利率 i 计算，其在 n 年后的本利和是多少？（现金流量图如图 2-8 所示。）

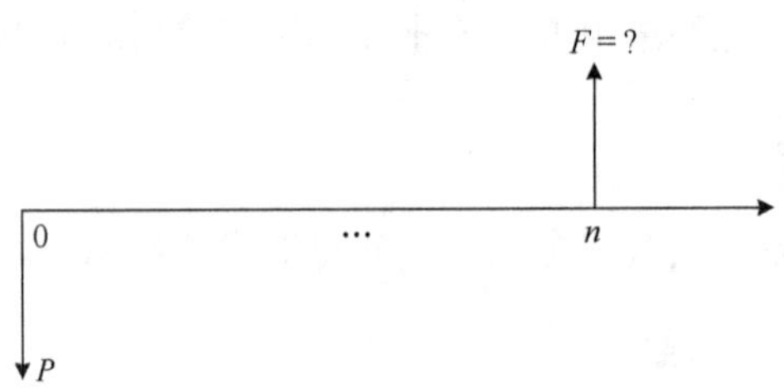

图 2-8　一次支付终值现金流量图

依据复利的定义即可求得 n 年后本利和 F。其计算公式是 $F_n = P(1+i)^n$。

一次支付终值（复利终值）公式：

$$F_n = P(1+i)^n \tag{2-7}$$

式中，$(1+i)^n$ 称为一次支付终值系数。

用规格化代码（$x/y, i, n$）表示上述因子，其中 x 表示未知值、y 表示已知值，则一次支付终值系数 $(1+i)^n$ 记为

$$F = P(F/P, i, n) \tag{2-8}$$

实际工作中，按不同期数、利率编制有各种因子的系数表，可方便地查表获得，避免了繁杂的数学计算。详见本书附录。

一次支付终值公式，就是复利法的本利和的计算公式。条件是：已知 P、i、n，求终值 F。现金流量如图 2-8 所示。

例 2-3　某人第一年借款 1000 万元，第二年末再借款 1200 万元，年利率为 6%。问第四年末应向银行还本利和多少钱？

解：现金流量图如图 2-9 所示。

依据式（2-8）将有关数据代入公式计算：

$$\begin{aligned}F &= 1000(F/P,6\%,4)+1200(F/P,6\%,2)\\ &= 1000\times1.2625+1200\times1.1236\\ &= 2310.82(万元)\end{aligned}$$

一次支付现值公式，可以通过一次支付终值公式进行变换获得。条件是：已知 F、i、n，求现值 P。现金流量图如图 2-10 所示。

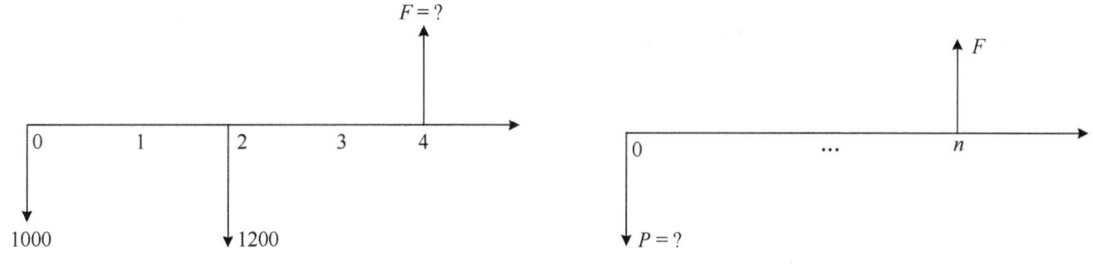

图 2-9　现金流量图　　　　图 2-10　一次支付现值现金流量图

由式（2-7）即可求出现值 P：

$$P = F(1+i)^{-n} \tag{2-9}$$

式中，$(1+i)^{-n}$ 称为复利现值系数，记为 $(P/F,i,n)$，可查系数表获得。工程经济中，一般是将未来值折现到零期，故计算现值 P 的过程叫“折现”或贴现；$(1+i)^{-n}$ 又称为折现系数或贴现系数。它与一次支付终值系数 $(P/F,i,n)$ 互为倒数。即

$$(P/F,i,n)=\frac{1}{(F/P,i,n)}$$

式（2-9）也可写成

$$P = F(P/F,i,n) \tag{2-10}$$

例 2-4　某人希望第 8 年年末得到 100000 元资金，年利率 i 为 6%，问现在他必须一次性投入多少？

解：由式（2-9）得

$$P = 100000\times(1+6\%)^{-8} = 100000(P/F,6\%,8) = 62740(元)$$

例 2-5　某投资项目，预计在今后 3 年的每个年末均可获利 1000 万元，年利率为 6%。问这些利润相当于现在的多少？

解：画出现金流量图，如图 2-11 所示。将有关数据代入公式计算。

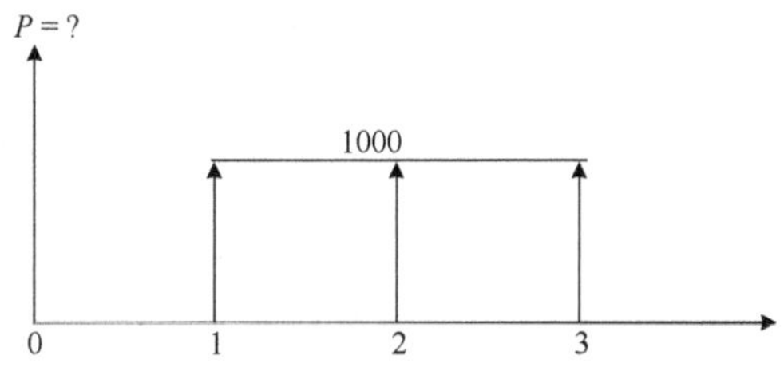

图 2-11　某项目现金流量图

依据公式（2-9）可得

$$
\begin{aligned}
P &= 1000[(P/F,6\%,1)+(P/F,6\%,2)+(P/F,6\%,3)] \\
&= 1000\times(0.943+0.890+0.840) \\
&= 2673（万元）
\end{aligned}
$$

2. 等额支付公式

一个经济系统分析期内的现金流量，除了一次支付类型，大多数是分布在整个分析期内的，即多次支付。现金流入和流出发生在多个时点的现金流量，其数额可以是不等的，也可以是相等的。当现金流序列是连续且数额相等时，称为等额序列现金流。如图 2-12 所示。

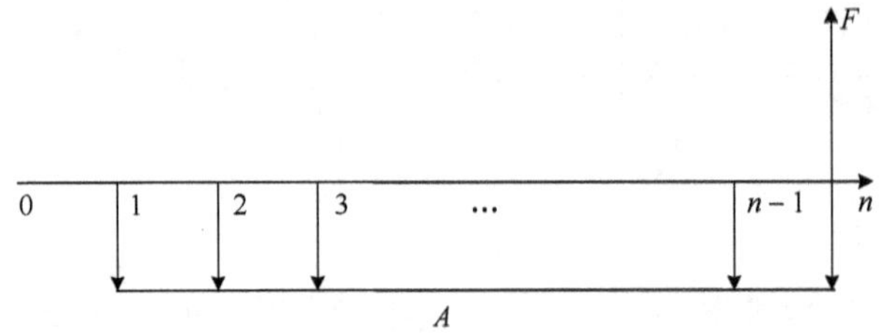

图 2-12　等额序列现金流量示意图

1）等额支付终值公式（已知 A 求 F）

对于一个经济系统，在每一个计息周期期末（不包括零期）均支付相同的数额 A、年利率为 i 的情况下，求与 n 年内系统总现金流量的等值额，即求取系统 n 年后一次支付的终值，就是等额支付终值计算问题。

条件是：已知 A、i、n，求年金 F。其现金流量如图 2-13 所示。

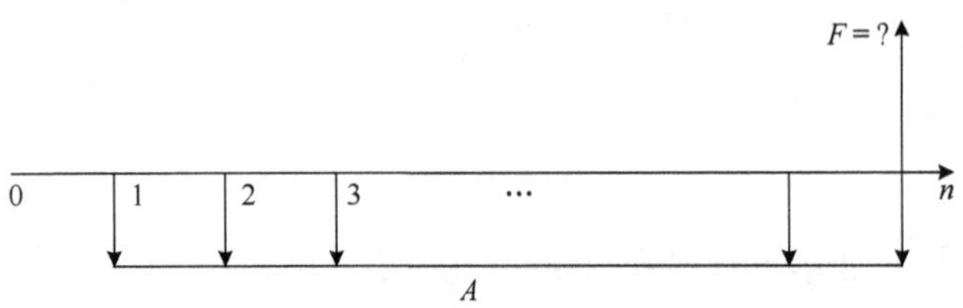

图 2-13　等额支付终值现金流量图

可以清楚地看到，在第 1 年末投资 A，在第 n 年末时的本利和为 $A(1+i)^{n-1}$；第 2 年末投资 A，（n–1）年后的本利和为 $A(1+i)^{n-2}$；第 3 年末投资 A，（n–2）年后的本利和为 $A(1+i)^{n-3}$；依此类推，第（n–1）年末投资 A，1 年后的本利和为 A（1+i）；第 n 年末投资 A，当年的本利和仍然为 A。

这样，在这 n 年中，每年年末投资 A，n 年后的本利和为

$$
\begin{aligned}
F &= A(1+i)^{n-1} + A(1+i)^{n-2} + A(1+i)^{n-3} + \cdots + A(1+i) + A \\
&= A[(1+i)^{n-1} + (1+i)^{n-2} + (1+i)^{n-3} + \cdots + (1+i) + 1]
\end{aligned}
$$

根据首项为 1、公比为（1+i）的等比数列的求和公式，可知

$$
F = A\frac{(1+i)^n - 1}{i} \tag{2-11}
$$

式（2-11）即等额支付终值公式，$\frac{(1+i)^n-1}{i}$称为等额支付终值系数，或年金终值系数，记为（$F/A, i, n$）。

应用式（2-11）的条件是：每期支付金额相同（A 值）；支付间隔相同（如一年）；每次支付都在对应的期末，终值与最后一期支付同时发生，即后付年值。

例 2-6 按政府有关规定，贫困学生在大学学习期间可享受政府贷款。某大学生在大学四年学习期间，每年年初从银行贷款 7000 元用以支付当年学费及部分生活费用。若年利率 5%，则此学生 4 年后毕业时借款本息一共是多少？

解：每年的借款发生在年初，绘出问题的现金流量图如图 2-14 所示。

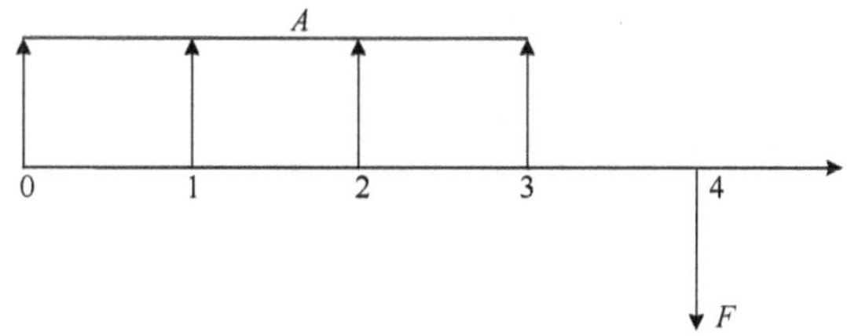

图 2-14 现金流量图

由图 2-14 知，不满足等额支付终值计算公式的条件，所以不能直接套用式（2-6），而需要先将其折算成年末的等值金额，再进行等额分付终值的计算。

$$F = A(1+i)(F/A,i,n) = 7000\times(1+5\%)(F/A,5\%,4) = 31678.5(\text{元})$$

即毕业时借款本息一共是 31678.5 元。

2）等额支付偿债基金公式（已知 F 求 A）

等额支付偿债基金计算是等额序列终值计算的逆运算，在年利率为 i 时，欲将第 n 年年末的资金 F 换算为与之等值的 n 年中每年年末的等额资金，就是等额支付偿债基金计算问题。条件是：已知 F、i、n，求年金 A，现金流量图如图 2-15 所示。

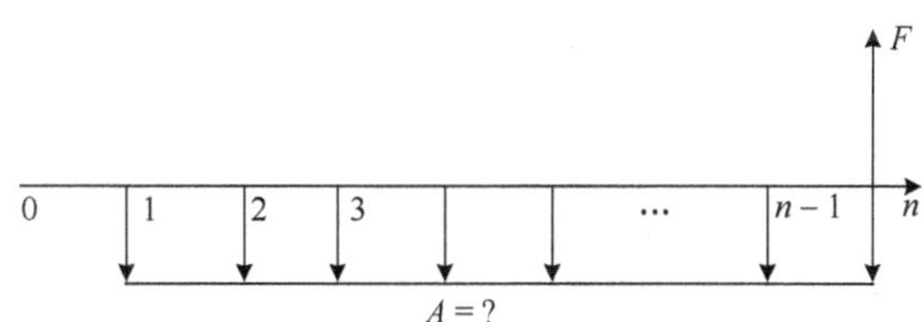

图 2-15 等额支付偿债基金现金流量图

由式（2-11）可得到偿债基金公式：

$$A = F\frac{i}{(1+i)^n-1} \tag{2-12}$$

式中，$\frac{i}{(1+i)^n-1}$称为等额分付偿债基金系数，记为（$A/F, i, n$）。

例 2-7 某企业计划自筹资金进行一项技术改造，预计 5 年后进行的这项改造需要资金 300 万元，银行利率 8%，问从今年起每年末应筹款多少？

解：本题为等额分付偿债基金计算问题。

$$F=300\text{万元}，i=0.08，n=5，$$

$$\text{有} A=F(A/F,i,n)=300\times(A/F,0.8,5)=300\times0.17=51\text{（万元）}$$

即企业每年末至少应筹款 51 万元方能满足 5 年后的需要。

例 2-8 某企业当年初向银行贷款 50000 元，购买一设备，年利率为 10%，银行要求在第 10 年末本利一次还清。企业计划在的 6 年内，每年年末等额提取一笔钱存入银行，存款利率为 8%，到时（第 10 年末）刚好偿还第 10 年末的本利和。问在前 6 年内，每年年末应等额提取多少？

解：（有多种解法，仅介绍一种）

计算贷款的本利和 $F=50000$（F/P, 10%, 10）$=50000\times2.5937=129687.00$（元）

将 F 按 8%换算为第 6 年年末值 $F_6=F$（P/F，8%，4）$=129687.00\times0.7350=95319.95$（元）

将 F_6 换算为 6 年的等额存款 $A=F_6$（A/F, 8%, 6）$=95319.95\times0.1363=12994.12$（元）

3）等额支付现值公式（已知 A 求 P）

等额支付现值公式条件是：已知 A、i、n，求年金 P。其现金流量图如图 2-16 所示。

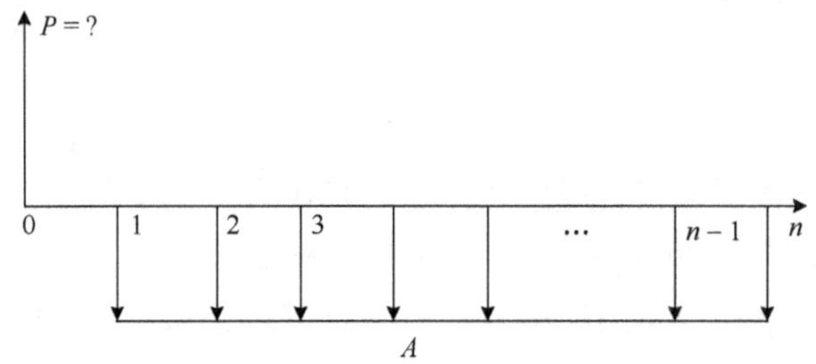

图 2-16　等额支付现值现金流量图

求与 n 年内系统的总现金流入相等值的系统期初现值 P，可以分两步走。先由等额支付终值公式 $F=A\dfrac{(1+i)^n-1}{i}$ 求出与 n 年内系统的总现金流入相等值的终值 F，再由一次支付现值公式 $P=F\dfrac{i}{(1+i)^n}$ 把终值折合成现值，于是有 $P=F\dfrac{1}{(1+i)^n}=A\dfrac{(1+i)^n-1}{i}\times\dfrac{1}{(1+i)^n}$，即得到等额序列现值公式：

$$P=A\frac{(1+i)^n-1}{i(1+i)^n} \tag{2-13}$$

式（2-13）为等额支付现值公式，其中 $\dfrac{(1+i)^n-1}{i(1+i)^n}$ 称为等额分付现值系数，记为（P/A，i，n）。

例 2-9 如果某工程当年建成，第二年投产开始有收益，寿命期 8 年，每年净收益 3 万元，按 12%的折现率计算，恰好能在寿命期内把期初投资全部收回。问该工程期初所投资金为多少？

解：根据题意，此题的现金流入等额发生在第二年年末及以后，所以不能直接套用公式（2-8），而需将等额年金折算到前一年的年末，再求其等额分付的现值。现金流量图如图 2-17 所示。

$$\begin{aligned}P&=A\times\frac{1}{(1+i)}\times\frac{(1+i)^{n-1}-1}{i(1+i)^{n-1}}=3(P/F,12\%,1)(P/A,12\%,7)\\&=3\times0.8929\times4.564=12.2256\text{（万元）}\end{aligned}$$

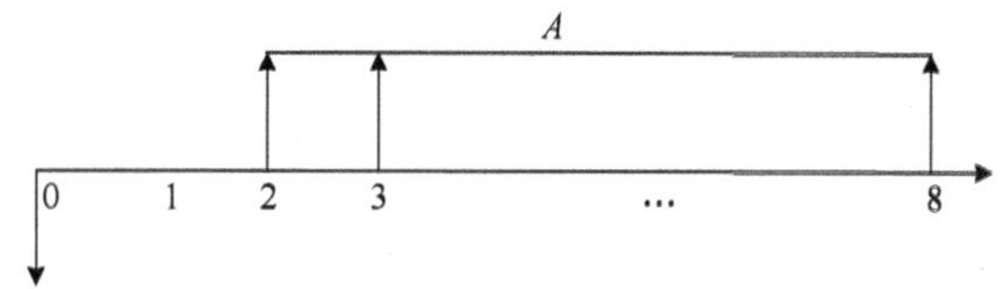

图 2-17　现金流量图

需要注意的是，在大多数情况下，年金都是在有限时期内发生的；但实际情况中，有些年金是无限期的。如股份公司的经营具有连续性，可认为有无限寿命。因此，当式（2-13）中的 n 为无限时，就可得到永久年金的现值。即 $n \to \infty$ 时，有

$$\lim_{n\to\infty} = \frac{(1+i)^n - 1}{i(1+i)^n} = \frac{1}{i}$$

此时 $P = \frac{A}{i}$，P 是永久年金 A 的现值；反过来，一笔资金的永久年金就是 $A = P \times i$，即每年只提取资金的利息部分，而保留本金部分。

例 2-10　某地科技工业园欲设立每年 50 万元的奖学金，以投资教育。在年利率为 10%的条件下，试求这笔奖学金永久年金的现值。

解： $P = \frac{A}{i} = \frac{50}{10\%} = 500$（万元）

即该科技工业园拿出 500 万元的现值，就可以在年利率为 10%的条件下，保证每年提供 50 万元的奖学金。

4）等额支付资本回收公式（已知 P 求 A）

对于初期投资 P，当年利率为 i 时，在 n 年内每年年末以等额资金 A 回收的问题就是等额支付资本的回收计算。条件是：已知 P、i、n，求年金 A。其现金流量图如图 2-18 所示。

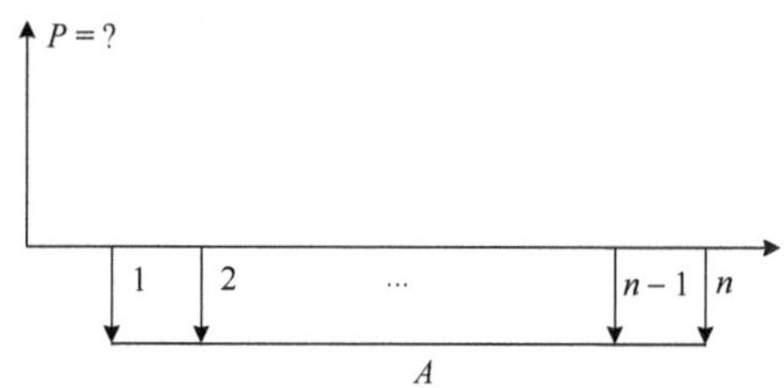

图 2-18　等额支付资金回收现金流量图

等额支付资本回收计算是等额现值计算的逆运算，故由式（2-13）得

$$A = P\frac{i(1+i)^n}{(1+i)^n - 1} \tag{2-14}$$

式中，$\frac{i(1+i)^n}{(1+i)^n - 1}$ 称为等额支付资本回收系数，记为（A/P，i，n）。

在对投资项目或技术方案进行经济技术分析时，常根据计算出的单位投资值，在考虑资金时间价值的前提下，应用等额支付资本回收系数核定在项目生产期或回收成本期内每年至少应返还的资金。

由因子的数学换算易知，资本回收系数与偿债基金系数的关系为 $(A/P,i,n) = (A/F,i,n) + i$。

例 2-11 投资 5000 万元新建一民办学校，准备于开建后 10 年内收回投资，平均每个学生的学费是 12000 元/年。当年利率为 6%时，该学校平均每年的在校学生数目至少应为多少？

解：本题是等额支付资本回收计算问题。已知 $P=5000$ 万元，$i=0.06$，$n=10$，

则 $A=P(A/P,i,n)=5000(A/P,0.06,10)=5\,000\times0.13587=679.35$（万元）

$$\text{平均每年的在校学生数}=\frac{679.35\times10^4}{12000}\approx567\text{（人）}$$

以上公式中涉及的基本参数有 n、i、P、F、A 五个。工程经济分析就是在上述五个参数中按四个为一组、但 n、i 一定要出现的情况（不一定已知），进行不同时点的资金等值计算（n、i 要已知），以及计算未知的计息期数或计息利率（n 或 i 未知），即已知三个求另外一个未知参数。

3. 不等额支付公式

实际工程经济问题中，现金流量每年均有一定的增加或减少，并不相等。不等额支付序列是每期收支数额不相同的现金流量序列。按照现金流量的变化规律，可分为特殊情况下的等差和等比两种不等额现金流量序列，以及一般情况下无规律可循的不等额现金流量序列。

1）等差序列现金流量等值换算公式

现金流量序列在分析期内，每年年末发生的方向相同、大小按等额增加或减少的现金流量序列，称为等差序列现金流量。如设备维护费用一般是逐年增加的，若每年按一个相对稳定的常数递增，就构成了一个等差递增现金流量。

等差序列现金流量图如图 2-19(a)所示。它可以分解为两个部分：一是以第一年年末的基础金额 A_1 的等额序列，如图 2-19(b)所示；二是等差额为 G 的等差序列（不含基础金额 A_1），如图 2-19(c)所示。由图可知，其特点有：现金流量图左小右大，即递增等差数列；第一笔等差流量发生在经济系统的第二年。以此来推导等差序列的现值公式。

分析图 2-19(c)所示现金流量。记该序列流量的等额现值为 P_G，由图易知，

$$\begin{aligned}P_G&=G(1+i)^{-2}+2G(1+i)^{-3}+\ldots+(n-2)G(1+i)^{-(n-1)}+(n-1)G(1+i)^{-n}\\&=G\sum_{t=1}^{n-1}t(1+i)^{-t-1}\end{aligned}\tag{2-15}$$

对式（2-15）经数学换算可得如下表达式

$$P_G=G\cdot\frac{1}{i}\left[\frac{(1+i)^n}{i(1+i)^n}-\frac{n}{(1+i)^n}\right]\tag{2-16}$$

式中，$\frac{1}{i}\left[\frac{(1+i)^n}{i(1+i)^n}-\frac{n}{(1+i)^n}\right]$称为等差序列现值系数，用符号（$P/G$，$i$，$n$）表示。它适用于已知 G、i、n，求 P 的情况。

这样，图 2-19(a)所示的等差递增现金流量序列等额现值为

$$\begin{aligned}P=P_{A_1}+P_G&=A_1\frac{(1+i)^n-1}{i(1+i)^n}+G\cdot\frac{1}{i}\left[\frac{(1+i)^n}{i(1+i)^n}-\frac{n}{(1+i)^n}\right]\\&=A_1(P/A,i,n)+G(P/G,i,n)\end{aligned}\tag{2-17}$$

当序列等差递减时，即现金流量为左大右小时，P_G 表示的是应从等额部分 P_A 中减去的对

应不等额部分资金复利现值，此时等差递减序列的等额现值是 P_A 与 P_G 之差。即对于等差序列现金流量而言，等额现值为

$$P = A_1(P/A,i,n) \pm G(P/G,i,n) \tag{2-18}$$

式中，$A_1(P/A,i,n)+G(P/G,i,n)$ 为等差递增序列的现值，而等差递减序列的现值为 $A_1(P/A,i,n)-G(P/G,i,n)$。

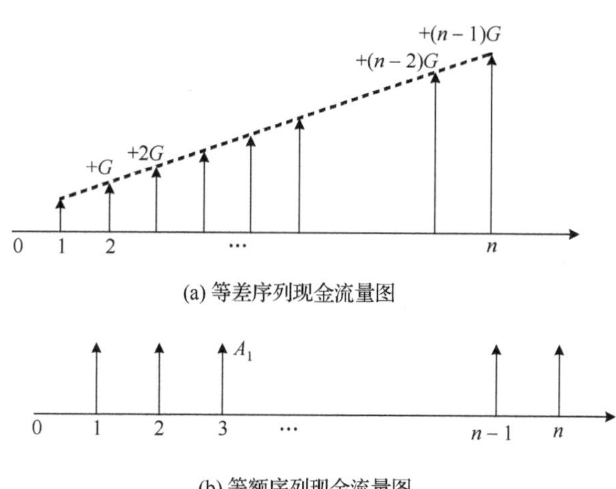

(a) 等差序列现金流量图

(b) 等额序列现金流量图

(c) 等差额序列现金流量图

图 2-19　现金流量图

式（2-17）中，经相应等值变换可分别求得等差序列流量的年值 A 和终值 F。同现值一样，当序列流量等差递增时，A 和 F 都是表示由等额部分和对应不等额部分的组合；当序列流量等差递减时，A 和 F 表示的是应从等额部分中减去对应不等额部分后剩下的部分。

由式（2-17）可以得到等差序列流量的年值 A 为

$$A = A_1 \pm G\frac{(1+i)^n-(1+ni)}{i[(1+i)^n-1]} \tag{2-19}$$

式中，$\dfrac{(1+i)^n-(1+ni)}{i[(1+i)^n-1]}=\left[\dfrac{1}{i}-\dfrac{n}{i}(A/F,i,n)\right]$ 称为等差序列年值系数，用 $(A/G,i,n)$ 表示。式（2-19）又可以表示为

$$A = A_1 \pm G(A/G,i,n) \tag{2-20}$$

同理，由式（2-17）可以得到等差序列流量的终值 F 为

$$F = A_1\frac{(1+i)^n-1}{i} \pm G\frac{(1+i)^n-(1+ni)}{i^2} \tag{2-21}$$

式中，$\frac{(1+i)^n-(1+ni)}{i^2}$称为等差序列终值系数，记作$(F_G/G,i,n)$。它还可以表示成：

$$F = A_1(F/A,i,n) \pm G(F_G/G,i,n) \tag{2-22}$$

以上各等差因子都可由有关复利因子表查得，避免了烦琐的计算。

例 2-12　现有现金流量如图 2-20 所示，若年利率为 10%，试计算其现值、终值、年金。

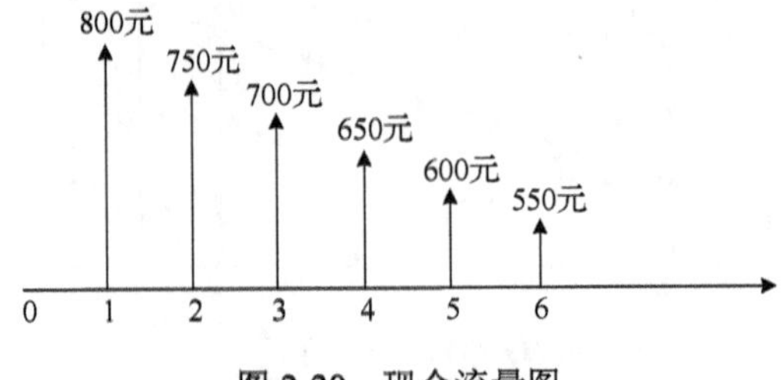

图 2-20　现金流量图

解：由图 2-20 可得：$A_1=800, A_G=50, i=10\%, n=6$，将相关数据代入式（2-19）得

$$A = A_1 - A_G = 800 - 50(A/G,10\%,6)$$
$$= 800 - 50 \times 2.224 = 688.8（元）$$

则可得

$$P = A(P/A,i,n) = 688.8(P/A,10\%,6) = 688.8 \times 4.3553 = 2999.93（元）$$
$$F = A(F/A,i,n) = 688.8(F/A,10\%,6) = 688.8 \times 7.7156 = 5314.51（元）$$

例 2-13　某机器第一年的维修费用为 5000 元，以后 10 年每年递增 1000 元。若 i 为 10%，问这 10 年维修费用的现值、终值和年值各为多少？

解：该机器维修现金流量如图 2-21 所示。

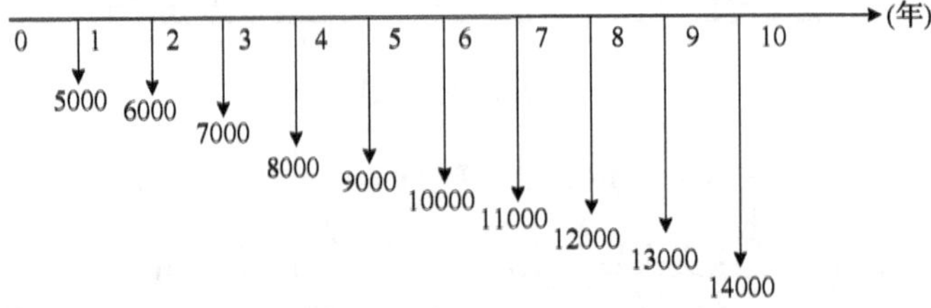

图 2-21　某机器维修的现金流量图

该问题相当于一个以 $A_1 = 5000$ 为期末支付额的等额支付序列和以 1000，2000，3000，…，9000 组成的等差序列（图 2-22）组合而成。

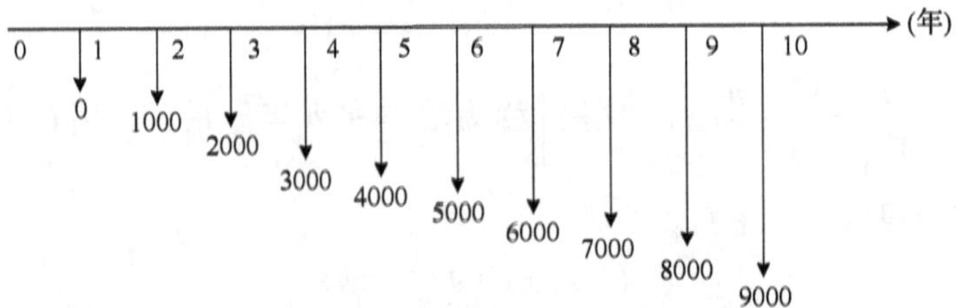

图 2-22　某机器维修现金流量图中的等差序列

由等额支付序列的现值和终值公式可得

$$P_{A_1} = A_1(P/A,i,n) = A_1\frac{(1+i)^n-1}{i(1+i)^n} = 5000\times 6.145 = 30725（元）$$

$$F_{A_1} = A_1(F/A,i,n) = 5000\times 15.937 = 79685（元）$$

等差序列的现值、年值和终值分别为

$$P_G = G\frac{(1+i)^n-ni-1}{i^2(1+i)^n} = 1000\times 22.892 = 22892（元）$$

$$A_G = G\frac{(1+i)^n-ni-1}{i(1+i)^n-i} = 1000\times 3.725 = 3725（元）$$

$$F_G = G\frac{(1+i)^n-ni-1}{i^2} = 1000\times 59.374 = 59374（元）$$

综合以上两步，可得该问题的现值、年值和终值分别为

$$P = P_{A_1} + P_G = 30725 + 22892 = 53617（元）$$

$$A = A_1 + A_G = 5000 + 3725 = 8725（元）$$

$$F = F_{A_1} + F_G = 79685 + 59374 = 139059（元）$$

2）等比序列现金流量等值换算公式

等比序列现金流量是指各时点的现金流量按一定速度、以某一固定比率 g 递增或递减，形成一个等比序列。其现金流量如图 2-23 所示。

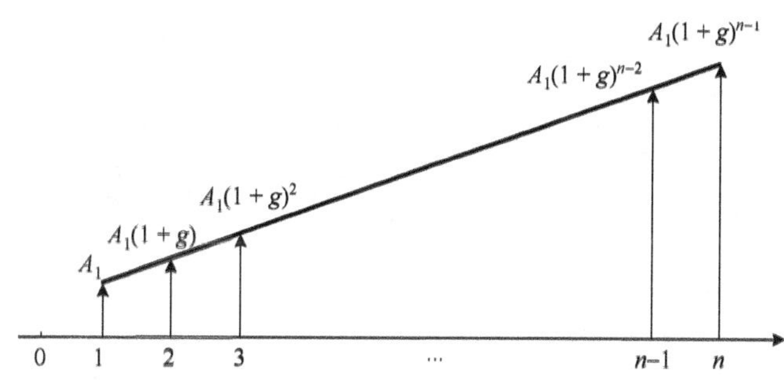

图 2-23　等比序列现金流量图

根据式（2-9），在第 k 期期末现金流量 A_k 的现值为

$$\begin{aligned}P_k &= A_k(1+i)^{-k} = A_1(1+g)^{k-1}(1+i)^{-k}\\ &= A_1(1+g)^{-1}\left(\frac{1+g}{1+i}\right)^k\end{aligned}$$

则整个现金流量的现值为

$$P = P_1 + P_2 + \cdots + P_n = A_1(1+g)^{-1}\sum_{k=1}^{n}\left(\frac{1+g}{1+i}\right)^k$$

当 $g=i$ 时，$P = nA_1(1+g)^{-1}$；当 $g\neq i$，即 $\dfrac{1+g}{1+i}\neq 1$ 时，

$$P = A_1(1+g)^{-1}\frac{\left(\frac{1+g}{1+i}\right)^{n+1} - \frac{1+g}{1+i}}{\frac{1+g}{1+i} - 1} = A_1\frac{1-\left(\frac{1+g}{1+i}\right)^n}{i-g} \tag{2-23}$$

式（2-23）称为等比序列现值公式，其中 $\frac{1-\left(\frac{1+g}{1+i}\right)^n}{i-g}$ 称为等比序列现值系数。

等比序列的终值、年值公式可应用相关公式导出，与等差序列类同，故不再赘述。

例 2-14　某企业新购进一套半导体生产设备，预计第 1 年产品销售额可增加 10000 元，以后逐年年收入增加率达 5%，生产期为 15 年。若利率为 10%。问此套设备的购进价格应在什么范围才具有经济合理性？

解： 该问题属于等比序列现金流，如图 2-24 所示。

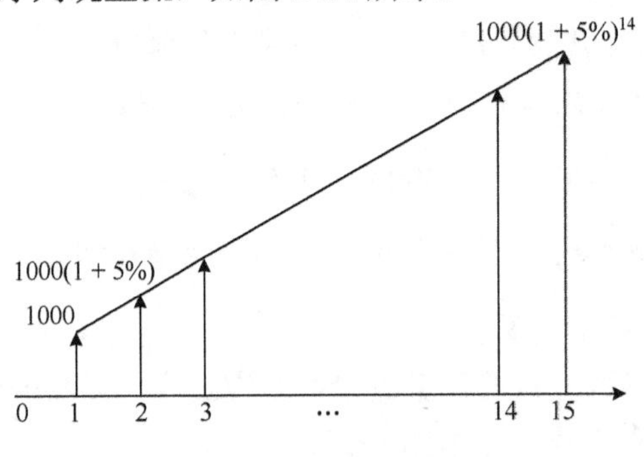

图 2-24　现金流量图

由式（2-23）可得

$$P = A_1\frac{1-\left(\frac{1+g}{1+i}\right)^n}{i-g} = 10000\times\frac{1-\left(\frac{1+5\%}{1+10\%}\right)^{15}}{10\%-5\%} = 100464.24\text{（元）}$$

即该设备的购买价格必须小于 100464.24 元才有经济合理性。

3）一般不等额现金流量序列等值换算公式

若每期期末的现金收支不等，且无一定的规律可循，可利用复利公式 $F = P(1+i)^n$ 或 $P = F(1+i)^{-n}$ 分项计算后求和。例如，有一不等额现金流量序列，各期末现金流量分别为 $K_1, K_2, K_3, \cdots, K_{n-1}, K_n$，分别求其现值资金总额和终值资金总额。如图 2-25 所示。

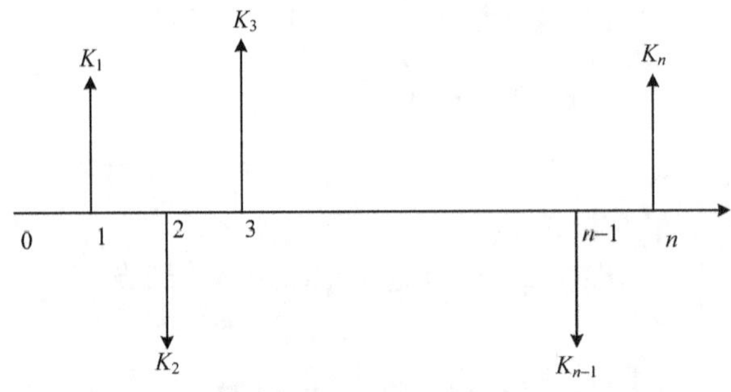

图 2-25　不等额现金流量序列

现值资金总额以K_p表示，终值资金总额以K_f表示，则

$$K_p=\frac{K_1}{(1+i)}+\frac{K_2}{(1+i)^2}+\cdots+\frac{K_{n-1}}{(1+i)^{n-1}}+\frac{K_n}{(1+i)^n}=\sum_{t=1}^{n}\frac{K_t}{(1+i)^t} \tag{2-24}$$

$$K_f=K_1(1+i)^{n-1}+K_2(1+i)^{n-2}+\cdots+K_{n-1}(1+i)+K_n=\sum_{t=1}^{n}K_t(1+i)^{n-1} \tag{2-25}$$

注：式（2-24）及式（2-25）中K_i有“正负”之分，此处为表示方便而未标出。

例 2-15　某工程国家要求建成投产前的投资总额不能超过 3000 万元，3 年建成。按计划分配，第 1 年投资 1200 万元，第 2 年投资 1000 万元，第 3 年投资 800 万元，建设银行贷款年利率为 8%，则每年实际可用于建设工程的投资现值金额及实际应用建设的投资现值总额为多少？

解：

$$K_p=\frac{1200}{(1+0.08)}+\frac{1000}{(1+0.08)^2}+\frac{800}{(1+0.08)^3}$$
$$=2603.34（万元）$$

由计算可知工程建设时所花的总投资为 3000 万元，实际用在工程建设上的只有 2603.34 万元，按规定值计算其中第 1 年 1111 万元，第 2 年为 857.34 万元，第 3 年为 635.04 万元，其余 396.66 万元交了利息，占投资总额的 13.22%，可见缩短建设周期的重要性。

2.3.4　等值计算公式的应用

以上所介绍的资金时间价值等值计算公式中，一次支付复利终值公式、一次支付复利现值公式、等额支付终值公式、等额支付现值公式、等额支付偿债基金公式、等额支付资本回收公式等是六个常用的基本公式，必须熟练掌握；不等额现金流量序列复利公式则是在前述公式基础上的应用与推广。在六个基本公式中，又以复利终值（或现值）公式为最基本的公式，其他公式则是在此基础上经初等数学运算得到的。基本公式归纳如表 2-2 所示。

表 2-2　资金时间价值等值计算的基本公式

支付方式	已知	求解	公式	系数名称及符号	现金流量图
一次支付	P	F	终值公式 $F=P(1+i)^n$	一次支付终值系数 $(F/P,i,n)$	F；0 … n；P
	F	P	现值公式 $P=F(1+i)^{-n}$	一次支付现值系数 $(P/F,i,n)$	
等额支付	A	F	等额支付终值公式 $F=A\frac{(1+i)^n-1}{i}$	等额分付终值系数 $(F/A,i,n)$	F；0 1 2 3 … n−1 n；A
	F	A	等额支付偿债基金公式 $A=F\frac{i}{(1+i)^n-1}$	等额分付偿债基金系数 $(A/F,i,n)$	

续表

支付方式	已知	求解	公式	系数名称及符号	现金流量图
等额支付	A	P	等额支付现值公式 $P=A\dfrac{(1+i)^n-1}{i(1+i)^n}$	等额分付现值系数 $(P/A,i,n)$	
	P	A	等额支付资本回收公式 $A=P\dfrac{i(1+i)^n}{(1+i)^n-1}$	等额支付资本回收系数 $(A/P,i,n)$	

1. 复利系数之间的关系

（1）倒数关系

①$(F/P,i,n)=1/(P/F,i,n)$；②$(A/P,i,n)=1/(P/A,i,n)$；

③$(A/F,i,n)=1/(F/A,i,n)$。

（2）乘积关系

①$(F/A,i,n)=(P/A,i,n)(F/P,i,n)$；②$(F/P,i,n)=(A/P,i,n)(F/A,i,n)$。

（3）其他关系

①$(A/P,i,n)=(A/F,i,n)+i$；②$(F/G,i,n)=[(F/A,i,n)-n]/i$；

③$(P/G,i,n)=[(P/A,i,n)-n(P/F,i,n)]/i$；④$(A/G,i,n)=[1-n(A/F,i,n)]/i$；

⑤在等差序列现金流中，如果没有等额流量值 A，即 $A=0$，则有 $(P/G,i,n)=\dfrac{1}{(G/P,i,n)}$。

2. 运用公式时应注意下列问题

（1）本期末即等于下期初。0 点是第一期期初，也叫零期；1 既是第一期期末也是第二期期初；其余时点以此类推。

（2）P 是在第一计息期开始时（0 期）发生，即现值 P 是指折算到分析期期初的现金流量。

（3）F 是发生在考察期期末，即 n 期末，即终值 F 是指折算到分析期期末的现金流量。

（4）各期等额支付 A 发生在各期期末，即年值 A 是指折算到分析期内各年年末的等额现金流量。

（5）当问题包括 P 与 A 时，系列的第一个 A 与 P 隔一期，即 P 发生在系列 A 的前一期。

（6）当问题包括 A 与 F 时，系列的最后一个 A 和 F 是同时发生的。

（7）对于等差序列，P_G 发生在第一个 G 的前两期；A_1 发生在第一个 G 的前一期。

（8）在等差序列现金流中，如果没有等额流量值 A，即 $A=0$，则有 $(P/G,i,n)=\dfrac{1}{(G/P,i,n)}$。

要注意的是，只有在 i 及 n 条件相同的情况下，且 P、F、A、G 等满足推导公式的假定条件下，上述系数之间的关系才能够成立。抓住各系数之间的关系，就抓住了计算公式的关键。

3. 未知计息次数或利率的计算

1）未知利率计算

在实践中，利率会有不是整数的情况，在已知其他变量求利率的情况下一般使用插值法。

例 2-16 某公司于第一年年初借款 20000 元，每年年末还本付息额为 4000 元，连续 9 年还清。问借款利率为多少？

解：根据题意，已知 $P=20000$，$A=4000$，$n=9$，求利率 i。

该题属于普通年金现值问题，$20000-4000(P/A,i,9)$，通过计算普通年金现值系数应为 5。查复利系数表不能查到 $n=9$ 是对应的系数 5，但可以查到和 5 相邻的两个系数 5.3282（对应的利率为 12%）和 4.7716（对应的利率为 15%）。假设普通年金现值系数 5 对应的利率为 i，i 应在 12%～15%，用插值法计算，则有

$$i=12\%+[(5.3282-5)/(5.3282-4.7716)]\times(15\%-12\%)=13.8\%$$

2）未知计息次数计算

例 2-17　某投资项目每年有 10 万元的投资收益，在投资收益率在 10%的条件下，企业希望最后一次回收资金 100 万元，则该投资项目投资年限不得少于多少年？

解：由题意可知 $(F/A,10\%,n)=100/10=10$

查复利系数表可知：$(F/A,10\%,7)=9.4872$；$(F/A,10\%,8)=11.4359$

求年限：$(n-7)/(10-9.4872)=(8-7)/(11.4359-9.4872)$

$$n=7.26\text{（年）}$$

则该投资项目投资年限不得少于 7.26 年。

2.4　名义利率与实际利率

在经济分析中，复利计算通常以年为计息周期。但在实际经济活动中，计息周期有半年、季、月、周、日等多种。当利率的时间单位与计息期不一致时，就出现了名义利率和实际利率的概念。

2.4.1　名义利率

名义利率（Nominal Interest Rate）是指按实际计息期计息的利率，用 $i_{实}$ 表示。计息周期利率 i 乘以一个利率周期内的计息周期数 m 便可得到名义利率。即

$$i_{名}=i_{实}\times m \tag{2-26}$$

按月计算利息，且其月利率为 1%，通常也称为“年利率 12%，每月计息一次”。则 1%是月实际利率；$1\%\times 12=12\%$即年名义利率。计算名义利率时，忽略了计息到期的利息再次生息的问题，其与单利的计算相同。

2.4.2　实际利率

实际利率（Actual Interest Rate）是指按实际计息期计息的利率，用 $i_{实}$ 表示；实际利率一般是剔除了通货膨胀后的利率。若 1 年中计息周期数为 m，可知 $i_{实}$ 和 $i_{名}$ 的关系如下：

$$i_{实}=\frac{i_{名}}{m} \tag{2-27}$$

例如，每个计息周期的利率为 4%，计息周期为半年，在这种情况下，则名义利率为年利率 8%，即 $i_{名}=8\%$，而实际利率为半年利率 4%，即 $i_{实}=4\%$。

值得说明的是，通常名义利率 $i_{名}$ 指年利率，而实际利率并不一定是年利率。在进行工程经济分析时，每年计息期数不同的名利利率之间不具备可比性，应将它们化为实际利率后才能进行比较。

1. 间断式计息期内的实际年利率

若名义利率为$i_{名}$、1 年中计息次数为 m，则计息周期的实际利率为$i_{实}=\frac{i_{名}}{m}$；根据复利计息公式，本金 P 在 1 年后的本利和$F=P\left(1+\frac{i_{名、年}}{m}\right)^m$，其利息$I=F-P=P\left(1+\frac{i_{名、年}}{m}\right)^m-P$。

则根据国际“借贷真实性法”的规定：实际年利率是一年利息额与本金之比，因此实际年利率$i_{实、年}$为

$$i_{实、年}=\frac{F-P}{P}=\frac{P\left(1+\frac{i_{名}}{m}\right)^m-P}{P}=\left(1+\frac{i_{名}}{m}\right)^m-1 \tag{2-28}$$

由上述过程可知，名义利率的实质是，计息期小于 1 年的利率，化为年利率时，没有考虑前期计息周期中所产生利息的利息，忽略了时间因素；实际利率才真实地反映了资金的时间价值。若按单利计息，名义利率与实际利率是一致的；但按复利计算时往往是实际利率大于名义利率。

式（2-28）为从名义利率求实际年利率的公式，反映了复利条件下实际年利率和名义利率之间的关系。可以看出，当 $m=1$（即一年计息一次）时，名义利率$i_{名}$等于实际年利率$i_{实、年}$；实际计息周期短于一年时，实际年利率$i_{实、年}$要高于名义利率$i_{名}$。

例 2-18 如果年利率为 12%，则在按月计息的情况下，半年的实际利率为多少？实际年利率又是多少？

解：计息周期为一个月，则实际月利率为 12%/12 = 1%。半年的计息次数为 6 次，则半年的实际利率为

$$i_{实际}=\left(1+\frac{i_{名}}{m}\right)^m-1=(1+0.12/12)^6-1=0.0615=6.15\%$$

实际年利率为

$$i_{实际}=\left(1+\frac{i_{名}}{m}\right)^m-1=(1+0.12/12)^{12}-1=12.683\%$$

即半年的实际利率为 6.15%；实际年利率为 12.683%。

名义利率为 12%、不同计息周期的实际年利率如表 2-3 所示，不同名义利率和计息周期下的实际利率如表 2-4 所示。

表 2-3 不同计息周期下 $i_{名}$ 12%的年实际利率

计息周期	年计息次数	各期利率 r/m（%）	年实际利率 r/m（%）
年	1	12.000	12.000
半年	2	6.000	12.360
季度	4	3.000	12.551
月	12	1.000	12.683
周	52	0.230 8	12.734
日	365	0.032 88	12.747
连续	∞		12.750

表 2-4　不同名义利率和计息周期下的实际利率

计息周期（复利计算）	年复利周期数 n	相应名义利率下的年实际利率 i（%）				
		5	10	12	15	20
年度	1	5	10	12	15	20
半年	2	5.06	10.25	12.36	15.56	21
季度	4	5.09	10.38	12.55	15.81	21.55
月	12	5.12	10.47	12.68	16.08	21.94
日	365	5.13	10.52	12.75	16.18	22.13

从表 2-3 和表 2-4 中可以看出如下规律：名义利率越大，实际计息周期越短，实际年利率 $i_{实、年}$ 与名义利率 $i_{名}$ 的差值就越大。

例 2-19　某公司向国外银行贷款 200 万元，借款期五年，年利率为 15%，但每周复利计算一次。在进行资金运用效果评价时，该公司把年利率（名义利率）误认为实际利率。问该公司少算多少利息？

解：该公司原计算的本利和为

$$F' = P(1+i)^n = 200(1+0.15)^5 = 402.27\text{（万元）}$$

而实际利率为

$$i_{实际} = \left(1+\frac{i_{名}}{m}\right)^m - 1 = \left(1+\frac{0.15}{52}\right)^{52} - 1 = 16.16\%$$

这样，实际的本利和应为

$$F = P(1+i)^n = 200(1+0.1616)^5 = 422.97\text{（万元）}$$

少算的利息为

$$F - F' = 422.97 - 402.27 = 20.70\text{（万元）}$$

即，该公司少算 20.70 万元的利息。

式（2-28）还可进一步推广为求任意计息周期的实际利率，只要知道计息周期内的计息次数。

2. 连续式计息期内的实际年利率

在一个企业或工程项目中，如果收入和支出几乎是在不间断流动着的，可以把它看作连续的现金流。当涉及连续现金流的复利问题时，就要使用连续复利的概念，即在一年中按无限多次计息，此时可以认为 $m \to \infty$，求此时的实际年利率，即对公式（2-28）求 $m \to \infty$ 时的极限

$$i_{实、年} = \lim_{m\to\infty}\left[\left(1+\frac{i_{名}}{m}\right)^m - 1\right]$$

容易证得 $i_{实、年} = e^r - 1$，e 为自然对数的底。

2.4.3　名义利率和实际利率的应用

资金时间价值是工程经济分析的基本原理，资金的等值计算是这个原理的具体应用。进行资金等值计算中灵活应用公式时，当不能直接采用公式时，要作适当变换以使其符合基本公式。在变换过程中，名义利率与实际利率的关系是常用到的方法。

1. 计息期与支付期一致的计算

例 2-20　年利率为 8%，每季度计息一次，每季度末借款 1400 元，连续借 16 年，求与其等值的第 16 年末的未来值为多少？

解： 已知 $P = 1400$ 元，$i_{实} = 8\%/4 = 2\%$，$n = 16 \times 4 = 64$

$$F = A(F / A,i,n) = 1400 \times (F / A,2\%,64) = 178604.53(元)$$

即与其等值的第 16 年末的未来值为 178604.53 元。

2. 计息期短于支付期的计算

例 2-21　年利率为 10%，每半年计息一次，从现在起连续 3 年每年末等额支付 500 元，求与其等值的第 3 年末的现值为多少？

解： 方法一：先求支付期的实际利率，支付期为 1 年，则年实际利率为

$$i_{实际} = \left(1 + \frac{i_{名}}{m}\right)^m - 1 = \left(1 + \frac{10\%}{2}\right)^2 - 1 = 10.25\%$$

$$P = A\left[\frac{(1+i)^n - 1}{i(1+i)^n}\right] = 500 \times \left[\frac{(1+10.25\%)^3 - 1}{10.25\%(1+10.25\%)^3}\right] = 1237.97(元)$$

方法二：可把等额支付的每次支付看作一次支付，利用一次支付现值公式计算，如图 2-26(a)所示。半年实际利率为 10%/2 = 5%。

$$P = 500 \times (1+5\%)^{-2} + 500 \times (1+5\%)^{-4} + 500 \times (1+5\%)^{-6} = 1237.97(元)$$

方法三：取一个循环周期，使这个周期的年末支付变成等值的计息期末的等额支付序列，从而使计息期和支付期完全相同，则可将实际利率直接代入公式计算，如图 2-26(b)所示。

在年末存款 500 元的等效方式是在每半年末存入 243.9 元，则等额现值为

$$A = 500 \times (A / F,i,n) = 500 \times (A / F,10\% / 2,2) = 500 \times 0.4878 = 243.9（元）$$

$$P = A(P / A,i,n) = 243.9 \times (P / A,5\%,6) = 243.9 \times 5.0757 = 1237.97（元）$$

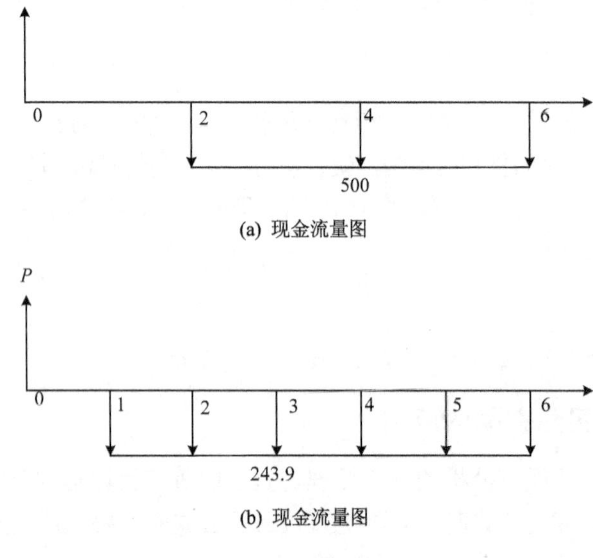

(a) 现金流量图

(b) 现金流量图

图 2-26

3. 计息期长于支付期的计算

当计息期长于支付期时，由于计息期内有不同时刻的支付，通常规定存款必须存满一个计息期时才计利息，即在计息周期间存入的款项在该期不计算利息，要在下期才计算利息。因此，原现金流量图应按以下原则进行处理：相对于投资方来说，计息期的存款放在期末，计息期的提款放在期初，计息期分界点处的支付保持不变。

例 2-22　现金流量图如图 2-27(a)所示，年利率为 12%，每季度计息 1 次，求年末终值 F 为多少？

解：按上述原则进行处理，得到等值的现金流量图如图 2-27(b)所示。

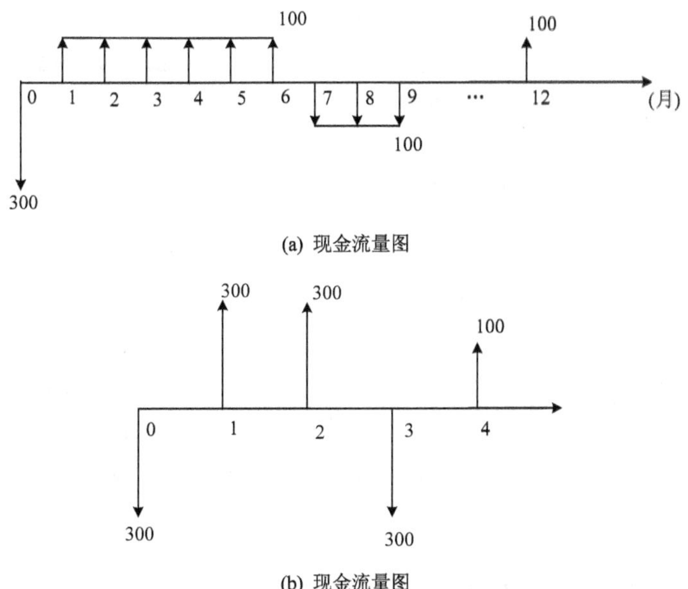

(a) 现金流量图

(b) 现金流量图

图 2-27

根据处理过的现金流量图求得终值

$$F=-300\times\left(1+\frac{12\%}{4}\right)^4+300\times\left(1+\frac{12\%}{4}\right)^3+300\times\left(1+\frac{12\%}{4}\right)^2-300\left(1+\frac{12\%}{4}\right)+100$$
$$=-115（元）$$

2.5　复利公式的应用

一工薪阶层准备按揭贷款买房，其父母主张买单价 7550 元/平方米的 60 平方米的二居室，考虑有了后代后家庭成员住宿问题；其主张买两套单价 8500 元/平方米的 30 平方米的一居室，自住一套，出租一套，以房养房。目前银行贷款利率为 6.5%，一年中计息周期的收付不计息，首付为 30%，贷款占 70%，还款方式为按月等额本息还款；目前 30 平方米的房子在其所购地段每月可租 1200 元。60 平方米的房子在 10 年后预估市场价值为 60 万，30 平方米的房子 10 年后预估价为 23 万元；物业管理费每月每平方米 1.5 元。假设存款利率为 6%，则买一套二居室首付为 135900 元，每年还本息 45293 元；买两套一居室首付为 153000 元，每年还木息 50317 元。试比较哪种购买方式最经济？

解：依据题意先画出两种购买方式下 10 年计算期下的现金流量图如图 2-28 和图 2-29 所示。

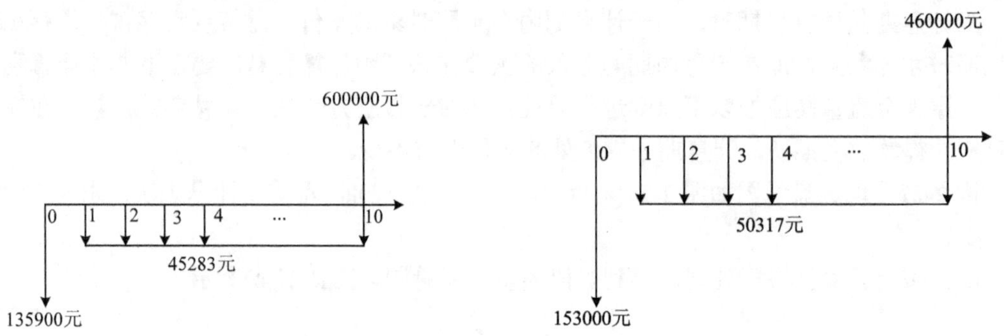

图 2-28　现金流量图　　图 2-29　现金流量图

二居室方案：

$$\begin{aligned}P_{二居室} &= 600000\times(1+6\%)^{-10} - 45293\times\frac{(1+6\%)^{10}-1}{6\%\times(1+6\%)^{10}} - 135900\\&= 600000(P/F,6\%,10) - 45293(P/A,6\%,10) - 135900\\&= -134221（元）\end{aligned}$$

两套一居室方案：

$$\begin{aligned}P_{两套一居室} &= 460000\times(1+6\%)^{-10} - (50317-14400)\times\frac{(1+6\%)^{10}-1}{6\%\times(1+6\%)^{10}} - 153000\\&= 460000(P/F,6\%,10) - (50317-14400)(P/A,6\%,10) - 153000\\&= -7488（元）\end{aligned}$$

所以，经过比较购买两套一居室的比较划算。

复　习　题

1．什么是资金的时间价值？举例说明。

2．单利计算与复利计算的区别是什么？试用公式说明。

3．等值计算中的基本要素有哪些？

4．某个项目投资总额 1000 万元，分 5 年支付工程款，3 年后开始投产，有效期限为 5 年。投产开始时垫付流动资金 200 万元，结束时收回。投产后每年可产生 300 万元的现金流入。试绘出其现金流量图。

5．某人现在存款 1000 元，年利率为 10%，计息周期为半年，复利计息。问 5 年末存款金额为多少？

6．某厂欲积累一笔设备更新基金，用于 4 年后更新设备。此项投资总额为 500 万元，银行利率 12%，问每年末至少要存款多少？

第 3 章　投资方案经济效果评价

学习目的：熟悉静态、动态经济效果评价指标的含义、特点；掌握静态、动态经济效果评价指标计算方法和评价准则；掌握互斥方案经济评价方法；掌握设备更新分析方法。

学习重点：工程项目现金流量的概念和构成；投资回收期、净现值、内部收益率的概念和计算；净现值和收益率的关系；互斥方案的经济评价方法；设备更新分析方法。

学习难点：净现值和收益率的关系；内部收益率的概念和计算；互斥方案的经济评价方法。

3.1　项目现金流量

在工程经济分析中，通常将工程项目或技术方案视为一个独立的经济系统，来考察项目或者技术方案的经济效果。对一个系统而言，凡在某一时点上流出系统的货币称为现金流出或负现金流量，通常用 CO 表示；流入系统的货币称为现金流入或正现金流量，通常用 CI 表示；同一时间点上的现金流入和现金流出的代数和称为净现金流量，通常用 CI–CO 表示。

3.1.1　项目现金流量的概念

所谓的现金流量（Cash Flows）是特定经济系统（可以是一个工程项目、一个企业，也可以是一个地区或部门）在某一时点发生了使用权或所有权转移的现金或等价物（如短期国库券、商业本票、可转让定期存单等）的数量。

3.1.2　项目现金流量的构成

构成经济系统现金流量的基本要素主要有建设投资、经营成本、营业收入、税金和利润等。现行的《建设项目经济评价方法》中共涉及项目投资现金流量表、项目资本金现金流量表、投资各方现金流量表和财务计划现金流量表等四个现金流量表。以其中的项目投资现金流量表为依据来阐述项目的现金流量构成。

项目投资现金流量表是站在整个项目的角度，不分资金来源，以项目的全部投资为出发点，对项目整个计算期各年现金流量所进行的系统、连续的表格式反映，包括以下主要内容，如表 3-1 所示。

表 3-1　项目投资现金流量表

序　号	项　目	合　计	计　算　期					
			1	2	3	4	…	n
1	现金流入							
(1)	营业收入							
(2)	补贴收入							
(3)	回收固定资产余值							

续表

序　号	项　目	合　计	计算期					
			1	2	3	4	…	n
(4)	回收流动资金							
2	现金流出							
(1)	建设资金							
(2)	流动资金							
(3)	经营成本							
(4)	营业税金及附加							
(5)	维持营运投资							
3	所得税前净现金流量（1–2）							
4	累计所得税前净现金流量							
5	调整所得税							
6	所得税后净现金流量（3–5）							
7	累计所得税后净现金流量							
	计算指标： 项目投资财务内部收益率（%）（所得税前） 项目投资财务内部收益率（%）（所得税后） 项目投资财务净现值（所得税前） 项目投资财务净现值（所得税后） 项目投资回收期（年）（所得税前） 项目投资回收期（年）（所得税后）							

1. 现金流入

现金流入由营业收入、补贴收入、回收固定资产余值和回收流动资金四项构成。

（1）营业收入是项目建成后对外提供商业活动所取得的收入，是工程经济分析中现金流入的一个重要项目。它反映了工程项目的真实收益，其计算公式为

$$营业收入 = 销售数量 \times 销售单价 \tag{3-1}$$

（2）补贴收入是指获得的政府提供的各种现金补贴。

（3）回收固定资产余值一般是在项目计算期的最后一年进行的，其中固定资产余值回收额应按照项目选用的固定资产折旧方法计算。

（4）回收流动资金也是在项目计算期最后一年，要注意流动资金回收额为项目的全部流动资金。

2. 现金流出

（1）建设投资。指项目建设和投入运营所需要的全部投资，包括固定资产投资、预备费、建设期利息以及固定资产投资方向调节税等内容。

（2）流动资金。指项目建成投产后购买原材料、支付工资等所需的现金。流动资金一般在投产前开始筹措。在投产第一年开始按生产负荷进行安排，其借款部分按全年计算利息。在计算期末回收全部流动资金。

（3）经营成本。经营成本是工程经济分析中特有的术语。它是工程项目在生产经营期的经常性实际支出，是项目现金流量表中运营期现金流出的主体部分，指总成本费用中扣除折旧费、摊销费、财务费用后的余额，其计算公式为

$$经营成本 = 总成本费用 - 折旧费 - 摊销费 - 财务费用（利息支出） \tag{3-2}$$

计算经营成本之所以要从总成本费用中剔除折旧费、摊销费和财务费用（利息支出），主要有以下两个原因：①经营成本中不包括利息支出。这是因为在项目投资现金流量表中，是以全部投资作为计算基础的，所以利息支出就不再作为现金流出；而在资本金现金流量表和投资各方现金流量表中已将借款利息支出单列，所以经营成本中也不包括利息支出。②在项目投资现金流量表中，投资是按照其发生的时间作为一次性支出被计入现金流出的，因此折旧费和摊销费不能构成现金流出，否则会发生重复计算。

在估算利润总额和所得税时，折旧费、摊销费和财务费用（利息支出）是总成本费用的组成部分。总成本费用是生产经营活动中活劳动与物化劳动消耗的货币表现，其计算公式为

$$总成本费用=生产成本+销售费用+财务费用（利息支出）+管理费用 \tag{3-3}$$

工程经济分析中不严格区分费用与成本，而将它们均视为现金流出。根据经济用途，生产成本又可分为直接费用和制造费用，将销售费用、财务费用和管理费用统称期间费用，在工程经济分析中，为了便于计算，通常按照各费用要素的经济性质及表现形态，把总成本费用分为九类，它们与总成本的关系为

$$\begin{aligned}总成本费用=&外购材料+外购燃料+外购动力+工资及福利费+折旧费+摊销费\\&+利息支出+修理费+其他费用\end{aligned} \tag{3-4}$$

（4）营业税金及附加。是指项目所缴纳的流转税及其附加、资源税和土地增值税等。

（5）维持营运投资。是指在项目运营期间所耗费的现金投资。

3. 所得税前净现金流量

某一年度的上述全部现金流入与流出的差额，即工程投资项目投产后所获得的税前利润，是项目经济目标的集中表现。

4. 累计所得税前净现金流量

本年及以前各年所得税前净现金流量之和。

5. 调整所得税

当年实际缴纳的所得税，既可能有以前年度欠缴的，也可能预缴以后年度，而不是当年应该缴纳的所得税。

6. 所得税后净现金流量

当年的所得税前净现金流量减去以现金缴纳的所得税的余额，即税后利润。

7. 累计所得税后净现金流量

本年及以前各年度所得税后净现金流量的累计数额。

3.2　投资方案经济效果评价指标

3.2.1　工程项目评价指标体系

用来评价投资方案经济性的指标很多，它们分别从不同角度反映项目的经济性，又各有其优缺点。由于工程项目的复杂性和评价目标的多样性，因而在方案的经济性评价时，一要

根据需要科学恰当地选用具体评价指标，以保证准确衡量方案的经济效益状况；二要把多个指标结合起来使用，从而使不同指标可取长补短，达到全面评价的目的。国内外提出的经济评价指标与方法相当多，在项目评价中常用的有 10 余种。工程项目的评价指标可从不同角度进行相应的划分。

根据指标所反映的经济性质，可分为时间性评价指标、价值性评价指标和比率性评价指标三类。

时间性评价指标是指以时间长短来衡量工程项目对其投资回收或清偿能力的指标，常用的有静态投资回收期、动态投资回收期、静态差额投资回收期和动态差额投资回收期等指标；价值性评价指标是反映工程项目投资净收益绝对量大小的指标，常用的有净现值、净年值、净未来值等指标；比率性评价指标是反映工程项目单位投资获利能力或工程项目对贷款利率的最大承受能力的指标，常用的有投资收益率、内部收益率、外部收益率、净现值率等指标。

根据是否考虑资金的时间价值，可将项目经济评价指标分为静态评价指标和动态评价指标。前者不考虑资金时间价值，后者考虑资金时间价值。

静态评价指标的特点是计算简便、直观、使用方便，其主要缺点是不够精确、没有考虑资金时间价值和不能反映项目整个寿命周期的全面情况，故经常应用于可行性研究初始阶段的粗略分析和评价，以及方案的初选阶段；而动态评价主要用于项目最后决策前的可行性研究阶段，是经济效益评价的主要评价方法。

3.2.2 静态评价指标

常用的静态评价指标主要有投资回收期、投资收益率（也称为投资效果系数）、差额投资回收期（详见 3.3 节）等。

1. 静态投资回收期 P_t

静态投资回收期指不考虑资金时间价值的条件下，以方案的净收益抵偿全部投资所需要的时间。对投资者来说，投资回收期越短越好。其表达式为

$$\sum_{t=0}^{P_t}(\mathrm{CI}-\mathrm{CO})_t=0 \tag{3-5}$$

式中，P_t 为静态投资回收期；CI 为第 t 年的现金流入量；CO 为第 t 年的现金流出量。

静态投资回收期一般以年为单位。对建设单位来说，投资回收期一般自项目建设开始年算起，即包括建设期。也可以自项目建设投产年算起，但应加以说明。计算静态投资回收期的方法有以下两种。

（1）项目建成投产后各年的净收益均相等时，计算公式如下：

$$P_t=t+\frac{I}{A} \tag{3-6}$$

式中，t 为项目建设期；I 为项目投入的全部资金；A 为每年的净现金流量，即 $A=(\mathrm{CI}-\mathrm{CO})_t$。

例如，一笔 1000 万元的投资，当年产生收益，以后每年的净现金收入为 200 万元，则静态投资回收期为 $P_t=0+1000/200=5$（年）。

（2）项目建成投产后各年的净收益不相等时，计算公式如下。

$$P_t=\left(\text{累计净现金流量开始出现正值的年份}-1\right)+\frac{\left|\text{上年累计净现金流量}\right|}{\text{当年的净现金流量}} \tag{3-7}$$

例 3-1　用表 3-2 中所示现金流量的数据计算项目的静态投资回收期。

表 3-2　某项目的投资及净现金收入　　（单位：万元）

项目＼年份	0	1	2	3	4	5	6
1．总投资	600	400					
2．收入			500	600	800	800	750
3．支出			200	250	300	350	350
4．净现金流量（2–3–1）	–600	–400	300	350	500	450	400
5．累计净现金流量	–600	–1000	–700	–350	150	600	1000

解：由表 3-2 可知，静态投资回收期在 3 年和 4 年之间，按照公式（3-7）得

该项目的静态投资回收期：$P_t=4-1+\dfrac{350}{500}=3.7$（年）

判别准则：设行业基准投资回收期为 P_c，若 $P_t \leqslant P_c$，表明项目投入的总资金能在规定的时间内收回，则方案可以考虑接受；若 $P_t > P_c$，则方案不可行。

静态投资回收期经济意义明确、直观，计算简便，在一定程度上反映了方案经济效果的优劣和项目风险的大小；但是静态投资回收期没有考虑资金的时间价值，且没有考虑回收期以后项目收益的情况，不能全面反映项目在整个寿命期内真实的经济效果。因此只能作为一种项目评价的辅助指标。

2. 投资收益率（投资效果系数）

投资收益率，也叫做投资效果系数，是指项目达到设计生产能力后的一个正常年份的净收益额与项目总投资的比率。其计算公式为

$$R=\frac{\mathrm{NB}}{K} \tag{3-8}$$

式中，K 为投资总额，包括固定资产投资和流动资金等；NB 为项目达产后正常年份的净收益或平均净收益；R 为投资收益率。

投资收益率指标主要反映投资项目的盈利能力。评价方案经济效果时，需要与本行业的平均水平（行业平均投资收益率）对比，以判别项目的盈利能力是否达到本行业的平均水平。

根据分析目的的不同，NB 可以是利润、利税总额、年净现金流入等，I 可以是全部投资额（即固定资产投资、建设期借款利息和流动资金之和）、投资者的权益投资额等，故投资收益率 R 常用的具体形式有投资利润率、投资利税率、资本金利润率等。

投资收益率指标未考虑资金的时间价值，且没有考虑项目建设期、寿命期等众多因素，故一般仅用于技术经济数据尚不完整的项目初步研究阶段。

例 3-2　某项目经济数据如表 3-3 所示。假定全部投资中没有借款，现已知行业平均投资收益率为 15%，达产年为第 7 年，试以投资收益率指标判断项目取舍。

表 3-3　某项目的投资及年净收入表　（单位：万元）

项目 \ 年份	0	1	2	3	4	5	6	7	8	9	10	合计
1. 总投资	180	240	80									500
2. 流动资金			250									250
3. 总投资（1+2）	180	240	330									750
4. 收入				300	400	500	500	500	500	500	500	3700
5. 总成本				250	300	350	350	350	350	350	350	2650
6. 折旧				50	50	50	50	50	50	50	50	400
7. 净收入（4–5+6）				100	150	200	200	200	200	200	200	1450
8. 累计净现金流量	–180	–420	–750	–650	–500	–300	–100	100	300	500	700	

解： 由表中数据可得，$R = 200/750 = 0.27 = 27\% > 15\%$，故项目可以考虑接受。

3.2.3　动态评价指标

常用的动态评价指标主要有动态投资回收期、净现值（或净年值）、内部收益率、净现值率等。

1. *重要参数——基准收益率 i_c*

基准收益率，又称为基准贴现率、目标收益率、最低期望收益率，是决策者对技术方案投资的资金时间价值的估算或行业的平均收益率水平。它反映投资者对相应项目上占用资金的时间价值的判断，应是投资者在相应项目上最低可接受的收益率。

作为行业或主管部门公布的重要经济参数，基准收益率的主要影响因素有企业或行业的平均投资收益率、产业政策、资金成本和机会成本、投资风险、通货膨胀、资金限制等。实际经济生活中，国家分行业确定并颁布基准收益率，并以此作为投资调整的手段。例如，对某些高消耗、技术落后或对环境造成较大影响的行业或部门，可以将其基准收益率定得高些，只有具备较好经济效益的项目才能通过；而对低消耗、技术进步或关系国计民生的某些行业或部门，可以将其基准收益率定得低些，这样就能使资金流向这些行业，有利于国家产业整体布局和建设节约型社会。基准收益率可以在本部门或行业范围内控制资金投向经济效益更好的项目。

基准收益率不同于贷款利率，通常要求基准收益率要高于贷款利率。这是因为投资方案大多带有一定风险和不确定性因素，若基准收益率低于贷款利率，就不值得投资。在确定基准收益率时，应充分考虑非贷款资金的机会费用。

2. *动态投资回收期 P_t'*

动态投资回收期在计算时考虑了资金的时间价值，是指在给定的基准收益率下，用方案各年净收益现值来回收全部投资现值所需的时间。动态投资回收期反映了投资回收的快慢。

其计算表达式为

$$\sum_{t=0}^{P_t'}(\mathrm{CI}-\mathrm{CO})_t(1+i_c)^{-t}=0 \tag{3-9}$$

式中，P_t' 为动态投资回收期；CI 为第 t 年的现金流入量；CO 为第 t 年的现金流出量；i_c 为基准收益率。

实际计算时，通常是根据方案的现金流量采用表格计算的方法，计算公式为

$$P_t' = \left(\begin{matrix}\text{累计净现金流量}\\ \text{开始出现正值的年份}\end{matrix} - 1\right) + \frac{|\text{上年累计净现金流量}|}{\text{当年的净现金流量}} \tag{3-10}$$

例 3-3　用例 3-1 的数据计算动态投资回收期。

解：从表 3-4 可见，该项目的动态投资回收期为

$$P_t' = 5 - 1 + \frac{|-111|}{279} = 4.4\text{（年）}$$

判别准则：设项目基准动态投资回收期为 P_c'，当 $P_t' \leqslant P_c'$ 时，项目可行；反之，则不可行。

3. 净现值

净现值（Net Present Value，NPV），指建设项目按部门或行业的基准收益率，将各年的净现金流量折现到建设起点的现值之和。它是反映项目在计算期内获利能力的动态指标，其表达式为

$$\text{NPV} = \sum_{t=0}^{n} (\text{CI} - \text{CO})_t (1 + i_c)^{-t} \tag{3-11}$$

式中，CI 为第 t 年的现金流入量；CO 为第 t 年的现金流出量；i_c 为基准收益率；n 为项目的寿命期。

表 3-4　某项目的累计现金流量折现值　（单位：万元）

项目＼年份	0	1	2	3	4	5	6
1. 总投资	600	400					
2. 收入			500	600	800	800	750
3. 支出			200	250	300	350	350
4. 净现金流量（2–3–1）	–600	–400	300	350	500	450	400
5. 净现金流量折现值（$i = 10\%$）	–600	–364	248	263	342	279	226
6. 累计净现金流量折现值	–600	–964	–716	–453	–111	168	394

判别准则：若 $\text{NPV} \geqslant 0$，则项目可行；若 $\text{NPV} < 0$，则项目不可行。

净现值等于零，表示项目刚好达到所预定的收益率；净现值大于零，表示除保证项目得到预定的收益率，尚可获得更高的收益；而净现值小于零，表示项目达不到所预定的收益率水平。

例 3-4　某企业基建项目设计方案总投资 1995 万元，投产后年经营成本 500 万元，年销售额 1500 万元，第三年年末工程项目配套追加投资 1000 万元，若计算期为 5 年，基准收益率为 10%，残值等于零。试计算投资方案的净现值。

解：现金流量图如图 3-1 所示。

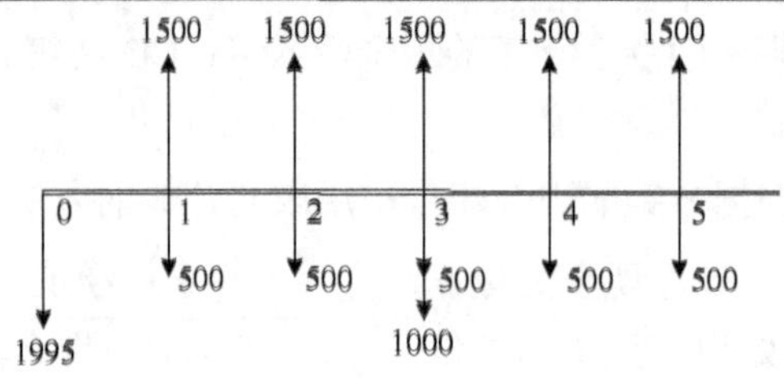

图 3-1　现金流量图　单位（万元）

$$
\begin{aligned}
NPV &= -1995 + 1500(P/A,10\%,5) - 500(P/A,10\%,5) - 1000(P/F,10\%,3) \\
&= -1995 + 1500 \times 3.7908 - 500 \times 3.7908 - 1000 \times 0.7513 \\
&= 1045 > 0
\end{aligned}
$$

该基建项目净现值 1045 万元，说明该项目实施后的经济效益除达到 10%的收益率外，还有 1045 万元的收益现值。

采用财务现金流量表计算的做法，如表 3-5 所示。

表 3-5　例 3-4 的现金流量表　　（单位：万元）

年份	现金流出		现金流出	净现金流量	现值系数	净现金流量	累计净现金
	投资	经营成本	销售收入	5＝4－3－2	（P/F,10%,t）	现值 7＝5×6	流量现值
0	1995	0	0	−1995	1.0000	−1995	−1995
1		500	1500	1000	0.909	909	−1086
2		500	1500	1000	0.826	826	260
3	1000	500	1500	0	0.751	0	−260
4		500	1500	1000	0.683	683	423
5		500	1500	1000	0.621	621	1044

显然，净现值的大小与折现率 i 有很大的关系，当 i 变化时，NPV 也随之变化，对于具有常规现金流量（即在计算期内，开始时有支出而后才有收益，且方案的净现金流量序列的符号只改变一次的现金流量）的投资方案，其净现值的大小随着折现率的增大而单调减小，两者的关系如图 3-2 所示。

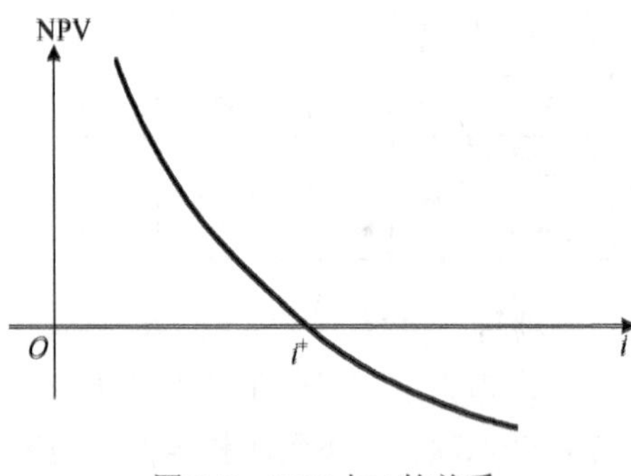

图 3-2　NPV 与 i 的关系

按照净现值的评价准则，只要是 $NPV(i) \geq 0$，方案就可以接受；但由于 NPV(i)是 i 的递减函数，故基准收益率定得越高，方案被接受的可能性也就越小。

NPV 之所以随着 i 的增大而减小，是因为具有常规现金流量的投资项目正的现金流入总是发生在负的现金流量之后，使得随着折现率的增加，正的现金流入折现到期初的值比负的现金流出折现到期初的值折减得更多，这样现值的代数和就随着 i 的增加而不断减少。

净现值指标是反映方案投资盈利能力的一个重要动态指标，广泛应用于方案的经济评价中，其优点是考虑了资金的时间价值，并全面考虑了项目在整个计算期内的经济状况，经济意义明确，可直接用货币表示项目的盈利水平，评价标准简单易行。净现值指标的不足之处是必须首先确定一个符合经济现实的基准收益率，而基准收益率的确定往往比较复杂；净现值不能说明项目运营期间各年的经营效果；此外，净现值也不能说明直接反映项目投资中单位投资的使用效率。

由资金的等值计算，可容易得到与净现值类似的指标，即净年值（NAV）。

$$\text{NAV} = \text{NPV}(A/P,i,n) = \sum_{t=0}^{n}(\text{CI}-\text{CO})_t(1+i_c)^{-t}(A/P,i_c,n) \tag{3-12}$$

净年值（NAV）表示了项目净现值分摊到寿命期内各年的等额年值，可说明项目运营期内各年的经营效果。显然这两个指标在判别方案是否可行时是等效的，即 $\text{NPV} \geqslant 0$，必有 $\text{NAV} \geqslant 0$，项目可行。尽管净年值（NAV）只是经简单等值换算得到的同类指标，但净年值指标在多方案比选中有其独特优势。

上述三项指标的计算中都考虑了项目的逐年收益值。但在许多情况下未来年份的收益值无法准确获得，或者所比较方案的收入状况判知是相同的，因此可不计算收益部分，而只计算支出部分，可得另一组同类指标，通常用的有费用现值 PC 及费用年值 AC，计算公式分别为

$$\text{PC} = \sum_{t=0}^{n}\text{CO}_t(P/F,i_c,t) \tag{3-13}$$

$$\text{AC} = \sum_{t=0}^{n}\text{CO}_t(P/F,i_c,t)(A/P,i_c,n) \tag{3-14}$$

需要说明的是，式（3-13）和式（3-14）中，因未考虑现金流入，为简化工作，采取了将现金流出视为正值计算的做法。

4. 内部收益率

内部收益率（Internal Rate of Return，IRR），是指在方案寿命期内，使项目各年净现金流量现值之和为零时的折现率，即 $\text{NPV(IRR)} = 0$；也就是说，在这个折现率时，项目的现金流入的现值和等于其现值流出的现值和。由此可知其表达式为

$$\sum_{t=0}^{n}(\text{CI}-\text{CO})_t(1+\text{IRR})^{-t} = 0 \tag{3-15}$$

$$\text{或}\sum_{t=0}^{n}\text{CI}_t(1+\text{IRR})^{-t} = \sum_{t=0}^{n}\text{CO}_t(1+\text{IRR})^{-t} \tag{3-16}$$

式中，IRR 为内部收益率；其余符号意义同前。

内部收益率的几何意义可以在图 3-2 中得到解释。由图 3-2 可知，随基准收益率的不断增大，净现值不断减小；在某一个值上曲线与横坐标相交，即 $\text{NPV(IRR)} = 0$，即该项目的内部收益率 IRR；且当 $i < \text{IRR}$ 时，$\text{NPV} > 0$；$i > \text{IRR}$ 时，$\text{NPV} < 0$。一般而言，IRR 是 NPV 曲线与横坐标交点处对应的折现率。

内部收益率是项目投资的盈利率，由项目现金流量决定，反映了投资的使用效率。其经济含义是投资方案占用的尚未回收资金的获利能力，完全取决于项目内部，因此称为“内部”收益率。也就是说，当资金被投入项目中后，其回收的方式是通过项目的年净收益，其中尚未回收部分将以 IRR 为尺度增值，到项目计算结束时正好回收全部投资额。

例 3-5 某投资方案的现金流量表如表 3-6 所示，其内部收益率为 $\text{IRR} = 20\%$，试分析其内部收益率的含义。

表 3-6　例 3-5 现金流量表　（单位：万元）

第 t 期末	0	1	2	3	4	5	6
现金流量 A_t	−1000	300	300	300	300	300	307

解：由于已提走的资金是不能再生息的，因此，设 F_t 为第 t 期尚未回收的投资余额。特殊地，F_0 即项目计算期初的投资余额 A_0。从而第 t 期末的未回收投资余额为

$$F_t = F_{t-1}(1+i) + A_t \tag{3-17}$$

将 $i = \text{IRR} = 20\%$ 代入式（3-18）计算出如表 3-6 所示项目的未回收投资在计算期内的恢复过程，与表 3-7 相应的现金流量图如图 3-3 所示。

表 3-7　未回收投资在计算期内的恢复过程表　（单位：万元）

第 t 期末	0	1	2	3	4	5	6
现金流量 A_t	−1000	300	300	300	300	300	307
第 t 期末未回收投资 F_{t-1}		−1000	−900	−780	−636	−463.20	−255.84
第 t 期末的利息 $i \times F_{t-1}$		−200	−180	−156	−127.20	−92.64	−51.16
第 t 期末未回收投资 F_t	−1000	−900	−780	−636	−463.20	−255.84	0

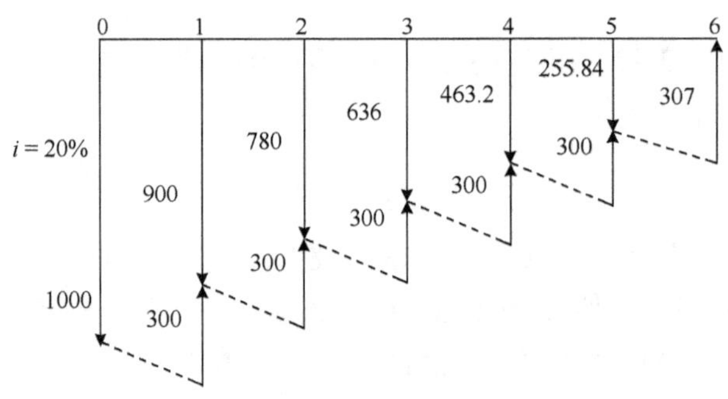

图 3-3　未回收投资现金流量示意图

由此可见，项目的内部收益率是项目到计算期末正好将未收回的资金全部收回来的折现率，也可以理解为项目对贷款利率的最大承担能力。

对公式（3-18）来讲，项目在整个寿命期内始终存在未被回收的投资，项目始终处于“偿付”未被收回投资的状况。IRR 正是反映了项目“偿付”未被收回投资的能力，即项目寿命期内没有回收投资的收益率，而不是初始投资在整个寿命期内的盈利率；在项目寿命期结束时，投资恰好被全部收回。IRR 值越高，方案的经济性越好。若项目属于贷款建设，则 IRR 就是项目对贷款利率的最大承担能力。

由内部收益率指标的经济含义知，用 IRR 评价单个方案的判别准则如下：若 $\text{IRR} \geqslant i_c$，则项目在经济效果上可以接受；若 $\text{IRR} < i_c$，则应予以否定。

由于内部收益率的计算式是一个高次方程，用一般方法不易求解。对于常规流量项目，通常用试算插值法求 IRR 的近似值，其原理如图 3-4 所示。易知 IRR 的近似解（直线与横轴的交点）一般大于 IRR 的精确解（曲线与横轴的交点）。一般计算步骤如下。

（1）计算各年的净现金流量。

（2）在满足下列条件的基础上预先估计两个适当的折现率 i_1 和 i_2：

$$i_1 < i_2 \text{ 且 } (|i_1 - i_2| \leqslant 5\%; \text{NPV}(i_1) > 0 \text{ 和 } \text{NPV}(i_2) < 0)$$

如果预估的 i_1、i_2 不满足这两个条件则重新预估，直至满足条件。

（3）用线性插值法求得内部收益率 IRR 的近似解。如图 3-4 所示，因为△*ABE* 相似于△*DCE* 可得

$$\text{IRR} = i_1 + \frac{(i_2 - i_1)\text{NPV}_1}{(\text{NPV}_1 - \text{NPV}_2)} \tag{3-18}$$

式中，IRR 为内部收益率；i_1 为较低的试算利率；i_2 为较高的试算利率；NPV_1 为与 i_1 对应的净现值（正值）；NPV_2 为与 i_2 对应的净现值（负值）。

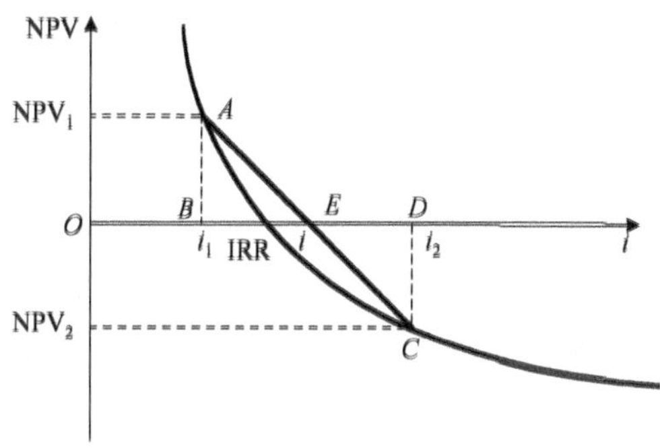

图 3-4　用插值法求 IRR 近似解示意图

例 3-6　某工程现金流量见表 3-8，基准收益率为 10%，试用内部收益率分析该方案是否可行。

表 3-8　现金流量表　（单位：万元）

年　份	0	1	2	3	4	5
现金流量	−2000	300	500	500	500	1200

解： $i_1 = 12\%$

$$\begin{aligned}\text{NPV}(i_1) &= -2000 + 300(P/F,12\%,1) + 500(P/A,12\%,3)(P/F,12\%,1) \\ &\quad + 1200(P/F,12\%,5) \\ &= -2000 + 300 \times 0.8929 + 500 \times 2.4018 \times 0.8929 + 1200 \times 0.5674 \\ &= 21(\text{万元}) > 0\end{aligned}$$

同理：当 $i_2 = 14\%$ 时，$\text{NPV}(i_2) = -9(\text{万元}) < 0$

可见，IRR 为 12%～14%

$$\begin{aligned}\text{IRR} &= i_1 + \frac{\text{NPV}(i_1)}{\text{NPV}(i_1) + |\text{NPV}(i_2)|}(i_1 - i_2) \\ &= 12\% + \frac{21}{21+9}(14\% - 12\%) \\ &= 12.4\%\end{aligned}$$

因为 $\text{IRR} = 12.4\% > 10\%$，所以该方案可行。

因内部收益率值只与项目的内在因素有关，不需事先给定折现率，免去了许多既重要又困难的经济界限的研讨，是计划部门比较强调的指标；但该指标的缺陷在于运算较为复杂，且对于一些非常规项目，这种解可能不是唯一的。

5. 净现值率

NPV 指标反映了所评价方案在基准收益率水平下超额或不足的现值，却不能反映出单位投资的盈利能力，因而常用净现值率（NPVR）来弥补 NPV 指标的这一不足。

净现值率是项目净现值与项目投资总额现值绝对值$|I_P|$之比，经济含义是单位投资净现值所能带来的净现值，其计算公式为

$$\text{NPVR} = \frac{\text{NPV}}{|I_P|} = \frac{\sum_{t=0}^{N}(\text{CI}-\text{CO})_t(1+i_c)^{-t}}{\left|\sum_{t=0}^{N} I_t(1+i_c)^{-t}\right|} \tag{3-19}$$

式中，I_t 为第 t 年的投资额。

对于单一方案评价而言，NPV 与 NPVR 是同向的，即 NPV>0 时，NPVR>0，故评价时判别准则相同，二者是等效的。NPVR 主要用于多方案比较中，详见 3.3.2 节。

3.3 方案比选理论及方法

3.3.1 方案比选的基础知识

1. 方案间的相互关系

按其经济关系的不同，备选方案间可分为独立型、互斥型、依存型、资金约束条件下的相关型和混合型等多种关系。

（1）独立型。指经济上互不相关的方案，即接受或舍弃某个方案，并不影响其他方案的取舍，方案可同时存在。如果决策对象是单一方案，则可认为是独立方案的特例。独立方案的采用与否，只取决于方案自身的经济性。只要能通过某些经济指标的检验，则方案在经济上就可以接受。

（2）互斥型。方案间存在着互不相容、互相排斥的关系。在众多方案比选时，接受其中之一，就要放弃其他所有方案，方案不能同时存在。例如，企业拥有的资金量只能实施改造老产品、开发新产品两个方案中的一个，那么这两个方案就是互斥方案。

（3）依存型。如果两个方案或多个方案间，某一方案实施要以另外一个或多个方案实施为条件，那么这两个或多个方案为依存方案，或称互补方案。例如，开发陕西、山西、内蒙古西部煤炭基地项目和建设铁路、电厂项目需彼此适应，就是依存关系。在进行方案的经济性评价时，通常将依存方案作为一个项目群，视为一个整体。

（4）资金约束条件下的相关型。如果没有资金总量的约束，方案之间具备独立性。但由

于资金限量，接受一些方案就意味着要舍弃其他方案，这就是资金约束条件下的相关方案。它实际上是由于客观条件（资金）约束，方案由独立关系转化为相关关系的。

（5）混合型。在方案众多的情况下，方案间相关关系可能包括多种类型，称为混合方案。

2. 方案经济效果的评价内容

各备选方案的经济效果评价包含了两部分的内容：一是考察各个方案自身的经济效果，即进行绝对效果检验，是指用经济效果评价标准检验方案自身的经济性；二是考察哪个方案相对最优，即进行相对效果检验。两种检验目的不同，缺一不可。

通过绝对效果检验的方案，可以进行比选；否则就应予以拒绝，不得参加下一环节的比选。即只有通过绝对效果检验的方案，才有资格进入比选阶段。3.2 节中的各项经济指标就是绝对效果检验的依据。

一般先以绝对经济效果方法筛选方案，然后以相对经济效果方法优选方案。优选方法正是本节所要讨论的问题。

3. 方案的可比性条件

各备选方案进行比较时，必须具备以下的可比性条件：

（1）被比较方案的费用及效益计算口径一致。

（2）被比较方案具有相同的计算期。

（3）被比较方案现金流量具有相同的时间单位。

（4）被比较方案应采用一致的经济参数（如基准收益率等）。

如果以上条件不能满足，各个方案之间不能直接比较，必须经过一定处理后方能进行。

3.3.2 互斥方案的经济性比较和选择

1. 互斥方案比选的差额分析法

互斥方案的比选可以采用不同的评价指标，有许多方法。其中，差额分析法是互斥方案比选的基本方法。这是由于互斥的备选方案常常投资额不等，其比选实质是判断差额投资的经济合理性，即投资大的方案相对于投资小的方案多投入的资金能否带来满意的差额收益。

例 3-7　方案 A、B 是互斥方案，其各年的现金流量及经济效果如表 3-9 所示，试对方案进行评价选择。（$i_c = 10\%$）

表 3-9　互斥方案 A、B 的净现金流量及经济效果指标　（现金单位：万元）

年　份	0	1～10	NPV	IRR/%
A 的净现金流量	−2300	650	1693.6	25.34
B 的净现金流量	−1500	500	1572	31.22
增量净现金流（A–B）	−800	150	121.6	13.6

NPV_A、NPV_B 均大于零，IRR_A、IRR_B 均大于基准折现率，所以方案 A 和方案 B 都能通过绝对经济效果检验，且使用 NPV 指标和使用 IRR 指标进行绝对经济效果检验结论是一致的。

由于 $NPV_A > NPV_B$，故按净现值最大准则方案 A 优于 B。但计算结果还表明 $IRR_A < IRR_B$，若以内部收益率最大比选准则，方案 B 优于 A，这与按净现值最大准则比选的结论相矛盾。到底按哪种准则进行互斥方案比选更合理，涉及经济指标特征和比选理论。基本原则是，不论按哪项指标进行方案的优选，结论应当是一致的。

对于投资额不等的互斥方案，其比选实质是，判断差额投资部分的经济合理性。即投资大的方案相对于投资小的方案多投入的资金是否经济上可行。若差额部分投资能够带来满意的差额收益，则投资额大的方案优于投资额小的方案，即选择投资大的方案；若差额投资不能带来满意的收益，则投资额小的方案优于投资额大的方案，即选择投资小的方案。

上述分析法中的"满意的收益"，一般可取方案的可行性标准。如本例中，差额投资部分，对（A–B）这个新方案，按其 NPV = 121.6 > 0 判断，尽管其数值远远低于 A、B 方案，但其投资仅有 800 万元，是可行的；按其比率指标 $IRR = 13.6\% > i_c = 10\%$ 判断，虽然比不上 A 或 B 的盈利能力，但仍是可行的；因此，值得将这部分资金投入使用，即判定选择投资大的方案。两指标的结论是一致的。

差额分析法的应用非常广泛。具体使用时，按照其在判定差额部分是否可行时所采用的不同指标，分别有差额投资回收期法、差额净现值法、差额内部收益率法等多种形式。当有多个互斥方案进行比较时，其步骤如下：

（1）按项目方案投资额从小到大将方案排序；

（2）以投资额最低的方案为临时最优方案，计算此方案的绝对经济效果指标，并与判别标准比较，直至找到一个可行方案；

（3）依次按差额分析法采用相应指标进行方案选择，每比较一次就淘汰一个方案，最终留下的即最优方案。

2. 互斥方案比选的静态方法

常用的有差额投资回收期和差额投资收益率等，以差额投资回收期法为例说明如下。

一般地讲，在满足相同需要的情况下，投资相对大的方案，其生产成本要相对低一些。差额投资回收期是指投资多的方案所获得的超额收益或节约费用回收差额投资的期限。其计算公式为

$$\Delta P_t = \frac{\Delta K}{\Delta C} = \frac{K_2 - K_1}{C_1 - C_2} \tag{3-20}$$

式中，ΔP_t 为差额投资回收期；ΔK 为投资差额，即 $K_2 - K_1$，K_1、K_2 分别为两方案的投资总额，$K_2 > K_1$；ΔC 为年成本差额，即 $C_1 - C_2$，C_1、C_2 分别为两方案的年成本，$C_2 < C_1$。

当差额投资回收期 $\Delta P_t \leqslant$ 基准投资回收期 P_c 时，投资大的方案是合理的；反之则投资大的方案不可取。

例 3-8 某建设项目有两个方案可供选择。甲方案采用中等水平工艺设备，投资 2400 万元，年生产成本 1400 万元；乙方案采用自动线，投资 3900 万元，年生产成本为 900 万元。该部门的基准追加投资回收期为 5 年，应采用哪种方案？

解： $\Delta P_t = \dfrac{K_2 - K_1}{C_1 - C_2} = \dfrac{3900 - 2400}{1400 - 900} = 3$（年）

因为 $\Delta P_t = 3 < P_c' = 5$，所以采用投资大的乙方案。

当两个方案的年产量不同时，即 $Q_2 \neq Q_1$，若 $\frac{K_2}{Q_2} > \frac{K_1}{Q_1}, \frac{C_2}{Q_2} < \frac{C_1}{Q_1}$，其差额投资回收期 ΔP_t 为

$$\Delta P_t = \frac{\frac{K_2}{Q_2} - \frac{K_1}{Q_1}}{\frac{C_1}{Q_1} - \frac{C_2}{Q_2}} \tag{3-21}$$

例 3-9　已知两建厂方案，方案 A 投资为 1500 万元，年经营成本 400 万元，年产量为 1000 件；方案 B 投资为 1000 万元，年经营成本 360 万元，年产量为 800 件。基准投资回收期 P_c 为 6 年。哪个方案为优？

解：第一步，计算各方案单位产量费用。

$$\frac{K_A}{Q_A} = \frac{1500}{1000} = 1.5（万元/件）$$

$$\frac{K_B}{Q_B} = \frac{1000}{800} = 1.25（万元/件）$$

$$\frac{C'_A}{Q_A} = \frac{400}{1000} = 0.4（万元/件）$$

$$\frac{C'_B}{Q_B} = \frac{360}{800} = 0.45（万元/件）$$

第二步，计算差额投资回收期 ΔP_t

$$\Delta P_t = \frac{1.5 - 1.25}{0.45 - 0.4} = 5（年）$$

第三步，评价。因为 $\Delta P_t \leqslant P_c$，所以 A 方案较优。

3. 互斥方案比选的动态方法

动态方法要区分方案的寿命期相同和不同两种情况，讨论互斥方案的比选。

1）相同寿命期的互斥方案比选

对于寿命相等的互斥方案，通常将它们的寿命期限作为共同分析期或计算期，这样能满足在时间上的可比性。动态经济指标净现值、内部收益率等都可用于差额分析。

（1）差额净现值ΔNPV。

设两互斥方案 A 的投资大于 B 的投资，其差额净现值计算公式为

$$\begin{aligned}\Delta \text{NPV} &= \sum_{t=0}^{n}[(\text{CI}-\text{CO})_A - (\text{CI}-\text{CO})_B]_t(1+i_c)^{-t} \\ &= \sum_{t=0}^{n}(\Delta\text{CI} - \Delta\text{CO})_t(1+i_c)^{-t}\end{aligned} \tag{3-22}$$

式中，ΔNPV 为差额净现值；$(\text{CI–CO})_A$ 是投资大的方案的净现金流量；$(\text{CI–CO})_B$ 是投资小的方案的净现金流量；ΔCI 为差额现金流入，$\Delta\text{CI} = \text{CI}_A - \text{CI}_B$；ΔCO 为差额现金流出，$\Delta\text{CO} = \text{CO}_A - \text{CO}_B$。

其判别准则为：$\Delta\text{NPV} \geqslant 0$，表明增量投资可以接受，则选择投资大的方案；若 $\Delta\text{NPV} < 0$，表明增量投资不能接受，则选择投资小的方案。

例 3-10　有三个互斥型的投资方案，寿命周期均为 10 年，各方案的初始投资和年净收益如表 3-10 所示。试在基准收益率为 10%的条件下选择最佳方案。

表 3-10　互斥方案 *A*、*B*、*C* 的净现金流量表　　（单位：万元）

方　案	初始投资	年净收益
A	170	44
B	260	59
C	300	68
B–*A*	–90	15
C–*B*	–40	9

解：投资方案按投资额从小到大排列顺序是 *A*、*B*、*C*。首先检验 *A* 方案的绝对效果，可看作 *A* 方案与“不投资”方案进行比较。

$$\mathrm{NPV}_{A-0}=-170+44(P/A,10\%,10)=100.34\text{（万元）}$$

由于 NPV_{A-0} 大于零，说明 *A* 方案的绝对效果是好的。

$$\mathrm{NPV}_{B-A}=-90+15(P/A,10\%,10)=2.17\text{（万元）}$$

NPV_{B-A} 大于零，即方案 *B* 优于方案 *A*，淘汰方案 *A*。

$$\mathrm{NPV}_{C-B}=-40+9(P/A,10\%,10)=15.30\text{（万元）}$$

NPV_{C-B} 大于零，表明投资大的 *C* 方案优于投资小的 *B* 方案。

必须注意的是，差额净现值只能用来检验差额投资的效果，或者说是相对效果。差额净现值大于零只表明增加的投资是合理的，并不表明全部投资是合理的。因此，在采用差额净现值法对方案进行比较时，首先必须保证比选的方案都是可行方案。

实际上，ΔNPV 判别准则可以简化，

$$\begin{aligned}\Delta\mathrm{NPV}_{A-B}&=\sum_{t=0}^{n}[(\mathrm{CI}_A-\mathrm{CO}_A)-(\mathrm{CI}_B-\mathrm{CO}_B)_t](1+i_0)^{-t}\\&=\sum_{t=0}^{n}(\mathrm{CI}_A-\mathrm{CO}_A)_t(1+i_0)^{-t}-\sum_{t=0}^{n}(\mathrm{CI}_B-\mathrm{CO}_B)_t(1+i_0)^{-t}\\&=\mathrm{NPV}_A-\mathrm{NPV}_B\end{aligned}\tag{3-23}$$

由式（3-23）可知，$\Delta\mathrm{NPV}\geqslant 0$ 与 $\mathrm{NPV}_A\geqslant\mathrm{NPV}_B$ 是等价的。即当 $\Delta\mathrm{NPV}_{A-B}\geqslant 0$ 时，$\mathrm{NPV}_A\geqslant\mathrm{NPV}_B$，则 *A* 优于 *B*；当 $\Delta\mathrm{NPV}_{A-B}<0$ 时，$\mathrm{NPV}_A<\mathrm{NPV}_B$，则 *B* 优于 *A*。显然，用增量分析法计算ΔNPV 进行互斥方案比选，与分别计算 NPV、根据 NPV 最大准则进行互斥方案比选，其结论是一致的。

上述简化作法的根本原因在于，净现值指标反映的是项目总投资在满足设定收益率增值期望下所获得的收益。若 $\mathrm{NPV}=0$ 表明方案的盈利水平恰好等于所选定的标准折现率 i_c，即 $\mathrm{IRR}=i_c$，IRR 表明的是方案的最高盈利率。因此采用净现值最大准则作为方案比选的决策依据，可以达到总投资的收益最大化，符合方案比选的基本目标。

故例 3-10 采用更直接的简便方法，即用净现值来计算即可：

$\mathrm{NPV}_A=-170+44(P/A,10\%,10)=100.34$（万元）

$\mathrm{NPV}_B=-260+59(P/A,10\%,10)=102.51$（万元）

$NPV_C = -300 + 68(P/A,10\%,10) = 117.81$（万元）

因为 $NPV_A > NPV_B > NPV_C > 0$，所以 C 方案最好，B 次之，A 最差。

因此，实际工作中应根据具体情况选择比较方便的比选方法。当有多个互斥方案时，直接用净现值最大准则选择最优方案比两两比较的增量分析更为简便。

由上可知采用净现值指标比选同寿命的互斥方案时，判别准则可简化为：净现值最大且大于零的方案为最优方案，即 NPV 大者优。这实际上是经济效果评价中“利润最大化”原则的具体表现。

例 3-11　现有两种可选择的小型机床，其有关资料如表 3-11 所示，它们的使用寿命相同，都是 5 年，基准折现率为 8%，试用净现值法评价选择最优可行机床方案。

表 3-11　机床有关资料　（单位：元）

方案＼项目	投资	年收入	年支出	净残值
A	10000	5000	2200	2000
B	12500	7000	4300	3000

解：第一步，计算两方案的 NPV 值

$$NPV_A = -10000 + (5000 - 2200)(P/A,8\%,5) + 2000(P/F,8\%,5)$$
$$= -10000 + 2800 \times 3.993 + 2000 \times 0.6806 \approx 2542\text{（元）}$$
$$NPV_B = -12500 + (75000 - 4300)(P/A,8\%,5) + 3000(P/F,8\%,5)$$
$$= -12500 + 2700 \times 3.993 + 3000 \times 0.6806 \approx 323\text{（元）}$$

第二步，比较。因为 $NPV_A > 0$，$NPV_B > 0$，所以机床 A，B 两个方案除均能达到基准收益率 8%外，还能分别获得 2542 元和 323 元的超额净现值收益，说明两个方案在经济上都是合理的，都是可以接受的，但由于 $NPV_A > NPV_B$，故选择机床 A 为最优方案。

注意：净现值用于方案比选时，方案的寿命期必须相等。

需要指出的是，当净现值指标用于多方案比较时，没有考虑各方案投资额的大小，不直接反映资金的利用效率。因而在投资制约的条件下，方案净现值的大小一般不能直接评定投资额不同的方案的优劣，通常用净现值率（NPVR）作为辅助指标。

由净现值 NPV 指标的互斥方案比选可以得到以下两点引申知识：

第一，由净现值 NPV 与净年值 NAV 的等值关系知，对于同寿命的互斥方案比选，可采用以上两项指标，判别准则依次为“NPV 大者优、NAV 大者优”，实际中净现值 NPV 与净年值 NAV 较为常用；

第二，根据“NPV 大者优”进行互斥方案择优时，是对方案的现金流入及现金流出都给予了考虑和计算。

在实际工作中，往往会遇到一些比较特殊的备选方案的比选。这些备选方案的效益基本相同或其具体的数值难以计算或无法用货币衡量，如环保效果、教育效果、军事效果等，此时可以通过对各方案的费用现值或费用年值的比较进行选择。例如，建造一个储存仓库，无论采用钢结构还是砖混结构或者钢筋混凝土结构，其功能是一样的，只需要计算各个方案的费用，就可以比较优劣。

费用现值实质上是净现值的特殊形式，一般只用于多个方案的比较。就评价结论而言，

它们是等价指标。除了在指标含义上有所不同，就计算的简易程度而言，对不同类型的方案两者各有所长。在计算时的区别在于，为简化工作而不考虑现金流入，其费用一般取正值，见式（3-14）和式（3-15）。

当用于多个同寿命的互斥方案比选时，其判别准则是：费用现值或费用年值最小的方案为优；这实际上是经济效果评价中“成本最小化”原则的具体表现。

例 3-12　两种设备 A、B 的使用情况数据见表 3-12，寿命期均为 5 年，基准收益率为 10%，使用费用现值和费用年值比较两设备的经济性。

表 3-12　两设备的使用成本数据　（单位：万元）

年　份		0	1	2	3	4	5
设备 A	购买和维修费用	80			10		
	年使用成本		5	5	6	6	7
设备 B	购买和维修费用	70				15	
	年使用成本		6	8	8	10	10

由公式（3-13）得

$$\begin{aligned}\mathrm{PC}_A &= 80+5(P/F,10\%,1)+5(P/F,10\%,2)+(6+10)(P/F,10\%,3)\\&\quad+6(P/F,10\%,4)+7(P/F,10\%,5)\\&=80+5\times0.9091+5\times0.8264+16\times0.7513+6\times0.6830+7\times0.6209\\&=105.04\text{（万元）}\end{aligned}$$

$$\begin{aligned}\mathrm{PC}_B &= 70+6(P/F,10\%,1)+8(P/F,10\%,2)+8(P/F,10\%,3)\\&\quad+(10+15)(P/F,10\%,4)+10(P/F,10\%,5)\\&=70+6\times0.9091+8\times0.8264+8\times0.7513+25\times0.6830+10\times0.6209\\&=111.36\text{（万元）}\end{aligned}$$

因 $\mathrm{PC}_A<\mathrm{PC}_B$，所以方案 A 较优。

由公式（3-14）得

$$\mathrm{AC}_A=\mathrm{PC}_A(A/P,10\%,5)=105.04\times0.2638=27.71\text{（万元）}$$

$$\mathrm{AC}_B=\mathrm{PC}_B(A/P,10\%,5)=111.36\times0.2638=29.38\text{（万元）}$$

可见 $\mathrm{AC}_A<\mathrm{AC}_B$，方案 A 较优。

（2）差额内部收益率法。

差额内部收益率是指相比较两个方案净现金流量差额的现值之和等于零时的折现率，即差额净现金流量的内部收益率；或者说两个方案净现值相等时的折现率。A、B 为投资额不等的两个互斥方案，B 方案的投资额大于 A 方案。则差额内部收益率的计算表达式为

$$\Delta\mathrm{NPV}(\Delta\mathrm{IRR})=\sum_{t=0}^{n}(\Delta\mathrm{CI}-\Delta\mathrm{CO})_t(1+\Delta\mathrm{IRR})^{-t}=0 \tag{3-24}$$

或

$$\sum_{t=0}^{n}(\mathrm{CI}_A-\mathrm{CO}_A)_t(1+\Delta\mathrm{IRR})^{-t}=\sum_{t=0}^{n}(\mathrm{CI}_B-\mathrm{CO}_B)_t(1+\Delta\mathrm{IRR})^{-t} \tag{3-25}$$

式中，ΔNPV 为差额净现值；ΔIRR 为差额内部收益率；ΔCI 为方案 A 与方案 B 的差额现金流入，即 $\Delta\mathrm{CI}=\mathrm{CI}_B-\mathrm{CI}_A$；ΔCO 为方案 A 与方案 B 的差额现金流出，即 $\Delta\mathrm{CO}=\mathrm{CO}_B-\mathrm{CO}_A$。

采用ΔIRR 的判别准则是：若 $\Delta IRR \geq i_c$（基准收益率），则投资大的方案为优；若 $\Delta IRR < i_c$，则投资小的方案为优。

差额内部收益率 $\Delta IRR \geq i_c$ 时，表明投资大的方案除了具有与投资方案相同的收益能力，差额投资也达到了起码的经济要求，因此投资大方案为优；反之，若 $\Delta IRR < i_c$，则表明投资大方案达不到投资小方案的收益水平或差额投资在经济上不合理，因此投资少的方案优。

与差额净现值法类似，差额内部收益率只能说明增加投资部分的经济性，并不能说明全部投资的绝对效果。因此，采用差额内部收益率法进行方案评选时，首先必须要判断被比选方案的绝对效果，只有在某一方案的绝对效果通过情况下，才能用为比较对象。

例 3-13　两个互斥方案，寿命相同，资料见表 3-13。基准收益率为 15%，试用差额投资收益率法比较和选择最优可行方案。

表 3-13　项目有关数据表　（单位：万元）

项目 方案	投资	年收入	年支出	净残值	使用寿命
A	5000	1600	400	200	10
B	6000	2000	600	0	10

解：第一步，计算 NPV 值，判别可行性。

$$\begin{aligned} NPV_A &= -5000 + (1600 - 400)(P/A,15\%,10) + 200(P/F,15\%,10) \\ &= -5000 + 1200 \times 5.019 + 200 \times 0.2472 \approx 1072（万元） \end{aligned}$$

$$\begin{aligned} NPV_B &= -6000 + (2000 - 600)(P/A,15\%,10) \\ &= -6000 + 1400 \times 5.019 \approx 1027（万元） \end{aligned}$$

因为 $NPV_A > 0$，$NPV_B > 0$，所以方案 *A*、*B* 均可行，按净现值最大判断，$NPV_A > NPV_B$，方案 *A* 最优。当然也可以按内部收益率判别各方案的可行性，但计算较为烦琐。

第二步，计算差额投资内部收益率，比较、选择最优可行方案。

设 $i_1 = 12\%$，$i_2 = 14\%$

$$\begin{aligned} \Delta NPV(i_1) &= [-6000 + (2000 - 600)(P/A,12\%,10)] \\ &\quad - [-5000 + (1600 - 400)(P/A,12\%,10) + 200(P/F,12\%,10)] \\ &\approx 66（万元） \end{aligned}$$

$$\begin{aligned} \Delta NPV(i_1) &= [-6000 + (2000 - 600)(P/A,14\%,10)] \\ &\quad - [-5000 + (1600 - 400)(P/A,14\%,10) + 200(P/F,14\%,10)] \\ &\approx 10（万元） \end{aligned}$$

$$\begin{aligned} \Delta IRR &= i_1 + \frac{\Delta NPV(i_1)}{\Delta NPV(i_1) + |\Delta NPV(i_2)|}(i_2 - i_1) \\ &= 12\% + \frac{66}{66 + 10}(14\% - 12\%) \approx 13.7\% \end{aligned}$$

因为 $\Delta IRR < i_0$，所以投资小的方案 *A* 为优。可见按净现值和差额内部收益率的结论是一致的。

再看例 3-17，如果采用ΔIRR 来评价方案，则

$$\Delta NPV = -800 + 150(P/A,10\%,10) = 121.6（万元）$$

由方程式 $-800+150(P/A,10\%,\Delta\text{IRR})=0$，可解得 $\Delta\text{IRR}=13.6\%$

计算结果表明：$\Delta\text{NPV}>0$，$\Delta\text{IRR}>i_0$，增量投资有满意的经济效果，投资大的方案 A 优于投资小的方案 B，这两种方法的评价结果是一致的。

经数学分析知，ΔIRR 的求解是一个高次方程，它并不等于内部收益率之差，即 $\Delta\text{IRR}_{A-B}\neq\text{IRR}_A-\text{IRR}_B$。因此对内部收益率指标而言，差额分析的 $\Delta\text{IRR}\geqslant i_c$ 的判别准则并不能像 NPV 指标那样简化，即"内部收益率最大"并不能保证比选结论的正确性。关于这一点，可以借助净现值函数曲线来进一步说明的 ΔIRR 几何意义及比选方案的原理。

考察投资额不等的 A、B 两个互斥方案，设 B 方案的投资额大于 A 方案。在图 3-5 中曲线 A、B 分别为方案 A、B 的净现值函数曲线，图中 $\text{IRR}_B>\text{IRR}_A$，$a$ 点为 A、B 两方案净现值曲线的交点，在这一点两方案净现值相等。a 点所对应的折现率即两方案的差额内部收益率ΔIRR。

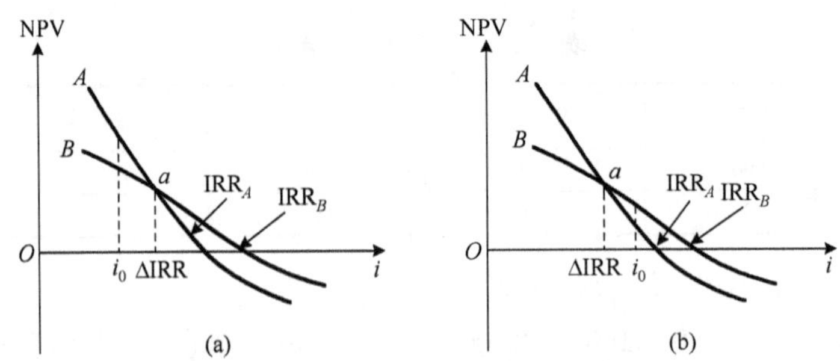

图 3-5　用于方案比较的差额内部收益率

由图 3-5(a)中可以看出，当 $\Delta\text{IRR}>i_c$ 时，$\text{NPV}_A>\text{NPV}_B$；由图 3-5(b)中可以看出，当 $\Delta\text{IRR}<i_c$ 时，$\text{NPV}_A<\text{NPV}_B$。由此可见，用ΔIRR 与 NPV 比选方案的结论是一致的。即在对互斥方案进行比较选择时，"净现值最大"准则是正确的；而"内部收益率最大"准则只在基准收益率大于被比较的两方案的差额内部收益率的条件下成立。也就是说，如果将投资大的方案相对于投资小的方案的增量投资用于其他投资机会，会获得高于差额内部收益率的盈利率时，用内部收益率最大准则进行方案比选的结论就是正确的；但是若基准收益率小于差额内部收益率，用内部收益率最大准则选择方案就会导致错误的决策，故用内部收益率最大准则比选方案是不可靠的。

另一个原因是，内部收益率 IRR 是一个比率指标。"内部收益率最大"追求的是方案内资金的使用效率最高；而因为方案的不可分性，资金使用效率最高，未必意味着方案的总量经济效益最大。一般地，用内部收益率标准比较方案，对投资少且内部收益率大的方案有利；而对于投资者，其所追求的往往是总量经济效果最大。因此，不能简单地用"内部收益率最大"作为比选方案的标准。

因此当采用 IRR 指标进行方案比选时，必须采用增量内部收益率 ΔIRR。

需要说明的是，当所比较的互斥方案投资额相等时，ΔIRR 判别准则失效，应改用 NPV 指标；另外，ΔIRR 也可用于仅有费用现金流的互斥方案比选（效果相同），此时，把增量投资所导致的其他费用的节约看成增量效益即可，不再赘述。

2）不同寿命期的互斥方案比选

实际工作中，备选方案的服务寿命常常是不同的。对于寿命期不同的互斥方案按动态方法进行比选，同样要求方案间具有时间可比性。满足这一要求需要解决两方面的问题：一是设定一个合理的共同分析期；二是给寿命期不等于分析期的方案选择合理的方案接续假定或残值回收假定。

（1）共同分析期的确定方法。

解决服务寿命不同的方法通常有以下四种。

① 取各备选方案服务寿命的最小公倍数作为各方案比较的共同分析期，在此期间内，当某方案服务寿命终结时，继续用同一方案更替。

② 取寿命最短的服务寿命作为各方案比较的共同分析期。这种情况下服务寿命长的方案在共同分析期末仍具有一定的“未使用价值”，应予以回收。

③ 取寿命最长方案的服务寿命为各方案比较的共同分析期。这种情况下服务寿命短的方案在其服务寿命终结时，继续以同一方案更替直到共同分析期末。可能也有一定的“未使用价值”，应予以回收。

④ 按具体情况规定统一的分析期。这样在达到统一分析期前，服务寿命短的方案以同一方案重复，服务寿命长的方案在统一分析期期末可能具有“未使用价值”，应予以回收。

上述重复更新的假设，均未考虑技术进步对方案的影响。共同分析期究竟取哪一种为宜，根据具体情况而定。根据上述处理原则，即可解决不同服务寿命的互斥方案比选。

（2）采用净现值法比选不等寿命的互斥方案。

当互斥方案寿命不等时，一般情况下，各方案的现金流在各自寿命期内的现值不具有可比性。如果要使用现值指标进行方案比选，必须设定一个共同的分析期。采用净现值指标评选方案，应首先按上述办法解决时间可比问题。在取定共同分析期之后，即可按寿命相同方案的办法处理。

例 3-14　互斥方案 A、B 的有关数据如表 3-14 所示，设 $i_c=10\%$，试比较方案。

表 3-14　A、B 方案数据

方案	初始投资（万元）	年净现金流量（万元）	服务寿命（年）
A	100	50	4
B	200	70	6

解：依据重复更新假设，取两方案服务寿命的最小公倍数 $T=12$ 年作为共同分析期，其现金流量如图 3-6 所示。

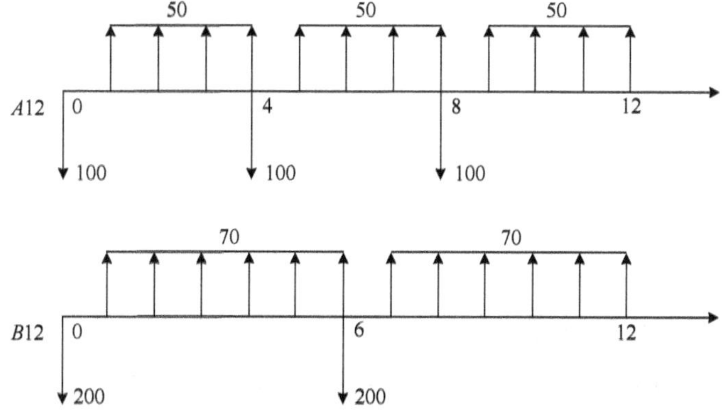

图 3-6　12 年服务期方案的现金流量图

分别计算两种方案在共同服务年限内的净现值，记作 NPV_{A12}，NPV_{B12}。

$$\begin{aligned}NPV_{A12} &= -100 + 50(P/A,0.10,12) - 100(P/F,0.10,4) - 100(P/F,0.10,8)\\ &= -100 + 50\times 6.8137 - 100\times 0.6830 - 100\times 4.665 = 125.7\text{（万元）}\end{aligned}$$

$$\begin{aligned}NPV_{B12} &= -200 + 70(P/A,0.10,12) - 200(P/F,0.10,6)\\ &= -200 + 70\times 6.8137 - 200\times 0.564 = 364.1\text{（万元）}\end{aligned}$$

由于 $NPV_{A12}>0$，$NPV_{B12}>0$，而且 $NPV_{B12}>NPV_{A12}$，故方案 B 优于方案 A。

例 3-15　仍取例 3-14 中的两方案比较，但取 A 方案的服务寿命 4 年为共同分析期；B 方案在 4 年末的“未使用价值”为 40 万元，试比较方案。

解：共同分析期内方案的现金流量如图 3-7 所示。

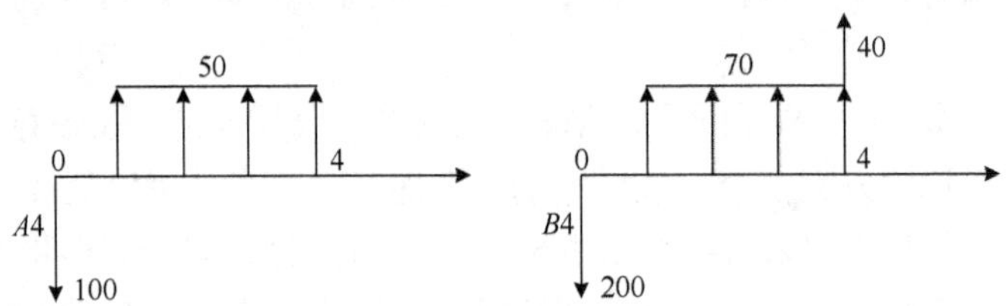

图 3-7　4 年服务期方案的现金流量图

共同分析期内各方案的净现值分别为

$$\begin{aligned}NPV_{A4} &= -100 + 50(P/A,0.10,4)\\ &= -100 + 50\times 3.1699\\ &= 58.5\text{（万元）}\end{aligned}$$

$$\begin{aligned}NPV_{B4} &= -200 + 70(P/A,0.10,4) + 40(P/F,0.10,4)\\ &= -200 + 70\times 3.1699 + 40\times 0.6830\\ &= 49.21\text{（万元）}\end{aligned}$$

由于 $NPV_{A4}>0$，$NPV_{B4}>0$，且 $NPV_{A4}>NPV_{B4}$，故方案 A 优于方案 B。

例 3-16　仍取例 3-14 中的两方案比较，但取 B 方案的服务寿命 6 年为共同分析期，经估算，A 方案重复更替时 6 年末的“未使用价值”为 15 万元，试进行方案比较。

解：共同分析期内方案的现金流量如图 3-8 所示。

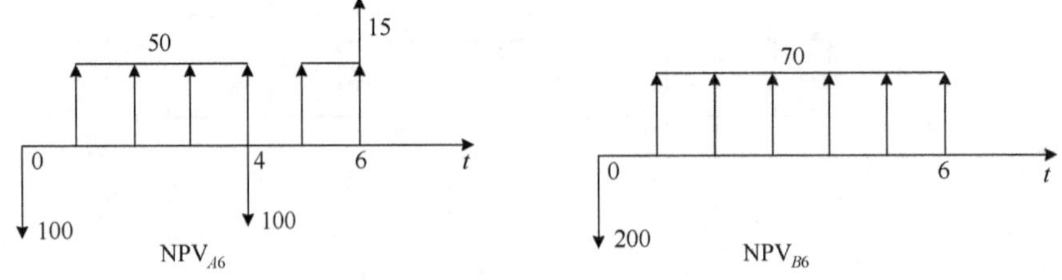

图 3-8　6 年服务期方案的现金流量图

共同服务年限内各方案的净现值分别为

$$NPV_{A6} = -100 + 50(P/A,0.10,6) + 15(P/F,0.10,6) - 100(P/F,0.10,6) = 57.9\text{（万元）}$$

$$NPV_{B6} = -200 + 70(P/A,0.10,6) = 104.9\text{（万元）}$$

由于 $NPV_{A6}>0$，$NPV_{B6}>0$，且 $NPV_{B6}>NPV_{A6}$，故方案 B 优于方案 A。

上述处理方案中，在比选寿命不同方案时，由于截取共同分析期，若干方案在期末仍保留“未使用价值”，需要估价和回收。共同分析期的确定，取决于决策的需要和技术经济特征，因此“未使用价值”也就是在服务期末方案的资产尚存“余值”。通常采用账面价值估价、市场估价、重置成本法等方法进行资产的估算。

费用现值用于不等寿命方案比选时，也应遵循共同分析期的处理原则；其判别准则为“费用现值最小的方案为优”。

可见，用净现值或费用现值指标评选方案时，为了满足时间可比性要求而开展的“共同分析期的确定”及“期末未使用价值的估计”，使评选过程复杂化。若采用现值指标的等效指标——年值指标，则有着独特的便利优势，是不等寿命方案比选最为简便的方法。

其原因是，将各方案在其计算期的收入及支出，按一定折现率换算为等值的年值，就可以用以比选不同寿命的方案。即只按一个寿命周期计算相应年值指标就可以了。具体有净年值与费用年值两项指标。

用年值法进行寿命不等的互斥方案比选，实际上隐含着作出这样一种假定；各备选方案在其寿命结束时均可按原方案重复实施或以与原方案经济效果水平相同的方案接续。因为一个方案无论重复实施多少次，其年值是不变的，所以年值法实际上假定了各方案可以无限多次重复实施。在这一假定前提下；年值法以“年”为时间单位比较各方案的经济效果，从而使寿命不等的互斥方案间具有可比性。因此用年值指标来评选方案，在满足重复更新假设的条件下，只需计算各备选方案一个服务寿命周期的年值即可判断方案的优劣，极大地简化了实际工作。

遇到效益基本相同或其具体数值难以计算或无法用货币衡量的多个备选方案时，最便利的方法就是使用费用年值指标，其判别准则为“费用年值最小的方案为优”。

例 3-17　有两台功能相同的设备，所不同的部分指标如表 3-15 所示，试在 $i_c=15\%$ 的条件下进行决策选择。

表 3-15　设备 *A*、*B* 的数据

设备	初始投资（元）	预期寿命（年）	残值（元）	年操作成本（元）
A	3000	6	500	2000
B	4000	9	0	1600

解：分别按各方案的寿命计算费用年值指标。

$$AC_A=2000+3000(A/P,15\%,6)-500(A/F,15\%,6)=2735.6（元）$$

$$AC_B=1600+4000(A/P,15\%,9)=2438.7（元）$$

因为 $AC_B<AC_A$，所以应选择 B 设备。

（3）采用差额内部收益率法比选不等寿命的互斥方案。

差额内部收益率是使差额部分的净现值为零时的折现率，当然也可以满足差额部分的净年值为零的条件。因此求解寿命期不等互斥方案间差额内部收益率的方程可用令两方案净年值相等的方式建立，其中隐含了方案可重复实施的假定。设互斥方案的寿命期分别为 n_A、n_B，求解差额内部收益率ΔIRR 的方程为

$$\sum_{t=0}^{n_A}(\text{CI}_A-\text{CO}_A)_t(P/F,\Delta\text{IRR},t)(A/P,\Delta\text{IRR},n_A)$$
$$=\sum_{t=0}^{n_B}(\text{CI}_B-\text{CO}_B)_t(P/F,\Delta\text{IRR},t)(A/P,\Delta\text{IRR},n_B) \tag{3-26}$$

就一般情况而言，用差额内部收益率进行寿命不等的互斥方案比选，应满足下列条件之一：初始投资大的方案年均净现金流量大，且寿命长；初始投资小的方案年均净现金流量小，且寿命短。年均净现金流量的表达式如下：

$$\text{方案}\,j\,\text{的年均净现金值}=\sum_{t=0}^{n_j}(\text{CI}_j-\text{CO}_j)_t/n_j \tag{3-27}$$

方案比选的判别准则为：在ΔIRR存在的情况下，若$\Delta\text{IRR}>i_c$，则年均净现金流大的方案为优；若$0<\Delta\text{IRR}<i_c$，则年均净现金流小的方案为优。

例 3-18　设互斥方案 A、B 的寿命分别为 5 年和 3 年，各自寿命期内的净现金流量如表 3-16 所示。若 $i_c=12\%$，试用差额内部收益率法比选方案。

表 3-16　A、B 方案的净现金流量　（单位：万元）

方案 \ 年份	0	1	2	3	4	5
A	−300	96	96	96	96	96
B	−100	42	42	42		

解：首先进行绝对效果检验，计算每个方案在各自寿命内现金流的内部收益率。根据方程

$$-300+96(P/A,\text{IRR}_A,5)=0 \quad -100+42(P/I,R_BR_A,3)=0$$

可求得$\text{IRR}_A=18.14\%$，$\text{IRR}_B=12.53\%$

由于IRR_A，IRR_B均大于基准折现率，故方案 A、B 均能通过绝对效果检验。

方案比选应采用差额内部收益率指标。初始投资大的方案 A 的年均净现金流（−300/5+96=36）大于初始投资小的方案 B 的年均净现金流（−100/3+42=8.7），且方案 A 的寿命 5 年长于方案 B 寿命 3 年，差额内部收益率可以使用。从方程$[-300+96(P/A,\Delta\text{IRR},5)](A/P,\Delta\text{IRR},5)-[-100+42(P/A,\Delta\text{IRR},3)](A/P,\Delta\text{IRR},3)=0$利用线性插入法，可求得$\Delta\text{IRR}=20.77\%>i_c$，由判断准则可知，应选年均净现金流大的方案 A。

对于仅有或仅需计算费用的寿命不等互斥方案比选，求解方案间差额内部收益的方程时，可用令两方案费用年值相等的方式来建立，即相当于净年值相等的基础上、在等式两边分别剔除相同收入部分的情况，其表达式为

$$\sum_{t=0}^{n_A}(\text{CO}_A)_t(P/F,\Delta\text{IRR},t)(A/P,\Delta\text{IRR},n_A)=\sum_{t=0}^{n_B}(\text{CO}_B)_t(P/F,\Delta\text{IRR},t)(A/P,\Delta\text{IRR},n_B) \tag{3-28}$$

式中，各表达符号同前。

3）寿命无限的互斥方案比较

一些公共工程项目，如桥梁、运河、铁路等，通常具有很长的服务期（大于 50 年）。一般言之，经济分析对遥远未来的现金流量是不敏感的。例如，当利率为 4%时，50 年后的 1

元现值仅为 1 角 4 分；而利率为 8%时，现值仅为 2 分。因此，对于服务寿命很长的工程方案，可以近似地当作无限服务寿命期来处理。按无限期计算出的现值，一般称为“资金成本或资本化成本”，计算公式为

$$P=\frac{A}{i}\ \text{或}\ A=P\cdot i \tag{3-29}$$

证明：$A=P(A/P,i,n)=P\cdot\frac{i(1+i)^n}{(1+i)^n-1}=P\left[\frac{i}{(1+i)^n-1}+i\right]$

当 $n\to\infty$ 时，上式括号中第一项趋近于零，于是 $\lim\limits_{n\to\infty}(A/P,i,n)=i$

因此，$P=\frac{A}{i}$ 或 $A=P\cdot i$。式（3-29）在处理无限服务寿命的经济分析中有重要作用。

例 3-19　某桥梁工程，初步拟定两种结构类型方案供备选。*A* 方案为钢筋砼结构，初始投资 1500 万元，年维护费为 10 万元，每 5 年大修 1 次费用为 100 万元；*B* 方案为钢结构，初始投资 2000 万元，年维护费为 5 万元，每 10 年大修 1 次费用为 100 万元。若两方案效用相同，$i_c=5\%$，哪一个方案经济？

解：（1）现值法：*A* 方案的费用现值为

$$\text{PC}_A=1500+\frac{10}{5\%}+\frac{100\times(A/F,5\%,5)}{5\%}=2026\text{（万元）}$$

B 方案的费用现值为

$$\text{PC}_B=2000+\frac{5}{5\%}+\frac{100\times(A/F,5\%,10)}{5\%}=2259\text{（万元）}$$

由于 $\text{PC}_A<\text{PC}_B$，则 *A* 方案经济。

（2）年值法：*A* 方案的年费用为

$$\text{AC}_A=10+100\times(A/F,5\%,5)+1500\times5\%=103.10\text{（万元）}$$

B 方案的年费用为

$$\text{AC}_B=5+100\times(A/F,5\%,10)+2000\times5\%=112.95\text{（万元）}$$

由于 $\text{AC}_A<\text{AC}_B$，则 *A* 方案经济。

3.3.3　独立方案的选择

1. 资金无限制的独立方案选择

当资金足够多时，只要备选方案经过单方案评价、经济上可行，即可入选，不必进行方案间的比选。即独立方案的采用与否，只取决于方案自身的经济性，只需检验它们是否能够通过净现值、净年值或内部收益等绝对效益评价指标。因此，多个独立方案与单一方案的评价方法是相同的，此处不再赘述。

2. 有资金约束的独立方案选择

这里讨论的独立方案是指方案之间虽然不存在相互排斥或相互补充的关系，但由于资金方面的约束，不可能满足所有方案投资的要求，或者由于投资项目的不可分性，这些约束条

件意味着接受某几个方案必须要放弃另一些方案，使得局部看来独立的方案，由于资金的约束变成了相关方案。对这类方案评价的目的是在资金总额一定的条件下，寻求总体效益最好的方案组合。比选的方法有独立方案互斥法和效率指标排序法。

（1）独立方案互斥法。基本思想是把各个独立方案进行组合，其中每一个组合方案代表一个互斥方案，再利用互斥方案的评选方法选择最佳的方案组合。举例说明如下。

例 3-20 有 3 个独立的投资方案有 *A*、*B*、*C*，各方案的有关数据如表 3-17 所示。已知总投资限额是 800 万元，基准收益率为 10%，试选择最佳投资方案组合。

表 3-17 *A*、*B*、*C* 方案的有关数据

方案	投资（万元）	年净收入（万元）	寿命期（年）
A	350	62	10
B	200	39	10
C	420	76	10

解： 由于 3 个方案的总投资合计为 970 万元超过了投资限额，因而不能同时选上。

独立方案互斥化法的基本步骤如下：

列出全部相互排斥的组合方案。如果有 m 个独立方案，那么组合方案数 $N=2^m-1$（不投资除外）。这 N 个组合方案相互排斥。本例中有 3 个独立方案，互斥组合方案共有 7 个，这 7 个组合方案互不相容，互相排斥。组合结果见表 3-18。

在所有组合方案中，除去不满足约束条件的 *ABC* 组合，并且按投资额大小顺序排列；采用净现值、差额内部收益率法选择最佳方案组合。本例采用净现值法，净现值最大的组合方案为最佳组合方案，结果见表 3-18。

表 3-18 用净现值法选择最佳组合方案

序号	方案组合	投资（万元）	净现值（万元）	决策
1	*B*	200	39.6	
2	*A*	350	30.9	
3	*C*	420	46.9	
4	*B*、*A*	550	70.5	
5	*B*、*C*	620	86.5	最佳
6	*A*、*C*	770	77.8	
7	*A*、*B*、*C*	970		超出投资

由表 3-18 可知，按最佳投资决策确定选择方案 *B* 和 *C*。

当方案的个数增加时，其组合数将成倍增加。所以这种方法比较适用于方案数比较小的情况。当方案数目较多时，可采用效率指标排序法。

（2）效率指标排序法。效率指标排序法是通过选取能反映投资效率的指标，用这些指标把投资方案按投资效率的高低顺序排列，在资金约束下选择最佳方案组合，使有限资金能获得最大效益。常用的排序指标有内部收益率与净现值率。

① 内部收益率排序法。是将方案按内部收益率的高低依次排序，然后按顺序选取方案。这一方法的目标是达到总投资的效益最大。

② 净现值率排序法。是将各方案的净现值率按大小顺序，并依此次序选取方案。这一方法的目标是达到一定总投资的净现值最大。

例 3-21　表 3-19 所示为 7 个相互独立的投资方案，寿命期均为 8 年。基准收益率为 10%，若资金总额为 380 万元，用净现值率法进行评选。

表 3-19　7 个投资方案的有关数据　　（单位：万元）

方案	投资额	年净收益	方案	投资额	年净收益
A	80	24.7	*E*	100	26
B	115	25.6	*F*	70	12.2
C	65	15.5	*G*	40	8
D	90	30.8			

解：各方案的净现值、净现值率及排序结果如表 3-20 所示。

表 3-20　各投资方案的有关指标　　（单位：万元）

方案	净现值	净现值率	排序
A	51.77	0.65	2
B	21.58	0.19	5
C	17.69	0.27	4
D	74.34	0.83	1
E	38.71	0.38	3
F	−4.91	−0.07	7
G	2.68	0.07	6

由表 3-20 可知，方案的优先顺序为 *D*—*A*—*E*—*C*—*B*—*G*，方案 *F* 净现值率小于零，应淘汰。当资金总额为 380 万元时，最优组合方案是 *D*、*A*、*E*、*C*、*G*。

值得注意的是，用内部收益率或净现值率排序来评选独立方案，并不一定能保证获得最佳组合方案。只有当各方案投资占总投资比例很小或者入选方案正好分配完总投资时才能保证获得最佳组合方案，因为未分配的投资无法产生效益。

3.3.4　混合方案的选择

当方案组合中既包含有互斥方案，也包含有独立方案时，就构成了混合方案。独立方案或互斥方案的选择，属于单项决策。但在实际情况下，需要考虑各个决策之间的相互关系。混合型方案的特点，就是在分别决策基础上，研究系统内诸方案的相互关系，从中选择最优的方案组合。

混合型方案选择的程序如下：按组际间的方案互相独立、组内方案互相排斥的原则，形成所有各种可能的方案组合；以互斥型方案比选原则筛选组内方案；在总的投资限额下，以独立型方案比选原则选择最优的方案组合。

例 3-22　某投资项目有一组六个可供选择的方案，其中两个是互斥型方案，其余为独立型方案。基准收益率为 10%，其投资、净现值等指标如表 3-21 所示，试进行方案选择。分别假设：①该项目投资额为 1000 万元；②该项目投资限额为 2000 万元。

解：六个方案的净现值都是正值，表明方案都是可取的。

① 在 1000 万元资金限额下，以净现值率为判断，选择 *A*、*C* 两个方案。*A*、*C* 方案的组合效益

$$\mathrm{NPV}=250+200=450\text{（万元）}$$

② 在2000万元资金限额时，选择A、C、E、F四个方案的组合效益

$$\text{NPV} = 250 + 200 + 175 + 150 = 775（万元）$$

本例说明，先以NPV筛选方案淘汰一些不可取的方案，然后以NPV优选方案。

表3-21 混合方案比选

投资方案		投资（万元）	净现值（万元）	净现值率（%）
互斥型	A	500	250	0.500
	B	1000	300	0.300
独立型	C	500	200	0.400
	D	1000	275	0.275
	E	500	175	0.35
	F	500	150	0.300

3.4 设备更新方案的比较

3.4.1 设备的磨损与补偿

随着设备使用或闲置时间的延伸，设备的技术性能会发生绝对或相对劣化，其价值和使用价值也会相应降低，这一现象称为设备磨损。

设备磨损分为有形磨损和无形磨损两种形式。有形磨损，也称为物理磨损，是指设备在使用或闲置过程中所发生的实体磨损，它又分为使用磨损和自然磨损两种。无形磨损，也称为精神磨损，是指由于技术进步，生产同类型同功能设备的必要劳动量减少，使得原有设备的价值相对降低；由于出现更高功能、更高效率的设备而引起原有设备价值和使用价值的降低。

设备的上述磨损，必须以各种形式加以补偿才能维持企业的再生产。由于设备遭受的磨损形式不同，补偿方式也不一样。设备磨损的补偿方式一般有局部补偿和完全补偿两种。设备有形磨损的局部补偿是修理，设备无形磨损的局部补偿是改造。有形磨损和无形磨损的完全补偿是更新，即淘汰旧设备更换新设备。补偿磨损的主要资金来源于原有设备提取的折旧。

3.4.2 设备更新及其策略

1. 设备更新及其原则

设备更新是设备综合磨损的一种补偿方式，是维护和扩大社会再生产的必要条件。设备更新，从广义上讲包括设备修理、设备更换和现代化改装；从狭义上讲是指以结构更先进、技术更完善、生产效率更高的新设备代替不能继续使用及经济上不宜继续使用的旧设备。设备原则特点如下。

（1）设备更新分析的中心是确定设备的经济寿命。

（2）设备更新分析应站在客观的角度分析问题。设备更新问题的分析应从客观的角度出发，而不是资产所有者的角度考虑问题。通常咨询者不拥有任何资产，所以如果要保留旧资产，首先要付出相当于旧资产当前市场价值的资金，取得旧资产的使用权。

（3）设备更新分析只考虑未来发生的现金流量，对以前发生的现金流量及沉入成本不予考虑。因为它们属于不可恢复费用，与更新决策无关，不需要再参与决策。

（4）通常在比较设备更新分析方案时，假设设备产生的收益是相同的，因此只比较设备的费用。

（5）由于不同设备方案的服务寿命不同，常常采用费用年值法进行设备更新分析。

2. 设备更新的策略

设备更新有原型更新和新型更新两种形式。原型更新又称简单更新，它是用同型号设备以新换旧，主要是用于更换已损坏的或陈旧的设备。原型更新不具有更新技术的性质，不产生技术进步。新型更新又称技术更新，它是以结构更先进、技术更完善、性能更好、效率更高、能源和原材料消耗更少的新型设备，来换掉技术上陈旧落后、在经济上不宜继续使用的设备。它是实现企业技术进步、提高经济效益的主要途径。

确定设备更新必须进行经济分析。凡修复比较合理的，不应过早更新，可以修中有改；通过改进、改装就能满足生产技术要求的，不要急于更新；更新个别关键零部件就可以达到要求的，不必更换整台设备；更换单机能满足要求的，不必更换整个机群或整条生产线。

进行设备更新方案的经济性分析，主要涉及设备寿命的问题。设备寿命类型及计算见 3.4.5 节所述。

3.4.3 设备更新方案的一般程序

设备更新的经济分析，是多方案比较选优的过程，一般应遵循下列程序。

（1）确定目标。目标可以是一台设备、某个生产装置或一条生产线等。

（2）收集资料。收集设备的折旧、费用、性能、技术进步、设备磨损程度等资料。

（3）计算经济寿命，确定最佳更新时机。见 3.4.5 节所述。

（4）制订更新方式。设备更新方式有多种，要根据不同的对象及具备的条件制订，且对不同更新方式制订内部方案；首先对各更新方式的内部方案进行经济分析，选出各自的最佳方案后再进入下一步。

（5）对各更新方式的最佳方案进行比较选优。

（6）确定最佳方案并实施。

3.4.4 设备经济寿命的确定

1. 设备寿命类型

依据研究角度的不同，设备寿命具有不同的含义，可以分为自然寿命、技术寿命、折旧寿命和经济寿命。

（1）自然寿命，又称物理寿命，即设备从投入使用开始，直到不能继续使用所延续的时间。通过保养可以适当延长设备的自然寿命，但不能从根本上避免设备的磨损。自然寿命主要取决于有形磨损的速度。

（2）技术寿命，指设备在开始使用后持续地能够满足使用者需要功能的时间，具体来说即设备从开始使用到因技术落后而被淘汰的时间。它主要取决于无形磨损的速度。

（3）折旧寿命，指根据财会制度，按规定的设备耐用年数，将设备的原值通过折旧的形式转入产品成本，直到使设备净值接近于零的全部时间。设备的投资通常是通过折旧的方式逐年回收的。

（4）经济寿命，是从经济角度看设备最合理的使用期限。它是指从投入使用开始，到设备因继续使用不经济而被更新的时间。设备使用年限越长，每年所分摊的设备购置费（年资本费）越少。但是，随着使用年限的增加，设备的维修费或运行成本会增加。这就存在着设备使用到某一年份，其平均综合成本最低，或经济效益最好。设备从开始使用到其等值年成本最低（或年盈利最高）的使用年限为设备的经济寿命。经济寿命是由有形磨损和无形磨损共同决定的。在设备更新分析中，经济寿命是确定设备最优更新期的主要依据。

2. 设备经济寿命的计算

设备经济寿命的估算方法很多，常用的是费用平均法。具体分为静态计算方法和动态计算方法。

1）设备经济寿命的静态计算方法

（1）在不考虑资金时间价值的条件下，使用设备的年平均总费用为

$$\mathrm{AC}_n=\frac{P-L_n}{n}+\frac{1}{n}\sum_{j=1}^{n}C_j \tag{3-30}$$

式中，AC_n为n年内设备的年平均费用；P为设备原始价值；L_n为设备n年后的残值；C_j为设备第j年的运行成本；n为设备使用年数；j为设备使用年度，j的取值范围为1到n。

在所有的设备使用期限中，能使设备的年均费用AC_n最低的使用期限就是设备的经济寿命。

例 3-23 某设备购置费5万元，在使用中有如表3-22所示的统计资料，如果不考虑资金的时间价值，试计算其经济寿命。

表 3-22 某设备使用过程统计数据表 （单位：元）

使用年度j	1	2	3	4	5	6	7
j年度运营成本	5000	6250	7500	10000	12500	17500	23750
n年末残值	31250	18750	12500	7500	3750	2500	1250

解：根据公式（3-30）计算，该设备在不同使用期限的年均费用如表3-23所示。

表 3-23 设备经济寿命的计算 （单位：元）

使用年限n	设备分摊费 $P-L_n$	设备分摊费 $\frac{P-L_n}{n}$	年均运营成本 C_j	使用年限内运营成本累计 $\sum_{j=1}^{n}C_j$	年均运营成本 $\frac{1}{n}\sum_{j=1}^{n}C_j$	年均总费用
①	②	③	④	⑤	⑥	⑦
1	18750	18750	5000	5000	5000	23750
2	31250	15625	6250	10250	5125	20750
3	37500	12500	7500	17750	5917	18417
4	42500	10625	10000	27750	6938	17563
5	46250	9250	12500	40250	8050	17300*
6	47500	7917	17500	57750	9625	17542
7	48750	6964	23750	81500	11643	18607

注：*表示年均总费用最低

由计算结果看来，该设备使用 5 年时，其年均总费用最低（$AC_5 = 17300$ 元），使用期限大于或者小于 5 年时，其年均费用均大于 17300 元，故该设备的经济寿命为 5 年。

（2）设备劣化。

一般而言，随着设备使用年限的增加，年运营成本每年以某种速度在递增，这种运营成本的逐年递增称为设备的劣化。现假定每年运营成本的增量是均等的，即运营成本呈线性增长，如图 3-9 所示。

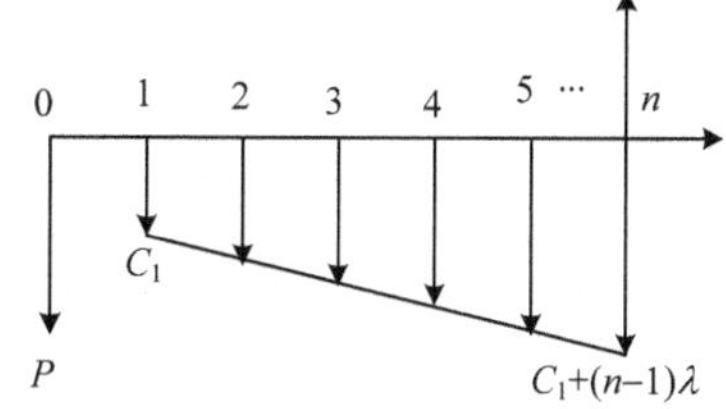

图 3-9　劣化增量均等的现金流量图

设每年运营成本增加额为 λ，运营成本均发生在年末，设备使用年限为 n 年，则第 n 年时的运营成本为

$$C_n = C_1 + (n-1)\lambda \tag{3-31}$$

式中，C_1 为运营成本的初始值，即第 1 年的运营成本；n 为设备使用年限。

n 年内设备运营成本的平均值为

$$C_1 + \frac{n-1}{2}\lambda$$

除运营成本外，在年均总费用中还包括设备的年均分摊额，其金额为 $\frac{P-L_n}{n}$，则年均总费用的计算公式为

$$AC_n = \frac{P-L_n}{n} + C_1 + \frac{n-1}{2}\lambda \tag{3-32}$$

通过求式（3-32）的极值，计算设备的经济寿命。

设 L_n 为一常数，令 $\frac{d(AC_n)}{dn} = 0$，则经济寿命 m 为

$$m = \sqrt{\frac{2(P-L_n)}{\lambda}} \tag{3-33}$$

式中，m 为设备经济寿命；P 为设备原始价值：L_n 为设备 n 年后的残值；λ 为劣化值，即每年运行成本增加值。

例 3-24　若设备原始价值为 12000 元，预计残值为 2000 元，运行成本初始值为 1000 元/年，年运行成本劣化值 400 元/年，则设备的经济寿命是多少年？

解：$m = \sqrt{\frac{2(P-L_n)}{\lambda}} = \sqrt{\frac{2\times(12000-2000)}{400}} = 7$（年）

2）设备经济寿命的动态计算方法

（1）在考虑资金时间价值的条件下，设备资金费用 $S_n = P(A/P,i,n) - L_n(A/F,i,n)$

设备使用费用 $C_n = (A/P,i,n)\sum_{j=1}^{n} C_j(P/F,i,j)$

使用设备的年平均费用为

$$\begin{aligned} AC_n &= S_n + C_n = P(A/P,i,n) - L_n(A/F,i,n) + (A/P,i,n)\sum_{j=1}^{n} C_j(P/F,i,j) \\ &= [(P-L_n)(A/P,i,n) + L_n \times i] + \sum_{j-1}^{n} C_j(P/F,i,j)(A/P,i,n) \end{aligned} \tag{3-34}$$

式中，符号同前，AC_n 最小值时，所对应的 n 即设备的经济寿命。

例 3-25 某机器购置费用为 120000 元，预计寿命期为 5 年，随着使用过程中的磨损，其各年的使用费用逐年增加（表 3-24），假设不论何时更新其残值均为 5000 元，若考虑资金时间价值，资金折现率为 10%，求该设备的经济寿命。

表 3-24 设备各年的使用费用 （单位：元）

年 份	1	2	3	4	5
使用费用 C_n	12000	15000	30000	40000	60000

解：假设设备使用 1 年就报废，则其年均总成本为

$$\begin{aligned}\mathrm{AC}_1 &= P(A/P,10\%,1)-L(A/F,10\%,1)+C_1(A/P,10\%,1)\\ &=120000\times1.1-5000\times1+12000\times1=139000（元）\end{aligned}$$

假设设备使用 2 年报废，则其年平均总成本为

$$\begin{aligned}\mathrm{AC}_2 &= P(A/P,10\%,2)-L(A/F,10\%,2)+(A/P,10\%,2)[C_1(P/F,10\%,1)+C_2(P/F,10\%,2)]\\ &=120000\times0.5762-5000\times0.4762+0.5762\times(12000\times0.9091+15000\times0.8264)\\ &=80191.46（元）\end{aligned}$$

假设设备使用 3 年报废，则其年平均总成本为

$$\begin{aligned}\mathrm{AC}_3 &= P(A/P,10\%,3)-L(A/F,10\%,3)+(A/P,10\%,3)\\ &\quad [C_1(P/F,10\%,1)+C_2(P/F,10\%,2)+C_3(P/F,10\%,3)]\\ &=120000\times0.4021-5000\times0.3021+0.4021\times(12000\times0.9091\\ &\quad +15000\times0.8264+30000\times0.7513)\\ &=65175.45（元）\end{aligned}$$

假设设备使用 4 年报废，则其年平均总成本为

$$\begin{aligned}\mathrm{AC}_4 &= P(A/P,10\%,4)-L(A/F,10\%,4)+(A/P,10\%,4)\\ &\quad [C_1(P/F,10\%,1)+C_2(P/F,10\%,2)+C_3(P/F,10\%,3)+C_4(P/F,10\%,4)]\\ &=120000\times0.3155-5000\times0.2155+0.3155\times(12000\times0.9091+15000\times0.8264\\ &\quad +30000\times0.7513+40000\times0.683)\\ &=59865.81（元）\end{aligned}$$

假设设备使用 5 年报废，则其年平均总成本为

$$\begin{aligned}\mathrm{AC}_5 &= P(A/P,10\%,5)-L(A/F,10\%,5)+(A/P,10\%,5)\\ &\quad [C_1(P/F,10\%,1)+C_2(P/F,10\%,2)+C_3(P/F,10\%,3)\\ &\quad +C_4(P/F,10\%,4)+C_5(P/F,10\%,5)]\\ &=120000\times0.2638-5000\times0.1638+0.2638\times(12000\times0.9091\\ &\quad +15000\times0.8264+30000\times0.7513+40000\times0.683+60000\times0.6209)\\ &=59965.32（元）\end{aligned}$$

经过计算，该设备使用 4 年时间的年平均使用费用是最低的，因此它的经济寿命为 4 年。

（2）设备劣化。

如果运营成本 C_j 呈线性变化，以 λ 代表年劣化指增量，则年运营费用为

$$\begin{aligned}\mathrm{AC}_n &= P(A/P,i,n)-L_n(A/F,i,n)+C_1+\lambda(A/G,i,n)\\ &=[(P-L_n)(A/P,i,n)+L_n\times i]+[C_1+\lambda(A/G,i,n)]\end{aligned}\tag{3-35}$$

符号同前，式中 $(P-L_n)(A/P,i,n)+L_n\times i$ 为资产年均分摊额，$C_1+\lambda(A/G,i,n)$ 为年均运营成本。n 为设备的经济寿命。

如果 L_n 不能视为常数，运行成本不呈线性增长，各年 λ 不同，且无规律可循，这时应列表逐年计算。

例 3-26　某设备购置费为 22000 元，第一年的设备运营费为 6500 元，以后每年增加 3500 元，设备逐年减少的残值如表 3-25 所示。设折现率为 12%，求该设备的经济寿命。

解：根据公式（3-35），设备在使用年限内的年均总成本计算如下：

$n=1$ 时　$$\begin{aligned}AC_1&=(22000-10000)(A/P,12\%,1)+10000\times12\%+6500+3500(A/G,12\%,1)\\&=12000\times1.12+10000\times12\%+6500+3500\times0\\&=21140（元）\end{aligned}$$

$n=2$ 时　$$\begin{aligned}AC_2&=(22000-8000)(A/P,12\%,2)+8000\times12\%+6500+3500(A/G,12\%,2)\\&=14000\times0.5917+8000\times12\%+6500+3500\times0.4717\\&=17394.75（元）\end{aligned}$$

$n=3$ 时　$$\begin{aligned}AC_3&=(22000-5000)(A/P,12\%,3)+5000\times12\%+6500+3500(A/G,12\%,3)\\&=17000\times0.4163+5000\times12\%+6500+3500\times0.9246\\&=17413.2（元）\end{aligned}$$

$n=4$ 时　$$\begin{aligned}AC_4&=(22000-1000)(A/P,12\%,1)+1000\times12\%+6500+3500(A/G,12\%,4)\\&=21000\times0.3292+1000\times12\%+6500+3500\times1.3589\\&=18298.35（元）\end{aligned}$$

表 3-25　设备经济寿命计算表　（单位：元）

第 j 年末	设备使用到第 n 年末的残值	年度运营成本	年均分摊额	年均运营成本	年均总成本
1	10000	6500	14640	6500	21140
2	8000	10000	9243.9	8150.95	17394.75*
3	5000	13500	7667.1	9736.1	17413.2
4	1000	17000	7042.2	11256.15	18298.35

注：*表示年均总成本最低

根据上述的计算结果可知，设备的经济寿命为 2 年。

3.4.5　设备更新方案的选择

1．设备更新的最佳时机

设备更新决策实质就是确定正在使用的设备是否应该以及什么时候应该用更经济的设备来替代或改进现有设备。从常理来看，人们可能会因为新设备的购置费用较大，而趋向于保留现有设备，但是，新设备将带来运行费用、维修费用的减少以及产品质量的提高。因此，设备更新的关键在于使用新设备的综合收益是否高于保留旧设备的综合收益。设备更新的最佳时机应为综合收益最大的那个时点。

例 3-27　某项目剩余寿命 3 年，其主要设备 A 在 3 年前以 250000 元购置，现市场上相同成色相同型号的设备价格为 100000 元，以后每年残值如表 3-26 所示，每年产值为 80000 元，使用成本为 30000 元，此时有技术性能更好的设备 B 面世，售价为 300000 元，每年产值为 150000 元，使用成本为 50000 元，每年残值如表 3-26 所示，项目结束后设备 B 也不再使用。是否应该更换设备 B，如应更换，何时较为合适？（基准收益率为 10%）

表 3-26　各设备更新年限及残值　（单位：元）

使用年数	设备 A 残值	设备 B 残值
1	70000	240000
2	30000	200000
3	10000	150000

解：方案一：马上更新，在接下去的 3 年时间均使用设备 B，则其产生的效益为

$$\begin{aligned}\mathrm{NPV}_0 &= -300000+150000(P/F,10\%,3)+(150000-50000)(P/A,10\%,3)\\ &= -300000+150000\times 0.7513+100000\times 2.487=61395（元）\end{aligned}$$

方案二：如果设备 A 使用 1 年，然后更新为设备 B，则产生的效益为

$$\begin{aligned}\mathrm{NPV}_1 &= -100000+70000(P/F,10\%,1)+(80000-30000)(P/A,10\%,1)\\ &\quad +[(-300000+200000)(P/F,10\%,2)\\ &\quad +(150000-50000)(P/A,10\%,2)](P/F,10\%,1)\\ &= -100000+70000\times 0.9091+50000\times 0.9091+\\ &\quad (-300000+200000)\times 0.8264+100000\times 1.7355)\times 0.9091\\ &= 44392.35（元）\end{aligned}$$

方案三：如果设备 A 使用 2 年，然后更新为设备 B，则产生的效益为

$$\begin{aligned}\mathrm{NPV}_2 &= -100000+30000(P/F,10\%,2)+(80000-30000)(P/A,10\%,2)\\ &\quad +[(-300000+240000)(P/F,10\%,1)+(150000-50000)(P/A,10\%,1)](P/F,10\%,2)\\ &= -100000+30000\times 0.8264+50000\times 1.7355+(-300000+240000\times 0.0.9091)\\ &\quad +100000\times 0.9091)\times 0.8264\\ &= 19082.28（元）\end{aligned}$$

方案四：如果设备 A 使用 3 年，则产生的效益为

$$\begin{aligned}\mathrm{NPV}_3 &= -100000+100000(P/F,10\%,3)+(80000-30000)(P/A,10\%,3)\\ &= -100000+10000\times 0.7513+50000\times 2.487=31863（元）\end{aligned}$$

很明显，NPV_0 最大，则应该马上更换设备。

例 3-28　某设备目前的净残值为 100000 元，还能继续使用 4 年，保留使用的情况如表 3-27 所示。

表 3-27　某设备保留使用的情况　（单位：元）

保留使用年数	年末净残值	年使用费
1	80000	40000
2	60000	50000
3	40000	60000
4	20000	70000

新的设备的原始费用为 350000 元，经济寿命 10 年，10 年年末的净残值为 50000 元，平均使用年费为 5000 元，基准折现率为 10%。问旧设备是否需要更换，如需更换何时为宜？

解：设新、旧设备的平均年费用分别为 AC_n 和 AC_0，则

$$
\begin{aligned}
AC_n(0) &= [(350000-50000(P/F,10\%,10)](A/P,10\%,10)+5000 \\
&= [350000-50000\times 0.3855]\times 0.16275+5000 \\
&= 58825.49（元）
\end{aligned}
$$

$$
\begin{aligned}
AC_0 = {} & [(1000000 - 20000(P/F,10\%,4)](A/P,10\%,4)+[40000(P/F,10\%,1) \\
& +50000(P/F,10\%,2)+60000(P/F,10\%,3)+70000(P/F,10\%,4)](A/P,10\%,4) \\
= {} & [100000-20000\times 0.6830]\times 0.31547+[40000\times 0.9091+50000\times 0.8264 \\
& +60000\times 0.7513+70000\times 0.6830]\times 0.31547 \\
= {} & 81048.03（元）
\end{aligned}
$$

$AC_n < AC_0$，所以旧设备应该更换。

保留 1 年：$AC_n(1) = [(1000000-80000(P/F,10\%,1)](A/P,10\%,1)+40000$

$$
\begin{aligned}
&= [100000-80000\times 0.9091]\times 1.1+40000 \\
&= 69999.2（元）
\end{aligned}
$$

$AC_n > AC_0$，所以旧设备应该保留使用。

保留 2 年：$AC_n(2) = [(80000-60000(P/F,10\%,1)](A/P,10\%,1)+50000$

$$
\begin{aligned}
&= [80000-60000\times 0.9091]\times 1.1+50000 \\
&= 77999.4（元）
\end{aligned}
$$

$AC_n < AC_0$，所以旧设备应该更换。

可见，旧设备应该保留使用 1 年，于第 1 年年末更换。

2. *寿命不等的更新方案分析*

通常，不同设备方案的使用寿命有所不同，且假定设备产生的收益相同，因此对于寿命期不等的更新方案比较，最简捷的方法是采用年费用比较法。

例 3-29　某厂 3 年前以 20000 元购置了机器设备 *A*，估计经济寿命为 8 年，8 年末的预计净残值为 2000 元，年运行成本为 1000 元。目前设备 *A* 在市场上的折卖价值为 10000 元。现在市场上出现了同类设备 *B*，其功能与 *A* 相同，其原始成本为 25000 元，估计可使用 8 年，8 年末的净残值为 3000 元，年度运行成本为 700 元。现有两个方案：方案一是继续使用 *A* 设备；方案二是把 *A* 设备出售，然后购买 *B* 设备。已知基准折现率为 12%，试对这两个方案进行比较。

解：根据方案比较原则，*A* 设备的原始成本是 3 年前发生的，是沉没成本，评价时不应计入。*A* 设备在第三年年末的折卖价值即 *A* 设备继续使用的投资。

站在客观的立场上进行比较，方案一相当于以 10000 元购置 *A* 设备，使用 5 年，年运行成本 1000 元，使用期满预计净残值为 2000 元。

两方案的现金流量图如图 3-10 所示。

依照图 3-10 的现金流量情况，可以分别计算两个方案的平均年费用为

$$AC_1 = 10000\times(A/P,12\%,5)-2000\times(A/F,12\%,5)+1000 = 3459.28（元）$$

$$AC_2 = 25000\times(A/P,12\%,8)-3000\times(A/F,12\%,8)+700 = 5488.6（元）$$

比较的结论是：$AC_2 > AC_1$，方案一优，平均每年可节约费用 2029.32 元。因此，选择方案一，即继续使用 *A* 设备，不作更新。

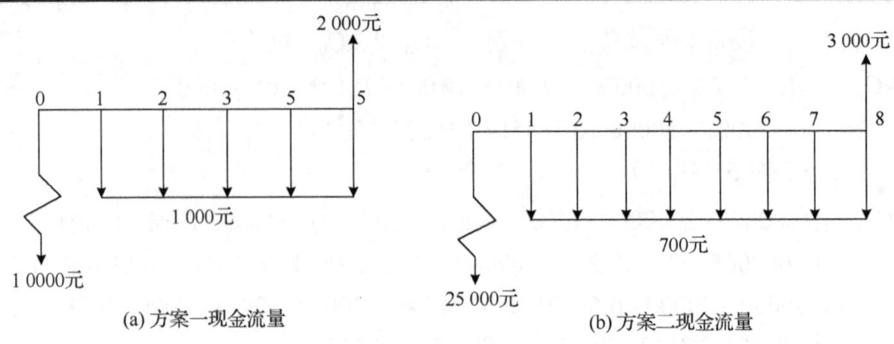

(a) 方案一现金流量　　(b) 方案二现金流量

图 3-10　两方案现金流量图

3. *以经济寿命为依据的更新分析*

通过计算设备的经济寿命来决定设备是否需要更新。在比较方案时应注意，如果一台设备在整个使用期内，其年度使用费固定不变、估计残值也固定不变，这时其使用年限越长、年度费用越低，应选定尽可能长的寿命；如果其年度使用费逐年增加且目前残值和未来估计的残值相等，这时其使用的年限越长、年度费用越高，则应选定尽可能短的寿命。

例 3-30　假定某企业 3 年前投资 30000 元购置了一套机器设备 A，这套设备估计还可以使用 5 年，目前这套设备的年度使用费估计下一年度为 15000 元，以后逐年增加 500 元。现在市场上又出现一种新设备 B，其原始费用为 12000 元，年度使用费第一年估计为 7000 元，以后每年增加 1000 元，新设备的使用寿命估计为 12 年。由于这两套设备都是专用设备，其任何时候的残值都等于零。如果 $i_c = 10\%$，分析该企业对现有设备是否应进行更新。

解：根据题意，原设备 A 的原始费用 30000 投资是 3 年前发生的，是沉没成本应不予考虑。

其次，计算原设备和新设备的经济寿命。

原设备目前的残值和未来的残值都相等且都等于零，因此没有资金恢复费用，其年度费用即年度使用费。其年度使用费是逐年增加的，因而其年度费用也逐年增加。为了使年度费用最小，经济寿命必须尽可能取短的时间，即 1 年。所以，旧设备 A 保留使用 1 年，年度费用为 15000 元。

新设备 B 的经济寿命计算如表 3-28 所示。

从表 3-28 中可以看出，新设备在第五年的年度费用最低，即新设备的经济寿命为 5 年。旧设备的经济寿命 1 年，新设备经济寿命 5 年的年度费用比较：$\mathrm{AC}_A = 15000$（元/年）

表 3-28　新设备的年度费用计算表　　（单位：元）

使用年限	资金恢复费用① 12000（A/P,10%,n）	年度使用费用② （见注）	年度费用 ①+②
1	13200	7000	20200
2	6914	7476	14390
3	4825	7937	12762
4	3786	8381	12167
5	3166	8810	11976
6	2755	9224	11979

注：年度使用费为 $\sum_{k=1}^{5}\{[7000+1000\times(k-1)](P/F,10\%,k)\}(A/P,10\%,k)$

经过计算得出结论，现有设备 A 应该更新。

复　习　题

1．简述项目现金流量的构成。

2．简述常用工程项目评价指标的分类。

3．简述总结并比较静态和动态评价指标。

4．简述备选方案之间的相互关系有哪些？试举例说明。

5．简述互斥方案比选的差额分析法原理及应用。

6．如何进行不等寿命的互斥方案比选？

7．设备的磨损类型有哪些？

8．某项目方案有关数据如表 3-29 所示，基准折现率为 10%。

（1）分别计算其静态投资回收期和动态投资回收期。

（2）若基准动态回收期为 8 年，试评价方案。

表 3-29　某项目方案

序号	年价 / 目录	0	1	2	3	4	5	6
1	投资支出	20	500	100				
2	其他支出				300	450	450	450
3	收入				450	700	700	700
4	净现值流量							
5	累计净现值流量	–20	–520	–620	–470	–220	30	280
6	净现值流量折现值							
7	累计折现值							

9．有 3 个独立的方案 A，B 和 C，寿命期皆为 10 年，现金流量如表 3-30 所示。基准收益率为 8%，投资资金限额为 12000 万元。要求选择最优方案。

表 3-30　现金流量

方　案	初始投资/万元	年净收益/万元	寿命/年
A	3000	600	10
B	5000	850	10
C	7000	1200	10

10．某设备价值 10 万元，每年年末使用残值和使用年费如表 3-31 所示，若基准收益率为 10%，试分别计算静态经济寿命和动态经济寿命。

表 3-31　设备年末使用残值和使用年费

年　份	1	2	3	4	5
年使用费用/元	5000	10000	15000	20000	30000
年末残值/元	70000	50000	40000	25000	10000

11．某企业 4 年前出 2200 元购置了设备 A，目前设备 A 的剩余寿命为 6 年，寿命终了时的残值为 200 元，设备 A 每年的运营费用为 700 元。目前，有一个设备制造厂出售与设备 A 具有相同功效的设备 B，设备

B 售价 2400 元，寿命为 10 年，残值为 300 元，每年运营费用为 400 元。如果企业购买设备 B，设备制造厂愿出价 600 元购买旧设备 A。设基准收益率为 15%，研究期为 6 年，试判断现在公司应保留设备 A，还是用设备 B 更新设备 A。

12．假定某企业 3 年前投资 30000 元购置了一套机械设备 A，这套设备估计还可以使用 5 年，目前这套设备的年度使用费估计下一年度为 15000 元，以后逐年递增 500 元；现在市场上又出现一种新设备 B，其原始费用为 15000 元，年度使用费第一年估计为 7000 元，以后每年增加 1000 元，新设备的使用寿命估计为 12 年。由于这两套设备都是专用设备，其任何时候残值均为零。如果基准收益率为 10%，分析该企业对现有设备是否进行更新。

第 4 章　项目工程经济分析

学习目的：理解资金成本的概念；掌握工程项目财务分析；了解国民经济评价；掌握线性盈亏平衡分析；理解单因素敏感性分析；熟悉决策树法；了解费用效益分析。

学习重点：工程项目财务分析；线性盈亏平衡分析及应用；单因素敏感性分析及应用。

学习难点：单因素敏感性分析及应用；方案决策的方法及其应用；费用效益分析的概念及其应用。

4.1　项目资金筹措与融资

任何一个投资方案的存续都要有资金基础。资金筹集是项目建设和运行的起点，资金来源渠道、筹集方式、资金结构、资金配置等问题影响着项目的实施及其经济性。作为项目实施的一项重要工作，项目的资金筹措应该从项目前期阶段就开始进行，包括资金来源、资金成本、资金使用、债务偿还与资金效益估算等内容。

4.1.1　工程项目资金的来源与筹措

1. 资金来源

现代公司的资金来源按所取得资金的权益特性不同分为两大部分：权益资金及负债资金，如图 4-1 所示。以权益方式筹集的资金，提供资金方取得公司的产权；以负债方式筹集的资金，提供资金方只取得对于公司的债权，债权人优先于股权受偿，但对公司没有控制权。

2. 资本金筹措

项目资本金是指由项目的发起人、股权投资人（以下称为“投资者”）以获得项目财产权和控制权的方式投入的资金。对于提供债务融资的债权人来说，项目的资本金是获得负债融资的一种信用基础，因为项目的资本金后于负债受偿，可以降低债权人的债权回收风险。为了建立投资风险约束机制，有效地控制规模、提高投资效益，国家对于固定资产投资实行资本金制度（公益性投资项目除外）。

1）公司融资项目资本金——自有资金

采取传统的公司融资方式进行项目的融资，项目资本金来自于公司的自有资金。主要来自于四个方面：企业现有的现金、未来生产经营中获得的可用于项目的资金、企业资产变现和企业增资扩股。

（1）企业现有的现金。

企业库存现金和银行存款可以由企业的资产负债表反映，其中有一部分可以投入项目，即扣除维持必要的日常经营所需货币资金额，多余的资金可以用于项目投资。

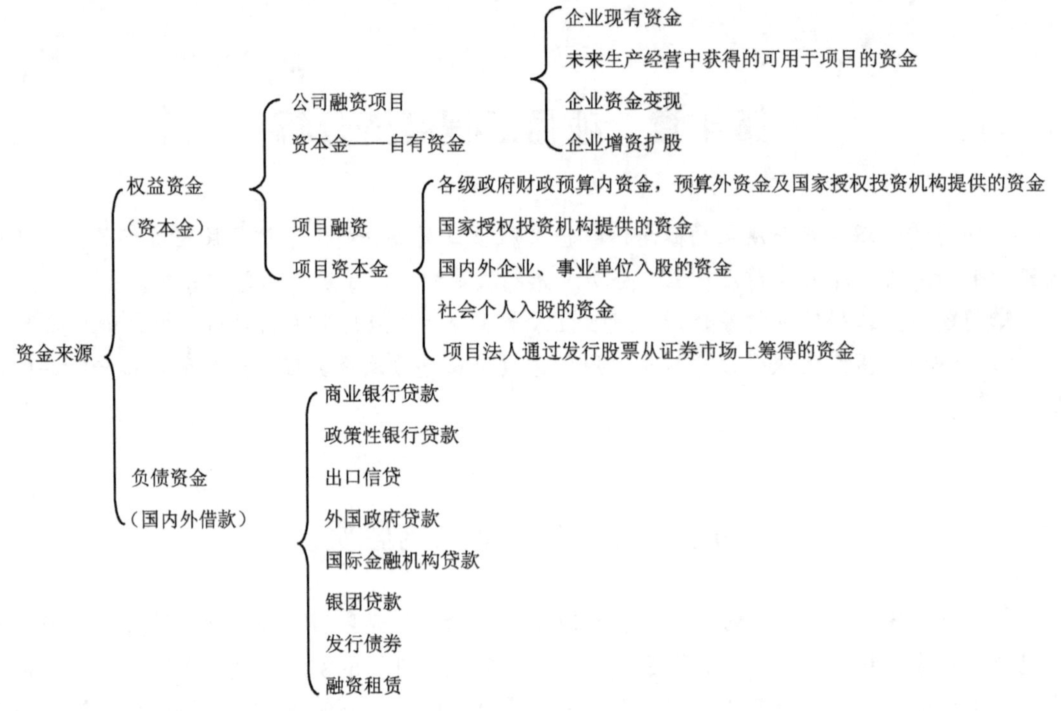

图 4-1 工程项目资金来源构成

（2）未来生产经营中获得的可用于项目的资金。

在未来的项目建设期间，除生产经营中获得新的现金经营开支及其日常开支之外，剩余部分可以用于项目投资。未来企业经营获得的净现金流量，需要通过对企业未来现金流量的预测来估算。

（3）企业资产变现。

企业可以将现有资产转让变现，取得现金用于项目投资。企业可以采取单项资产、资产组合、股权转让、经营权、对外长期投资和证券资产等多种变现方式。资产的流动性强，变现较为容易和便捷。

（4）企业增资扩股。

企业可以通过使原有股东增资以及吸收新股东增资扩股，包括法人股、个人股和外资股的增资扩股。

2）项目融资项目资本金

项目的资本金是新建法人的资本金，是项目投资者（项目发起人一般也是投资者）为拟建项目提供的资本金。项目的投资者对新组建的企业或事业法人提供资金，可以采取多种形式。

企业法人的资本金通常以注册资金的方式投入；有限责任公司及股份公司的注册资金由企业的股东按股权比例认缴；合作制公司的注册资金由合作投资方按预先约定金额投入；有些情况下投资者还可以用准资本金方式投入资金，包括优先股、可转换债、股东借款等，这些投资是否视作项目的资本金，需要按照投资的回收或偿还方式考察。

资本金出资形态可以是现金，也可以是实物、工业产权、非专利技术、土地使用权、资源开采权作价出资，但必须经过有资格的资产评估机构评估作价。以工业产权和非专利技术作价出资的比例一般不超过项目资本金总额的 20%（经特别批准，部分高新技术企业可以达到 30%以上）。在项目决策分析与评价中，应对资本金的出资方、出资方式、资本金来源及比例数额和资本金认缴进度等进行分析。

3）在资本市场上募集股东资金

有些项目的资本金需要在资本市场上募集。在资本市场募集资本金可以采取私募与公开募集两种基本方式。私募是指将股票直接出售给投资者，不通过市场公开销售；公开募集是在证券市场上公开向社会发行股票。

4）准资本金

（1）优先股。优先股是一种介于股本资金与负债之间的融资方式。优先股股东不参与公司的经营管理，没有公司的控制权。发行优先股通常不需要还本，但要支付固定股息。固定的股息通常大大高于银行的贷款利息。对于其他的债权人来说，当公司发生债务危机时，优先股后于其他债权受偿，其他债权人可将其视为准股本；而对于一般股股东来说，优先股是一种负债。

（2）股东借款。股东借款是指公司股东对公司提供的贷款。对于借款公司来说，在法律上是一种负债。但在项目融资中，股东不愿意对项目公司提供更多的注册资金，常用附加股东借款对于项目的银行借款提供准资本金支持，这样一方面可以降低注册资金，另一方面可以获得利息在税前支付的优惠。

3. 负债资金筹措

负债筹资是指项目筹资中除资本金外，以负债方式取得资金。

1）商业银行贷款

银行贷款是企业和新建项目筹集债务资金的一个重要渠道，我国的银行贷款分为商业银行贷款及政策性银行贷款。

商业银行为了规避贷款风险、保证信贷资金的安全，需要审查借款人的偿债能力。借款人偿债能力不足时，需要提供必要的担保。项目使用银行贷款，需要建立资信、分散风险，才有希望获得银行的贷款支持。既有企业公司法人或者新建项目公司法人使用商业银行贷款，需要满足银行的要求，向银行提供必要的材料。按照目前国家的基本建设管理程序，政府的投资计划管理部门在审批项目可行性研究报告时，对使用银行贷款的项目，需要附有银行的贷款承诺函。

2）政策性银行贷款

我国的政策性银行有国家开发银行、进出口银行、农业发展银行等，其中国家开发银行主要提供基础设施建设及重要的生产性建设项目的长期贷款，一般贷款期限较长；进出口银行主要为产品出口提供贷款支持，提供的出口信贷通常利率低于一般的商业贷款利率；农业发展银行主要为农业、农村发展项目提供贷款，贷款利率通常较低。

3）出口信贷

项目建设需要进口设备的，可以使用设备出口国的出口信贷。即设备出口国政府为了支持和扩大本国产品的出口、提高国际竞争力，对本国的设备提供利率补贴并提供信贷担保的方法，鼓励本国的银行对出口商或设备进口国的进口商提供优惠利率贷款。

根据贷款资金的对象，出口信贷分为买方信贷和卖方信贷。出口信贷通常不能对设备价款全额贷款，通常只能提供设备价款 85%的贷款，其余的 15%价款需要由进口商以现金支付。出口信贷利率通常要低于国际上商业银行的贷款利率。出口信贷通常需要支付管理费、承诺费、信贷保险等附加费用。

4）外国政府贷款

外国政府贷款是一国政府向另一个国家的企业或政府提供的贷款，这种贷款通常在利率及期限上有很大优惠；但通常有限制性条件，限制贷款必须用于采购贷款国的设备。由于贷款使用受到限制，设备进口可能难以通过较大范围的招标竞价取得较低价格。项目使用外国政府贷款需要得到本国政府的安排和支持。外国政府贷款经常与出口信贷混合使用，有时还伴有一部分赠款。

5）国际金融机构贷款

提供项目贷款的主要国际金融机构有世界银行、国际金融公司、欧洲复兴与开发银行、亚洲开发银行、美洲开发银行等全球性或地区性金融机构。国际金融机构的贷款通常带有一定的优惠性，贷款利率低于商业银行贷款利率，贷款期限可以安排得很长；同时，对于贷款资金的使用还附有设备采购对象限制性条件；但有可能需要支付某些附加费用，如承诺费。

6）银团贷款

大型建设项目融资中，由于融资金额巨大，一家银行难以承担巨额贷款的风险，可以由多家甚至几十家银行组成银团贷款。组成银团贷款通常需要由一家或数家牵头安排银行，负责联络其他的参加银行，研究考察项目，代表银团成员谈判和拟定贷款条件、起草法律文件。贷款银团中还需要由一家或数家代理银行，负责监管借款人的账户、监控借款人的资金、划收及划转贷款本息等。使用银团贷款，除了贷款利率，借款人还要支付一些管理费、安排费、代理费、承诺费、杂费等附加费用。

7）发行债券

企业可以通过发行企业债券，筹集资金用于项目投资。企业债券融资是一种直接融资。债券融资可以从资金市场直接获得资金，资金成本（利率）一般低于向银行借款。国内发行的债券通常都是固定利率的。由于有较为严格的证券监管，只有实力很强并且有很好资信的企业才有能力发行企业债券。债券投资人不会愿意承担项目投资风险，因此新项目组建的新公司发行债券，必须有很强的第三方担保。

可转换债是企业发行的一种特殊形式的债券。在预先约定的期限内，可转换债的债券持有人有权选择按照预先规定的条件将债权转换为发行公司的股权。在公司经营业绩变好时，股票价值上升，可转换债券的持有人倾向于将债权转为股权；而当公司业绩下降或没有达到预期效益时，则倾向于兑付本息。

可转换债的发行条件与一般企业债券类似，但由于附加有可转换为股权的权利，通常可转换债的利率低于一般债券。

8）融资租赁

机器设备等资产的出租人，在一定期限内将财产租给承租人使用，由承租人分期付给一定的租赁费，这样一种融物与融资相结合的筹资方式，就是融资租赁。融资租赁有别于经营性租赁，又称为金融租赁、财务租赁。采取这种租赁方式，通常由承租人选定需要的设备，由出租人购置后租赁给承租人使用；承租人向出租人支付租金，承租人租赁取得的设备按照固定资产计提折旧；租赁期满，设备一般要由承租人所有，由承租人以事先约定的很低的价格向出租人收购的形式取得设备的所有权。

通常，采用融资租赁，承租人可以对设备的全部价款得到融资，融资额度比使用贷款要大；同时租赁费中所含的利息也比贷款利率要高。

4.1.2　项目融资

1. 基本概念

项目融资是相对于传统融资而言的新型融资方式。所谓传统融资是指一个公司利用本身的资信能力所进行的融资，包括取得银行贷款、发行公司股票、公司债券等。投资方在提供资金时侧重于对公司整体情况的考核，而把对于该公司所要投资的某个具体项目的认识和控制放在较为次要的位置。

由于项目融资借入的资金是一种无限追索权或仅有有限追索权的贷款，而且需要的资金量又非常大，故其风险也较传统融资方式大得多。在实践中，项目融资分为无追索权项目融资和有限追索权项目融资两种类型。

工程项目融资从项目的投资决策到选择具体的项目融资方式、再到最后完成项目融资，一般要经过五个阶段和步骤。各个阶段的基本内容详见图 4-2。

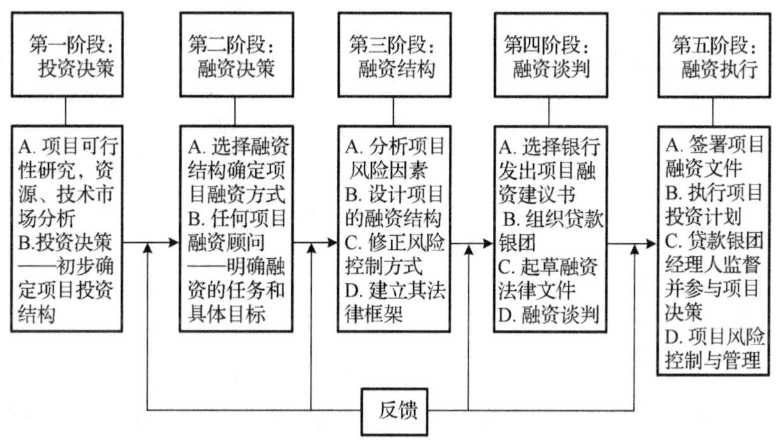

图 4-2　完成项目融资的阶段和步骤

2. 新型项目融资模式

（1）BOT（build-operate-transfer）模式，即“建设—经营—转让”。

（2）PPP（public private partnership）融资模式，即公共部门与私人企业合作模式。

（3）ABS（asset-backed securitization）融资模式，是以项目所属的资产为支撑的资产证券化融资模式，是资产证券化的简称。

（4）TOT 融资模式，即移交（transfer）—经营（operate）—移交（transfer）。

（5）价值捕捉模式（VC）。

环境的改善带来周围地带房地产和商业活动的增值与繁荣，价值捕捉就是将由于商业活动的增加而带来的企业获利的一部分转换为公共使用。

各融资模式在资金来源、融资成本、风险分担等方面都有所差别。表 4-1 对各个差别进行了分析。

表 4-1　新型融资模式的比较分析表

比较因素＼融资模式	PPP			ABS	VC
	BOT		TOT		
	内资	外资			
资金来源	国内民营资本	外资	大银行、大型建筑公司、其他金融机构、基金组织和私人资本，资金来源较 BOT 更广泛	国外债券、国内证券市场（退休养老基金、保险基金等都是潜在投资人）	项目周围企业、商铺因环境效益产生的特别税收或专项固定收费
融资成本	较高	很高	较低	较低	低
风险分担	主要由项目权益投资人和债务投资人分担风险，风险分担人数少，风险相对集中		回避了项目建设期的风险，且项目收益成本较为明朗。总的风险较小，但相对集中	投资人是债券购买者，风险相对分散；ABS 债券可以在二级市场转让，变现能力强，降低了投资风险，风险小，且分散	风险由周围的企业商户承担，风险较分散
所有权、运营权差异	所有权、运营权在特许期限内属于项目公司		运营权在特许期限内属于项目公司	债券的发行期内，项目资产的所有权属于 SPV，项目的运营、决策权属于原始权益人	所有权归项目公司或政府所有
适用范围	基础设施领域内能通过收费获得收入的设施或服务项目		与 BOT 模式一致	有可预见的稳定的未来现金收入的基础设施资产，经过一定的结构重组都可采用	中小型的基础设施建设项目
操作繁简程度	复杂		简单	较简单	较简单

4.1.3　融资方案分析

1. 资金成本基本概念

资金成本是指项目或企业在筹集资金时所支付的一定代价，主要包括筹资费和资金的使用费。筹资费是指在筹集资金过程中发生的各种费用，如委托金融机构代理发行股票、债券而支付的注册费和代理费等，向银行借款而支付的手续费等；使用费是指因使用资金而向资金提供者支付的报酬，如使用发行股票筹集的资金、要向股东们支付红利，使用发行债券和银行贷款借入的资金、要向债权人支付利息，使用租入的资产、要向出租人支付租金等。

由于不同情况下筹集资金的总额不同，为了便于比较，资金成本通常以相对数来表示，即用资金成本数来表示：

$$K=\frac{D}{P-F} \tag{4-1}$$

或

$$K=\frac{D}{P(1-f)} \tag{4-2}$$

式中，K 为资金成本率（一般通称为资金成本）；P 为筹集资金总额；D 为使用费；F 为筹资费；f 为筹资费费率（即筹资费与筹集资金总额的比率）。

资金成本是市场经济条件下企业财务管理中的一个重要概念，它在企业生产经营活动中有着广泛的用途。

（1）资金成本是选择资金来源、拟定筹资方案的主要依据。利用不同的筹资方式，资金成本有高有低。筹资决策的核心就是通过选择利用各种筹资方式，在及时、充分满足企业生产经营对资金需要的前提下，力求资金成本达到最低水平。因此，正确地测算资金成本，是正确进行筹资决策的一个重要条件。

（2）资金成本是评价投资项目可行性的主要经济标准。在市场经济条件下，只有资金利润率高于资金成本率的投资机会，才是有利可图的，才值得为之筹集资金并进行投资。

（3）资金成本可作为评价企业财务经营成果的依据。

2. 自有资金的资金成本计算

1）普通股资金成本

普通股持有者拥有公司的普通股权，公司的资产及经营收益扣除负债与优先股后，归普通股股权所有，公司的权益归公司的普通股股东所有。从筹集资金要满足的条件角度，普通股股东对于公司的预期收益要求，也可看作普通股筹资的资金成本。

普通股股东对于公司投资的预期收益要求，可以征询投资方的意见得知；不具备征询意见的条件时，通常可采取资本定价模型，根据同行业类似项目的投资收益确定。采取风险系数β的资本定价模型为

$$i = i_0 + \beta(i_m - i_0) \tag{4-3}$$

式中，i 为普通股资金成本，即普通股股东的预期收益要求；i_0 为社会无风险投资收益率；i_m 为社会平均投资收益率。β 为行业、公司或项目的资本投资风险系数。

2）优先股资金成本

对于优先股，类似于负债融资，资金成本按照优先股股息对发行优先股取得的资金之比计算，即

$$i = \frac{\text{优先股股息}}{\text{优先股发行价格} - \text{发行成本}} \tag{4-4}$$

例 4-1　某优先股面值 100 元，发行价格 105 元，发行成本 3%，每年付息一次，固定股息率 5%，计算该优先股资金成本。

解：$i = \dfrac{100 \times 5\%}{105 - 100 \times 3\%} = 4.902\%$

3）利润留成的资金成本

利润留成（又称保留利润）是指企业从税后利润总额中扣除股利后的剩余部分，它属于企业投资者所有。由于企业属股东所有，保留利润也属于股东所有，因此可认为这些未分配保留利润的最低成本是股票本身的资金成本 i_s，也可以采用类似于普通股资金成本确定的方法确定。

4）资金的综合资金成本

当各种不同资金来源的资金成本求得之后，如果把企业在某一计划时期内的全部投资项目作为一个整体来考虑，就应当在分别计算得到各类资金的资金成本的基础上，用加权平均法计算出资金的综合资全成本值，即

$$i_w = \sum i_k f_k \tag{4-5}$$

式中，i_w为加权平均资金成本；i_k为第 k 种融资的资金成本；f_k为第 k 种融资的资金额占项目总融资金额的比例，$\sum f_k = 1$。

综合资金成本（税前加权平均资金成本）可作为项目的最低期望收益率，也可称为基准收益率，作为项目财务内部收益率的判别标准。项目财务内部收益率高于综合资金成本，则项目的投资收益水平可以满足项目筹资的资金成本要求。

例 4-2　某项目总融资 5000 万元，具体情况：向银行借款 2000 万元，利率 7%，每年计息两次；发行优先股 1000 万元，股息 8%，发行成本 2%，平价发行，每年付息一次；发行普通股 2000 万元，据调查社会无风险投资收益 5%（长期国债利率），社会平均收益 12%，公司投资风险系数 1.2。试确定该项目的基准收益率。

解：（1）计算各种资金的税前资金成本：

① 银行借款资金的资金成本$=\left(1+\dfrac{7\%}{2}\right)^2-1=7.123\%$

② 优先股资金的资金成本$=\dfrac{8\%}{1-2\%}\div(1-33\%)=12.184\%$

③ 普通股资金的资金成本$=[5\%+1.2(12\%-5\%)]\div(1-33\%)=20\%$

（2）计算各种资金的税前加权平均资金成本，即该项目的基准收益率：

$$i_w = 7.123\% \times \frac{2000}{5000} + 12.184\% \times \frac{1000}{5000} + 20\% \times \frac{2000}{5000} = 13.286\%$$

3. 借贷资金成本计算

1）理论公式

借贷资本的使用费用就是支付的贷款利息。因此债务资金的资金成本就是利率，是项目接受的资金现值与未来资金流出（利息、本金偿还）的现值相等的一种折现率，定义如下：

$$\sum_{t=0}^{n} \frac{F_t}{(1+i)^t} = \sum_{t=0}^{n} \frac{C_t}{(1+i)^t} \tag{4-6}$$

$$\text{或} \sum_{t=0}^{n} \frac{F_t - C_t}{(1+i)^t} = 0 \tag{4-7}$$

式中，F_t为各年实际借贷资金流入额；C_t为各年实际借贷资金支出额，包括资金占用成本及筹资费用；i 为资金成本；n 为借贷期限。

考虑到借贷筹资费用和利息支出均在所得税前支付，对于股权投资方，可取得所得税抵减的好处，税后的借贷资金成本应为

$$i_{后} = i(1-T) \tag{4-8}$$

式中，$i_{后}$为税后借贷资金成本；T 为所得税率。

例 4-3　面值 100 元的债券，发行价格 100 元，票面利率年率 5%，3 年期，到期一次还本付息，发行费 0.5%，在债券发行时支付；兑付手续费 0.5%，计算债券资金成本和税后债务资金成本。

解：首先，画出现金流量图，如图 4-3 所示。

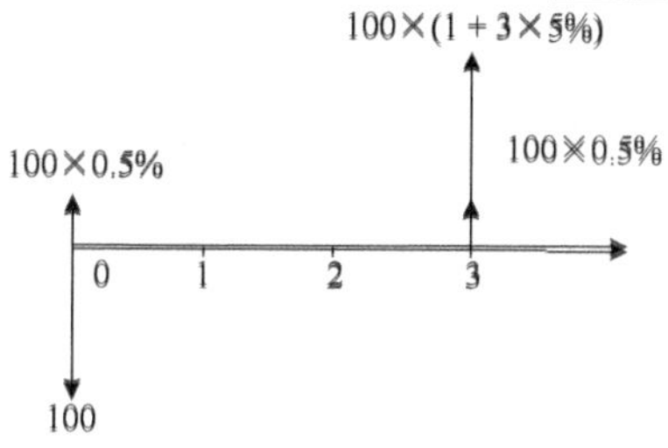

图 4-3　现金流量图

计算债券资金成本，由式（4-6）知：

$$100-100\times0.5\%=\frac{100\times(1+3\times5\%)}{(1+i)^3}+\frac{100\times0.5\%}{(1+i)^3}$$

由此式可得：$i=5.096\%$

计算税后债务资金成本：$i_{后}=5.096\%(1-33\%)=3.414\%$

所以，债务资金成本和税后债务资金成本分别为 5.096%和 3.414%。

2）简化计算公式

我国发行的公司债券一般采用“利随本清”的到期一次性偿付，实际中常采用下列简化公式计算借贷资金成本：

$$i=\frac{i_{实}+a/n}{F-a} \tag{4-9}$$

式中，i 为资金成本；$i_{实}$ 为借贷资金实际年利率；a 为筹资费费率，包括律师费、审计费、评估费、贷款承诺费、管理费等；n 为借贷偿还期限；F 为实际筹得资金额与名义借贷资金额的比率，即发行价格与面值的比率。

对于例 4-3，按此式计算：

$$i=\frac{[(1+5\%\times3)^{1/3}-1]+(0.5\%+0.5\%)/3}{100/100-(0.5\%+0.5\%)}=5.699\%$$

税后资金成本为 $5.669\%(1-33\%)=3.798\%$。

3）银行及金融机构贷款的资金成本

企业借款按契约利率支付的利息，可从总收入中扣除（即在所得税前支付），因而减少了应纳税收入（即取得了所得税抵减的好处）。所以企业向银行及金融机构借款资金成本为

$$i=i_{约}(1-T) \tag{4-10}$$

式中，i 为借款资金成本；$i_{约}$ 为借款契约利率，如果贷款计息一年数次，应将契约利率转化为实际年利率；T 为所得税率。

例 4-4　某企业向银行贷款 1000 万元，年贷款利率为 5%，一年计息两次。计算该项借款的资金成本。

解：该项借款的资金成本为

$$i=\left[\left(1+\frac{5\%}{2}\right)^2-1\right]\times(1-33\%)=3.392\%$$

4.2 项目财务评价

4.2.1 工程项目财务评价概述

1. 工程项目财务评价的含义

工程项目财务评价（亦称财务分析），是根据国家现行的财税制度和价格体系，分析计算工程项目直接发生的财务效益和费用，编制报表，计算评价指标，考察项目的盈利能力、清偿能力以及外汇平衡状况，并且还要进行不确定性分析，以判别工程项目的投资在财务上是否可行。

作为工程项目经济评价的重要组成部分，财务评价拟解决的主要问题如下。

（1）从项目或企业的角度和范围，按照现行财税制度和市场价格计算项目的费用和效益，衡量项目的盈利能力、竞争能力和抗风险能力，据以判断项目财务评价的可行性。

（2）为项目制定资金规划，通过不同的资金筹措、使用和偿还方案比较，选择最佳资金规划方案，分析清偿能力。

（3）为协调企业利益和国家利益提供参考建议。

2. 工程项目财务评价的作用

（1）财务评价可衡量经营性项目的财务盈利能力；

（2）财务评价有助于工程项目资金的筹措；

（3）财务评价可衡量非经营性项目的财务生存能力；

（4）财务评价是合营项目谈判签约的重要依据；

（5）财务评价是进行国民经济评价的基础。

3. 工程项目财务评价的内容

工程项目财务评价一般包括财务盈利能力评价、财务清偿能力分析和不确定性分析三个部分。涉及外汇收支的项目，必要时还需进行外汇平衡分析。

财务盈利能力评价是衡量项目投资的盈利率，是对所提供资金潜在收益能力的一种评价，旨在判别投资项目是否值得投资；财务清偿能力分析则主要是考察计算期内各年的财务状况及偿债能力，旨在研究最佳的资金来源，解决投资项目的资金供应问题，以使可利用资金能够保证项目的顺利实施和运营。

4. 工程项目财务评价的步骤

（1）财务评价前准备。通过熟悉拟建工程项目基本情况，收集整理基础数据，为进行项目财务评价做好准备。该阶段工作内容主要包括项目财务预测和基本财务报表编制两项内容。

（2）进行财务效益评价。通过基本财务报表计算各项评价指标及财务比率，进行各项财务分析，以确定项目的财务可行性。

（3）进行不确定性分析。通过分析不确定性因素对工程项目各项经济评价指标的影响，以估计项目可能承担的风险，确定项目经济上的可靠性。进行不确定性分析的方法主要有盈亏平衡分析、敏感性分析和概率分析。

4.2.2　工程项目财务评价的基础数据及测算

1. 工程项目财务评价基础数据测算的基本概念

1）工程项目财务评价基础数据测算的含义

工程项目财务评价基础数据测算，是指在对市场、资源以及工程技术条件分析评价的基础上，从项目（或企业）角度出发，依据现行的经济法规和价格政策，对一系列有关的财务基础数据进行调查、搜集、整理和测算，编制有关的财务基础数据估算表格的工作。

2）工程项目财务评价基础数据测算的内容

工程项目财务评价基础数据的测算，应包括工程项目计算期内各年的经济活动情况及全部财务收支和结果。具体包括对项目总投资和投资资金来源与筹资、项目生产期、总成本费用、销售收入与税金、利润总额及其分配，以及借款的还本付息等方面内容的估算和预测。

3）工程项目财务评价基础数据测算的程序

（1）熟悉项目概况，制订财务基础数据估算工作计划。由于各个建设项目的背景、条件、项目内部因素以及外部配套条件等各不相同，分析评价人员必须对项目的基本概况作一个全面的了解，针对其特点，制订出财务基础数据估算计划，以明确审查分析的重点、时间安排以及人员分配等。

（2）收集资料。财务基础数据测算工作所涉及的范围很广，需要收集大量的资料，包括批准的项目建议书和项目可行性研究报告，政府有关部门制定的政策、法令、规章制度、条例以及办法、标准等，同类项目的有关基础资料。

（3）进行财务基础数据估算。在搜集、整理资料的基础上，测算各项财务基础数据，并编制相应的估算表格。

4）工程项目财务评价基础数据估算表及其相互联系

为了计算评价指标，考察项目的盈利能力、清偿能力以及抗风险能力等财务状况，需要编制一系列的财务报表。

工程项目财务评价基础数据估算表的主要内容包括：建设投资估算表；投资使用计划与资金筹措表；流动资金估算表；总成本费用估算表；外购材料及燃料动力估算表；固定资产折旧估算表；无形资产与递延资产摊销估算表；销售收入和税金及附加估算表；损益表；借款还本付息计算表。

财务基础数据估算的有关内容是连贯的，其中心是将投资费用、产品成本与销售收入的预测数据进行对比，求出项目利润总额，在此基础上估算借款的还本付息情况。因此编制上述估算表时，应按一定程序及其内在联系使其相互衔接。具体来讲可按以下三类进行。

（1）分析项目建设期的建设投资和生产期的流动资金以及资金筹措和使用计划的估算表。

编制时，要根据项目分析评价人员调查收集到的资料，经过项目概况的分析、市场和规模分析、建设条件和工艺技术分析，加以判别并在调查后计算编制。顺序是先编制投资估算表（建设投资、流动资金），然后再编制投资使用计划和资金筹措表。

（2）分析项目投产后的总成本、销售收入、税金和利润的估算表。

为编制总成本估算表，还附设了材料和能源成本估算表、固定资产折旧估算表以及无形资产与递延资产摊销估算表等三张附表，只要能满足财务效益分析对基本数据的需要即可，有的附表也可合并列入总成本费用估算表之中，或作文字说明；然后根据总成本费用表、销售收入和税金估算表的数据，综合估算出项目利润总额列入损益表。

（3）分析项目投产后归还建设投资借款本息情况的估算表，即借款还本付息计算表。把前两类表中的主要数据经过综合计算，按照国家现行规定，综合编制成项目借款还本付息计算表。

各类财务数据估算之间的关系如图 4-4 所示。

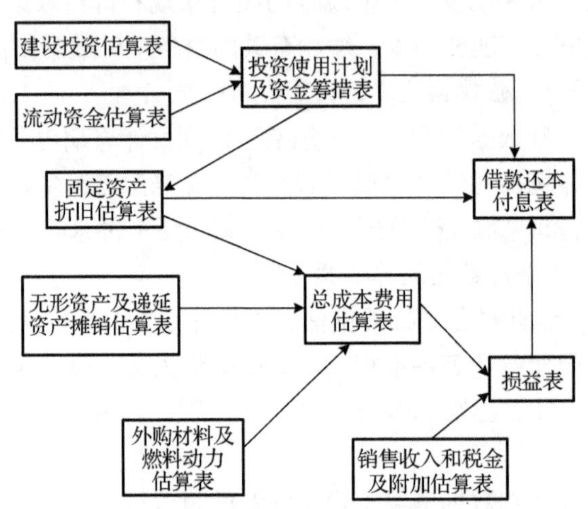

图 4-4　工程项目财务数据估算关系图

2. 工程项目财务评价基础数据的确定

1）基准投资收益率的确定

基准投资收益率又称基准收益率、基准贴现率、目标收益率、最低期望收益率，是决策者对技术方案投资的资金的时间价值的估算或行业的平均收益率。基准投资收益率的确定应考虑以下因素。

（1）资金成本和机会成本。

资金成本，是为取得资金使用权所支付的费用。投资的机会成本是指投资者将有限的资金用于除拟建项目以外的其他投资机会所能获得的最好收益。

（2）风险贴补率。

在整个项目计算期内，存在着发生不利于项目的环境变化的可能性，这种变化难以预料，即投资者要冒着一定风险作决策，仅考虑资金成本、机会成本因素是不够的，还应考虑风险因素。通常，以一个适当的风险贴补率来提高基准收益率。

（3）通货膨胀率。

在通货膨胀影响下，各种材料、设备、房屋、土地的价格以及人工费都会上升。为反映和评价出拟建项目在未来的真实经济效果，在确定基准收益率时，应考虑通货膨胀因素。

2）项目计算期的选取

项目计算期，也叫方案的经济寿命期，是指对拟建方案进行现金流量分析时应确定的项目服务年限。对建设项目来说，项目（或方案）计算期包括项目的建设期和生产运营期（也可能是经营期或使用期，下同）。

项目生产期是指项目从建成到固定资产报废所经历的时间，应根据项目的性质、技术水平、技术进步及实际服务期的长短合理确定。除建设期应根据实际需要确定外，一般来说，生产期不宜超过 20 年。对于某些水利、交通等服务年限很长的特殊项目，经营期的年限可适当延长，如 25 年，甚至 30 年以上。

3）财务评价价格的确定

收益和费用的计算都涉及价格，财务分析中的价格一律采用预期价格，即以现行价格体系为基础的预测价格。

预期价格应考虑各种产品的相对价格变动和价格总水平变动（通货膨胀或通货紧缩）。建设期和生产运营期的投入产出情况不同，其预期价格也应区别对待，即建设期由于预留了涨价预备费，可以采用不变价格；生产运营期的投入物和产出物的价格应视具体情况选用不变价格或变动价格。所谓不变价格，是指项目生产经营期内不考虑价格相对变动和通货膨胀影响的价格；所谓变动价格，是指项目生产经营期内考虑价格相对变动或者同时考虑价格相对变动和通货膨胀影响的价格。

4.2.3　工程项目财务评价的指标及报表

1. 工程项目财务评价指标体系的构成

财务分析结果的好坏，除了要准确地估计基础数据，编制完整、可靠的财务报表，还要采用合理的评价指标体系。工程项目财务效益分析指标体系根据不同的标准，可作不同的分类。

（1）根据财务效益分析的目标，可分为反映财务盈利能力的指标、反映清偿能力的指标和反映外汇平衡分析的指标（图 4-5）。

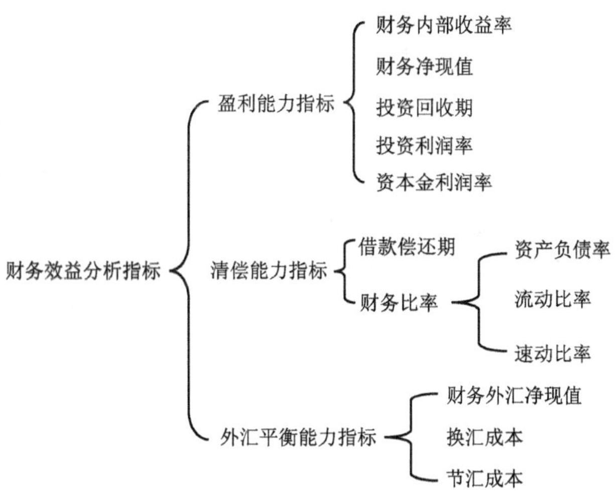

图 4-5　工程项目财务效益分析指标体系分类之一

（2）根据是否考虑资金时间价值，可分为静态评价指标和动态评价指标（图 4-6）。

（3）根据指标的性质，可分为时间性评价指标、价值性评价指标和比率性评价指标（图 4-7）。

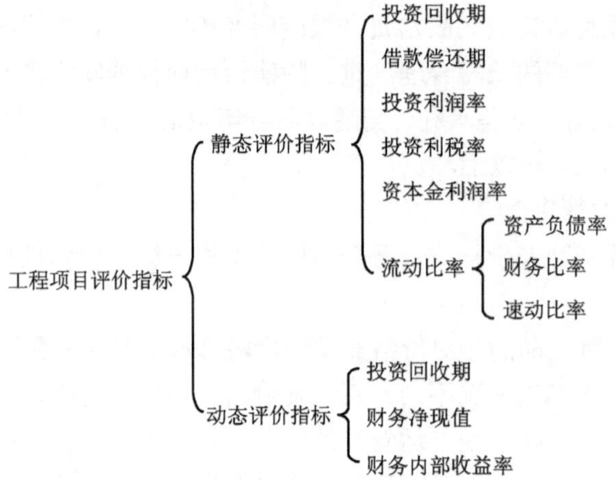

图 4-6　工程项目财务效益分析指标体系分类之二

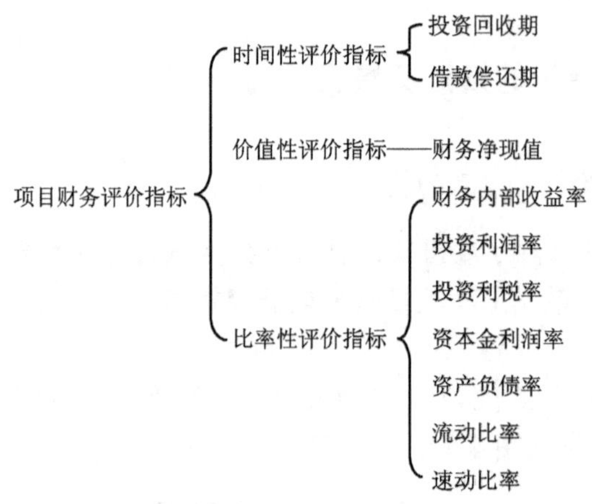

图 4-7　工程项目财务效益分析指标体系分类之三

2. 费用与收益的识别

识别费用与收益是计算评价指标、编制财务报表的前提。企业对项目进行投资，其目的在于向社会提供有用产品或劳务的同时追求自身发展或最大利润。因此，可以根据项目现金流量对项目盈利性的影响方向来识别费用与收益。对工业投资项目来说，建设投资、流动资金投资、销售税、经营成本等是费用，而销售收入、资产回收、补贴等是收益。

3. 经济评价指标计算

1）盈利能力分析

（1）全部投资回收期。项目的全部投资包括自有资金投资部分和债务资金的投资，对应的投资收益是税后利润、折旧与摊销以及利息。在研究全部投资的盈利能力时，按全部投资现金流量表计算投资回收期，根据基准投资回收期做出方案可行与否的判断。全部投资的盈利能力指标基本上不受融资方案的影响，可以反映项目方案本身的盈利水平。

（2）投资利润率。是指项目达到设计生产能力后的一个正常生产年份的年利润总额或年平均利润总额与项目总投资的比率。

$$投资利润率=\frac{年利润总额（或年平均利润总额）}{项目总投资}\times 100\% \quad (4\text{-}11)$$

投资利润率可根据损益与利润分配估算表中的有关数据求得，并与行业平均投资利润率对比，以判别项目的单位投资赢利能力是否达到本行业的平均水平。

（3）投资利税率。是指项目达到设计生产能力后的一个正常生产年份的年利税总额或项目生产期内的年平均利税总额与项目总投资的比率。

$$投资利税率=\frac{年利税总额（或年平均利税总额）}{项目总投资}\times 100\%$$

$$\begin{aligned}年利税总额&=年利润总额+销售税金及附加\\&=年销售收入-年总成本费用\end{aligned} \quad (4\text{-}12)$$

投资利税率可由损益与利润分配估算表中有关数据求得，并与行业平均投资利税率对比，以判别项目的单位投资对国家积累的贡献水平是否达到本行业的平均水平。

（4）资本金利润率。是项目的利润总额与资本金总额的比率，有所得税前与所得税后之分。资本金是项目吸收投资者投入企业经营活动的各种财产物资的货币表现。

$$资本金利润率=\frac{年利润总额}{资本金总额}\times 100\% \quad (4\text{-}13)$$

资本金利润率是衡量投资者投入项目的资本金获利能力。在市场经济条件下，投资者关心的不仅是项目全部资金所提供的利润，更关心投资者投入的资本金所创造的利润；资本金利润率还是向投资者分配股利的重要参考依据，一般情况下，向投资者分配的股利率要低于资本金利润率。

（5）投资各方利润率。投资各方利润率以投资各方出资额为计算基础，考察投资各方可能获得的收益水平。

2）清偿能力分析

（1）借款偿还期。

指在国家财政规定及项目具体财务条件下，以项目投产后可用于还款的资金偿还建设投资国内借款本金和建设期利息（不包括已用自有资金支付的建设期利息）所需要的时间。

$$I=\sum_{t=1}^{P_t} R_t \quad (4\text{-}14)$$

式中，I 为建设投资国内借款本金和建设期利息之和；P_t 为建设投资国内借款偿还期，从借款开始年计算；R_t 为第 t 年可用于还款的资金，包括税后利润、折旧费、摊销费及其他还款资金。

借款偿还期可由资金来源与运用表及国内借款还本付息表的数据直接推算，通常用“年”表示。从开始借款年份算起的偿还期的详细计算公式是

$$借款偿还期=\begin{bmatrix}逐年偿还，首次出\\现欠款为零的年份数\end{bmatrix}-开始借款年份数+\frac{当年偿还借款额}{当年可用于还款的金额} \quad (4\text{-}15)$$

当借款偿还期小于或等于贷款机构的要求期限时，即认为项目有清偿能力。

（2）资产负债率。

指负债总额与资产总额之比，如公式（4-16）所示，它用于衡量企业利用债权人提供的资

金进行经营活动的能力，能够反映项目各年所面临的财务风险程度及债务清偿能力，因此也反映债权人发放贷款的安全程度。计算资产负债率所需要的相关数据可在资产负债表中获得。

$$资产负债率=\frac{负债总额}{资产总额}\times 100\% \tag{4-16}$$

一般认为资产负债率为 0.5～0.7 是合适的。资产负债率越高，项目风险也越大。该指标太高时，可通过增加自有资金出资和减少利润分配等途径来调节。

（3）流动比率。

是反映项目各年偿付流动负债能力的指标，衡量项目流动资产在短期债务到期前可变为现金用于偿还流动负债的能力，所需相关数据可在资产负债表中获得。一般认为，流动比率应不小于 1.2～2.0。

$$流动比率=\frac{流动资产总额}{流动负债总额}\times 100\% \tag{4-17}$$

（4）速动比率。

是反映项目快速偿付（用可以立即变现的货币资金偿付）流动负债的能力。因为存货是一类不易变现的流动资产，所以流动比率不能确切反映项目的瞬时偿债能力。一般认为，速动比率应不小于 1.0～1.2。

$$速动比率=\frac{流动资产总额-存货}{流动负债总额}\times 100\% \tag{4-18}$$

（5）利息备付率。

利息备付率表示项目利润偿付利息的保证倍率，是指项目在借款偿还期内各年可用于支付利息的息税前利润与当期应付利息费用的比值。即

$$利息备付率=\frac{息税前利润}{当期应付利息费用} \tag{4-19}$$

式中，税息前利润为利润总额与计入总成本费用的利息费用之和；当期应付利息是指计入总成本费用的全部利息。

对于正常运营的企业，利息备付率应当大于 2；否则，表示付息能力保障不足。

（6）偿债备付率。

表示可用于还本付息的资金偿还借款本息的保证倍率，是指项目在借款偿还期内，各年可用于还本付息资金与当期应还本付息金额的比值，即

$$偿债备付率=\frac{各年可用于还本付息资金}{当期应还本付息金额} \tag{4-20}$$

可用于还本付息资金包括折旧和摊销、成本中的利息及可用于还款的利润，当期应还本付息金额包括当期应还贷本金及成本中的利息。

正常情况下，偿债备付率应大于1。指标小于 1 表示当年资金来源不足以偿付当年债务，需要通过短期借款偿付已到期债务。

3）工程项目财务外汇平衡能力的分析

涉及外汇收支的项目，应进行外汇平衡分析，考察各年外汇余缺程度。首先根据各年的

外汇收支情况，编制财务外汇平衡表；然后进行分析，考察计算期内各年的外汇余缺程度。一般要求，涉及外汇收支的项目要达到外汇的基本平衡；如果达不到外汇的基本平衡，工程项目投资分析人员要提出具体的解决办法。

4. 财务评价报表

1）财务现金流量表

财务现金流量表反映项目计算期内各年的现金收支(现金流入、现金流出和净现金流量)，用以计算各项评价指标（如财务内部收益率、财务净现值等），进行项目财务盈利能力分析。按投资计算基础的不同，现金流量表又分为全部投资现金流量表、自有资金现金流量表和投资各方财务现金流量表。

全部投资现金流量表也称项目投资现金流量表，如表 3-1 所示（见第 3 章）。该表不分投资资金来源，以全部投资作为计算基础，用以计算全部投资所得税前及所得税后的财务内部收益率、净现值及投资回收期等评价指标，考察项目全部投资的盈利能力，为比较各个投资方案建立共同基础。

自有资金现金流量也称资本金现金流量表。该表从直接投资者角度出发，以投资者的出资额作为计算基础，把借款本金偿还和利息支付作为现金流出，用以计算资本金内部收益率、净现值和投资回收期等评价指标，考察项目资本金的盈利能力。

投资各方财务现金流量表分别以投资各方的出资额作为计算基础，编制各方的财务现金流量表，用于计算各方的投资收益率。

2）借款还本付息计划表

主要用于反映项目计算期内各年的借款、还本付息、偿债资金的来源，计算借款偿还期或者偿债备付率、利息备付率等指标。

3）资金来源与运用表

该表反映项目计算期各年的投资、融资及生产经营活动的资金流入和流出情况，考察资金平衡和余缺情况。通过“累计盈余资金”项反映项目计算期内各年的资金是盈余还是短缺，是否有足够的能力清偿债务等。若累计盈余大于零，表明当年有资金盈余；若累计盈余小于零，则表明当年会出现资余短缺，需要筹措资金或调整借款及还款计划。因此，该表可用于选择资金的筹措方案、制订适宜的借款及偿还计划，并为编制资产负债表提供依据。

4）资产负债表

资产负债表和现金流量表（包括利润表、损益表、资金来源与运用表）的根本区别在于，资产负债表记录的是现金存量，是指某一时刻的累计值；而现金流量表记录的是某一时段（通常为一年）发生的现金流量（即现金存量的增量）。资产负债表综合反映项目计算期内各年年末资产、负债和所有者权益的增减变化及对应关系，以考察项目资产、负债、所有者权益的结构是否合理，用以计算资产负债率、流动比率及速动比率，进行清偿能力和资金流动性分析。

上述有关财务效益分析内容及财务基本报表和财务效益分析指标体系之间的对应关系见表 4-2。

表 4-2 财务效益分析指标与基本报表的关系

分析内容	基本报表	静态指标	动态指标
盈利能力分析	现金流量表（全部投资）	全部投资回收期	财务内部收益率 财务净现值 动态投资回收期
	现金流量表（自有资金）		财务内部收益率 财务净现值
	利润表	投资利润率 投资利税率 资本金利润率	
清偿能力分析	借款还本付息计算表 资金来源与运用表 资产负债表	借款偿还期 资产负债率 流动比率 速动比率	
外汇平衡能力分析	财务外汇平衡表		
其他		价值指标或实物指标	

5. 财务评价案例分析

1）数据资料

新建一个化肥厂，预计从此项目建设开始寿命期为 10 年。项目建设期为 2 年，第 3 年投产并达到设计生产能力的 70%，第 4 年开始达到设计生产能力。

（1）固定投资 4000 万元，其中资本金 2000 万元。投资计划如表 4-3 所示。

表 4-3 投资计划表

年份	1	2	合计
固定投资/万元	1500	2500	4000
资本金/万元	500	1500	2000
借款需要量/万元	1000	1000	2000

借款年利率 3%，建设期只计息不还款，第 3 年投产后开始还贷，每年付清利息并分 6 年等额偿还建设期利息资本化后的全部借款本金。

（2）流动资金投资约需 2400 万元，全部用银行贷款，年利率 4%。

（3）营业收入、营业税金及附加（营业收入的 3%）和经营成本的预测值如表 4-4 所示，其他支出忽略不计。

表 4-4 营业收入、营业税金及附加和经营成本的预测值表

年份	3	4	…	10
营业收入/万元	3920	5600	…	5600
营业税金及附加/万元	117.6	168	…	168
经营成本/万元	2450	3500	…	3500

（4）固定资产折旧：平均折旧年限为 10 年，残值率 5%。建设期利息计入固定资产原值内。

$$年折旧额=\frac{(4000+?)\times(1-5\%)}{10}=?$$

表 4-5　借款还本付息计算表

序号	年份 项目	利率	建设期/万元		投产期/万元	达到设计能力生产期/万元						
			1	2	3	4	5	6	7	8	9	10
1	借款											
1.1	期初借款本息累计		0	1015	2060	4117	3774	3430	3087	2743	2400	2400
1.1.1	本金			1000	2000	4117	3774	3430	3087	2743	2400	2400
1.1.2	建设期利息			15	60.45							
1.2	当期借款		1000	2000	2400	0	0	0	0	0	0	0
1.2.1	长期借款	3%	1000	1000								
1.2.2	短期借款	4%			2400							
1.3	当期应计利息		15	45.45	157.8	147.5	137.2	126.9	116.6	106.3	96	96
1.3.1	长期借款利息		15	45.45	61.81	51.51	41.21	30.91	20.6	10.3	0	0
1.3.2	短期借款利息				96	96	96	96	96	96	96	96
2	还本付息											
2.1	当期还本				343.4	343.4	343.4	343.4	343.4	343.4		2400
2.2	当期付息				157.8	147.5	137.2	126.9	116.6	106.3	96	96
3	还本资金来源		0	0	992.4	1435	1443	1450	1458	1466	1473	1473
3.1	可用于还本的未分配利润				606.6	1049	1057	1065	1072	1080	1088	1088
3.2	折旧				385.8	385.8	385.8	385.8	385.8	385.8	385.8	385.8

由表 4-5 可得

$$\text{年折旧额}=\frac{(4000+60.5)\times(1-5\%)}{10}=385.75(\text{万元})$$

表 4-6　总成本估算表　（单位：万元）

序号	年份 项目	投产期	达到设计能力生产期						
		3	4	5	6	7	8	9	10
1	折旧费	385.75	385.75	385.75	385.75	385.75	385.75	385.75	385.75
2	利息支出	157.81	147.51	137.21	126.91	116.6	106.3	96	96
3	经营成本	2450	3500	3500	3500	3500	3500	3500	3500
4	总成本费用(1+2+3)	2993.6	4033.3	4023	4012.7	4002.4	3992.1	3981.8	3981.8

其中：序号 1 为固定成本；序号 2 为可变成本

表 4-7　利润与利润分配估算表　（单位：万元）

序号	年份 项目	建设期		投产期	达到设计能力生产期						
		1	2	3	4	5	6	7	8	9	10
	生产负荷（%）			70%	100%	100%	100%	100%	100%	100%	100%
1	营业收入			3920	5600	5600	5600	5600	5600	5600	5600
2	营业税金及附加			117.6	168	168	168	168	168	168	168
3	总成本费用			2993.6	4033.3	4023	4012.7	4002.4	3992.1	3981.8	3981.8
4	补贴收入										
5	利润总额（1−2−3+4）			808.84	1398.7	1409	1419.3	1429.6	1439.9	1450.3	1450.3
6	弥补以前年度亏损										
7	应纳税所得额（5−6）										
8	所得税（25%）			202.21	349.68	352.26	354.84	357.41	359.99	362.56	362.56
9	净利润（5−8）			606.63	1049.1	1056.8	1064.5	1072.2	1080	1087.7	1087.7

续表

序号	年份 项目	建设期		投产期	达到设计能力生产期						
		1	2	3	4	5	6	7	8	9	10
10	期初未分配利润										
11	可供分配的利润（9+10）			606.63	1049.1	1056.8	1064.5	1072.2	1080	1087.7	1087.7
12	提取法定盈余公积金（10%）			60.663	104.91	105.68	106.45	107.22	108	108.77	108.77
13	未分配利润			545.96	944.15	951.1	958.06	965.01	971.96	978.92	978.92
14	息税前利润（利润总额+利息支出）			966.65	1546.3	1546.3	1546.3	1546.3	1546.3	1546.3	1546.3
15	息税折旧摊销前利润（息税前利润+折旧+摊销）			1352.4	1932	1932	1932	1932	1932	1932	1932

由表 4-6 和表 4-7 可知，可分配利润扣除法定盈余公积金后全部向投资者分配。项目投资现金流量如表 4-8 所示。

表 4-8　项目投资现金流量表　（单位：万元）

序号	年末 项目	建设期			投产期	达到设计能力生产期						
		0	1	2	3	4	5	6	7	8	9	10
	生产负荷（%）				70%	100%	100%	100%	100%	100%	100%	100%
1	现金流入				3920	5600	5600	5600	5600	5600	5600	8974.5
1.1	营业收入				3920	5600	5600	5600	5600	5600	5600	5600
1.2	回收固定资产余值											974.5
1.3	回收流动资金											2400
2	现金流出	1500	2500	2400	2567.6	3668	3668	3668	3668	3668	3668	3668
2.1	建设投资	1500	2500									
2.2	流动资金			2400								
2.3	经营成本				2450	3500	3500	3500	3500	3500	3500	3500
2.4	营业税金及附加				117.6	168	168	168	168	168	168	168
2.5	维持运营投资											
3	净现金流量（1–2）	−1500	−2500	−2400	1352.4	1932	1932	1932	1932	1932	1932	5306.5
4	累计所得税前净现金流量	−1500	−4000	−6400	−5048	−3116	−1184	748.4	2680.4	4612.4	6544.4	11851
5	调整所得税（25%）				241.66	386.56	386.56	386.56	386.56	386.56	386.56	386.56
6	所得税后净现金流量（3–5）	−1500	−2500	−2400	1110.7	1545.4	1545.4	1545.4	1545.4	1545.4	1545.4	4919.9
7	税前累计净现金流量	−1500	−4000	−6400	−5289	−3744	−2198	−653	892.49	2437.9	3983.4	8903.3

由表 4-8 可以计算得到如表 4-9～表 4-12 所示结果。

表 4-9　所得税前和所得税后的财务指标表

	所 得 税 前	所 得 税 后
财务内部收益率	$\mathrm{FIRR}'_{全}=20.47\%$	$\mathrm{FIRR}_{全}=16.14\%$
财务净现值	$\mathrm{FNPV}'_{全}(10\%)=3297.82$ 万元	$\mathrm{FNPV}_{全}(10\%)=1847.36$万元
投资回收期	$T'_{全}=5.61$年	$T_{全}=6.42$年

表 4-10　项目资本金现金流量表　　（单位：万元）

序号	年末／项目	建设期			投产期	达到设计能力生产期						
		0	1	2	3	4	5	6	7	8	9	10
	生产负荷（%）				70%	100%	100%	100%	100%	100%	100%	100%
1	现金流入				3920	5600	5600	5600	5600	5600	5600	8974.5
1.1	营业收入				3920	5600	5600	5600	5600	5600	5600	5600
1.2	回收固定资产余值											974.5
1.3	回收流动资金											2400
2	现金流出	500	1500	0	3271	4508.6	4500.9	4493.2	4485.4	4477.7	4126.6	6526.6
2.1	项目资本金	500	1500	0								
2.2	借款本金偿还				343.41	343.41	343.41	343.41	343.41	343.41	0	2400
2.3	借款利息支付				157.81	147.51	137.21	126.91	116.6	106.3	96	96
2.4	经营成本				2450	3500	3500	3500	3500	3500	3500	3500
2.5	营业税金及附加				117.6	168	168	168	168	168	168	168
2.6	所得税				202.21	349.68	352.26	354.84	357.41	359.99	362.56	362.56
2.7	维持运营费用											
3	净现金流量（1−2）	−500	−1500	0	648.97	1091.4	1099.1	1106.8	1114.6	1122.3	1473.4	2447.9

$$\text{FIRR}_{自} = 32.70\%，\ \text{FNPV}_{自}(10\%) = 3037.10万元$$

表 4-11　财务计划现金流量表　　（单位：万元）

序号	年份／项目	建设期		投产期	达到设计能力生产期						
		1	2	3	4	5	6	7	8	9	10
	生产负荷（%）			70%	100%	100%	100%	100%	100%	100%	100%
1	经营活动净现金流量表（1.1−1.2）			1150.2	1582.3	1579.7	1577.2	1574.6	1572	1569.4	1569.4
1.1	现金流入			3920	5600	5600	5600	5600	5600	5600	5600
1.1.1	营业收入			3920	5600	5600	5600	5600	5600	5600	5600
1.2	现金流出			2769.8	4017.7	4020.3	4022.8	4025.4	4028	4030.6	4030.6
1.2.1	经营成本			2450	3500	3500	3500	3500	3500	3500	3500
1.2.2	增值税进项税额										
1.2.3	营业税金及附加			117.6	168	168	168	168	168	168	168
1.2.4	增值税										
1.2.5	所得税			202.21	349.68	352.26	354.84	357.41	359.99	362.56	362.56
2	投资活动净现金流量	−1500	−2500	−2400							
2.1	现金流入										
2.2	现金流出	1500	2500	2400							
2.2.1	建设投资	1500	2500								
2.2.2	维持运营投资										
2.2.3	流动投资			2400							
2.2.4	其他流出										
3	筹资活动净现金流量	1500	2500	1352.8	−1435	−1432	−1428	−1425	−1422	−1075	−1075
3.1	现金流入	1500	2500	2400							
3.1.1	项目资本金投入	500	1500								
3.1.2	建设投资借款	1000	1000								

续表

序号	年份 项目	建设期		投产期	达到设计能力生产期						
		1	2	3	4	5	6	7	8	9	10
3.1.3	流动资金借款			2400							
3.2	现金流出			1047.2	1435.1	1431.7	1428.4	1425	1421.7	1074.9	1074.9
3.2.1	各种利息支出			157.81	147.51	137.21	126.91	116.6	106.3	96	96
3.2.2	偿还债务本金			343.41	343.41	343.41	343.41	343.41	343.41		
3.2.3	应付利润（股利分配）			545.96	944.15	951.1	958.06	965.01	971.96	978.92	978.92
3.2.4	其他流出										
4	净现金流量（1+2+3）			103	147.25	148.02	148.79	149.57	150.34	494.52	494.52
5	累计盈余资金			103	250.25	398.27	547.06	696.63	846.97	1341.5	1836

表 4-12　资产负债表　　（单位：万元）

序号	年份 项目	建设期		投产期	达到设计能力生产期						
		1	2	3	4	5	6	7	8	9	10
1	资产	1515	4060	6178	5939	5701	5465	5228	4993	5102	5210.5
1.1	流动资产总额	0	0	2503	2650.3	2798.3	2947.1	3096.6	3247	3741.5	4236.004
1.1.1	货币资金			2503	2650.3	2798.3	2947.1	3096.6	3247	3741.5	4236.004
1.1.2	应收债款										
1.1.3	预付账款										
1.2	在建工程	1515	4060.5								
1.3	固定资产净值			3674.7	3289	2903.2	2517.5	2131.7	1746	1360.2	974.5
1.4	无形，递延资产净值										
2	负债及所有者权益	1515	4050	4461	4566	4671	4778	4885	4993	5102	5210.5
2.1	流动负债总额										
2.2	建设投资借款	1015	2060.5								
2.3	流动资金借款			2400	2400	2400	2400	2400	2400	2400	2400
2.4	负债小计（2.1+2.2+2.3）	1015	2060.5	2400	2400	2400	2400	2400	2400	2400	2400
2.5	所有者权益	500	2000	2060.7	2165.6	2271.2	2377.7	2848.9	2592.9	2701.7	2810.454
2.3.1	资本金	500	2000	2000	2000	2000	2000	2000	2000	2000	2000
2.3.2	资本公积金	0	0	60.663	104.91	105.68	106.45	107.22	108	108.77	108.76875
2.3.3	累计盈余公积金	0	0	60.663	165.57	271.25	377.7	484.92	592.92	701.69	810.45396
	资产负债率	0.67	0.5074	0.3885	0.4041	0.4209	0.4392	0.459	0.4807	0.4704	0.460608

2）分析与说明

（1）盈利能力分析。

① 项目盈利能力如表 4-13 所示。

表 4-13　项目盈利能力分析表

	所 得 税 前	所 得 税 后
财务内部收益率	20.47%	16.14%
财务净现值（万）	3297.82	1847.36
投资回收期（年）	5.61	6.42

② 资本金盈利能力如表 4-14 所示。

表 4-14　资本金盈利能力分析表

财务内部收益率	32.70%
财务净现值（10%）	3037.10

（2）资金平衡及偿债能力分析。

① 财务计划现金流量表表示，各年累计盈余资金≥0，寿命期内资金充裕。

② 计算各年利息备付率和偿债备付率和偿债备付率表明还本付息能力有充足的保障。

利息备付率＝息税前利润/当期应付利息费用

偿债备付率＝可用于还本付息资金/当期应还本付息金额

③ 资产负债表的资产负债率、流动比率指标，各年资产负债率均在 60%以下，流动比率在 1.0～2.0，且随着生产经营的继续，两项指标好转。

因此，该项目偿债能力较强。

3）综合评价

项目投资效果较好。

4.3　国民经济评价

4.3.1　国民经济评价与财务评价的关系

1. 国民经济评价的目的和作用

（1）国民经济评价是宏观上合理配置国家资源的需要。

国家的资源（包括资金、外汇、土地、劳动力及其他自然资源）总是有限的，企业必须借助于国民经济评价，从国家整体的角度来考虑，通常把国民经济作为一个大系统，而项目的建设作为这个大系统中的一个子系统，分析项目应从国民经济中所吸取的投入以及项目产出对国民经济这个系统的经济目标的影响，从而选择对大系统目标最有利的项目或方案。

（2）国民经济评价是真实反映项目对国民经济净贡献的需要。

我国和大多数发展中国家一样，不少商品的价格不能反映价值，也不能反映供求关系。在这种商品价格严重“失真”的条件下，按现行价格计算项目的投入或产出，不能确切地反映项目建设给国民经济带来的效益与费用。因此，就必须运用能反映资源真实价值的影子价格，借以计算建设项目的费用和效益，以便得出该项目的建设是否对国民经济总目标有利的结论。

（3）国民经济评价是投资决策科学化的需要。

这主要体现在以下三个方面：第一，有利于引导投资方向。运用经济净现值、经济内部收益率等指标及影子价格、影子汇率等参数，可以起到鼓励或抑制某些行业或项目发展的作用，促进国家资源合理分配；第二，有利于控制投资规模。最明显的是国家可以通过调整社会折现率这个重要的国家参数调控投资规模。当投资规模膨胀时，可以适当提高社会折现率，控制一些项目的通过；第三，有利于提高计划质量。

2. 国民经济评价与财务评价的关系

项目财务评价和国民经济评价构成一个完整的投资项目经济评价。

1）二者之间的共同之处

（1）评价目的相同。两者都是寻求以最小的投入获得最大的产出。

（2）评价的基础工作相同。两者都是在完成产品需求预测、厂址选择、技术路线和工程技术方案论证、投资估算和资金筹措基础上进行的。

（3）基本分析方法和主要指标的计算方法相同，两者都采用现金流量分析方法，通过基本报表计算净现值、内部收益率等指标。

2）二者之间的区别

（1）评估的角度不同。财务评价是站在企业的角度，评价项目的盈利能力及借款偿还能力；国民经济评价是站在国家整体角度，评价项目对国民经济所作的贡献。

（2）效益与费用的构成及涉及范围不同。财务评价采用直接收益与直接成本，可计量；国民经济评价采用直接或间接收益与成本。

（3）费用和效益计算采用价格不同。财务评价采用现行市场价格、行业基准收益率、官方汇率；国民经济评价采用影子价格、社会折现率、影子汇率。

（4）采用的评价标准与评价参数不同。财务评价主要包括盈利性评价和清偿能力分析，采用盈亏分析法；国民经济评价主要包括盈利能力分析，没有清偿能力分析，采用费用效益分析法、综合分析法。

二者之间的区别如表 4-15 所示。

表 4-15　财务评价与国民经济评价的区别

区别＼项目	国民经济评价	财务评价
评价角度不同	站在国家整体角度，评价项目对国民经济所作的贡献	站在企业的角度，评价项目的盈利能力及借款偿还能力
费用和效益涉及范围不同	采用直接或间接收益与成本	采用直接收益与直接成本，可计量
费用和效益计算采用价格不同	采用影子价格、社会折现率、影子汇率	采用现行市场价格、行业基准收益率、官方汇率
采用的评价标准与评价参数不同	盈利能力分析 采用费用效益分析法、综合分析法 参数采用国家统一测定的影子汇率和社会折现率	盈利性评价和清偿能力分析 采用盈亏分析法 参数采用官方汇率和行业基准收益率

4.3.2　国民经济评价的费用和效益识别

1. 基本原则

费用和效益都是相对于目标而言的。效益是对目标的贡献，费用是对目标的负贡献。国民经济分析以实现社会资源的最优配置，从而使国民收入最大化为目标，凡是增加国民收入的就是国民经济收益，凡是减少国民收入的就是国民经济费用。

2. 直接效益与直接费用

（1）直接效益。项目的直接效益是指由项目本身产生的，由其产出物提供的，并用影子价格计算的产出物的经济价值。

（2）直接费用。项目的直接费用主要指国家为满足项目投入（包括固定资产投资、流动资金及经常性投入）的需要而付出的代价。这些投入物用影子价格计算的经济价值即项目的直接费用。

3. 间接费用与间接效益

项目的费用和效益不仅体现在它的直接投入物和产出物中，还会在国民经济相邻部门及社会中反映出来。这就是项目的间接费用（外部费用）和间接效益（外部效益），也可统称为外部效果。

外部效果通常难以计量，为了减少计量上的困难，应力求明确项目的“边界”。一般情况下可扩大项目的范围，特别是一些相互关联的项目可合在一起作为“联合体”进行评价，这样可使外部费用和效益转化为直接费用和效益。另外，在确定投入物和产出物的影子价格时，已在一定范围内考虑了外部效果。用影子价格计算的费用和效益在很大程度使外部效果在项目内部得到了体现，通过扩大项目范围和调整价格两步工作，实际上已将很多外部效果内部化了。因此，在国民经济评价中，既要考虑项目的外部效果，又要防止外部效果扩大化。

4. 转移支付

在识别费用与效益范围的过程中，将会遇到税金、国内借款利息和补贴的处理问题，这些都是财务经济评价中的实际收入或支出。但是从国民经济的角度看，企业向国家缴纳税金，向国内银行支付利息，或企业从国家得到某种形式的补贴，都未造成资源的实际耗费或增加，它们只是国民经济各部门之间的转移支付，因此不能作为项目的费用或效益。常见的转移支付有税金、补贴和利息。

4.3.3　国民经济评价的价格及确定

1. 影子价格的概念

影子价格是指当社会经济处于某种最优状态时，能够反映社会劳动消耗、资源稀缺程度和最终产品需求情况的价格。

影子价格反映在项目的产出物上是一种消费者“支付意愿”。只有在供求完全均衡时，市场价格才代表愿付价格。影子价格反映在项目的投入物上是资源不投入该项目，而投在其他经济活动中所能带来的效益。这表明项目的投入物是以放弃了本来可以得到的效益为代价的，西方经济学家把它称作“机会成本”。根据“支付意愿”或“机会成本”的原则确定影子价格后，就可以测算出拟建项目要求经济整体支付的代价和为经济整体提供的效益，从而得出拟建项目的投资能给社会带来的国民收入增加额或纯收入增加额。

进行国民经济评价时，原则上应使用影子价格计量项目的主要投入物和产出物。

2. 市场定价货物的影子价格

随着我国市场经济的发展和贸易范围的扩大，大部分货物的价格由市场形成，价格可以近似反映其真实价值。

一个项目的产出和投入，必然会对国民经济产生各种影响。就产出物的产量来看，可能会增加国民经济对这个产出物的总消费、减少国民经济其他企业的生产、减少进口或增加出口。就投入物的消耗来看，可能会减少国民经济其他部门对该投入物的消费、增加国民经济内部该投入物的产量、增加进口或减少出口。如果主要影响国家的进出口水平，应划为外贸货物；如果主要影响国内供求关系，应划为非外贸货物。

（1）外贸货物的影子价格。外贸货物的影子价格以口岸价为基础，加上或者减去国内运杂费和贸易费用。

投入物影子价格 = 到岸价（CIF）× 影子汇率 + 国内运杂费 – 贸易费用　（4-21）

产出物影子价格 = 离岸价（FOB）× 影子汇率 – 国内运杂费 – 贸易费用　（4-22）

贸易费用是指外经贸机构为进出口货物所耗用的、用影子价格计算的流通费用。包括货物的储运、再包装、短途运输、装卸、保险、检验等环节的费用支出，以及资金占用的机会成本，但不包括长途运输费用。一般用货物的口岸价乘以贸易费用率估算贸易费用。

（2）非外贸货物影子价格。非外贸货物大多是由于运输费用太高，以致它的出口成本将高于可能的离岸价格，或者运到使用地的进口成本将高于当地的生产成本；也有的是受到国内或国外贸易政策限制的产品，还有一些是边远地区的自给产品和低质产品，所以不同地区非外贸货物的比例也不同。一般越往内地，非外贸货物的比例越大。

非外贸货物影子价格以市场价格加上或者减去国内运杂费作为影子价格。投入物影子价格为到厂价，产出物影子价格为出厂价。

3. 政府调控价格的货物的影子价格

有些货物或服务不完全由市场机制形成价格，而是由政府调控价格。如由政府发布指导价、最高限价和最低限价等，这些货物或服务的价格不能完全反映其真实价值，因此在进行国民经济评价时，应对这些货物或服务的影子价格采用特殊方法确定。一般原则是：投入物按机会成本分解定价，产出物按消费者支付意愿定价。

4. 特殊投入物的影子价格

项目的特殊投入物是指在建设和生产运营中使用的劳动力、土地及自然资源等。

1）土地的影子价格

土地影子价格反映土地用于该拟建项目后，不能再用于其他目的所放弃的国民经济效益，以及国民经济为其增加的资源消耗。

一般来说，土地的影子价格包括两个部分：土地用于建设项目而使社会放弃的原有收益；土地用于建设项目而使社会增加的资源消耗。

2）劳动力的影子价格

劳动力的影子价格是项目工资成本的影子价格，即影子工资。影子工资反映国民经济为项目使用劳动力所付出的真实代价，由劳动力机会成本和劳动力转移而引起的新增资源耗费两部分构成。劳动力机会成本是指劳动力如果不就业于拟建项目而从事于其他生产经营活动所创造的最大效益。新增资源消耗费是指项目使用劳动力，由于劳动就业或者迁移而增加的城市管理费用和城市交通等基础设施投资费用等。

影子工资一般通过影子工资换算系数计算。

3）自然资源的影子价格

各种自然资源是一种特殊的投入物，项目使用的矿产、水、森林等都是对国家资源的占用和消耗。矿产等不可再生自然资源的影子价格按资源的机会成本计算，水和森林等可再生自然资源的影子价格按资源再生费用计算。

4.3.4 国民经济评价参数

国民经济评价参数是国民经济评价的基础。正确理解和使用评价参数，对正确计算费用、效益和评价指标，以及比选优化方案具有重要作用。国民经济评价参数体系有两类：一类是通用参数，如社会折现率、影子汇率和影子工资等，由有关专门机构组织测算和发布；另一类是货物影子价格等一般参数，由行业或者项目评价人员测定。

1. 社会折现率

社会折现率是社会对资金时间价值的估计，代表投资项目的社会资金所应达到的按复利计算的最低收益水平，即资金的影子利率。对以优化配置资源为目的的国民经济分析来说，社会折现率是从整个国民经济角度对资金的边际投资内部收益率的估值。它主要用作计算净现值时的折现率，或用作评判项目国民经济内部收益率高低的基准。

社会折现率作为一个基本的国家经济参数，是国家评价和调控投资活动的重要杠杆之一。社会折现率取值的高低对国民经济的发展具有不可忽视的作用。与财务评价的基准贴现率类似，社会折现率的取值直接影响项目经济可行性判断的结果和项目的优选及方案的排序结果。因此，可以作为国家总投资规模的控制参数，需要缩小投资规模时，就提高社会折现率。

根据对我国国民经济运行的实际情况、投资收益水平、资金供求状况、资金机会成本以及国家宏观调控等因素综合分析，目前我国的社会折现率取值为 10%。

2. 影子汇率

影子汇率是指不同于官方汇率的、能反映外汇转换国民经济真实价值的汇率。实际上，影子汇率也就是外汇的机会成本，即项目投入或产出所导致的外汇的减少或增加给国民经济带来的损失或收益。

影子汇率是一个重要的经济参数，由国家统一制定并定期调整。国家可以利用影子汇率作为杠杆，影响项目投资决策，影响项目方案的选择和项目的取舍。

当项目要引进国外设备或零部件时，都要与国内设备、技术或零部件进行对比。因此，影子汇率直接影响进口设备、技术或零部件的影子价格计算，从而影响对比结果。外汇影子价格较高时，不利于引进方案，但有利于国产设备的方案；而对于产出物为外贸货物的建设项目，外汇影子价格较高时，则有利于这些项目获得批准实施。

在国民经济评价中，影子汇率通过影子汇率换算系数计算。影子汇率换算系数是影子汇率与国家外汇牌价的比值，其影响因素是国家外汇收支状况、主要进出口商品的国内价格与国外价格的比较、出口换汇成本以及进出口关税等。投资项目投入物和产出物涉及进出口的，应采用影子汇率换算系数调整计算影子汇率。目前我国的影子汇率换算系数取值为 1.08。

3. 影子工资换算系数

影子工资是社会为项目使用的劳动力付出的代价。影子工资由劳动力的边际产出和劳动就业或者转移而引起的社会资源消耗两部分组成。

影子工资一般通过影子换算系数计算。影子工资换算系数是影子工资与项目财务评价中劳动力的工资和福利费的比值。我国目前技术性工种劳动力的影子工资换算系数取值为 1，非技术性工种劳动力的影子工资换算系数取值为 0.8。

4.3.5 国民经济评价报表及指标

国民经济评价的主要报表有项目国民经济效益费用流量表和国内投资国民经济效益费用流量表。前者以全部投资（包括国内投资和国外投资）作为分析对象，考察项目全部投资的盈利能力；后者以国内投资作为分析对象，考察项目国内投资部分的盈利能力。

国民经济效益费用流量表一般在项目财务评价基础上进行调整编制，有些项目也可以直接编制。根据国民经济效益费用流量表计算经济内部收益率和经济净现值等评价指标。

1. 经济净现值（ENPV）

经济净现值是反映项目对国民经济净贡献的绝对指标，是用社会折现率将项目计算期内各年的净效益流量折算到建设期初的现值之和，计算公式为

$$\mathrm{ENPV}=\sum_{t=0}^{n}(\mathrm{CI}-\mathrm{CO})_t(P/F,i_s,t) \tag{4-23}$$

式中，i_s 为社会折现率；CI 为效益流量；CO 为费用流量；n 为计算期。

项目经济净现值等于或大于零，就认为项目是可以接受的。经济净现值等于或大于零的经济意义是：国家为拟建项目付出的代价可以得到符合社会折现率要求的社会盈余，或者除得到符合社会折现率要求的社会盈余外，还可以得到以现值计算的超额社会盈余。

2. 经济内部收益率（EIRR）

经济内部收益率是反映项目对国民经济净贡献的相对指标，表示项目占用资金所获得的动态收益率。它是项目在计算期内各年经济净效益流量的现值累计等于零时的折现率。其表达式为

$$\sum_{t=0}^{n}(\mathrm{CI}-\mathrm{CO})_t(P/F,\mathrm{IRR},t)=0 \tag{4-24}$$

经济内部收益率等于或大于社会折现率，表示项目对国民经济的净贡献达到或者超过要求的水平，应认为项目可以接受。

按分析效益费用的口径不同，可分为整个项目的经济内部收益率和经济净现值、国内投资经济内部收益率和经济净现值。如果项目没有国外投资和国外借款，全投资指标与国内投资指标相同；如果项目有国外资金流入与流出，应以国内投资的经济内部收益率和经济净现值作为项目国民经济评价的评价指标。

3. 经济节汇成本（EFC）

经济节汇成本是指项目生产出口产品或替代进口产品时，用影子价格、影子工资和社会折现率计算的为生产而投入的国内资源现值（以人民币表示）与产出品的经济外汇净现值（通常以美元表示）的比值，即获取 1 美元净外汇收入或节省 1 美元耗费所需消耗的国内资源价格（人民币元）。其计算公式为

$$EFC=\frac{\sum_{t=0}^{n}DR_t(P/F,i_s,t)}{\sum_{t=0}^{n}(FI-FO)_t(P/F,i_s,t)} \tag{4-25}$$

式中，DR_t 为项目在第 t 年为生产出口产品或替代进口产品所投入的国内资源价格（按影子价格计算）；FI_t 为第 t 年的外汇流入量（美元）；FO_t 为第 t 年的外汇流出量（美元）。

若经济节汇成本小于影子汇率，表明项目生产出口品或替代进口品的经济效益好。经济节汇成本用于分析评价项目实施后其产品在国际上的竞争力，进而判断其产品是否应出口或进口。

4.4　不确定性经济评价与决策技术

前面各节所述内容都属于工程项目的确定性分析。在经济环境比较确定的情况下，确定性分析无疑是减少投资风险的一种科学分析方法；但是变动着的未来经济环境，往往具有不确定性。这里讲的不确定性，一是指影响工程方案经济效果的各种因素（如各种价格）的未来变化带有不确定性；二是指测算工程方案现金流量时各种数据（如投资额、产量等），由于缺乏足够的信息或测算方法上的误差，致使方案经济效果评价指标值带有不确定性。

不确定性评价主要分析各种外部条件发生变化或者测算数据误差对方案经济效果的影响程度，以及方案本身对不确定性的承受能力。常用的不确定性分析包括盈亏平衡分析、敏感性分析、概率分析三种方法。对项目进行不确定性分析的内容和方法，要在综合考虑项目的类型、特点、决策者的要求、相应的人力财力，以及项目对国民经济的影响程度等条件下来选择。一般来讲，盈亏平衡分析只适用于项目的财务评价，而敏感性分析和概率分析则可同时用于财务评价和国民经济评价。

4.4.1　盈亏平衡分析法

投资项目的经济效果，会受到许多因素的影响；当这些因素发生变化时，可能会导致原来盈利的项目变为亏损项目。盈亏平衡分析也称量本利分析，其目的是通过分析产品产量、成本和盈利之间的关系，找出方案盈利和亏损在产量、单价、成本等方面的临界点，判断不确定性因素对方案经济效果的影响程度，说明方案实施风险的大小。

产品的产量、成本、利润这三种因素之间的关系，主要有线性和非线性两种情况，对应的有线性和非线性盈亏平衡分析。

1. 线性盈亏平衡分析

1）总成本与固定成本、可变成本

根据成本费用与产量的关系可以将技术方案总成本费用分解为可变成本、固定成本和半可变（或半固定）成本。

（1）固定成本。

固定成本是指在技术方案一定的产量范围内不受产品产量影响的成本，即不随产品产量的增减发生变化的各项成本费用，如工资及福利费（计件工资除外）、折旧费、修理费、无形资产及其他资产摊销费、其他费用等。

（2）可变成本。

可变成本是随技术方案产品产量的增减而成正比例变化的各项成本，如原材料、燃料、动力费、包装费和计件工资等。

（3）半可变（或半固定）成本。

半可变（或半固定）成本是指介于固定成本和可变成本之间，随技术方案产量增长而增长，但不成正比例变化的成本，如与生产批量有关的某些消耗性材料费用、工模具费及运输费等，这部分可变成本随产量变动一般呈阶梯形曲线。由于半可变（或半固定）成本通常在总成本中所占比例很小，在技术方案经济效果分析中，为便于计算和分析，可以根据行业特点情况将产品半可变（或半固定）成本讲一步分解成固定成本和可变成本。长期借款利息应视为固定成本；流动资金借款和短期借款利息可能部分与产品产量相关，其利息可视为半可变（或半固定）成本，为简化计算，一般也将其作为固定成本。

综上所述，技术方案总成本是固定成本与可变成本之和，它与产品产量的关系也可以近似地认为是线性关系，即

$$\mathrm{TC} = C_f + C_v Q \tag{4-26}$$

式中，TC 为总成本；C_f为年固定成本；C_v为单位产品可变成本；Q 为产品年产量。

2）销售收入与营业税金及附加

（1）销售收入。

产品的产量、成本、利润呈线性关系，意味着投资项目的生产销售活动不会明显影响市场的供求状况，即在市场其他条件不变的情况下，产品价格不随其销售量的变动而变动，可以看作一个常数；若产品的产量与销售量是一致的，则年销售收入与年产量之间呈线性关系。

（2）营业税金及附加。

由于单位产品的营业税金及附加是随产品的销售单价表化而变化的，为便于分析，将销售收入与营业税金及附加合并考虑。

经简化后，技术方案的销售收入是产量的线性函数，即

$$\mathrm{TR} = PQ - T_v Q \tag{4-27}$$

式中，TR 为年销售收入；P 为单位产品价格；T_v为单位产品营业税金及附加；Q 为产品年产量。

3）量本利模型

（1）量本利模型。

企业的经营活动，通常以生产数量为起点，而以利润为目标。企业年利润是年销售收入与年成本的差额，即

$$B = \mathrm{TR} - \mathrm{TC} = (PQ - T_v Q) - (C_f + C_v Q) \tag{4-28}$$

式中，B 为年利润；其他各符号意义同前。

式（4-28）明确表达了量本利之间的数量关系，是基本的损益方程式。它含有相互联系的 6 个变量，给定其中 5 个，便可求出另一个变量的值。

（2）量本利图。

将式（4-26）～式（4-28）在同一直角坐标系中表达出来，即成为基本的量本利图，如图 4-8 所示。

由图 4-8 可见，销售收入线与总成本线的交点是盈亏平衡点（Break Even Point，BEP），

技术方案在此产量下总收入等于总成本，既没有利润，也不发生亏损。在此基础上，增加产量，销售收入超过总成本，收入线与成本线之间的距离为利润值，形成盈利区，反之，形成亏损区。盈亏平衡点反映了技术方案的抗风险能力和对市场变化的适应能力。盈亏平衡点越低，对应于此点的产量就越少，技术方案投产后造成亏损的可能性越小，其抗风险能力越强，适应市场变化的能力也越强。

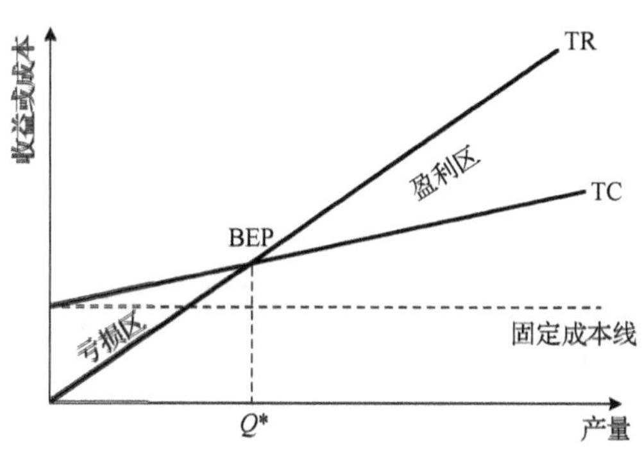

图 4-8　线性盈亏平衡分析图

4）盈亏平衡点的表达形式

当年利润为零时，年总销售收入等于年总成本，表示该项经济活动盈亏平衡，这个临界点即盈亏平衡点。该状态下的产量即盈亏平衡产量，记为 Q^*，则由

$$PQ^* - T_vQ^* = C_f + C_vQ^* \tag{4-29}$$

可知

$$Q^* = \frac{C_f}{P - C_v - T_v} \tag{4-30}$$

同理，若项目的设计生产能力为 Q_0，则盈亏平衡点也可以用盈亏平衡生产能力利用率 E^* 来表示，由式（4-29）可得

$$E^* = \frac{Q^*}{Q_0} \times 100\% = \frac{C_f}{(P - C_v - T_v)Q_0} \times 100\% \tag{4-31}$$

若按照设计生产能力 Q_0 进行生产和销售，盈亏平衡点还可以用盈亏平衡销售价格 P^* 来表示，由式（4-29）可知盈亏平衡销售价格 P^* 为

$$P^* = \frac{C_f + C_vQ_0 + T_vQ_0}{Q_0} = C_v + T_v + \frac{C_f}{Q_0} \tag{4-32}$$

若按照设计生产能力 Q_0 进行生产和销售，且单位产品销售价格 P 已定，则由式（4-29）还可得到盈亏平衡单位产品变动成本 C_v^* 为

$$C_v^* = P - T_v - \frac{C_f}{Q_0} \tag{4-33}$$

例 4-5　某工程方案的设计生产能力 12 万吨/年，单位产品销售价 520 元/吨，年总固定成本 1500 万元，单位产品的可变成本 220 元/吨，单位产品营业税金及附加 40 元/吨。求以产量、生产能力利用率、销售价格、单位产品变动成本表示的盈亏平衡点。

解：由式（4-30）～式（4-33）得

$$Q^* = \frac{1500\times10^4}{520-220-40} = 5.77\times10^4\text{（吨）} \qquad E^* = \frac{5.77\times10^4}{12\times10^4}\times100\% = 48\%$$

$$P^* = 220+40+\frac{1500\times10^4}{12\times10^4} = 385\text{（元/吨）} \qquad C_v^* = 520-40-\frac{1500\times10^4}{12\times10^4} = 355\text{（元）}$$

通过计算 BEP，还可以对方案发生亏损的可能性做出大致的判断，如产量和价格允许的变化率，产量允许的降低率为

$$1-\frac{Q^*}{Q_0} = 1-\frac{5.77\times10^4}{12\times10^4} = 52\%$$

价格允许的降低率为

$$1-\frac{P^*}{P} = 1-\frac{385}{520} = 26\%$$

也就是说，其他条件不变时，只要产量降低幅度不超过生产能力的 52%，项目就不会发生亏损；同样在售价上也可降低 26%而不至于亏损。

2. 线性盈亏平衡分析的应用

对单个方案进行盈亏平衡分析，通过求得 BEP 可分析方案的盈利与亏损的可能性。当不确定性因素同时对两个以上的方案，如对互斥方案的经济效果产生不同程度的影响时，可通过盈亏平衡分析方法开展互斥方案在不确定性条件下的比选，也称为优劣平衡分析。它可以对决策者确定项目的合理经济规模及对项目工艺技术方案的投资抉择起到一定的参考与帮助作用。

例 4-6　拟兴建某工程项目，现有三种方案，机械化程度高时投资大，固定成本高，可变成本低。其具体参数如表 4-16 所示，试评价三种方案的优劣。

表 4-16　项目参数汇总表

方案费用项目	*A*	*B*	*C*
产品可变成本（元/件）	100	60	40
产品年固定成本（元）	1000	2000	3000

解：当产量达到某一值时，几个方案的销售收入应一致，故评价指标应是成本大小，而成本又与产量有关，所以列出产量与成本关系式进行评价。

设预计产量为 Q，则各方案的生产成本为：$TC_A = 1000 + 100Q$，$TC_B = 2000 + 60Q$，$TC_C = 3000 + 40Q$

各方案的成本曲线如图 4-9 所示。

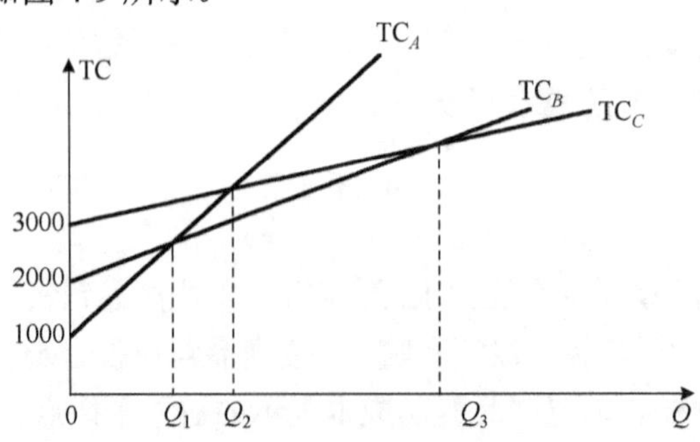

图 4-9　盈亏平衡分析图

当 $TC_A=TC_B$ 时，得 $Q_1=25$；当 $TC_A=TC_C$ 时，得 $Q_2=33.3$；当 $TC_B=TC_C$ 时，得 $Q_3=50$。

由上可以看出，每种方案在不同的产量范围内有不同的相应效果，即产量越大，对方案 C 越有利，而对方案 A 越不利。故当产量 $Q<Q_1=25$ 件时，A 方案成本最低，故应选择 A 方案；当产量 Q 介于 $Q_1=25\sim Q_3=50$ 时，B 方案成本最低，故应选择 B 方案；当产量 $Q>Q_3=50$ 时，C 方案成本最低，故应选择 C 方案。

3. 非线性盈亏平衡分析

线性盈亏平衡分析方法简单明了，能方便地全面把握决策。但其局限性在于，在实际生产经营过程中，产品的销售收入与销售量之间、成本费用与产量之间，并不一定呈现出线性关系。如当项目的产量在市场中占有较大的份额时，其产量的高低可能会明显影响市场的供求关系，从而使市场价格发生变化；再如，根据报酬递减规律，变动成本随着生产规模的不同而与产量呈非线性的关系，在生产中还有一些辅助性的生产费用（即半可变成本）随着产量的变化而呈梯形分布。这样，产品的销售收入和总成本与产量之间存在着非线性的关系，应进行非线性盈亏平衡分析，其基本原理与线性盈亏平衡分析大致相同，不再赘述。

4. 盈亏平衡分析的局限性

盈亏平衡分析虽然能够度量项目风险的大小，但并不能揭示产生项目风险的根源。例如，虽然知道降低盈亏平衡点，就可以降低项目的风险、提高项目的安全性，也知道降低盈亏平衡点可采用降低固定成本的方法；但如何降低固定成本、应该采取哪些可行的方法或通过哪些有利途径来达到目的，盈亏平衡分析并未给出答案，还需采用其他一些方法来开展进一步的分析。因此在应用盈亏平衡分析时，应注意使用场合及目标。

4.4.2 敏感性分析

敏感性分析是研究当一个或多个不确定因素发生变化时，对方案经济效果的影响程度，以分析当外部条件发生不利变化时投资方案的承受能力。

一个项目，在其建设与生产经营的过程中，许多因素都会发生变化，如投资、价格、成本、产量、工期等，都可能随项目内外部环境的变化而变化，与在项目经济评价中对其所做的预测值（估计值）之间存在差异，不可避免地会对项目的经济评价指标产生影响；但这种影响的程度又各不相同：有些因素可能仅发生较小幅度的变化，就能引起经济评价指标发生较大变动，而另一些因素虽然变化幅度较大，但对经济评价指标的影响却并不显著。前一类因素称为敏感性因素，后一类因素称为非敏感性因素。从评价项目风险的角度出发，敏感性因素及其对项目经济评价指标的影响程度更值得关注。敏感性分析的目的就在于，通过分析各个因素对项目经济评价指标的影响程度，找出敏感性因素，以便为采取必要的风险防范措施提供依据。

按所考虑因素的数目，敏感性分析可以分为单因素和多因素两种。

1. 单因素敏感性分析

单因素敏感性分析是对单一不确定因素变化对方案经济效果的影响进行分析，即假定只有一个不确定因素发生变化，其他因素都不变，分析该不确定因素对经济效果评价指标的影响程度和敏感程度。其基本步骤如下。

1）确定敏感性分析的对象

敏感性分析的对象就是前述的各项经济评价指标。一般是根据项目的特点、不同的研究阶段、实际需求情况和指标的重要程度来选择1～2种指标为研究对象，经常用到的是净现值（NPV）和内部收益率（IRR）。一般敏感性分析中所确定的经济评价指标，应与确定性经济效果评价指标一致，不宜设立新指标。

2）选择需要分析的不确定性因素

影响项目经济评价指标的不确定性因素很多，但实际中不必对所有不确定性因素进行敏感性分析，一般是选择一些主要影响因素，如项目总投资、建设年限、经营成本、产品价格、产品产销量、寿命期末残值和标准折现率等。选择因素时主要考虑：

（1）预计这些因素在其可能的变化范围内对经济评价指标的影响较大。

（2）这些因素本身发生变化的可能性比较大。

3）计算各不确定性因素对经济评价指标的影响程度

对所选定的需要进行分析的不确定性因素，按照一定的变化幅度（如±5%、±10%、±15%、±20%等）改变其数值，然后计算该变化所对应的经济评价指标（如NPV、IRR等）值，建立一一对应的数量关系，并用敏感性分析图或敏感性分析表的形式表示。

4）确定敏感因素

敏感因素是指会对经济评价指标产生较大影响的因素，根据分析问题的目的不同，一般可通过两种方法来确定。

第一种称为相对测定法。即设定要分析的因素均从初始值开始变动，且假设各个因素每次变动的幅度均相同，分别计算在同一变动幅度下各个因素的变动对经济评价指标的影响程度，然后按敏感度系数高低对各个因素进行排序，敏感度系数越高的因素越敏感。

敏感度系数可用式（4-34）表示：

$$\text{敏感度系数}（\beta）=\frac{|\text{评价指标变化幅度}|}{|\text{变量因素变化幅度}|}=\frac{|\Delta Y_j|}{|\Delta X_i|}=\frac{\left|\dfrac{Y_{j1}-Y_{j0}}{Y_{j0}}\right|}{|\Delta X_i|} \tag{4-34}$$

式中，ΔX_i为第i个变量因素的变化幅度（变化率）；ΔY_j为第j个指标受变量因素变化影响的差额幅度（变化率）；Y_{j1}为第j个指标受变量因素变化影响后所达到的指标值；Y_{j0}为第j个指标未受变量因素变化影响时的指标值。

式中的β又称灵敏度。$\beta>0$，表示评价指标与不确定因素同方向变化；$\beta<0$，表示评价指标与不确定因素反方向变化。$|\beta|$越大，表明评价指标对于不确定因素越敏感；反之，则不敏感。

第二种称为绝对测定法。即假定要分析的因素均向只对经济评价指标产生不利影响的方向变动，并设该因素达到可能的最差值；然后计算在此条件下的经济评价指标：如果计算出的经济评价指标已超过项目可行的临界值，以致使项目可行性发生了改变，则该因素敏感性较高。

2. 单因素敏感性分析图

敏感性分析图是通过在坐标图上作出各个不确定性因素的敏感性曲线，进而确定各因素敏感程度的一种图解方法。

（1）以纵坐标表示项目的经济评价指标（项目敏感性分析的对象），横坐标表示各个变量因素的变化幅度（以%表示）。

（2）根据敏感性分析的计算结果绘出各个变量因素的变化曲线，其中与横坐标相交角度较大的变化曲线所对应的因素就是敏感性因素。

（3）在坐标图上作出项目经济评价指标的临界曲线（如 NPV = 0、IRR = i_c 等），求出变量因素变化曲线与临界曲线的交点，则交点处的横坐标就是表示该变量因素允许变化的最大幅度，即项目由盈到亏的极限变化值。

3. 单因素敏感性分析的应用

例 4-7　某投资方案设计年生产能力为 10 万台，计划总投资为 1200 万元，期初一次性投入，预计产品价格为 35 元/台，年经营成本为 140 万元，方案寿命期为 10 年，到期时预计设备残值收入为 80 万元，标准折现率为 10%。试就投资额、单位产品价格、经营成本等影响因素对该投资方案作敏感性分析。

解：选择净现值为敏感性分析的对象。根据其计算公式，可计算出项目在初始条件下的净现值：

$$\mathrm{NPV}_0 = -1200 + (35\times10-140)(P/A,10\%,10) + 80(P/F,10\%,10) = 121.21\text{（万元）}$$

由于 $\mathrm{NPV}_0 > 0$，知该项目是可行的。

对项目进行敏感性分析，取定三个因素：投资额、产品价格和经营成本，然后令其逐一在初始值的基础上按±10%、±20%的变化幅度变动，分别计算相对应的净现值变化情况，得出结果如表 4-17 及图 4-10 所示。

表 4-17　单因素敏感性分析表　（单位：万元）

项目 \ 变化幅度	−20%	−10%	0	10%	20%	平均+1%	平均−1%
投资额	361.21	241.21	121.21	1.21	−118.79	−9.90%	9.90%
产品价格	−308.91	−93.85	121.21	336.28	551.34	17.75%	−17.75%
经营成本	293.26	207.24	121.21	35.19	−50.83	−7.10%	7.10%

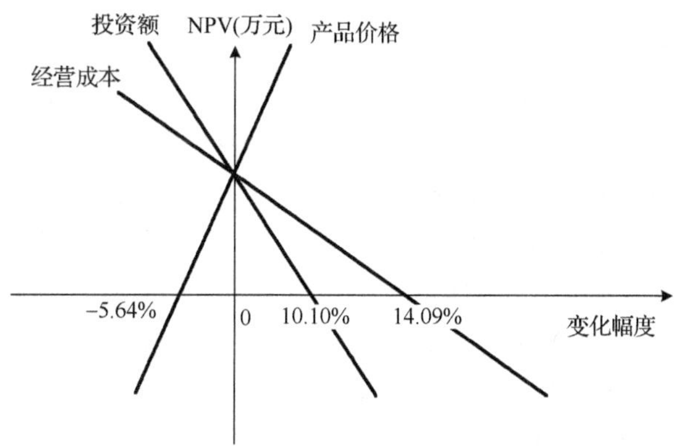

图 4-10　单因素敏感性分析图

由表 4-17 和图 4-10 可以看出，在各个变量因素变化率相同的情况下：首先，产品价格的变动对净现值的影响程度最大，当其他因素均不发生变化时，产品价格每下降 1%，净现值下降 17.75%，并且当产品价格下降幅度超过 5.64%时，净现值将由正变负，即项目由可行变为不可行；其次，对净现值影响较大的因素是投资额，当其他因素均不变化时，投资额每增加 1%，净现值下降 9.90%，当投资额增加的幅度超过 10.10%时，净现值由正变负，项目变为不可行；最后，对净现值影响最小的因素是经营成本，在其他因素均不发生变化的情况下，经营成本每上升 1%，净现值下降 7.10%，当经营成本上升幅度超过 14.09%时，净现值由正变负，项目变为不可行。由此可见，按净现值对各个因素的敏感程度来排序，依次是产品价格、投资额、经营成本，最敏感的因素是产品价格。因此，从方案决策的角度，应对产品价格进行进一步的测算。从项目风险的角度来讲，如果未来产品价格发生变化的可能性较大，则意味着这一投资项目的风险性亦较大。

4. 多因素敏感性分析

多因素敏感性分析测量考查多个因素同时变动时对方案经济效果的影响，以判断方案的风险程度。分析时要考虑被分析的各因素可能的不同变化幅度的多种组合，计算起来比单因素敏感性分析要复杂得多。当同时变化的因素不超过 3 个时，一般可采用解析法和作图法相结合进行分析。

例 4-8 某投资方案的基础数据如表 4-18 所示，试对该方案中的投资额和产品价格进行双因素敏感性分析。

表 4-18 投资方案基础数据表

项目	初始投资	寿命期	残值	价格	年经营费	贴现率	年生产能力
参数	1200 万元	10 年	80 万元	35 元/台	140 万元	10%	10 万台

解：以净现值作为分析指标；设投资变化百分率为 X，产品价格变化率为 Y，则

$$
\begin{aligned}
\mathrm{NPV} &= -1200\times(1+X)+[35\times(1+Y)\times 10-140]\times(P/A,10\%,10)+80(P/F,10\%,10)\\
&= -1200-1200X+(350+350Y-140)\times[(1+i)^n-1]/[i(1+i)^n]+80\times 1/(1+i)^n\\
&= -1200-1200X+210\times(1.1^{10}-1)/0.1\times 1.1^{10}+350Y\times(1.1^{10}-1)/0.1\times 1.1^{10}+80\times 1/1.1^{10}\\
&= -1200-1200X+1290.36+2150.65Y+30.84\\
&= 121.21-1200X+2150.60Y
\end{aligned}
$$

取 NPV 的临界值，即令 NPV = 0，则 $1200X = 121.21 + 2150.60Y$，

$X = 0.101 + 1.79Y$（实际是一条线性函数）

取 X 和 Y 两因素的变动量均为±10%和±20%作图，可得到如图 4-11 所示的双因素敏感性分析图。从图 4-11 可以看出 $X = 0.101 + 1.79Y$ 为 NPV = 0 临界线，当投资与价格同时变动时，所影响的 NPV 值落在直线的左上方区域，投资方案可行；若落在临界线右下方的区域表示 NPV < 0，投资方案不可行；若落在临界线上，NPV = 0，方案勉强可行。还可看出，在各个正方形内净现值小于零的面积所占整个正方形面积的比例，反映了因素在此范围内变动时方案风险的大小。例如，在±10%的区域内，净现值小于零的面积约占整个正方形面积的 20%，这就表明当投资额和价格在±10%的范围内同时变化时，方案盈利的可能性为 80%，出现亏损的可能性为 20%。

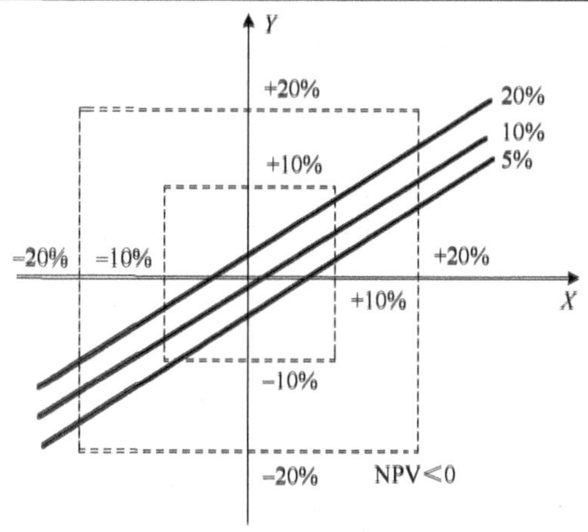

图 4-11　多因素敏感性分析

5. 敏感性分析的局限性

敏感性分析是项目经济评价时经常用到的一种方法，它在一定程度上对不确定因素变动对项目投资效果的影响作了定量的描述，得到了维持投资方案经济可行所允许的不确定因素发生不利变化的最大幅度。但敏感性分析的局限性在于，它不能说明不确定因素发生变动的情况的可能性是大还是小，即没有考虑不确定因素在未来发生变动的概率，而这种概率是与项目的风险大小密切相关的。经常会碰到这样的情况，某些因素在未来发生不利变动的可能性很小，虽然它可能是一个敏感性较强的因素，但实际上它给项目带来的风险并不大；而另外有一些因素，虽然并不是十分敏感，但由于它们在未来发生不利变化的可能性很大，实际上给项目带来的风险可能比敏感因素还要大。对于此类问题，尚需借助概率分析。

4.4.3　概率分析

盈亏平衡分析和敏感性分析中都隐含着"各个不确定因素在未来发生某一幅度变动的可能性相同"这一假设，但事实并非如此，故在完成盈亏平衡分析和敏感性分析之后，根据项目特点和实际需要，有条件时还应进行概率分析。

概率分析又称风险分析，是利用概率来研究和预测不确定因素对项目经济评价指标影响的一种定量分析方法。概率分析的基本原理：假设影响方案经济效果的各种不确定因素是服从某种分布的随机变量，则以这些不确定因素为参数的经济效果函数，也必然是一个随机变量。在进行概率分析时，先对各个不确定因素作出概率估计，并以此为基础计算方案的经济效果，最后通过经济效果的期望值、累计概率、标准差及离差系数等来表示方案的风险和不确定程度。概率分析常用的方法有解析法和决策树法等。

1. 随机现金流的概率描述

严格来说，影响方案经济效果的大多数因素（如投资额、销售量、销售价格、生产成本、项目寿命期等）都是随机变量。投资方案的现金流量序列正是由这些因素所决定的，故方案的现金流量序列也是随机变量，称为随机现金流。

要完整地描述一个随机变量，需要确定其概率分布的类型和参数。在经济分析与决策中，使用最普通的是均匀分布和正态分布。一般来说，投资项目的随机现金流要受多种已知或未知的不确定因素的影响，可以看成是多个独立的随机变量之和，在多数情况下近似地服从正态分布。

描述随机变量的主要参数是期望值和方差。假设某方案的寿命期为 n 个周期，净现金流量序列为 $y_0, y_1, y_2, \cdots, y_n$，周期数 n 和各周期的净现金流量 $y_t(t=0,1,2,\cdots,n)$ 都是随机变量。对于某一特定周期 t 的净现金流量 y_t 可能有无限多个取值，可将其简化为若干个离散值 $y_t^{(1)}, y_t^{(2)}, \cdots, y_t^{(m)}$，这些离散值发生的概率分别为 $P_1, P_2, \cdots, P_m \left(\sum_{j=1}^{m} P_j = 1\right)$，则第 t 周期净现金流量 y_t 的期望值为

$$E(y_t) = \sum_{j=1}^{m} y_t^{(j)} \cdot P_j \tag{4-35}$$

第 t 周期净现金流量 y_t 的方差为

$$D(y_t) = \sum_{j=1}^{m} [y_t^{(j)} - E(y_t)]^2 \cdot P_j \tag{4-36}$$

2. 方案净现值的期望值、方差与变异系数

以净现值为例来讨论方案经济效果的概率描述。在各个周期的净现金流量均为随机变量的情况下，由各个周期净现金流量现值之和构成的方案净现值必然也是一个随机变量，称为随机净现值。在多数情况下，可以认为随机净现值近似地服从正态分布。

设各周期的随机现金流为 $y_t(t=0,1,2,\cdots,n)$，则随机净现值为

$$\text{NPV} = \sum_{t=0}^{n} y_t (1+i_0)^{-1} \tag{4-37}$$

1）期望值

假设方案寿命期的周期数 n 为一常数，根据各周期随机现金流的期望值 $E(y_t)(t=0,1,2,\cdots,n)$，可得方案净现值的期望值：

$$E(\text{NPV}) = \sum_{t=0}^{n} E(y_t) \cdot (1+i_0)^{-t} \tag{4-38}$$

对净现值指标来讲，期望值大的方案优于期望值小的方案。

2）方差

方案净现值的方差与各周期随机现金流之间的相关性有关。如果方案寿命期内任意两个随机现金流之间不存在相关关系或相关关系可以不考虑，则方案净现值的方差为

$$D(\text{NPV}) = \sum_{t=0}^{n} D(y_t) \cdot (1+i_0)^{-2t} \tag{4-39}$$

在实际工作中，如果能通过统计或主观判断给出在方案寿命期内不确定因素可能出现的各种状态及其发生概率，就可以通过对各不确定因素的不同状态进行组合，求出所有可能出现的方案净现金流量序列及其发生概率，从而可不必计算各年净现金流量的期望值与方差，而是直接计算方案净现值的期望值与方差。

如果影响方案现金流量的不确定因素，在方案寿命期内可能出现的各种状态均可视为独立事件，则由各因素的某种状态组合所形成的方案净现金流量序列的发生概率，应为各因素

相应状态发生概率之积；对各个不确定因素的各种可能出现状态进行组合后，便可得到所有可能出现的方案现金流量状态及其发生概率；在此基础上，计算方案净现值的期望值与方差。

为了便于分析，通常使用与净现值具有相同量纲的标准差，来反映随机净现值取值的离散程度，记为σ(NPV)，其计算式为

$$\sigma(\mathrm{NPV}) = \sqrt{D(\mathrm{NPV})} \tag{4-40}$$

对于期望值相同的方案，标准差越大说明其偏离期望值的程度越大，因而风险越大。

3）变异系数

为了比较期望值不同的投资项目之间的风险程度大小，需要引进“变异系数”的概念。变异系数是用标准差除以期望值的商，通常用“V”表示：

$$V = \frac{\sigma}{E(\mathrm{NPV})} \tag{4-41}$$

变异系数越大，则该投资项目的风险越大。

3. 方案风险估计

通过上述计算得到方案经济效果指标（如净现值）的期望值与方差后，便可估计方案的风险。概率分析中，在已知方案经济效果指标（如净现值）的概率分布及其期望值与方差的情况下，一般采用解析法进行方案风险估计。

例 4-9　某房地产开发项目的现金流量如表 4-19 所示。根据预测、经验判断，开发成本、销售收入（互相独立）可能发生的变化及其概率如表 4-20 所示。试对项目进行概率分析。标准折现率为 12%。

表 4-19　某项目现金流量表　（单位：万元）

年　份	1	2	3	4	5
租售收入	1600	6400	8800	8800	8800
开发成本	4500	5900	6900	1800	200
其他支出	—	—	—	2500	3000
净现金流量	–2900	500	1900	4500	5000

表 4-20　开发成本和销售收入变化的概率表

变幅 概率 因素	–20%	0	+20%
租售收入	0.3	0.6	0.1
开发成本	0.1	0.4	0.5

解：（1）列出本项目净现金流量的全部可能状态，共 9 种，如表 4-21 所示。

表 4-21　现金流量序列计算表

开发成本变幅	租售收入变幅	方案状态序号	相应概率 P_i	期望值 NPV_i（万元）	$\mathrm{NPV}_i \cdot P_i$（万元）
+20%	+20%	1	0.05	7733.2	386.66
	0	2	0.30	2106.3	631.89
	–20%	3	0.15	–3054.7	–458.21

续表

开发成本变幅	租售收入变幅	方案状态序号	相应概率 P_i	期望值 NPV_i（万元）	$NPV_i \cdot P_i$（万元）
0	+20%	4	0.04	10602.7	424.11
	0	5	0.24	5441.7	1306.01
	−20%	6	0.12	280.8	33.70
−20%	+20%	7	0.01	13938.1	139.38
	0	8	0.06	8777.2	526.63
	−20%	9	0.03	3 616.2	108.49
合　计			1.00		3 098.66

（2）分别计算项目净现金流量序列状态的概率 $P_i(i=1,2,\cdots,9)$。

$$P_1 = 0.5 \times 0.1 = 0.05$$
$$P_2 = 0.5 \times 0.6 = 0.30$$

其余类推。

（3）分别计算各状态下的项目净现值 $\mathrm{NPV}_i(1,2,\cdots,9)$。

$$\mathrm{NPV}_1 = \sum_{t=1}^{5}(\mathrm{CI}-\mathrm{CO})_t^{(1)}(1+12\%)^{-t} = 7733.2\text{（万元）}$$

$$\mathrm{NPV}_2 = \sum_{t=1}^{5}(\mathrm{CI}-\mathrm{CO})_t^{(2)}(1+12\%)^{-t} = 2106.3\text{（万元）}$$

其余类推。

（4）计算 $\mathrm{NPV}_i \cdot P_i$。

（5）求项目净现值的期望值和标准差。

$$E(\mathrm{NPV}) = \sum_{i=1}^{9}\mathrm{NPV}_i \cdot P_i = 3098.66\text{（万元）}$$

$$\sigma = \sqrt{\sum_{i=1}^{9}[\mathrm{NPV}_i - E(\mathrm{NPV})]^2 \times P_i} = 3832.69$$

（6）方案风险的判断。

在单方案的判断中，一般可以利用期望值和累计概率的方法综合判断方案风险的大小。在本例中：$E(\mathrm{NPV}) > 0$，且 $P(\mathrm{NPV} \geqslant 0) = 1 - 0.15 = 0.85$，说明该项目是可行的；但标准差较大，说明各方案收益的变动性较大（计算过程见表 4-12）。

4.4.4 方案决策

1. 决策问题及其构成

例 4-10 有一河面上增建一座公路桥，某建筑公司考虑是否承包这项工程。如果承包，在整个建桥过程中，遇河水为低水位，则可省工省料，公司可挣 4 万元；若在施工过程中遇河水上涨，就会损失 1 万元，如果不承包，未来这段时间公司也会因工程任务少而亏损 4 千元。据气象及水文资料分析得知，未来这段时间出现低水位的概率为 0.7，出现高水位的概率为 0.3。试根据以上资料对是否承包该工程做出决策。

在上述例子中，河水出现低水位或高水位事先不能肯定，叫做自然状态，为不可控因素；

公司可能采取的行动有两种——承包或不承包，叫做行动方案，为可控因素；对应不同的自然状态和行动方案的损失或收益叫做损益值，也叫做风险值，如表 4-22 所示。

表 4-22　修建公路桥资料表

自然状态	概率	行动方案/万元	
		承包	不承包
低水位	0.7	4	–0.4
高水位	0.3	–1	–0.4

由上述例子可以看到，构成一个决策问题通常应具备以下条件：

（1）存在着决策人希望达到的一个明确目标，如收益较大或损失最小；

（2）存在着两个以上不以决策人的主观意志为转移的自然状态；

（3）存在着两个以上可供选择的行动方案；

（4）在各自然状态下，不同行动方案将导致不同的结果，其损益值可以计算出来；

（5）在几种不同的自然状态中今后将出现哪种自然状态，决策人不能肯定。

2. 决策的分类

按决策所处的条件不同，有确定型决策、非确定型决策和风险型决策等。

1）确定型决策

确定型决策是指在自然状态的发生为已知情况下进行的决策。一个方案的确立只有一种结果，通过比较、计算、选优，即可做出决策。在例 4-10 中，如果确认在将来一段时期内肯定是低水位，则公司应选择承包方案，可获利 4 万元。严格来讲，确定型决策只是单纯的数学计算，不属于决策论的研究范畴。

2）非确定型决策

非确定型决策是在各自然状态出现的概率完全未知情况下的决策，即决策者对自然状态是否发生事先不能肯定、被决策的事物具有两种以上客观存在的自然状态、同时具有可供决策人选择的两个以上方案。常用的方法，按决策的标准主要分为以下几种。

（1）乐观准则（或称大中取大法）。

这种方法的特点是：决策人对客观情况抱乐观态度，总是认为未来会出现最好的自然状态。

决策过程是：先从各种情况下选出每个方案的最大损益值，然后对各个方案进行比较，以收益值最大的方案为选择方案，其表达式为 $\max\limits_{j}\{\max\limits_{i}[a_{ij}]\}$，式中 a_{ij} 为方案 j 在状态 i 下的损益值。

（2）悲观准则（或称小中取大法）。

这种方法的特点是：决策人对现实方案的选择持保守态度，为了保守起见，总是根据最坏的客观条件来选择行动方案。

决策过程是：先从各种情况下选出每个方案的最小损益值，以最小损益值为最大的方案为选择方案，其表达式为 $\max\limits_{j}\{\min\limits_{i}[a_{ij}]\}$，式中 a_{ij} 为方案 j 在状态 i 下的损益值。

（3）折中准则（或称乐观系数法）。

它的特点是，决策人对客观条件的估计及选择方案既不像悲观者那样保守，也不像乐观者那样冒险，而是从中找出一个折中的标准。

其决策过程是：决策人先要根据历史数据和经验确定一个乐观系数α来表达乐观程度，且$0 \leqslant \alpha \leqslant 1$，然后用式（4-42）计算结果：

$$\mathrm{CV}_j = \alpha \cdot \max_i [a_{ij}] + (1-a) \cdot \min_i [a_{ij}] \tag{4-42}$$

也就是先找出每个方案在各自然状态下的最大损益值，并乘以α；再加上最小损益值乘以$(1-\alpha)$，最后选出其中最大的CV_j值，其对应的方案即为最佳方案。显然$\alpha=1$时是乐观准则，$\alpha=0$时是悲观准则。这种方法中，α的取值是决策的关键，要根据具体情况合理确定。

（4）等可能性准则。

折中准则只是考虑了每一种方案的最大和最小损益值的影响，对于中间的情况没有考虑。等可能性准则则认为将来各种情况出现的概率均相同，在此基础上计算出每一种方案收益值的平均数，选取平均收益最大的方案。平均收益可用式（4-43）表示：

$$\overline{a}_j = \frac{\sum_{i=1}^{n} a_{ij}}{n} \tag{4-43}$$

式中，$\overline{a}_j$为各方案的平均收益；n为自然状态数。

（5）后悔值准则（或称大中取小法）。

后悔值准则又称为最小机会损失准则。后悔值是指每种情况下方案中最大损益值与各方案损益值之差。如果决策者选择了某一个方案，但后来事实证明他所选择的方案并非最优方案，他就会少得一定的收益或承受一些损失，于是他会后悔把方案选错了，或者感到遗憾。这个因选错方案可得而未得到的收益或遭受的损失，称为后悔值或遗憾值。应用时先计算出各方案的最大后悔值，进行比较，以最大后悔值最小的方案作为最佳方案。

例 4-11 某建筑制品厂一种新产品，由于没有资料，只能设想出三种方案以及各种方案在市场销路好、一般、差三种情况下的损益值，如表 4-23 所示。每种情况出现的概率也无从知道，试进行方案决策。

对于这种非确定型决策，可用乐观准则、悲观准则、折中准则、等可能性准则和后悔值准则进行决策，并以损益矩阵表示，如表 4-23 所示。

表 4-23 损益矩阵表

产品销售情况 / 损益值（万元） / 决策方案	销路好	销路一般	销路差	决策准则				
				$\max[a_{ij}]$	$\min[a_{ij}]$	CV_i	$\overline{a}$	后悔值
A_1	36	23	−5	36	−5	19.6	18	14
A_2	40	22	−8	40	−8	20.8	18	17
A_3	21	17	9	21	9	16.2	15.67	19
选择方案				A_2	A_3	A_2	A_1或A_2	A_1

解：

（1）乐观准则　$\max_j \{\max_i [a_{ij}]\} = \max\{36,40,21\} = 40$，故选取方案$A_2$。

（2）悲观准则　$\max_j \{\max_i [a_{ij}]\} = \max\{-5,-8,9\} = 9$，故选取方案$A_3$。

（3）折中准则　如果根据具体情况分析，设乐观系数$\alpha=0.6$，则各方案的折中损益值为

$$\mathrm{CV}_1 = 0.6 \times 36 + 0.4 \times (-5) = 19.6$$

$$CV_2 = 0.6 \times 40 + 0.4 \times (-8) = 20.8$$

$$CV_3 = 0.6 \times 21 + 0.4 \times 9 = 16.2$$

故选取方案 A_2。

（4）等可能性准则。

$$\overline{a}_1 = \frac{\sum_{i=1}^{n} a_{ij}}{n} = \frac{36+23-5}{3} = 18，\quad \overline{a}_2 = \frac{\sum_{i=1}^{n} a_{ij}}{n} = \frac{40+22-8}{3} = 18，\quad \overline{a}_3 = \frac{\sum_{i=1}^{n} a_{ij}}{n} = \frac{21+17+9}{3} = 15.67$$

故选取方案 A_1 或 A_2。

（5）后悔值准则。用每种自然状态下的最大损益值减去该自然状态下各方案的损益值，即得到该方案在该自然状态下的后悔值，找出每一种方案的最大后悔值，从中选取最大后悔值最小的方案即决策方案。后悔值的计算及决策过程如表 4-24 所示。因此选择 A_1 方案。

表 4-24　后悔值计算表

产品销售情况		销　路　好	销 路 一 般	销　路　差	各方案最大后悔值
最理想收益值（万元）		40	23	9	
后悔值（万元）	A_1	$40-36=4$	$23-23=0$	$9-(-5)=14$	14
	A_2	$40-40=0$	$23-22=1$	$9-(-8)=17$	17
	A_3	$40-21=19$	$23-17=6$	$9-9=0$	19
选取方案					A_1

3）风险型决策

风险型决策也叫统计型决策或随机型决策。在这种决策中，几种不同的自然状态未来究竟将出现哪种，决策人不能肯定，但是各种自然状态出现的可能性（即概率），决策人可以预先估计或计算出来。这种决策具有一定的风险性，所以称为风险型决策。决策的正确程度与历史资料的占有数量有关，还与决策者的经验、判断能力以及对风险的看法和态度有关。

风险型决策方法有期望值准则、最大可能准则和决策树法。

（1）期望值准则。

把每个行动方案看成一个随机变量，其取值就是每个行动方案在各种自然状态下相应的损益值，而各方案的损益期望值则是各自然状态下的损益值与对应自然状态出现的概率的乘积之和。其公式如下：

$$E(A_j) = \sum_{i=1}^{n} P(\theta_i) \cdot \alpha_{ij} \tag{4-44}$$

式中，$E(A_j)$ 为 A_j 方案的损益期望值；α_{ij} 为 A_j 方案在自然状态 θ_i 下的损益值；$P(\theta_i)$ 为自然状态 θ_i 的发生概率；n 为自然状态数。

所谓期望值准则，就是以期望值最大的行动方案作为最佳方案。

例 4-12　以例 4-10 为背景，按期望值准则应如何决策？

解：按期望值准则求解

承包方案：$E(A_1) = 4 \times 0.7 + (-1) \times 0.3 = 2.5$（万元）

不承包方案：$E(A_2) = (-0.4) \times 0.7 + (-0.4) \times 0.3 = -0.4$（万元）

显然是承包方案优于不承包方案，开工可得最大期望值 2.5 万元。

（2）最大可能准则。

风险型决策还可用最大可能准则求解。自然状态的概率越大，表明发生的可能性越大，该法取概率最大自然状态下的最大损益值对应的方案为最优方案。

在例 4-10 中，低水位的概率大，这样就不考虑高水位这个自然状态；在低水位自然状态下，承包方案的损益值大于不承包方案，所以承包方案是最优方案。与期望值准则决策结果保持一致。

由于考虑问题的出发点不同，最大可能准则与期望值准则的决策结果有时会出现不一致的情况。一般来讲，最大可能准则以自然状态发生的可能性作为决策的唯一标准，作为一次性决策有其合理性的一面，尤其是在一组自然状态中，某一状态出现的概率明显高于其他状态出现的概率，且它们相应的损益值差别不很大时，该法的效果良好；如果在一组自然状态中，各状态发生的概率都很小，且互相很接近，再采用最大可能准则就效果不佳，决策方法效果不好，有时甚至会引起严重错误。

对于多次反复的决策问题，采用期望值准则更为科学合理。

（3）决策树法。

决策树法是一种利用树型决策网络来描述与求解风险型决策问题的方法，也是概率分析的一种图解方法。它是将决策过程中各种可供选择的方案、可能出现的自然状态及其概率和产生的结果，用一个像树枝的图形表示出来，把一个复杂的多层次的决策问题形象化。其优点是能使决策问题形象直观，便于思考与集体讨论，特别是在多级决策活动中，能起到层次分明、一目了然、计算简便的作用。

① 决策树的结构及其绘制方法。

决策树是以方框与圆圈为节点，由直线连接而成的一种树形图，包含决策点、机会点、方案枝、概率枝等要素，如图 4-12 所示。其绘制方法如下。

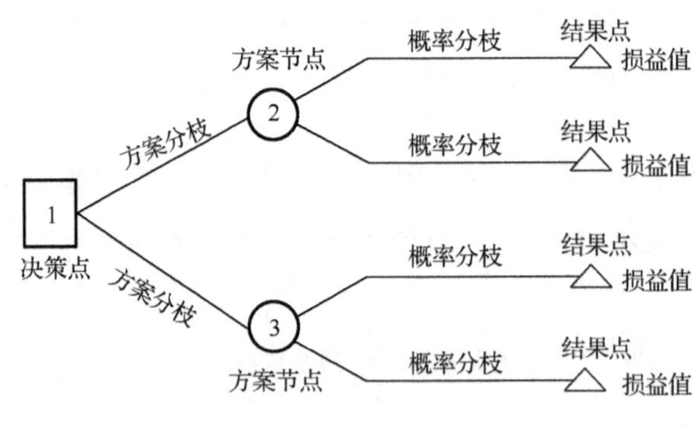

图 4-12　决策树的结构

a．先画一个方框作为出发点，称为决策点；

b．从决策点引出若干直线，表示该决策点有若干可供选择的方案，在每条直线上标明方案名称，称为方案分枝；

c．在方案分枝的末端画一圆圈，称为方案节点或机会点；

d．从方案节点再引出若干直线，表示可能发生的自然状态，并标明可能出现的概率，称为状态分枝或概率分枝；

e．在概率分枝的末端画若干个小三角形，写上各方案在每种自然状态下的收益值或损失值，称为结果点。

风险型决策问题一般都具有多个备选方案，每个方案又有多种客观状态，因此决策树都是由左向右、由简入繁，形成一个树形的网络图，要把决策方案、自然状态及其概率期望损益值系统地在图上反映出来，供决策者抉择。

② 决策树法的解题步骤。

运用决策树进行决策通常分为两个阶段：首先是从左向右的建树过程，即根据决策问题的内容（备选方案、客观状态及其概率、损益值等）从左向右逐步分析，绘制决策树；其次，决策树建好后，再从右向左，计算各个方案在不同状态下的期望损益值，然后根据不同方案的期望损益值的大小作出选择，"剪去"被淘汰的方案枝，最后决策点留下的唯一一条方案枝即代表最优方案。具体工作内容如下。

a．列出方案。通过资料的整理和分析，提出决策要解决的问题，针对具体问题列出方案，并绘制成表格。

b．根据方案绘制决策树。画决策树的过程，实质上是拟订各种抉择方案的过程，是对未来可能发生的各种事件进行周密思考、预测和预计的过程。决策树按从左到右的顺序绘制。

c．计算各方案的期望值。计算时从决策树最右端的结果点开始。

d．方案选择即决策。在各决策点上比较各方案的期望值，以其中最大者为最佳方案。在被舍弃的方案分枝上画两杠表示剪枝。

③ 单级决策。

只需要进行一次决策就可以选出最优方案的决策，称为单级决策。

例 4-13　某投资者欲投资兴建一工厂，建设方案有两种：①大规模投资 300 万元；②小规模投资 160 万元。两个方案的生产期均为 10 年，其每年的损益值及销售状态的概率见表 4-25。试用决策树法选择最优方案。

表 4-25　某项目信息表

销售状态	概率	损益值（万元/年）	
		大规模投资	小规模投资
销路好	0.7	100	60
销路差	0.3	−20	20

解：a．绘制决策树，如图 4-13 所示。

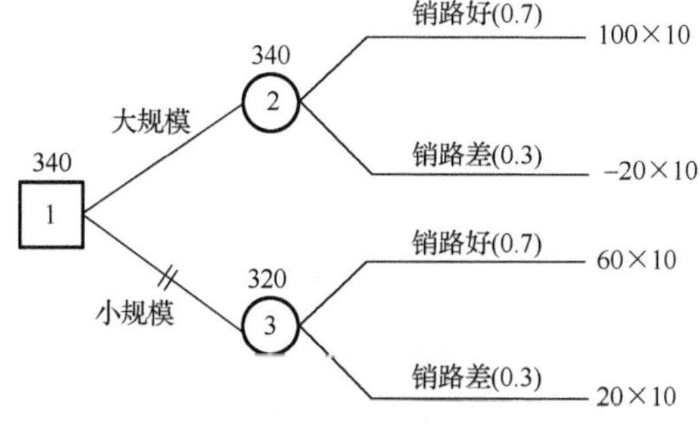

图 4-13　决策树（一）

b．计算各状态点的损益期望值。

点②：$[100\times0.7+(-20)\times0.3]\times10-300=340$（万元）

点③：$(60\times0.7+20\times0.3)\times10-160=320$（万元）

将各状态点的期望收益值标在圆圈上方。

c．决策。比较节点②与节点③的期望收益值可知，大规模投资方案优于小规模投资方案，故应选择大规模投资方案，用符号“//”在决策树上“剪去”被淘汰的方案②。

④ 多级决策。

一个决策问题，如果需要进行两次或两次以上的决策，才能选出最优方案，达到决策的目的，称为多级决策。在多级决策中，决策树更加形象、直观。

例 4-14　接例 4-13，为了适应市场的变化，投资者又提出了第三个方案，即先小规模投资 160 万元；生产 3 年后，如果销路差，则不再投资，继续生产 7 年；如果销路好，则再作决策是否再投资 140 万元扩建至大规模（总投资 300 万元），生产 7 年。前 3 年和后 7 年销售状态的概率如表 4-26 所示，大小规模投资的年损益值同例 4-13。试用决策树法选择最优方案。

表 4-26　某项目各年销售状态概率表

	前 3 年销售状态概率		后 7 年销售状态概率	
	好	差	好	差
概率	0.7	0.3	0.9	0.1

解：a．绘制决策树，如图 4-14 所示。

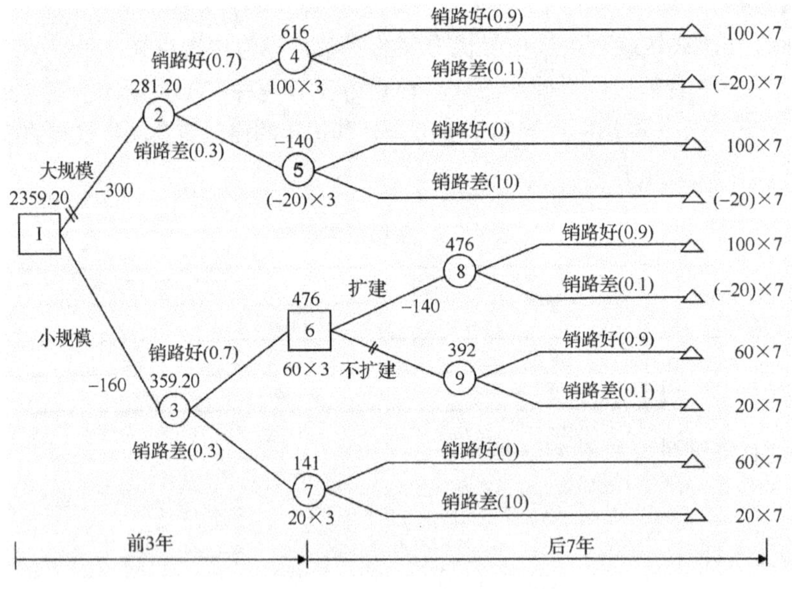

图 4-14　决策树（二）

b．计算各节点的损益期望值并选择方案。

点④：$100\times7\times0.9+(-20)\times7\times0.1=616$（万元）

点⑤：$100\times7\times0+(-20)\times7\times1.0=-140$（万元）

点②：$(616+100\times3)\times0.7+[(-140)+(-20)\times3]\times0.3-300=281.20$（万元）

点⑧：$[100\times7\times0.9+(-20)\times7\times1.0]-140=476$（万元）

点⑨：$60\times7\times0.9+20\times7\times0.1=392$（万元）

节点⑧的期望损益值为 476 万元，大于节点⑨的期望损益值 392 万元，故选择扩建方案，“剪去”不扩建方案。因此，节点⑥的期望损益值取扩建方案的期望损益值 476 万元。

点⑦：$60\times7\times0+20\times7\times1.0=140$（万元）

点③：$[(476+60\times3)\times0.7+(140+20\times3)\times0.3]-160=359.20$（万元）

节点③的期望损益值为 359.20 万元，大于节点②的期望损益值 281.20 万元，故“剪去”大规模投资方案。

例 4-15　某建筑公司拟建一预制构件厂，一个方案是建大厂，需投资 300 万元，建成后如销路好每年可获利 100 万元，如销路差，每年要亏损 20 万元，该方案的使用期均为 10 年；另一个方案是建小厂，需投资 170 万元，建成后如销路好，每年可获利 40 万元，如销路差每年可获利 30 万元；若建小厂，则考虑在销路好的情况下三年以后再扩建，扩建投资 130 万元，可使用七年，每年盈利 85 万元。假设前 3 年销路好的概率是 0.7，销路差的概率是 0.3；后 7 年的销路情况完全取决于前 3 年；试用决策树法选择方案。设定基准收益率为 10%。

解：这个问题可以分前 3 年和后 7 年两期考虑，属于多级决策类型，如图 4-15 所示。

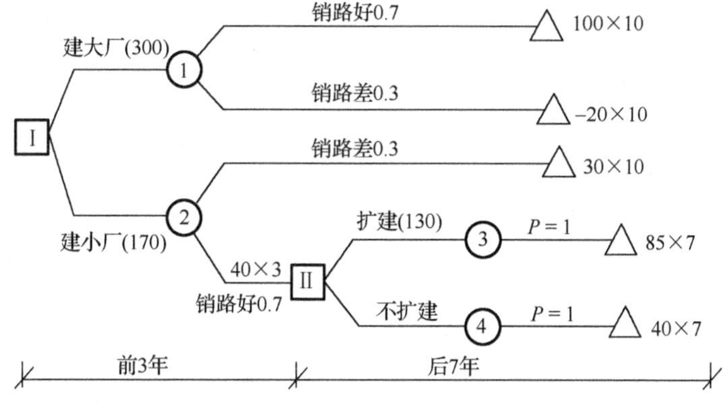

图 4-15　决策树（三）

考虑资金的时间价值，各点损益期望值计算如下：

点①：净收益$=[100\times(P/A,10\%,10)\times0.7+(-20)\times(P/A,10\%,10)\times0.3]-300$
$=93.35$（万元）

点③：净收益$=85\times(P/A,10\%,7)\times1.0-130=283.84$（万元）

点④：净收益$=40\times(P/A,10\%,7)\times1.0=194.74$（万元）

可知决策点Ⅱ的决策结果为扩建，故决策点Ⅱ的期望值为 283.84 万元

点②：净收益$=[283.84\times(P/F,10\%,3)+40\times(P/A,10\%,3)]\times0.7+30\times(P/A,10\%,10)$
$\times0.3-170=104.21$（万元）

由上可知，最合理的方案是先建小厂，如果销路好，再进行扩建。在本例中，有两个决策点Ⅰ和Ⅱ，在多级决策中，期望值计算先从最小的分枝决策开始，逐级决定取舍到决策能选定为止。

例 4-16　某投标单位面临 *A*、*B* 两项工程投标，因受本单位资源条件限制，其中一项工程投标，或者两项工程都不投标。根据过去类似工程投标的经验数据，*A* 工程投高标的中标概率为 0.3，投低标的中标概率为 0.6，编制投标文件的费用为 3 万元；*B* 工程投高标的中标

概率为 0.4，投低标的中标概率为 0.7，编制投标文件的费用为 2 万元。各方案承包的效果、概率及损益情况如表 4-27 所示。试运用决策树法进行投标决策。

表 4-27　各投标方案效果概率及损益表

方　案	效　果	概　率	损益值（万元）
A 高	好	0.3	150
	中	0.5	100
	差	0.2	50
A 低	好	0.2	110
	中	0.7	60
	差	0.1	0
B 高	好	0.4	110
	中	0.5	70
	差	0.1	30
B 低	好	0.2	70
	中	0.5	30
	差	0.3	−10
不投标			0

解：

（1）画出决策树，标明各方案的概率和损益值（图 4-16）。

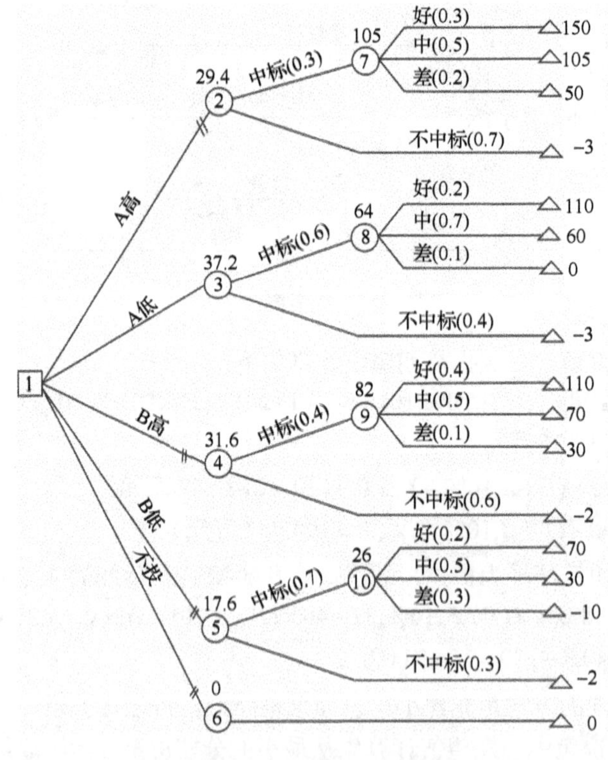

图 4-16　决策树（四）

（2）计算图 4-16 中各机会点的期望值，将计算结果标在各机会点的上方。

点⑦：$150\times0.3+100\times0.5+50\times0.2=105$（万元）；点②：$105\times0.3-3\times0.7=29.4$（万元）

点⑧：$110\times0.2+60\times0.7+0\times0.1=64$（万元）；点③：$64\times0.6-3\times0.4=37.2$（万元）

点⑨：$110 \times 0.4 + 70 \times 0.5 + 30 \times 0.1 = 82$（万元）；点④：$82 \times 0.4 - 2 \times 0.6 = 31.6$（万元）

点⑩：$70 \times 0.2 + 30 \times 0.5 - 10 \times 0.3 = 26$（万元）；点⑤：$26 \times 0.7 - 2 \times 0.3 = 17.6$（万元）

点⑥：0

（3）选择最优方案。因为点③的期望值最大，故应投 A 工程低标。

4.5　公益性项目评价

对于公益性项目，除经济目标外，还有其他社会政治目标，如地区或各阶层之间的利益分配、就业、环境改进和社会安定、军事作用等方面，需要采用特定的方法——费用效益分析进行评价。

4.5.1　公益性项目概述

公益性项目是指为巩固国防、保障社会安全、满足人民物质文化生活需要而兴办的工程，主要指交通、水利、扶贫开发、防灾减灾、国家安全、教育、文化、卫生、体育、环保等，是各级政府及非政府社会组织承建的、以增进社会福利为目的的非营利性项目，有别于一般生产性固定资产投资。不同组织实施的项目水平和质量参差不齐，不同项目产生的效果差异较大，且公益性项目与营利性、竞争性项目在运营上的差别，决定了其评价的特殊性。

1. 公益性项目的类别

公益性项目按其满足社会需要的不同，可分为以下几类：

（1）国防事业与社会安全工程，如军事工程、城市消防和治安系统工程；

（2）生产与生活服务工程，如供电、供水、供气、邮政、通信与交通运输工程；

（3）环境保护与灾害防治工程，如防洪、防涝、水土保持、污染治理、野生资源保护与水利资源综合利用等工程；

（4）科学、文化教育与社会福利工程，如学校、科研机构、医院、博物馆、体育设施及娱乐和游览场所等工程。

政府是公益性项目的实施主体之一。从资金来源来看，政府投资是取之于民；从服务对象看，是用之于民。政府作为宏观经济的管理者和社会生活的调节者，其主要职能中的提供公共服务、直接参与某些经济活动等方面与公益性项目密切相关，如从事交通、水利、公共文化设施、公共卫生、教育、国家安全、扶贫开发等方面建设。各种非营利性社会组织是公益性项目实施的另一类主体，既有基金会、协会、促进会、民办非企业单位开展的公益性项目，也有一些未登记的组织或个人开展的公益性项目，主要涉及扶贫、教育、妇女儿童、残障人士、环境保护、文化、卫生等领域。

2. 公益性项目的费用效益分析

公益性项目的投资目的是谋求社会效益，因此其评价应从资源合理配置的角度，分析项目投资的经济效益和对社会福利所作出的贡献。上述工作称为费用效益分析，是对公益性项目进行评价的方法之一。其主要目的包括：

（1）全面识别整个社会为项目付出的代价，以及项目为提高社会福利所作出的贡献，评价项目投资的经济合理性；

（2）分析项目费用效益流量与财务现金流量存在的差别，以及造成这种差别的原因，提出相关的政策调整建议；

（3）对于市场化运作的基础设施等项目，通过费用效益分析来论证项目的经济价值，为制订财务方案提供依据；

（4）分析各利益相关者为项目付出的代价及获得的利益，通过对受损者及受益者的费用效益分析，为社会评价提供依据。

对公益性项目而言，由于存在外部效果、不可计量的效果以及可能发生的价格偏离等因素，以及其本身固有的特点，评价有别于一般营利性项目的评价。二者的区别主要在于评价指标不同、费用和效益度量不同、评价结论协调难度不同等方面，具体如表 4-28 所示。

表 4-28 公益性项目评价和一般营利性项目评价的区别

	公益性项目评价	一般营利性项目评价
评价方法	费用效益分析	财务分析
评价参数	社会折现率	财务基准收益率
使用的价格体系	影子价格体系	市场预测价格
费用和效益的度量	从全社会的角度考察，效益是社会公众得到的好处，费用是投资主体对项目的投入	根据项目直接发生的财务收支，计算费用和效益
评价结论协调的难易程度	协调难度较大，不同社会群体对公益性项目的关注点不同	协调难度不大，各利益主体之间的关系基本协调

4.5.2 费用—效益分析的基本方法

费用—效益分析的基本原则同净现值法、年值法本质上一致，以货币作为统一尺度，考虑资金的时间因素，属于贴现法的一种，只是在费用和效益的具体计算上有差异，其中方案所得是指方案的社会效益，方案所失是指社会费用。实际使用中，按方案效益是否可用货币计量，具体有收益—成本分析法和效用—成本分析法两种方法。当收益可用货币计量时，用收益—成本分析法；反之，用效用—成本分析法。

1. 收益—成本分析法

收益—成本分析法分为两种：一种是从方案总成本角度进行的收益—成本分析，其中总成本是指工程项目的开发、建设、投资与运行的成本之和；另一种是从方案追加成本角度进行的收益—成本分析，其中追加成本是指相互对比两方案总成本的差额。此外，按照货币时间价值和换算形式不同，收益—成本分析可采用现值计算，也可用年值计算。

1）总成本的收益—成本分析

第一种形式为

$$\frac{B}{C}=\frac{\sum_{t=1}^{n}B_t(1+i)^{-t}}{C_0+\sum_{t=1}^{n}C_t(1+i)^{-t}} \tag{4-45}$$

$$B-C=\sum_{t=1}^{n}(B_t-C_t)(1+i)^{-t}-C_0 \tag{4-46}$$

式中，B_t 为方案第 t 年的净收入现值，即社会受益收入与社会损失支出的差额的现值；C_0 为投资额；C_t 为方案第 t 年净经营成本的现值，即兴办者的经营成本与经营收入的差额的现值；i 为最低期望盈利率；t 为年次；B/C 为收益与成本之比，工程项目经济效益的相对数，即单位成本所获得的收入；$B–C$ 为收入与成本之差。

对单一方案而言，只要 $B/C>1$ 或者 $B–C>0$，就可以认为方案在经济上是可行的。

在应用公式（4-45）和式（4-46）时，应注意“收益”项与“成本”项的计算范围。式中的收益是指方案给社会带来的收入或节约值减去损失值后的余额。同样，成本是指项目兴办者支付的全部投资和经营成本扣除所获收入或节约值后的净额。

第二种形式为

$$\frac{B}{C}=\frac{\sum_{t=1}^{n}(B_t-C_t)(1+i)^{-t}}{C_0} \tag{4-47}$$

$$B-C=\sum_{t=1}^{n}(B_t-C_t)(1+i)^{-t}-C_0 \tag{4-48}$$

比较上述第一种形式与第二种形式可知，对同一种方案来说，其经济效益绝对值的计量结果是相同的，而经济效益相对值的结果却不同。按第一种形式，兴办者支付的成本扣除所获收入和节约额后的净额 C_t 计入分母，而按第二种形式则将 C_t 计入分子。不过，无论采用哪种形式，只要方案的净现金流量不变，其评价结论是一致的。

2）追加成本的收益—成本分析

方案比较的实质是对方案之间的差异进行分析比较。通常，成本高的方案其收入也高，故可通过比较一方案较另一方案增加的收入和追加的成本来评价方案的优劣。以追加成本角度进行收益—成本分析也需要计算追加成本的经济效益相对数和绝对数。其表达式如下：

$$\frac{\Delta B}{\Delta C}=\frac{\sum_{t=1}^{n}(B_{2t}-B_{1t})(1+i)^{-t}}{(C_{20}-C_{10})+\sum_{t=1}^{n}(C_{2t}-C_{1t})(1+i)^{-t}} \tag{4-49}$$

$$\Delta B-\Delta C=\sum_{t=1}^{n}[(B_{2t}-B_{1t})-(C_{2t}-C_{1t})](1+i)^{-t}-(C_{20}-C_{10}) \tag{4-50}$$

式中，ΔB 为两方案收入差的现值；ΔC 为两方案成本差的现值；C_{10} 为第一方案的投资；C_{20} 为第二方案的投资；B_{1t} 为第一方案的收入；B_{2t} 为第二方案的收入；C_{1t} 为第一方案的运行成本；C_{2t} 为第二方案的运行成本。

收益—成本分析法是贴现法中的一种，体现了公用事业工程投资的特点。对于公用事业工程投资来说，如果采用现值法、年值法等进行评价，其结论与采用收益—成本分析法所得的结论一致。

例 4-17　某地因洪水危害平均每年损失 2000 万元。为控制洪水泛滥，当地政府提出 3 个防洪工程方案，这些方案实施后可以不同程度地减少受灾面积和洪水造成的损失。此外，“维持现状”也作为备选方案之一。有关数据如表 4-29 所示，试从方案总成本与方案追加成本两个角度进行收益—成本分析。

表 4-29 各方案数据表 （单位：万元）

方 案	投资与运行成本年值	水灾损失年值	方案收入年值
A	0	2000	0
B	400	1300	700
C	1200	400	1600
D	1600	100	1900

注：*A* 为维持现状；*B* 为筑堤；*C* 为建小水库；*D* 为建大水库

解：各方案收益—成本分析的计算结果汇总于表 4-30 中。表中方案 *B* 的ΔB与ΔC是与方案 *A* 相比的差额，方案 *C* 的ΔB与ΔC是与方案 *B* 相比的差额，方案 *D* 的ΔB与ΔC是与方案 *C* 相比的差额。

表 4-30 各方案分析表 （单位：万元）

方案	收入年值	成本年值	总成本收益—成本分析		ΔB	ΔC	追加成本收益—成本分析	
			B/C	$B-C$			$\Delta B/\Delta C$	$\Delta B-\Delta C$
A	0	0	0					
B	700	400	1.75	300	700	400	1.750	300
C	1600	1200	1.33	400	900	800	1.125	100
D	1900	1600	1.19	300	300	400	0.250	−100

由表所列计算结果可知：

从总成本的收益—成本分析结果来看，除方案 *A* 外，*B*、*C*、*D* 都列为备选；

从追加成本的收益—成本分析来看，方案 *D* 的$\Delta B/\Delta C = 0.25$，$\Delta B-\Delta C = -100$，说明其收入的增加不足以补偿追加的成本，所以尽管其$B/C>1$，也应舍去；方案 *C* 与 *B* 比较，$\Delta B/\Delta C = 1.125$，说明其收入的增加超过了追加成本，故方案的 $B-C = 400$（最大），所以只要资金来源没有困难，应选方案 *C*。

2. 效用—成本分析法

当方案效益不便计量时，如对工程质量、可靠性、效能等的评价，效用—成本分析法可作为收益—成本分析法的补充，同收益－成本法结合起来对项目进行综合评价，选出成本低、收入多、效用高的投资方案。其应用步骤如下。

（1）明确规定工程项目应实现的效用。例如，交通信号指挥系统的效用目标是运行可靠；军事后勤运输系统的效用目标是在规定内将一定数量的人员、装备运到指定地点等。如被评价项目有多种效用目标，可选择其基本效用目标作为效用—成本分析的对象。

（2）确定反映效用水平的计量指标。明确了效用目标后，就要选择一定的计量指标来度量效用的大小或效用水平的高低。不同的效用需选择不同的指标来计量，如交通信号指挥系统的运行可靠性可采用可靠度指标，即不发生错误信号的概率来度量；军用后勤运输系统的运载能力可用日运载吨位指标来度量等。

（3）提出具有预定效用的备选方案，并把各方案成本与效用相应的计量指标表示出来。

（4）采用成本固定法或效用固定法筛选方案。成本固定法是指被评价项目可利用的资金或成本开支是固定有限的，以一定的资金或成本为条件。根据效用高低来评选方案；效用固定法是指对被评价项目必须达到的最低效用水平作出规定后，以一定效用水平为条件，根据成本高低来评选方案。

例 4-18 某城市为改善交通秩序，提高车辆通行效率，投资新建交通自动信号控制系统。系统以可靠度为效用计量指标，可靠度用预定期限和条件下系统不发生失误的概率来表示。已知这个项目的投资与运行费用限额为 24 万元，效用水平要求不低于 97%，备选方案有 4 个，有关方案如表 4-31 所示。试用效用—成本分析法作方案选择。

表 4-31 有关方案数据表

方案	投资与运行费用年值（万元）	系统可靠度
A	24	0.99
B	24	0.98
C	20	0.98
D	20	0.97

解：

（1）首先根据已知数据作图，如图 4-17 所示，表示方案的效用成本关系。

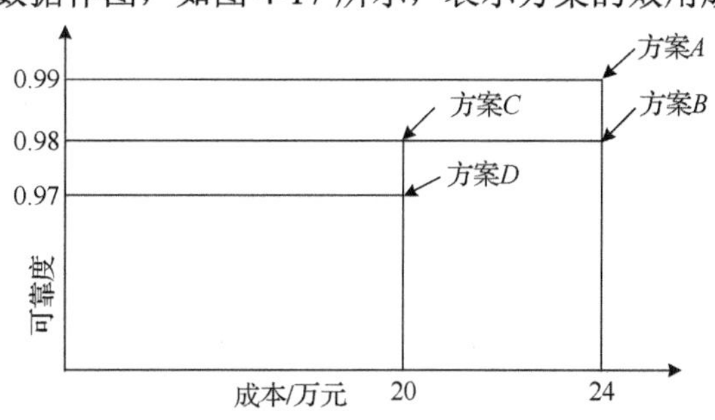

图 4-17 费用成本关系图

（2）根据图进行方案效用—成本分析。由于 4 个方案成本都不超过限额 24 万元，且效用都能达到最低水平，故可综合考虑效用、成本两项因素进行方案优选。

（1）比较方案 *A* 与方案 *B*。两方案成本相同，都为 24 万元，但方案 *A* 的效用大于方案 *B*（$0.99 > 0.98$），故选择方案 *A*，舍去方案 *B*。

（2）比较方案 *C* 与方案 *D*。两方案成本相同，都为 20 万元，但方案 *C* 的效用大于方案 *D*（$0.98 > 0.97$），故选择方案 *C*，舍去方案 *D*。

（3）比较方案 *A* 和方案 *C*。两方案成本与效用均不相同，故通过效用—成本比进行方案的比较：

方案 *A*：效用/成本 = 0.99/24 = 0.041；方案 *C*：效用/成本 = 0.98/20 = 0.049

通过上述比较，表明方案 *C* 是成本不超过限额条件，且单位成本可获得最大效用的方案。

复 习 题

1．工程项目的资金来源及其筹措方式有哪些？

2．简述资本金的筹措方式和负债资金的筹措方式。

3．请计算以下资金成本：

（1）某企业发行面值 1000 元的债券 1000 张，票面利率 8%，期限为 5 年，每年付息一次，发行费用率为 2%，企业所得税率为 25%，债券按面值发行，计算其资金成本；

（2）某企业发行优先股每股发行价为 8 元，每股每年支付股利 1 元，发行费用率为 2%，计算其资金成本。

4．工程项目财务评价的指标有哪些？

5．某化纤项目年产 2.3 万吨 N 产品，年生产总成本 23815 万元，其中固定成本为 5587 万元，单位可变成本为 7925.22 元，销售单价为每吨 15400 元，单位销售税金 1169.13 元。

求以产量、以生产能力利用率、以销售单价、以销售收入表示的盈亏平衡点。

6．某项目的总投资为 450 万元，年经营成本为 36 万元，年销售收入为 98 万元，项目寿命期为 10 年，基准折现率为 13%。

（1）试找出敏感性因素；

（2）试就投资与销售收入同时变动进行敏感性分析。

7．简述决策树法的原理及应用。

第5章 价 值 工 程

学习目的： 熟悉价值工程的基本原理；熟悉价值工程对象的选择方法；熟悉功能分类；掌握功能分析和功能评价的方法；了解方案创造与评价；掌握价值工程的应用。

学习重点： 价值工程的基本原理；功能分析和功能评价的方法。

学习难点： 功能分析和功能评价的方法。

5.1 价值工程的基本理论

5.1.1 价值工程的产生

价值工程（Value Engineering，VE）又称价值分析（Value Analysis，VA），是一种把功能与成本、技术与经济结合起来研究的新兴现代化科学管理技术，是一种降低成本提高经济效益的有效技术经济分析方法。价值工程（VE）最初叫做价值分析（VA），后又称为价值工程（VE），两者的区别是：从产品投产到制造进行的价值活动分析即事后分析，称价值分析（VA）；在科研、设计、生产、准备、试制新产品的生产过程之前进行的价值活动分析即事前分析，称价值工程（VE）。

价值工程不仅广泛应用于产品研发和产品设计，而且也应用于工程建设领域。价值工程适宜于量大的功能产品上，如大批住宅等，近年来世界各先进国家住宅功能项目的开发和成本信息现代体系的建立，都有利用于价值工程方法在建筑业中的应用和发展。目前价值工程方法在我国经济建设中已取得显著的应用成果。

5.1.2 价值工程的含义

价值工程是一种通过对研究对象的功能和成本的系统分析，以最低的寿命周期成本，实现使用者所需功能，获取最佳综合效益的管理技术。

凡为获取功能而发生费用的事物，均可作为价值工程的研究对象，通常表现为产品或作业，“产品”是指以实物形态存在的各种产品，如材料、设备、零部件和建设工程等；“作业”是指能够提供一定功能的工艺、工序、活动和劳务等。

1. 价值（value）

所谓价值，在价值工程中具有特定的含义，可用公式（5-1）表达：

$$V=\frac{F}{C} \tag{5-1}$$

式中，V 为对象的价值；F 为对象的功能，广义上指产品或作业的功用和用途；C 为对象的成本，即寿命周期成本。

价值工程中的“价值”是指对象所具有的功能与获得该功能的全部费用的比值，即对象的比较价值，也是产品和作业的性能价格比。凡成本低而功能大的产品所具有的价值就高，即产品有效利用资源的程度就高；反之，产品价值就低。价值高的产品是好产品，价值低的产品是需要改进或淘汰的产品。价值工程的目的，就是通过对产品进行系统的分析，寻求提高产品价值的途径和方法。

使用者购买一种产品，实际购买的是产品功能。例如，人们购买灯泡，购买的是灯泡发光的功能。如果灯泡失去发光的功能，就不会有人去购买。同时，人们在购买灯泡时必然要考虑付出的代价，对于具有相同发光功能的两种灯泡，如果成本不同，成本低者会比较畅销。对于生产者来说，希望生产的产品质量高而成本低；对于使用者来说，希望购买的产品物美价廉。因此，用价值来衡量产品的优劣，对于两者都是适用的。

2. 功能（function）

价值工程中的“功能”是指对象能够满足某种需求的属性，即对象的有用性。广义讲指产品或作业的功用、用途及性能。任何产品和作业都具有功能。

3. 寿命周期成本（life cycle cost）

寿命周期成本是指为实现产品功能而发生在其整个寿命周期中的全部费用，是产品从研究开发、设计制造、投入使用到报废所耗费的一切费用的总和。其中，发生在生产企业内部的成本即设计制造产品所需要的成本称为生产成本（C_1），具体包括产品的科研、设计、试制、生产和销售等费用；用户在使用产品过程中所支付的费用称为使用成本（C_2），具体包括维修费用、能耗费用、管理费用等。价值公式中所述的成本即寿命周期成本就是由生产成本（C_1）和使用成本（C_2）两部分组成的。

产品的寿命周期成本与产品的功能有关。随着产品功能水平的提高，产品的生产成本增高，而使用成本降低；反之，产品功能水平降低，则其生产成本降低，使用成本却增高。故产品的功能水平逐步提升时，其生产成本和使用成本之间存在的这种此消彼长的关系决定了寿命周期成本 $C = C_1 + C_2$ 曲线呈“两边高起、中间低落”的变化，如图 5-1 所示。这样，生产成本和使用成本之和必然存在一个最小值，即生产成本 C_1 曲线和使用成本 C_2 曲线的交点所对应的寿命周期成本 C_B，B 点就表示了最适宜的功能水平和成本水平。

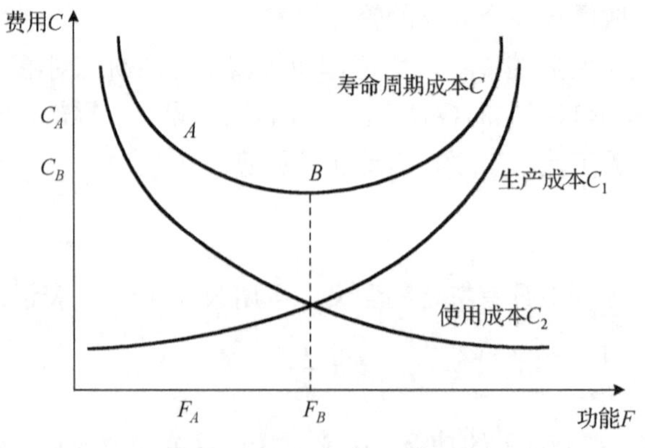

图 5-1　功能与寿命周期成本关系

用 A 点表示价值工程开发前的成本和功能水平，则（C_A–C_B）为价值工程活动可降低寿命周期成本的幅度；（F_A–F_B）为价值工程活动可提高产品功能的幅度。

5.1.3 价值工程的特点

价值工程涉及价值、功能和寿命周期成本三个要素，它具有以下特点：

（1）价值工程以使用者的功能需求为出发点；

（2）价值工程是以功能分析为核心，并系统研究与成本之间的关系；

（3）价值工程是致力于提高价值的创造性活动；

（4）价值工程应有组织、有计划地按一定的工作程序进行；

（5）价值工程要求不断改革和创新。

5.1.4 提高价值的途径

价值工程以提高产品价值为目的，这既是用户的需求，又是企业生产经营者追求的目标。因此，研究产品功能和成本的最佳匹配模式对于各方意义重大。根据价值工程的基本原理公式 $V=F/C$，如欲提高产品的价值，有以下途径：

（1）双向型——提高功能，同时降低成本，则价值大幅提高（$F\uparrow$，$C\downarrow$）；

（2）节约型——功能不变，若降低成本，则价值提高（$F\rightarrow$，$C\downarrow$）；

（3）改进型——成本不变，若提高功能，则价值提高（$F\uparrow$，$C\rightarrow$）；

（4）牺牲型——功能略有下降，而成本大幅度降低，则价值提高（$F\downarrow$，$C\downarrow\downarrow$）；

（5）投资型——成本略有上升，而功能大幅度增大，则价值提高（$F\uparrow\uparrow$，$C\uparrow$）。

上述第（1）、（2）两种方法属于降低成本，（3）、（5）两种方法属于提高功能，第（1）种是功能及成本同时改善，是最积极、最理想的提高价值的途径。

在产品寿命周期的各个阶段均可应用价值工程来提高产品价值，在不同阶段开展价值工程活动对于项目经济效果的影响程度不同。对于建设工程，价值工程重点在项目的规划和设计阶段。此外，在施工阶段也可进行价值工程活动。如对工程本身应用价值工程，在保证工程质量的前提下，可提高其功能，降低寿命周期成本，节约业主投资；对项目组织进行价值工程研究，可提高项目组织的素质，改善内部组织的管理结构，降低不合理消耗，有效利用资源。

价值工程是贯穿于产品整个寿命周期的管理技术，它涉及面广，需要一个单位的许多部门和各种专业人员相互配合。开展价值工程活动，要组织设计、工艺、供应、加工、管理、财务、销售乃至用户等各方面的人员积极参加，从产品生产的全过程确保产品功能，降低产品成本，以达到提高产品价值的目的。

5.2 价值工程的工作程序

价值工程是一种有计划有组织的活动，需要各方面的专业人员相互协作，以制订最优的设计方案或实现某一预期的目标。价值工程的工作程序，实质就是针对对象的功能和成本提出问题、分析问题和解决问题以提高价值的过程。其工作程序如表5-1所示。

表 5-1　价值工程的实施程序

<table>
<tr><th rowspan="2">一般程序</th><th colspan="2">实施程序</th><th rowspan="2">对应问题</th></tr>
<tr><th>基本程序</th><th>操作程序</th></tr>
<tr><td rowspan="2">准备</td><td rowspan="2">确定目标</td><td>VE 对象的选择</td><td rowspan="2">价值工程的研究对象是什么</td></tr>
<tr><td>信息资料的收集</td></tr>
<tr><td rowspan="6">分析</td><td rowspan="3">功能分析</td><td>功能定义</td><td rowspan="3">有什么用</td></tr>
<tr><td>功能分类</td></tr>
<tr><td>功能整理</td></tr>
<tr><td rowspan="3">功能评价</td><td>功能成本分析</td><td>成本是多少</td></tr>
<tr><td>功能评价</td><td rowspan="2">价值是多少</td></tr>
<tr><td>确定改进范围</td></tr>
<tr><td rowspan="2">创新</td><td rowspan="2">方案创新</td><td>方案创造</td><td>有无其他方法实现同样的功能</td></tr>
<tr><td>方案评价</td><td>新方案的成本能否满足功能需要</td></tr>
<tr><td rowspan="3">实施</td><td rowspan="3">方案实施与成果评价</td><td>方案审批</td><td rowspan="3">是否偏离目标</td></tr>
<tr><td>方案实施与检查</td></tr>
<tr><td>成果鉴定</td></tr>
</table>

5.2.1　确定目标

1. VE 对象的选择

VE 对象的选择就是收缩研究范围、寻找研究方向的过程。VE 对象的选择是价值工程能否起效的第一步，只有正确地选择 VE 对象，才能得到事半功倍的效果。

对象选择需遵循以下原则：在生产经营上迫切需要改进的对国计民生有重大影响的项目；在功能改进和成本降低上有较大潜力的产品。常用方法有以下 4 种。

1）ABC 分析法（成本比重法）

ABC 分析法由意大利经济学家巴雷特（Pareto）提出，ABC 分析法的实质就是选择工程中数量不多而成本比例大的部分作为 VE 对象。

一个项目通常由若干个分项工程组成，由于每个分项工程负担的功能不同，成本的分配也很不均匀，其中少数重要分项工程的成本占了产品总成本的绝大部分。以建筑产品为例，主要分项工程占全部分项工程数目的 10%～20%，其成本占建筑产品总成本的 60%～80%，这类分项工程称为 A 类；还有 60%～80%的分项工程，其成本还占不到总成本的 10%～20%，称为 C 类；其余部分的分项工程，其数目和成本所占比例皆较低，称为 B 类。如图 5-2 所示。A 类数目少，成本比重大，容易起到作用，所以是 VE 重点对象；C 类数目多，成本比重小，即使进行 VE 活动，可降低成本幅度有限，但工作量很大，故 C 类不作为 VE 对象；B 类仅作为一般分析对象。ABC 分析法的步骤如下。

（1）按成本大小将分项工程顺序排列。

（2）计算累计分项工程比率。

$$\text{累计分项工程比率}=\frac{\text{累计分项工程数}}{\text{分项工程总数}}\times 100\%$$

（3）计算累计成本比率。

$$\text{累计成本比率}=\frac{\text{累计成本}}{\text{总成本}}\times 100\%$$

（4）确定 VE 对象。选择累计分项工程比率在 10%～20%，累计成本比率在 60%～80%的分项工程为 VE 重点对象。

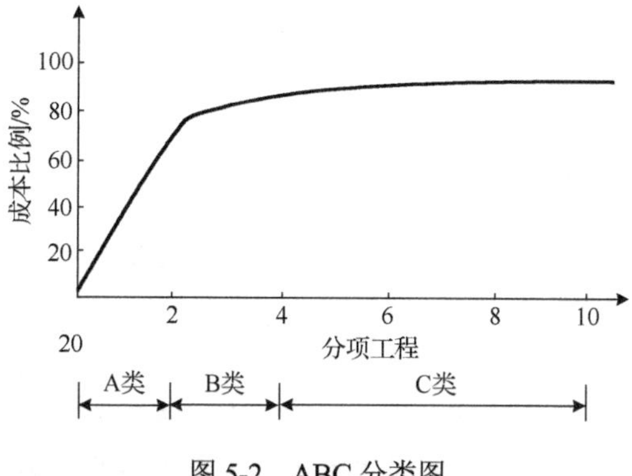

图 5-2　ABC 分类图

ABC 分析法的核心思想是抓住“关键的少数”，略去“次要的多数”，高效地开展工作。缺陷是没有将费用与功能联系起来共同考虑，容易忽视功能重要但成本不高的对象。

2）0–1 评分法

0–1 评分法属于强制评分法的一种，是在同时考虑分项工程成本和功能两方面影响的基础上选择 VE 对象的方法。其计算步骤如下。

（1）求功能重要性系数。

功能重要性系数又称功能评价系数或功能指数，是指评价对象（如各分项工程、零部件等）的功能在整体功能中所占的比例。以建筑产品为例，首先将构成项目的各分项工程排列起来，按分项工程功能的重要程度将各分项工程轮番比较，重要的得 1 分，次要的得 0 分，然后把各分项工程得分累计起来，得出分项工程得分；再除以总得分，得出的比值即为分项工程的功能重要性系数。计算得分时应注意：分项工程自己相比时不得分，且不能认为两个分项工程都重要各得 1 分，也不能认为两个分项工程都不重要各给 0 分。

$$\text{功能重要性系数}=\frac{\text{分项工程得分}}{\text{总得分}}$$

有时为避免不重要的对象得零分，可将各对象功能得分加 1 分进行修正，用修正后的总分分别去除各对象功能累计得分即得到功能重要性系数。功能重要性系数计算如表 5-2 所示。

表 5-2　功能重要性系数计算表

分项工程	*A*	*B*	*C*	*D*	*E*	功能总分	修正得分	功能重要性系数
A	×	1	1	0	1	3	4	0.25
B	0	×	1	0	1	2	3	0.19
C	0	0	×	1	1	2	3	0.19
D	1	1	1	×	1	4	5	0.31
E	0	0	0	0	×	0	1	0.06
合计						11	16	1.00

（2）求成本系数。

$$\text{成本系数}=\frac{\text{分项工程现实成本}}{\text{总成本}}$$

（3）求价值系数。

$$价值系数=\frac{功能重要性系数}{成本系数}$$

（4）确定 VE 对象。

选择价值系数远离 1 者为 VE 重点对象。

3）最合适区域法（田中法）

最合适区域法由日本的田中教授提出，是一种通过求算价值系数来选择 VE 对象的方法。其思想为：价值系数相同的对象，各自的功能重要性系数与成本系数的绝对值不同，因而对产品价值产生的实际影响有很大差异。在选择目标时不应把价值系数相同的对象同等看待，而应优先选择对产品实际影响大的对象，至于对产品影响小的，则可根据必要与可能，决定选择与否。

以建筑产品为例，功能重要性系数或成本系数较大的分项工程对项目的影响较大，应从严控制，允许其价值系数偏离 1 的范围应小；而功能重要性系数或成本系数较小的分项工程对项目的影响较小，可放宽控制，允许其价值系数偏离 1 的范围可稍大。而在最终选取 VE 对象时，提出了一个选用价值系数的最合适区域，该区域由围绕 $V=1$ 的两条曲线组成。凡价值系数落在该区域之内的点都认为是比较满意的；价值系数落在区域之外的点作为 VE 对象。

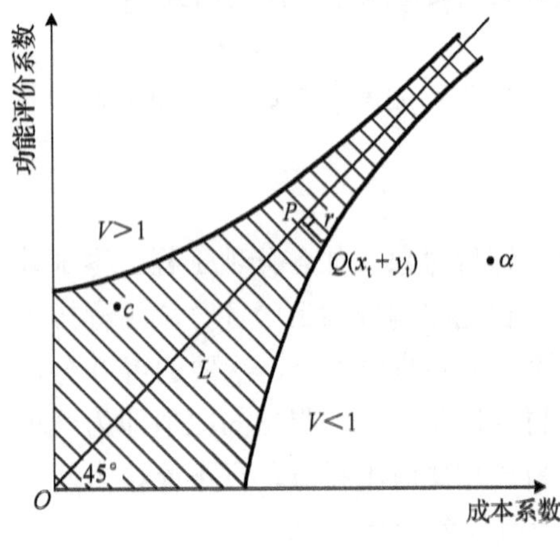

图 5-3　最合适区域图

在图 5-3 中，以纵坐标表示功能评价系数，横坐标表示成本系数，则价值系数 $V=1$ 的点均在同坐标轴呈 45°的直线上。由两条曲线所围成斜线区域即为“最合适区域”。凡落在区域内之点（如 c 点）被认为是合理的，可以不作为分析重点；凡落在区域外较远的点（如 α 点），则应重点加以分析。

最合适区域的确定方法如下。

设 Q 为曲线上任意一点，其坐标为 (x_t, y_t)，$QP \perp OP$，P 点又位于上述 45°倾角的直线上，则可计算出 P 点的坐标为 $\left(\frac{x_t+y_t}{2}, \frac{x_t+y_t}{2}\right)$。

因此

$$L=OP=\frac{\sqrt{2}}{2}|x_t+y_t|$$

$$r=PQ=\frac{\sqrt{2}}{2}|x_t-y_t|$$

设 $L\cdot r=b$，则 $L\cdot r=\frac{1}{2}\left|x_t^2-y_t^2\right|=b$。

解得 $y_t=\sqrt{x_t^2\pm 2b}$（若 Q 位于直线 $y=x$ 上侧曲线上，取“+”；若 Q 位于直线 $y=x$ 下侧曲线上，取“−”）

此式即“最合适区域”边缘曲线方程式。式中，b 为设定的常数，b 值越大，区域越宽，此图取 $b=50$。区域越宽，价值工程的对象就可以选得少些；反之，曲线接近标准线（$V=1$），选定的 VE 对象就多一些。在应用时可通过试验，代入不同的 b 值，直到获得满意结果。

4）经验分析法（因素分析法）

经验分析法是一种对象选择的定性分析方法，是目前企业较为普遍使用、简单易行的价值工程对象选择方法。它实际上是利用一些实践经验丰富的专业人员和管理人员对企业存在问题的直接感受，经过主观判断确定价值工程对象的一种方法。运用该方法进行对象选择，要对各种影响因素进行综合分析，区分主次轻重，既考虑需要也考虑可能，以保证对象的合理性。经验分析法的优点是简便易行，考虑问题综合全面；缺点是缺乏定量分析，在分析人员经验不足时易影响结果的准确性。

运用这种方法选择对象时，可以从设计、施（加）工、制造、销售和成本等方面综合分析。任何产品的功能和成本都是由多方面的因素构成的，关键是找出主要因素，抓住重点。一般情况，具有下列特点的产品和零件可以作为价值分析的重点对象：

（1）产品设计年代已久、技术已显陈旧；

（2）重量、体积很大，会增加材料用量和工作量大的产品；

（3）质量差、用户意见大或销量大、市场竞争激烈的产品；

（4）成本高、利润率低的产品；

（5）组件或加工工序复杂而影响产量的产品；

（6）成本占总费用比例大、功能不重要而成本较高的产品。

运用这种方法要求抓住主要矛盾，选择成功概率大、经济效益差的产品和零部件作为价值工程的重点分析对象。

2. 信息资料的收集

在价值工程中，信息是指对实现 VE 目标有益的知识、情况和资料。在实现提高价值这一目标的过程中所作出的一系列决策都离不开信息的支持，且信息收集工作贯穿于 VE 活动的始末。必要的或有益的信息越多，价值提高的可能性就越大，但错误的信息会导致错误的决策。因此，VE 成果的大小一般取决于信息收集的质量、数量和时间。

1）收集信息的原则

（1）目的性。应明确所收集信息的目的是实现 VE 特定目标，避免无的放矢。

（2）可靠性。信息是正确决策所必不可少的依据。若信息不可靠、不准确，将严重影响 VE 的预测结果，甚至导致 VE 的失效。

（3）计划性。在收集信息之前应预先编制计划，加强该工作的计划性，使这项工作具有明确的目的和确定的范围，以便提高工作效率。

（4）适时性。在收集信息时要收集近期的、较新的情况。

2）信息收集的内容

（1）用户要求方面的信息。用户使用产品的目的、环境、条件，用户所要求的产品必需功能，用户对产品外观的要求。

（2）销售方面的信息。产品产销数量的演变及目前产销情况、市场需求量及市场占有率的预测、产品竞争的情况。

（3）成本方面的信息。产品机构配件的定额成本、工时定额、材料消耗定额、各种费用定额及企业历年来各种有关的成本费用数据，国内外其他厂家与 VE 对象有关的成本费用资料。

（4）科学技术方面的信息。与产品有关的学术研究或科研成果，新结构、新工艺、新材料、新技术以及标准化要求。

（5）生产及供应方面信息。产品生产方面的信息，原材料及外协或外购件种类、质量、数量、价格、材料利用率等情报，供应与协作部门的布局、生产经营情况、技术水平、价值、成本、利润等。

（6）政策、法令、条例、规定方面的信息。

5.2.2 功能分析

功能分析作为价值工程的核心，是指为描述各功能及其相互关系而对各功能进行定性和定量的系统分析过程。功能分析包括功能定义、功能分类和功能整理三部分。

1. 功能定义

功能定义是用简明准确的语言来表达对象功能的内容和本质属性。功能定义在实践中常用动宾词组来完成，即采用动词加名词的简单语句来定义功能。如隔墙的功能是分隔空间，地板的功能是承受荷载，圈梁的功能是加固墙体等。

2. 功能分类

为了便于分析功能，需对功能进行分类，一般有如下几种分类。

（1）按功能的重要程度分类，分为基本功能和辅助功能。

基本功能是产品达到使用目的所不可或缺的功能，是主要功能，如果不具备这种功能，产品就失去其存在的价值。如承受荷载是承重外墙的基本功能。

辅助功能是为了更有效地实现基本功能而起辅助作用的功能，是次要功能，是为了实现基本功能而附加的功能。如保温、隔热、隔声是承重外墙的辅助功能。

（2）按功能满足要求的性质分类，分为使用功能和美学功能。

使用功能是在产品使用上直接必需的功能，是从功能的内涵上反映其使用属性（可用性、可靠性、安全性、易维修性等）。它通过产品的基本功能和辅助功能表现出来。如承重外墙的使用功能就是承受荷载、保温、隔热、隔声等。

美学功能是指产品所具有的以视觉美观为代表的功能，是从产品外观（造型、形状、色彩、图案等）反映功能的艺术属性。如建筑物上面的图案浮雕、陶瓷壁画等，就是为了使建筑物美观大方而增加的部分，其功能就是美学功能。

（3）按使用者的需求分类，分为必要功能和不必要功能。

必要功能是为满足使用者的需求而必须具备的功能，基本功能、辅助功能、使用功能、美学功能等均为必要功能。

不必要功能是对象具有的与满足使用者需求无关的功能。不必要功能包括三类：一是多余功能，二是重复功能，三是过剩功能。

（4）按功能的量化标准分类，分为过剩功能和不足功能。

过剩功能是对象具有的在数量上超过使用者要求和标准的必要功能。过剩功能将导致成本增加，应尽可能削减过剩功能。

不足功能是指对象尚未足量满足使用者需求的必要功能。不足功能将影响产品的正常安全使用，设计时应尽可能弥补。

（5）按功能整理的逻辑关系分类，分为并列功能和上下位功能。

并列功能是指对象功能之间属于并列关系，如住宅应具有遮风、避雨、保温、隔热、采光等功能，它们之间属于并列关系。

上下位功能是目的和手段的关系。上位功能是作为目的的功能，下位功能是作为手段的功能。例如，为了实现通风的目的，必须使室内有穿堂风，则通风是上位功能，而组织穿堂风是下位功能。上位功能和下位功能的划分是相对的。例如，为组织穿堂风，必须提供进、出风口（如设置门窗），设置进、出风口是手段，属下位功能，而组织穿堂风又是目的，则属上位功能。即对于某个特定功能而言，从它所实现的目的来看，是上位功能；从实现它的手段来看，又是下位功能。

3. 功能整理

功能整理是指用系统的观点将对象含有的各项功能按照特定的逻辑关系进行整理和排列，并用图表形式表达，以明确对象的功能系统，从而在实现功能过程中选择更合理的方案。功能整理通常用功能系数图来直观地描述对象功能的逻辑关系，其实施步骤如下。

（1）明确基本功能和辅助功能。

（2）明确功能之间的逻辑关系：并列关系或是上下位关系。

（3）绘制功能系统图。功能系统图就是产品应有的功能结构图。绘图时，将上位功能摆在左边，下位功能摆在右边，最上位功能摆在最左边，并列关系功能并排排列，整个图形由左向右扩展和延伸。通过“目的—手段”关系把功能之间关系系统化，绘制功能系统图。功能系统图的一般形式如图5-4所示。

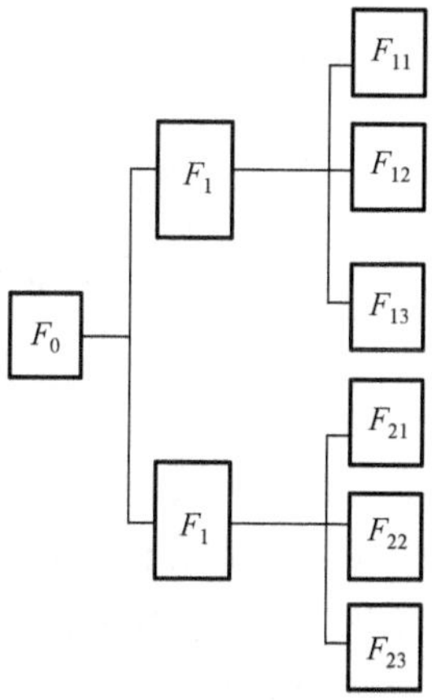

图5-4　功能系统图

5.2.3　功能评价

在明确必要功能之后，下一步工作是在已定性确定问题的基础上进一步作定量的确定，即评定功能的价值。

1. 功能评价的程序

价值工程涉及两种成本：一是现实成本，即产品目前的实际成本；二是目标成本，常被作为功能成本降低的奋斗目标。功能评价就是指找出实现功能的最低费用作为功能的目标成本（又称功能评价值），以功能目标成本为基准，通过与功能现实成本的比较，求出两者的比值（功能价值）和两者的差异值（成本改善期望值），然后选择功能价值低、成本改善期望值大的功能作为价值工程活动的重点对象。功能评价工作可以更准确地选择价值工程的研究对象，同时，通过制定目标成本，有利于提高价值工程的工作效率，增加工作人员的信心。

功能价值和成本改善期望值的表达式为

$$V = F / C \tag{5-2}$$

$$\Delta C = C - F \tag{5-3}$$

式中，F 为功能评价值（目标成本）；C 为现实成本（实际成本）；V 为功能价值（价值系数）；ΔC 为成本改善期望值（成本降低幅度）。

功能评价的程序如图 5-5 所示。

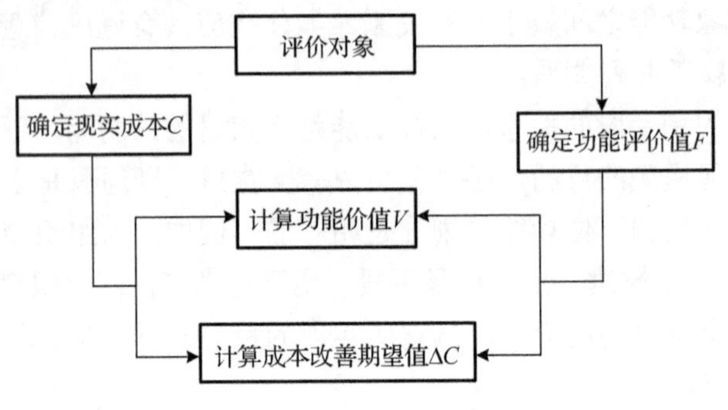

图 5-5　功能评价的程序

2. 功能现实成本 C 的计算

1）功能现实成本的计算

功能现实成本的计算与一般传统的成本核算既有相同点，也有不同之处。两者相同点是指它们在成本费用的构成项目上是完全相同的，如建筑产品的成本费用都是由人工费、材料费、施工机械使用费、其他直接费、现场经费、企业管理费等构成的；而两者的不同之处在于功能现实成本的计算是以对象的功能为单位，而传统的成本核算是以产品或零部件为单位。因此，在计算功能现实成本时，就需要根据传统的成本核算资料，将产品或零部件的现实成本换算成功能的现实成本。

具体地讲，当一个零部件只具有一个功能时，该零部件的成本就是它本身功能的现实成本；当一项功能要由多个零部件共同实现时，该功能的现实成本就等于这些零部件的功能成本之和；当一个零部件具有多项功能或同时与多项功能有关时，就需按照该零部件实现各功能所起作用的比例将成本分摊给各项功能，即得到各功能的现实成本。如表 5-3 所示即为一项功能由若干零部件组成或一个零部件具有几个功能的情形。

表 5-3　功能现实成本计算表

零部件			功能或功能区域					
序号	名称	成本（元）	F_1	F_2	F_3	F_4	F_5	F_6
1	甲	300	100		100			100
2	乙	500		50	150	200		100
3	丙	60				40		20
4	丁	140	50	40			50	
功能现实成本		C	C_1	C_2	C_3	C_4	C_5	C_6
合　计		1000	150	90	250	240	50	220

在表 5-3 中，甲零部件对实现 F_1、F_3、F_6 三项功能所起的作用均为 33.3%，故该三项功能分配的成本均为 300×33.3%=100（元）。按此方法将所有零部件的成本分配到各相关功能中，再进行功能成本相加，即可得到 F_1～F_6 这六项功能的现实成本。

2）成本指数的计算

成本指数是指各评价对象的现实成本在全部成本中所占的比例。其计算式如下：

$$\text{第}i\text{个评价对象的成本指数}\,C_I=\frac{\text{第}i\text{个评价对象的现实成本}\,C_i}{\text{全部成本}} \tag{5-4}$$

3. 功能评价值 F 的计算

对象的功能评价值 F（目标成本），是指可靠地实现用户要求功能的最低成本，可以是企业有把握或应该达到的实现用户要求功能的最低成本。从企业目标的角度来看，功能评价值可以看成是企业期望的、理想的成本目标值。功能评价值一般以使用者所需功能的货币价值形式表达。常用的求功能评价值的方法较多，如功能重要性系数评价法、经验估算法、实际调查法和理论计算法等，这里以功能重要性系数评价法为例。

功能重要性系数评价法是一种根据功能重要性系数确定功能评价值的方法。这种方法是把功能划分为几个功能区（即子系统），并根据各功能区的重要程度和复杂程度，确定各个功能区在总功能中所占的比例，即功能重要性系数。然后将产品的目标成本按功能重要性系数分配给各个功能区作为该功能区的目标成本，即功能评价值。

1）确定功能重要性系数

确定功能重要性系数的关键是对功能进行打分，常用的打分方法有强制打分法（0-1 评分法或 0-4 评分法）、多比例评分法、逻辑评分法、环比评分法等。

（1）环比评分法（又称 DARE 法）是一种通过比较各因素之间的相关性来评价和选择创新方案的方法。以表 5-4 为例说明该法的具体步骤。

① 依照功能系统图（图 5-6）决定评价功能的级别。根据各项功能的重要程度按上高下低的原则进行排序，确定功能区 F_{A1}、F_{A2}、F_{A3}、F_{A4}。

② 对上下相邻两项功能的重要性进行对比。假如将 F_{A1} 与 F_{A2} 进行对比，F_{A1} 的重要性是 F_{A2} 的 1.5 倍，同样，F_{A2} 与 F_{A3} 对比为 2.0 倍，F_{A3} 与 F_{A4} 对比为 3.0 倍。

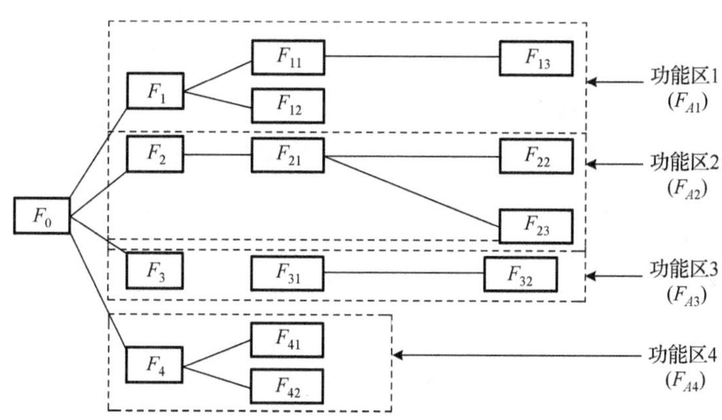

图 5-6 定量评分法确定功能区示意图

③ 将最下面一项功能 F_{A4} 的得分定为 1.0，由于 F_{A3} 的暂定重要性是 F_{A4} 的 3 倍，故 F_{A3} 的得分为 $3.0(=3.0\times1.0)$，而 F_{A2} 的重要性为 F_{A3} 的 2 倍，故 F_{A2} 的得分为 $6.0(=3.0\times2.0)$，同理 F_{A1} 的得为 $9.0(=6.0\times1.5)$。将该列各得分数相加，即得全部功能区的总得分 19.0。

④ 将各项功能的得分除以全部功能的总得分，即得各功能区的重要性系数。如 F_{A1} 的功能重要性系数为 9.0/19.0＝0.47，F_{A2}、F_{A3} 和 F_{A4} 的功能重要性系数依次为 0.32、0.16 和 0.05。

表 5-4　功能重要性系数计算表

功能区	功能重要性评价		
	相对比值	得分	功能重要性系数
F_{A1}	1.5	9.0	0.47
F_{A2}	2.0	6.0	0.32
F_{A3}	3.0	3.0	0.16
F_{A4}		1.0	0.05
合计		19.0	1.00

环比评分法适用于各个评价对象之间有明显的可比关系，能直接对比，并能准确地判定功能重要度比值的情况。

（2）强制评分法（又称 FD 法），包括 0-1 法和 0-4 法两种方法。它是采用一定的评分规则，采用强制对比打分来判定对象的功能重要性。

① 0-1 评分法。

② 0-4 评分法。0-1 评分法中的重要程度差别仅为 1 分，不能反映功能之间的真实差别。为弥补这一不足，将分档扩大为 4 级，其打分矩阵仍同 0-1 法。档次划分如下。

F_1 比 F_2 重要得多：F_1 得 4 分，F_2 得 0 分；F_1 比 F_2 重要：F_1 得 3 分，F_2 得 1 分；F_1 与 F_2 同等重要：F_1 得 2 分，F_2 得 2 分；F_1 不如 F_2 重要：F_1 得 1 分，F_2 得 3 分；F_1 远不如 F_2 重要：F_1 得 0 分，F_2 得 4 分；

强制评分法适用于被评价对象在功能重要程度上差异不太大，并且评价对象子功能数目不太多的情况。

以各部件功能得分占总分的比例确定各部件功能评价指数：

$$\text{第}\,i\,\text{个评价对象的功能指数}\ F_i=\frac{\text{第}\,i\,\text{个评价对象的功能得分值}\ F_i}{\text{全部功能得分值}} \tag{5-5}$$

如果功能评价指数大，说明功能重要。反之，功能评价指数小，说明功能不太重要。

2）确定功能评价值 F

功能评价值的确定分以下两种情况。

（1）新产品评价设计。一般在产品设计之前，根据市场供需情况、价格、企业利润与成本水平，已初步设计了目标成本。因此，在功能重要性系数确定之后，就可将新产品设定的目标成本（如为 1000 元）按已有的功能重要性系数加以分配计算，求得各个功能区的功能评价值，并将此功能评价值作为各功能区的目标成本，如表 5-5 所示。

表 5-5　新产品功能评价计算表

功能区 （1）	功能重要性系数 （2）	功能评价值 F （3）＝（2）×1000
F_{A1}	0.47	470
F_{A2}	0.32	320
F_{A3}	0.16	160
F_{A4}	0.05	50
合计	1.00	1000

如果需要进一步求出各功能区所有各项功能的功能评价值，则采取同样的方法，先求出各项功能的重要性系数，然后按所求出的功能重要性系数将成本分配到各项功能，求出功能评价值，并以此作为各项功能的目标成本。

（2）既有产品的改进设计。既有产品应以现实成本为基础求功能评价值，进而确定功能的目标成本。由于既有产品已有现实成本，可不再假定目标成本。若既有产品的现实成本原已分配到各功能区中的比例不合理，这就需要根据改进设计中新确定的功能重要性系数，重新分配既有产品的原有成本。从分配结果看，各功能区新分配成本与原分配成本之间有差异。正确分析和处理这些差异，就能合理确定各功能区的功能评价值，求出产品功能区的目标成本。现设既有产品的现实成本为 500 元，即可计算出功能评价值或目标成本，如表 5-6 所示。

表 5-6　既有产品功能评价值计算表

功能区	功能现实成本 C（元） （1）	功能重要性系数 （2）	根据产品现实成本和功能重要性系数重新分配的功能区成本 （3）＝（2）×500 元	功能评价值 F （或目标成本） （4）	成本降低幅度 ΔC （5）
F_{A1}	130	0.47	235	130	—
F_{A2}	200	0.32	160	160	40
F_{A3}	80	0.16	80	80	—
F_{A4}	90	0.05	25	25	65
合计	500	1.00	500	395	105

表 5-6 中第（3）栏是把产品的现实成本 $C=500$ 元，按改进设计方案的新功能重要性系数重新分配给各功能区的结果。此分配结果可能有三种情况。

① 功能区新分配的成本等于现实成本。如 F_{A3}。此时应以现实成本作为功能评价值 F。

② 新分配成本小于现实成本。如 F_{A2} 和 F_{A4}。此时应以新分配的成本作为功能评价值 F。

③ 新分配的成本大于现实成本。如 F_{A1}。针对这种情况，需要进行具体分析。如果是因为功能重要性系数定高了，经过分析后可以将其适当降低。如因成本确实投入太少，可以允许适当提高一些。

4. 功能价值 V 的计算及分析

通过计算和分析对象的功能价值 V，可以分析成本功能的合理匹配程度。功能价值 V 的计算方法可分为两大类——功能成本法与功能指数法。

1）功能成本法（绝对值法）

功能成本法是通过一定的测算方法，测定实现应有功能所必须消耗的最低成本，同时计算为实现应有功能所耗费的现实成本，经过分析、对比，求得对象的价值系数和成本降低期望值，确定价值工程的改进对象。其表达式如下：

$$\text{第}i\text{个评价对象的价值系数}V=\frac{\text{第}i\text{个评价对象的功能评价值}F}{\text{第}i\text{个评价对象的现实成本}C} \tag{5-6}$$

一般可采用表 5-7 进行定量分析。

功能的价值计算出来以后，需要进行分析，以揭示功能与成本的内在联系，确定评价对象是否为功能改进的重点，以及其功能改进的方向及幅度，从而为后续方案创造打下良好的基础。

表 5-7　功能评价值与价值系数计算表

项目 序号	子项目	功能重要性系数①	功能评价值 ②=目标成本×①	现实成本 ③	价值系数 ④=②/③	改善幅度 ⑤=③−②
1	*A*					
2	*B*					
3	*C*					
…	…					
合计						

根据计算公式（5-6），功能的价值系数计算结果有以下四种情况。

（1）$V=1$，即功能评价值等于功能现实成本，这表明评价对象的功能现实成本与实现功能所必需的最低成本大致相当。此时评价对象的价值为最佳，一般无需改进。

（2）$V<1$，即功能现实成本大于功能评价值。表明评价对象的现实成本偏高，而功能要求不高，一种可能是存在着过剩功能，另一种可能是功能虽无过剩，但实现功能的条件或方法不佳，以致使实现功能的成本大于功能的实际需要。这两种情况都应列入功能改进的范围，并且以剔除过剩功能及降低现实成本为改进方向，使成本与功能比例趋于合理。

（3）$V>1$，即功能现实成本小于功能评价值。说明该部件功能比较重要，但分配的成本较少，即功能现实成本低于功能评价值。此时应进行具体分析，功能与成本的分配可能已较理想，或者有不必要的功能，或者应该提高成本。

（4）$V=0$，要进一步分析。如果是不必要的功能，该部件则取消；但如果是最不重要的必要功能，则要根据实际情况处理。

2）功能指数法（相对值法）

在功能指数法中，功能的价值用价值指数来表示，它是通过评定各对象功能的重要程度，用功能指数来表示其功能程度的大小，然后将评价对象的功能指数与相对应的成本指数进行比较，得出该评价对象的价值指数，从而确定改进对象，并求出该对象的成本改进期望值。其表达式如下：

$$\text{第}i\text{个评价对象的价值指数}V_I=\frac{\text{第}i\text{个评价对象的功能指数}F_I}{\text{第}i\text{个评价对象的成本指数}C_I} \tag{5-7}$$

功能指数法的特点是用分值来表达功能程度的大小，以便使系统内部的功能与成本具有可比性，由于评价对象的功能水平和成本水平都用它们在总体中所占的比例来表示，这样就可以采用公式（5-7）方便地、定量地表达评价对象价值的大小。因此，在功能指数法中，价值指数是作为评定对象功能价值的指标。

根据功能重要性系数和成本系数计算价值指数可以通过列表进行，其表达式如表 5-8 所示。

表 5-8　价值指数计算表

零部件名称	功能指数①	现实成本（元）②	成本指数③	价值指数④=①/③
A				
B				
C				
…				
合计	1.00		1.00	

价值指数的计算结果有以下三种情况。

（1）$V_I=1$。此时评价对象的功能比例与成本比例大致平衡，合理匹配，可以认为功能的现实成本是比较合理的。

（2）$V_I<1$。此时评价对象的成本比例大于其功能比例，表明相对于系统内的其他对象而言，目前所占的成本偏高，从而会导致该对象的功能过剩。应将评价对象列为改进对象，改善方向主要是降低成本。

（3）$V_I>1$。此时评价对象的成本比例小于其功能比例。出现这种结果的原因可能有三种：第一，由于现实成本偏低，不能满足评价对象实现其应具有的功能要求，致使对象功能偏低，这种情况应列为改进对象，改善方向是增加成本；第二，对象目前具有的功能已经超过了其应该具有的水平，即存在过剩功能，这种情况也应列为改进对象，改善方向是降低功能水平；第三，对象在技术、经济等方面具有某些特征，在客观上存在着功能很重要而需要消耗的成本却很少的情况，这种情况一般就不应列为改进对象。

从以上分析可以看出，对产品部件进行价值分析，就是使每个部件的价值系数尽可能趋近于1。换句话说，在选择价值工程对象的产品和零部件时，应当综合考虑价值系数偏离1的程度和改善幅度，优先选择价值系数远小于1且改进幅度大的产品或零部件。

5. 确定VE对象的改进范围

VE对象经过以上各个步骤，得到其价值的大小，即明确了改进的方向、目标和具体范围。确定对象改进范围的原则如下。

（1）F/C 值低的功能区域。计算出来的 $V<1$ 的功能区域，基本上都应进行改进，特别是 V 值比1小得较多的功能区域，应力求使 $V=1$。

（2）$C-F$ 值大的功能区域。通过核算和确定对象的实际成本和功能评价值，分析、测算成本改善期望值，从而排列出改进对象的重点及优先次序。

当 n 个功能区域的价值系数同样低时，就要优先选择 ΔC 数值大的功能区域作为重点对象。一般情况下，当 $\Delta C>0$ 时，ΔC 大者为优先改进对象。

（3）复杂的功能区域。复杂的功能区域，说明其功能是通过采用很多零件来实现的。一般来说，复杂的功能区域其价值系数也较低。

综上所述，表5-6第（4）栏的功能区域评价值总和为395元，这可以作为产品改进设计方案的目标成本，而成本降低幅度为：$\sum(C-F)=105$ 元。

5.2.4 方案创新

1. 方案创造的方法

方案创造的方法很多，总的精神是要充分发挥有关人员的智慧。方案创造常采用以下方法，见表5-9。

表5-9 方案创造方法的比较

	头脑风暴法（BS法）	模糊目标法（哥顿法）	专家函询法（德尔菲法）
过程	通过会议形式，事先通知议题，围绕议题无拘无束地提出改进方案	通过会议形式，先讨论抽象问题后讨论具体问题，提出改进方案	采用背对背的通信方式征询专家意见，经过几轮征询，形成统一的集体讨论，作为替代方案

续表

	头脑风暴法（BS 法）	模糊目标法（哥顿法）	专家函询法（德尔菲法）
特点	会议上不相互开展批评，欢迎自由奔放的联想，希望结合别人意见提出设想，提出方案多多益善	事先不知道议题，会议开始时只抽象讨论，不接触具体的实质性问题	匿名集体交流，信息的多次反馈，小组的统计回答

2. 方案评价

方案评价可分为概略评价和详细评价两种。概略评价是对方案进行初步筛选，将一些明显价值不高的方案先行排除，保留价值较高的少数方案，以减少进一步评价所耗费的人力和时间。详细评价是对概略评价后保留的方案，通过进一步的调查研究和技术经济分析，从中选出最优方案。

以上两种评价均包括三部分内容，即技术评价、经济评价和社会评价。技术评价是围绕功能所进行的评价，主要是评价方案能否满足功能的要求，以及技术上的可靠性和完善性；经济评价是围绕经济效果所进行的评价，主要是评价有无降低成本的可能和能否实现预定的目标成本；社会评价是对新产品投产后给社会带来的利益和影响的估计，包括方案是否符合国家规定的各项政策、法令及标准，方案实施后对环境的影响，对社会其他事业的影响等。在从三个方面评价的基础上，再对方案作出综合评估。常用的综合评价方法有下述两种。

（1）优缺点对比法。

将各方案的优缺点逐一列出，通过对比择优。这种方法简便易行，但是缺乏定量依据，不同指标之间可能存在矛盾。

（2）定量评分法。

首先拟定评价指标，再将每一评价指标分成若干等级，对每一等级规定一个评分标准。对拟定的各种方案均按照同样的评分标准打分，最后将所得分数相加或连乘，得出总分，总分最高者为最优方案。表 5-10 及表 5-11 分别为得分相加、得分连乘两种评价方法的示例。

5.2.5 VE 活动的成果评价

开展价值工程活动的目的在于提高产品或服务的价值，取得良好的经济效益。在进行功能分析、功能评价、方案创新和实施等一系列活动后，需将改进后新方案的各项经济技术指标与原设计方案进行比较，以考察新方案取得的综合效益，这就是价值工程活动的成果鉴定。

价值工程活动的最终评价工作通常围绕以下指标开展。

1. 全年成本净节约额 P

$$P=(C-C')Q-P' \tag{5-8}$$

式中，P 为全年成本净节约额；C 为改进前的单位产品成本；C' 为改进后的单位产品成本；Q 为年产量；P' 为 VE 活动费用。

2. 成本降低率 R

$$R=\frac{C-C'}{C} \tag{5-9}$$

式中，R 为成本降低率。

表 5-10　得分连加定量评价法

评价项目			评价方案			
指　标	评价等级	评分标准	*A*	*B*	*C*	*D*
产品功能	① 能圆满实现用户所需功能 ② 功能水平不低于外场同类产品，但不满足① ③ 实现所需功能有缺陷，但尚能满足用户的基本使用需求	30 20 15	30	20	15	20
产品销售	① 销路大，地区广 ② 销路中等 ③ 销路小	15 8 4	15	8	8	4
预计盈利率	① 30%以上 ② 25%以上 ③ 20%以上 ④ 15%以上	20 18 15 10	20	18	15	10
全年净节约额	① 大于 20 万元 ② 大于 10 万元 ③ 大于 5 万元	10 7 3	10	7	7	3
对现有生产条件适应程度	① 利用现有条件就能成批生产 ② 采用少量措施就能成批生产 ③ 需要较多投资和较长时间才能投产	15 10 3	3	10	10	15
环境污染	① 无污染或确定能消除污染 ② 不能将污染控制在规定范围内	10 0	10	10	0	0
	总　评		88	73	55	52

表 5-11　得分连乘定量评价法

评价项目			评价方案			
指　标	评价等级	评分标准	*A*	*B*	*C*	*D*
产品功能	① 满足用户要求 ② 基本满足用户要求 ③ 功能不全，仅能满足用户的最低要求	3 2 1	3	2	1	2
成本	① 低于外企业同类产品 ② 低于本企业原有产品 ③ 与本企业原有成本相等	3 2 1	2	3	1	2
产品销路	① 未来市场销路很广 ② 市场销路广，但竞争产品多 ③ 市场规模不大	3 2 1	3	2	1	2
方案投资	① 实施方案所需投资回收期短 ② 投资较多，回收期较长 ③ 投资多且资金来源困难	3 2 1	3	2	3	3
产品方向	① 符合国家规划及企业经营目标 ② 符合当前社会需要 ③ 与国家要求及长远规划不符	3 2 1	3	2	1	1
	连乘合计		162	48	3	24

5.3　价值工程的应用

在工程建设中，价值工程的应用是广泛的。同一建设项目，同一单项、单位工程可以有不同的设计方案，方案不同，造价也会有差异，设计人员可通过价值工程活动进行方案的优选。根据功能系统图分析，对上位功能进行分析和改善比下位功能效果好；对功能领域进行分析和改善比单个功能效果好。因此，价值工程既可用于工程项目设计方案的分析选择，也可用于单位工程设计方案的分析选择。同时，价值工程也广泛应用于工程施工组织设计中。

5.3.1　价值工程在设计方案优选中的应用

建设项目设计主要是对项目的功能及其实现手段进行设计，因此，整个设计方案可以作为价值工程的研究对象。在设计阶段实施价值工程的步骤一般如下。

（1）功能分析。建筑功能是指建筑产品满足社会需要的各种性能的总和。不同的建筑产品有不同的功能；建筑产品的功能一般分为社会性功能、适用性功能、技术性功能、物理性功能和美学功能。功能分析首先应明确项目各类功能具体有哪些，哪些是主要功能，并对功能进行定义和整理，绘制功能系统图。

（2）功能评价。功能评价主要是比较各项功能的重要程度，用 0-1 评分法、0-4 评分法、环比评分法等，计算各项功能的功能评价重要性系数，作为该功能的重要度权数。

（3）方案创新。根据功能分析的结果，提出各种实现功能的方案。

（4）方案评价。对方案创新提出方案的各项功能的满意程度打分，然后以功能重要性系数作为权数计算各方案的功能评价得分，最后再计算各方案的价值系数，以价值系数最大者为最优。

5.3.2　价值工程在设计阶段工程造价控制中的应用

价值工程在设计阶段工程造价控制中应用的程序如下。

（1）对象选择。在设计阶段应用价值工程控制工程造价，应以对影响工程造价较大的项目作为价值工程的研究对象。可将设计方案的成本进行分解，将成本比例大、品种数量少的项目作为实施价值工程的重点。

（2）功能分析。分析研究对象具有哪些功能，确定各项功能之间的关系。

（3）功能评价。评价各项功能，确定功能重要性系数，并计算实现各项功能的现实成本，从而计算各项功能的价值系数。价值系数小于 1 的，应该在功能水平不变的条件下降低成本，或在成本不变的条件下提高功能水平；价值系数大于 1 的，对重要的功能，应该提高成本，保证重要功能的实现，如果该项功能不重要，可以不作改变。

（4）分配目标成本。根据限额设计的要求，确定研究对象的目标成本，并以功能重要性系数为基础，将目标成本分摊到各项功能上，与各项功能的现实成本进行对比，确定成本改善期望值，成本改善期望值大的，应重点改进。

（5）方案创新及评价。根据价值分析结果及目标成本分配结果的要求，提出各种方案，对方案进行比选，使设计方案更加合理。

5.3.3　案例分析

某工程项目设计人员根据业主的使用要求，提出了三个设计方案。有关专家决定从五个方面（分别以 F_1～F_5 表示）对不同方案的功能进行评价，并对各功能的重要性分析如下：F_3 相对于 F_4 很重要，F_3 相对于 F_1 较重要，F_2 和 F_5 同样重要，F_4 和 F_5 同样重要。各方案单位面积造价及专家对三个方案满足程度的评分结果见表 5-12。

表 5-12　方案评分结果

得分 方案 功能	*A*	*B*	*C*
F_1	9	8	9
F_2	8	7	8
F_3	8	10	10
F_4	7	6	8
F_5	10	9	8
单位面积造价/元	1680	1720	1590

表 5-13　各分部工程评分值及目前成本

功能项目	功能评分	目前成本（万元）
A. ±0.000 以下工程	21	3854
B. 主体结构工程	35	4633
C. 装饰工程	28	4364
D. 水电安装工程	32	3219

问题：

（1）试用 0-4 评分法计算各功能的权重。

（2）用功能指数法选择最佳设计方案。

（3）在确定某一设计方案后，设计人员按限额设计要求，确定建安工程目标成本额为 14000 万元。然后以主要分部工程为对象进一步开展价值工程分析。各分部工程评分值及目前成本见表 5-13。试分析各功能项目的功能指数、目标成本及应降低额，并确定功能改进顺序。

解：（1）各功能的权重如表 5-14 所示。

表 5-14　功能权重计算表

功能	F_1	F_2	F_3	F_4	F_5	得分	权重
F_1	×	3	1	3	3	10	0.250
F_2	1	×	0	2	2	5	0.125
F_3	3	4	×	4	4	15	0.375
F_4	1	2	0	×	2	5	0.125
F_5	1	2	0	2	×	5	0.125
合计						40	1.000

（2）计算各方案的加权得分：

$$W_A = 9\times0.25+8\times0.125+8\times0.375+7\times0.125+10\times0.125=8.375$$

$$W_B = 8 \times 0.25 + 7 \times 0.125 + 10 \times 0.375 + 6 \times 0.125 + 9 \times 0.125 = 8.500$$

$$W_C = 9 \times 0.25 + 8 \times 0.125 + 10 \times 0.375 + 8 \times 0.125 + 8 \times 0.125 = 9.000$$

总得分：$W_A + W_B + W_C = 25.875$

计算各方案的功能系数：

$$F_A = 8.375 / 25.875 = 0.324$$

$$F_B = 8.500 / 25.875 = 0.329$$

$$F_C = 9.000 / 25.875 = 0.348$$

计算各方案的成本系数：

$$C_A = 1680 / (1680 + 1720 + 1590) = 1680 / 4990 = 0.337$$

$$C_B = 1720 / (1680 + 1720 + 1590) = 1720 / 4990 = 0.345$$

$$C_C = 1590 / (1680 + 1720 + 1590) = 1590 / 4990 = 0.319$$

计算各方案的价值系数：

$$V_A = 0.324 / 0.337 = 0.961$$

$$V_B = 0.329 / 0.345 = 0.954$$

$$V_C = 0.348 / 0.319 = 1.091$$

方案 C 的价值系数最高，故 C 为最佳设计方案。

（3）计算各功能项目的功能指数：

$$F_A = 21 / (21 + 35 + 28 + 32) = 21 / 116 = 0.181$$

$$F_B = 35 / (21 + 35 + 28 + 32) = 21 / 116 = 0.302$$

$$F_C = 28 / (21 + 35 + 28 + 32) = 21 / 116 = 0.241$$

$$F_D = 32 / (21 + 35 + 28 + 32) = 21 / 116 = 0.276$$

计算各功能项目的目标成本：

A．±0.000 以下工程：　$14000 \times 0.181 = 2534$（万元）

B．主体结构工程：　$14000 \times 0.302 = 4228$（万元）

C．装饰工程：　$14000 \times 0.241 = 3374$（万元）

D．水电安装工程：　$14000 \times 0.276 = 3864$（万元）

计算各功能项目的降低额：

A．±0.000 以下工程：　$3854 - 2534 = 1320$（万元）

B．主体结构工程：　$4633 - 4228 = 405$（万元）

C．装饰工程：　$4364 - 3374 = 990$（万元）

D．水电安装工程：　$3219 - 3864 = -645$（万元）

根据各功能项目的降低额，确定功能改进顺序为：*A*. ±0.000 以下工程→*C*. 装饰工程→*B*. 主体结构工程→*D*.水电安装工程。

复　习　题

1. 简述价值工程的实施步骤。

2. 价值工程有哪些特点？

3. VE 对象的选择有哪些常用方法？各有何特点？

4. 某产品由 12 种零部件组成，各种零部件的个数和每个零部件的成本如表 5-15 所示，用 ABC 分析法选择价值工程研究对象，并画出 ABC 分析图。

表 5-15　零部件个数和成本表

零部件名称	*A*	*B*	*C*	*D*	*E*	*F*	*G*	*H*	*I*	*J*	*K*	*L*
零部件个数	1	1	2	2	18	1	1	3	5	3	4	8
每个零部件成本（元）	5.63	4.73	2.05	1.86	0.15	0.83	0.76	0.33	0.35	0.19	0.15	0.10

第 6 章　工程项目施工合同管理

学习目的： 了解工程项目施工合同的特点、内容；熟悉施工合同的主要内容、签订原则和履行义务；掌握工程项目各阶段的施工合同管理以及施工合同的索赔管理。

学习重点： 业主和承包商在工程项目各阶段的施工合同管理内容，以及施工合同索赔的成立条件和程序。

学习难点： 工程项目施工合同索赔的程序。

6.1　工程项目施工合同的基本内容

6.1.1　工程项目施工合同的概念

工程项目施工合同是发包人与承包人为完成商定的建设工程项目的施工任务，明确双方权利、义务关系的协议，简称施工合同。工程项目施工合同的当事人是发包人和承包人，双方是平等的民事主体，双方签订施工合同，必须具备相应资质条件和履行施工合同的能力。发包人是指具有工程发包主体资格和支付工程价款能力的当事人及取得该当事人资格的合法继承人，对合同范围内的工程实施建设时，发包人必须具备组织协调能力；承包人是具有相应工程施工承包资质的当事人及取得该当事人资格的合法继承人。

工程项目施工合同在整个建设工程合同体系中起主干合同的作用。施工合同作为一种双务合同，当事人双方在享有权利的同时必须履行义务。施工合同也是一种诺成合同，合同订立生效后，双方应当严格履行。工程项目施工合同是工程建设质量控制、投资控制、进度控制的主要依据。通过合同关系，可以确定建设市场主体之间的权利义务关系，在建设领域加强施工合同的管理对规范建筑市场有重要作用。

6.1.2　工程项目施工合同的特点

1. 合同标的物的特殊性

施工合同的标的物是特定的建筑产品。建筑产品具有固定性、单件性、体积庞大的特点，这些决定了建筑产品施工生产具有单件性、流动性、周期长的特点。每个建筑产品有其特定的功能要求，不同的区域、不同的时期、不同的用途，其实物形态千差万别，要求每一个建筑产品都需单独设计和施工，说明建筑产品的施工生产具有单件性；建筑产品属于不动产，施工队伍、施工机械必须围绕建筑产品移动，说明建筑产品施工生产具有流动性；建筑产品体积庞大，消耗的人力、物力、财力多，一次性投资额大，说明建筑产品施工生产的周期长。

2. 合同履行期限的长期性

由于结构复杂、体积大、工作量大、建筑材料类型多，所以建设施工工期较长。此外合同签订于施工前，且合同签订后有一个较长的施工准备时间和工程全部竣工验收后办理竣工结算及保修期的时间。所有这些情况，决定了施工合同的履行期限具有长期性。

3. 合同内容的多样性和复杂性

虽然施工合同的当事人只有两方，但其涉及的主体却有多种。施工合同的履行期限长、标的额大，涉及的法律关系（包括劳动关系、保险关系、运输关系等）具有多样性和复杂性。此外，还应对安全施工，专利技术使用，发现地下障碍物和文物，工程分包，不可抗力，工程设计变更，材料设备的供应、运输、验收等内容作出规定。所有这些都决定了施工合同的内容具有多样性和复杂性。

4. 合同监督的严格性

由于施工合同的履行对国家的经济发展、公民的工作和生活都有重大的影响，国家对施工合同的监督是十分严格的。

1）对合同主体监督的严格性

施工合同主体一般只能是法人。发包人一般是经过批准进行工程项目建设的法人，必须有国家批准的建设项目和落实投资计划。承包人则必须具备法人资格，而且应当具备相应的从事施工的资质。无营业执照或无承包资质的单位不能作为工程项目施工合同的承包人，资质等级低的单位也不能越级承包建设工程。

2）对合同订立监督的严格性

订立施工合同必须以国家批准的投资计划为前提，即使是国家投资以外的、以其他方式筹集的投资也要受到当年的贷款规模和批准限额的限制，纳入当年投资规模计划，并经过严格的审批程序。施工合同的订立还必须符合国家关于建设程序的规定。同时，《中华人民共和国合同法》要求施工合同的订立应采取书面形式。

3）对合同履行监督的严格性

在施工合同的履行过程中，除了合同当事人应当对合同进行严格管理外，合同的主管机关（工商行政管理机构）、金融机构、建设行政主管机关等，都要对施工合同的履行进行严格的监督。

6.1.3　工程项目施工合同的分类

1. 根据合同所包括的工程或工作范围分类

施工合同按合同所包括的工程或工作范围可以划分为以下几类。

（1）施工总承包合同，即承包商承担一个工程的全部施工任务，包括土建、水电安装、设备安装等。

（2）专业承包合同，即单位工程施工承包和特殊专业工程施工承包。单位工程施工承包是最常见的工程承包合同，包括土木工程施工合同，电气与机械工程承包合同等。在工程中，业主可以将专业性很强的单位工程分别委托给不同的承包商。这些承包商之间为平行关系。如管道工程、土方工程、桩基础工程等。

（3）分包合同，即施工承包合同的分合同。承包商将施工承包合同范围内的一些工程或工作委托给另外的承包商来完成。他们之间签订分包合同。

2. 根据合同的计价方式分类

建设工程施工合同按照计价方式进行划分，基本可分为总价合同、单价合同和其他价格合同。

（1）总价合同，是指合同当事人约定以施工图、已标价工程量清单或预算书及有关条件进行合同价格计算、调整和确认的工程项目施工合同，在约定的范围内合同总价不作调整。合同当事人应在专用合同条款中约定总价包含的风险范围和风险费用的计算方法，并约定风险范围以外的合同价格调整方法。

（2）单价合同，是指合同当事人约定以工程量清单及其综合单价进行合同价格计算、调整和确认的建设工程施工合同，在约定的范围内合同单价不作调整。合同当事人应在专用合同条款中约定综合单价包含的风险范围和风险费用的计算方法，并约定风险范围以外的合同价格的调整方法。

（3）其他价格合同。

6.1.4　工程项目施工合同的内容

根据资金来源不同，施工合同的主要形式也不尽相同，以国家住房和城乡建设部、国家工商行政管理总局 2013 年 4 月 3 日发布的《建设工程施工合同（示范文本）》（GF—2013—0201）为例：由合同协议书、通用合同条款、专用合同条款三大部分，以及 11 个附件组成。

第一部分是合同协议书，包括十三部分内容：工程概况、合同工期、质量标准、签约合同价、合同价格形式、项目经理、合同文件构成、承诺、签订时间、签订地点、补充协议、合同生效、合同份数。

第二部分是通用合同条款，共由二十部分内容组成：一般约定；发包人；承包人；监理人；工程质量；安全文明施工与环境保护；工期和进度；材料与设备；试验与检验；变更；价格调整；合同价格、计量与支付；验收和工程试车；竣工结算；缺陷责任与保修；违约；不可抗力；保险；索赔；争议解决。

第三部分是专用合同条款，它是根据具体工程情况对通用合同条款进行必要的修改和补充，它的大小条目号与通用条款相一致。专用合同条款一般是发包人事先起草完毕，经承包人确认，如有异议，则经双方磋商，达成一致意见。

6.1.5　工程项目施工合同的签订

1. 工程项目施工合同的签订原则

（1）遵守国家法律法规和国家计划原则；
（2）平等、自愿、公平的原则；
（3）诚实信用的原则。

2. 工程项目施工合同的签订依据及程序

《中华人民共和国建筑法》《中华人民共和国合同法》《中华人民共和国招标投标法》《房屋建筑和市政基础设施工程施工招标投标管理办法》等法律法规，是施工合同签订的主要法律法规依据。

施工合同的订立同样包括要约和承诺两个阶段。其订立方式有直接发包和招标发包两种。对于必须进行招标的建设项目，工程建设的施工都应通过招标投标确定承包人。中标通知书发出后，中标人应当与招标人及时签订合同。《中华人民共和国招标投标法》规定：招标人和中标人应当自中标通知书发出之日起 30 天内，按照招标文件和中标人的投标文件订立书面合同。招标人和中标人不得另行订立背离合同实质性内容的其他协议。具体程序如下。

（1）要约邀请，是指发包人采取招标通知或公告的方式，向不特定人发出的，以吸引或邀请相对人发出要约为目的的意思表示。在通知或公告规定的时间内，潜在投标人报名参加并通过资格预审的，以投标人身份，按照招标文件的要求，参加发包人的招标活动。

招标文件应当包括招标项目的技术要求、对投标人资格审查的标准、投标报价要求和评标标准等所有实质性要求和条件以及拟签订合同的主要条款。

（2）要约，是指投标人按照招标人提出的要求，在规定的期间内向招标人发出的，以订立合同为目的的，包括合同的主要条款的意思表示。在投标活动中，投标人应当按照招标文件的要求编制投标文件，对招标文件提出的实质性要求和条件做出响应。投标文件应当包括投标函、施工方案或者施工组织设计、投标报价及招标文件要求提供的其他材料。

（3）承诺，即中标通知，指由招标人通过评标后，在规定期限内发出的，表示愿意按照投标人所提出的条件与投标人订立合同的意思表示。

（4）签约。根据《中华人民共和国合同法》规定，在承诺生效后，即中标通知产生法律效力后，工程合同就已经成立。但是，由于工程建设的特殊性，招标人和中标人在此后还需要按照中标通知书、招标文件和中标人的投标文件等内容经过合同谈判，订立书面合同后，工程合同方可成立并生效。需要注意的是，《中华人民共和国招标投标法》及《房屋建筑和市政基础设施工程施工招标投标管理办法》规定，书面合同的内容必须与中标通知书、招标文件和中标人的投标文件等内容基本一致，招标人和中标人不得再订立背离合同实质性内容的其他协议。

6.1.6 工程项目施工合同的履行

工程项目施工合同签订后，双方应按照合同的规定，严格履行自己的义务。依据《建设工程施工合同（示范文本）》（GF—2013—0201），发包人和承包人的一般义务如下。

1. 发包人的一般义务

1）图纸的提供和交底

发包人应按照专用合同条款约定的期限、数量和内容向承包人免费提供图纸，并组织承包人、监理人和设计人进行图纸会审和设计交底。发包人至迟不得晚于开工日期前 14 天向承包人提供图纸。

2）对化石、文物的保护

发包人应按有关政府行政管理部门要求对施工现场发掘的所有文物、古迹以及具有地质研究或考古价值的其他遗迹、化石、钱币或物品采取妥善的保护措施。

3）提供基础资料

发包人应当在移交施工现场前向承包人提供施工现场及工程施工所必需的毗邻区域内供水、排水、供电、供气、供热、通信、广播电视等地下管线资料，气象和水文观测资料，地质勘察资料，相邻建筑物、构筑物和地下工程等有关基础资料，并对所提供资料的真实性、准确性和完整性负责。按照法律规定确需在开工后方能提供的基础资料，发包人应尽其努力及时地在相应工程施工前的合理期限内提供，合理期限应以不影响承包人的正常施工为限。

4）许可或批准

发包人应遵守法律，并办理法律规定由其办理的许可、批准或备案，包括但不限于建设用地规划许可证，建设工程规划许可证，建设工程施工许可证，施工所需临时用水、临时用电、中断道路交通、临时占用土地等许可和批准。

5）提供施工现场

除专用合同条款另有约定外，发包人应最迟于开工日期 7 天前向承包人移交施工现场，并负责提供施工所需要的条件，包括：

（1）将施工用水、电力、通信线路等施工所必需的条件接至施工现场内；

（2）保证向承包人提供正常施工所需要的进入施工现场的交通条件；

（3）协调处理施工现场周围地下管线和邻近建筑物、构筑物、古树名木的保护工作，并承担相关费用。

6）资金来源证明及支付担保

除专用合同条款另有约定外，发包人应在收到承包人要求提供资金来源证明的书面通知后 28 天内，向承包人提供能够按照合同约定支付合同价款的相应资金来源证明。除专用合同条款另有约定外，发包人要求承包人提供履约担保的，发包人应当向承包人提供支付担保。支付担保可以采用银行保函或担保公司担保等形式，具体由合同当事人在专用合同条款中约定。

7）支付合同价款

发包人应按合同约定向承包人及时支付合同价款。

8）组织竣工验收

发包人应按合同约定及时组织竣工验收。

2. 承包人的一般义务

承包人在履行合同过程中应遵守法律和工程建设标准规范，并履行以下义务：

（1）办理法律规定应由承包人办理的许可和批准，并将办理结果书面报送发包人留存；

（2）按法律规定和合同约定完成工程，并在保修期内承担保修义务；

（3）按法律规定和合同约定采取施工安全和环境保护措施，办理工伤保险，确保工程及人员、材料、设备和设施的安全；

（4）按合同约定的工作内容和施工进度要求，编制施工组织设计和施工措施计划，并对所有施工作业和施工方法的完备性和安全可靠性负责；

（5）在进行合同约定的各项工作时，不得侵害发包人与他人使用公用道路、水源、市政管网等公共设施的权利，避免对邻近的公共设施产生干扰。承包人占用或使用他人的施工场地，影响他人作业或生活的，应承担相应责任；

（6）负责施工场地及其周边环境与生态的保护工作；

（7）采取施工安全措施，确保工程及其人员、材料、设备和设施的安全，防止因工程施工造成的人身伤害和财产损失；

（8）将发包人按合同约定支付的各项价款专用于合同工程，且应及时支付其雇用人员工资，并及时向分包人支付合同价款；

（9）按照法律规定和合同约定编制竣工资料，完成竣工资料立卷及归档，并按专用合同条款约定的竣工资料的套数、内容、时间等要求移交发包人；

（10）应履行的其他义务。

6.2　工程项目施工合同管理

6.2.1　承包商的施工合同管理

承包商的施工合同管理是指承包商按照合同的要求组织实施有关的管理。承包商的目标是在合同规定的质量标准、工期和造价范围内完成合同规定的工程项目和依据合同履行自己的合同义务，取得经济效益。承包商的施工合同管理从时间过程可以分为三个阶段：招标投标阶段、合同签订阶段、工程项目实施阶段。

1. 招标投标阶段的合同管理

招标投标阶段的合同管理：主要在于承包商如何理解招标文件的内容，根据自己的条件，在合理的预算价格内，选用合理的技术方案和报价来最大限度满足招标人的要求，以求得中标。

承包商在招标投标阶段按时间顺序主要工作大体上可以分成三个阶段。

1）市场开发阶段

通过市场调查收集工程招标信息，综合分析工程的特点、自己的实力、承包市场的外部环境以及公司的发展战略，以便选择自己的投标方向。

2）投标阶段

当承包商通过资格预审取得招标文件后进入投标文件的准备阶段，与此同时，合同管理工作也正式启动。

招标文件是合同文件的重要组成，是业主对投标者就该合同工程发出要约邀请，也是投标者对其响应的依据，是选择中标者的条件要求，是选择施工队伍、控制变更、索赔的主要依据。要充分消化内容丰富的招标文件应该重点抓住以下问题。

（1）要核准下列准确日期：投标截止日期和时间、报价有效期、招标文件中规定的由合同签订到开工的允许时间、工期、保修期。

（2）关于保函要求：投标保函、履约保函、保留金保函。

（3）保险要求：明确合同条件中的保险条款；掌握业主要求的保险险种及其最低保险金额、工期等；明确工程当地的保险规范。

（4）支付条件：搞清是否有预付款及扣还时间与方法；搞清是否有永久设备、成品和施工材料的备料款；设备的付款方式；搞清进度付款方法和付款比例、期限；扣留保留金比例、最高限额和退还办法；支付货币种类及比例；外汇兑换规定和汇款规定。

（5）关于税收：搞清营业税、所得税税率；是否有免税或部分免税的优惠条件；临时进口设备是否征收关税。

（6）关于违约罚金的规定条款：违约罚金的金额，是否有最高限额；是否有提前竣工奖励的条款。

（7）关于外籍劳务的规定。

（8）关于不可抗力条款。

（9）关于争议、仲裁和索赔条款。

3）评标和决标阶段

通过评审委员会初步评选出最有可能被接受的几家承包商，以个别邀请的方式要求承包商进行澄清和答辩，最终选定中标者。中标者收到中标函后还要和发包人进行合同签订前的谈判。

目前的工程承包市场是“卖方市场”，业主掌握主动权，在招投标过程中承包商常常处于十分被动的境地，业主起草的招标文件常会提出十分苛刻的合同条件。所以要签订一个有利的合同，承包商要面临合同文件中的许多显性和隐性风险，这就对合同管理提出了更高的要求。

2. 合同签订阶段的合同管理

在接到中标通知书后，即进入合同签订阶段。在合同签订阶段，对于即将采用的合同条件应充分理解，进行合同谈判。在平等互利、协商一致的原则上签订合同。

合同在签订过程中应注意以下问题。

（1）合同文字要准确、严谨，防止因发生歧义或误解而导致合同难以履行或合同在竣工结算时出现争议。

（2）认真拟定合同条款。对合同的关键性条款，如质量和验收、交货方式、价金支付、违约责任、争议解决方式等应作为重点拟定。

（3）合同条款应全面、完整，防止有缺陷、漏洞。如有的合同规定的违约责任不全面，只规定了施工企业违约应承担的责任，而不涉及业主违约的责任。

（4）要防止只有从合同而无主合同。主合同是能够独立存在的合同，如建筑工程总承包合同等；从合同是指以主合同的存在为前提才能成立的合同，如建筑工程分承包合同及保证合同、抵押合同等。没有主合同的从合同事实上是没有根据的合同，是不能存在的。

（5）要防止违反法律法规签订的无效合同。违反法律、行政法规的合同属于无效合同，而无效合同是不受法律保护的。

（6）建立必要的合同管理制度。签约过程中的合同管理制度主要有：合同会签审批制度、合同专用章制度、合同档案制度等。

3. 工程项目实施阶段的合同管理

工程项目实施阶段的合同管理十分重要，承包商通过前两阶段的合同管理，能否盈利完全体现在工程项目实施阶段。承包商以合同为最高准则进行一系列的工作，履行自己的义务，在工程项目达到对质量、进度、造价三方面控制的目的。

合同签订以后，合同管理人员必须对各级项目管理人员和各工作小组负责人进行合同交底，组织大家学习合同，对合同的主要内容作出解释和说明，使大家熟悉合同中的主要内容、各种规定和管理程序，了解承包人的合同责任和工程范围。同时建立合同的保证体系，以保证合同在实施过程中的一切日常工作有秩序地进行，使工程项目的全部合同事件处于控制之中，保证合同目标的实现。施工合同控制管理工作是实现施工合同目标的有效手段。主要包括以下六个方面。

（1）制定合同实施目标。施工合同的总目标是满足业主对工程的使用功能等要求，对工程项目来讲，具体为质量目标、成本目标、工期目标和安全目标。施工合同具体描述了一定范围工程或工作的目标，但合同目标必须通过具体的工程活动才能实现。

（2）确定施工合同控制的主要内容。成本控制、质量控制、进度控制和安全控制是合同控制的四个大方面的内容。成本控制的目的是保证按合同计划成本完成工程，防止成本超支和费用增加。质量控制的目的是保证按合同规定的质量完成工程，使工程顺利通过验收，交付使用，达到规定的功能要求。进度控制的目的是按预定进度计划进行施工，按期交付工程，防止承担工期拖延责任。安全控制的目的是按预定的合同安全要求，避免出现人员伤亡和财产损失事故。

（3）选用合同控制方法。合同控制方法分为主动控制和被动控制，应以主动控制为主，同时强化合同被动控制。合同主动控制是预先分析合同目标偏离的可能性，并拟定和采取各项预防性措施，以保证合同计划目标得以实现。例如，进行深入调查，科学进行风险分析，强化协调，制订必备的应急方案等。被动控制是控制者从计划的实际输出中发现偏差，对偏差采取措施及时纠正的控制方式。例如，进行合同实施跟踪，收集信息，找出偏差，分析、纠正等。

（4）合同实施监督。合同实施监督是施工合同管理的日常事务性工作。施工合同监督可以保证施工合同实施按合同和合同分析的结果进行。施工合同监督规范管理的工作主要有：协调业主、工程师、项目管理各职能人员、所属的各工程小组和分包商之间的工作关系，解决相互之间出现的问题；对各工程小组和分包商进行工作指导或做经常性的合同解释，使工程小组都有全局观念；会同项目管理的有关人员每天检查、监督各工程小组和分包商的合同实施情况；合同管理工作以及进入施工现场后对工程变更进行有效管理。

（5）合同实施跟踪。在工程实施过程中，由于实际情况的复杂性，可能导致合同实施与预定目标偏离。这就需要合同实施情况跟踪，以便尽早发现并纠正偏离。而合同实施的跟踪是判断实际情况与计划情况是否存在差异的主要手段。施工合同跟踪的对象主要有：具体的施工合同事件、工程小组或分包商的工程和工作、业主和工程师的工作、工程总的实施状况。

（6）合同诊断。在合同跟踪的基础上可进行合同诊断。合同诊断是对合同执行情况的评价、判断和趋向分析、预测。其具体内容主要包括合同执行差异的原因分析、合同差异的责任分析以及合同实施趋向的预测。

工程施工过程中合同管理的重点是抓好合同变更的管理、书函的管理、签证管理等工作。在履约过程中合同变更是正常的事情，负责履约的管理人员应对这种变更及时进行管理。项目的管理要以工程项目合同条款规定的工期、质量为目标，科学有效地组织施工；在施工过程中完全响应合同，如有与合同条件不符的事项，应及时与业主、监理及设计单位联系，进行商洽并做好记录及办好相应的签证，为工程索赔提供最必需的证据。没有足够的文字证据和合同条款依据，施工单位是无法进行索赔的。施工过程的合同管理实际上是对工程成本及费用的管理，对于施工企业来讲，在质量、工期、安全等方面满足合同的条件下，利润的最大化才是企业的最终目标。只有加强施工过程的合同管理，提供合理的增加工程价款的索赔依据，才能达到提高利润的目的。

6.2.2　业主的工程项目施工合同管理

业主的施工合同管理是指从发包商角度来看待合同管理工作，即按照合同的要求组织实施有关的管理工作，依据合同履行自己的合同义务。业主的施工合同管理从时间过程上可以分为两个阶段：项目前期阶段、项目实施阶段。

1. 项目前期阶段的合同管理

项目前期的工作内容主要包括地区开发、行业发展规划、项目的可行性研究，然后确定项目。做好上述工作的关键点在于选择高水平的咨询机构来从事各项咨询工作，客观地评估自己各方面的能力，以科学的可行性研究报告来确定项目是否立项。

2. 项目实施阶段的合同管理

项目评估立项后，进入实施期，这主要是指项目的勘测、设计、专题研究、招标投标、施工设备和材料的采购、项目的调试竣工以及验收。在这个阶段，业主方的合同管理主要体现在以下方面。

1）设计阶段

业主的主要职责是委托咨询设计公司对项目进行设计，进行相关的勘测和研究，并对咨询公司所提出的方案进行审查、选择和确定。在这个阶段，业主应该要求咨询公司进行精心审查，尽可能减少项目开工后的变更。

2）施工阶段

项目开工后，虽然业主不用再负责具体的监督和管理工作，但是也应该和承包商联系，执行处理合同中的有关事宜，主要体现在：抓紧时间完成项目施工前未完成的项目，如土地征用等；负责项目的融资以及保证项目的顺利实施；协助承包商解决生活物资供应、材料供应、设备运输等问题；对承包商的信函及时予以回复；解决合同中的纠纷，如需对合同中的条款进行必要的变更和修改，需要与承包商进行协商；批准经工程师研究后提出建议并上报的项目延期报告等。对于一些重要问题，如项目的变更、支付、工期的延长等，均应由业主负责审批。

6.3　工程项目施工合同的索赔管理

6.3.1　工程项目施工合同索赔的概念

索赔通常是指在工程合同履行过程中，合同当事人一方因对方不履行或未能正确履行合同或者由于其他非自身因素而受到经济损失或权利损害，通过合同规定的程序向对方提出经济或时间补偿要求的行为。索赔是一种正当的权利要求，它是合同当事人之间一项正常的而且普遍存在的合同管理业务，是一种以法律和合同为依据的合情合理的行为。

在实际工作中，索赔是双方的，既包括由于业主或监理工程师未能全面履行自己的职责和义务，造成承包商在实施合同中增加了责任以及施工期限延长应额外支付费用，即承包商对业主的索赔，也包括由于承包商未尽责任和义务而引起业主费用增加，即业主对承包商的索赔（通常也将其称为“反索赔”）。

工程项目施工合同索赔的实质就是根据施工合同条款的规定，对合同价进行适当的公正调整，以弥补业主或承包商不应承担的损失，使承包合同的风险分担程度趋于合理。

6.3.2　工程项目施工合同索赔的成立条件

1. 构成工程项目施工索赔的事件

索赔事件，又称为干扰事件，是指那些使实际情况与合同规定不符合，最终引起工期和费用变化的各类事件。在工程实施过程中，要不断地跟踪、监督索赔事件，就可以不断地发现索赔机会。通常，承包商可以提起索赔的事件有：

（1）发包人违反合同给承包人造成时间、费用的损失；

（2）因工程变更（含设计变更、发包人提出的工程变更、监理工程师提出的工程变更，以及承包人提出并经监理工程师批准的变更）造成的时间、费用损失；

（3）由于监理工程师对合同文件的歧义解释、技术资料不确切，或由于不可抗力导致施工条件的改变，造成了时间、费用的增加；

（4）发包人提出提前完成项目或缩短工期而造成承包人的费用增加；

（5）发包人延误支付期限造成承包人的损失；

（6）对合同规定以外的项目进行检验，且检验合格，或非承包人的原因导致项目缺陷的修复所发生的损失或费用；

（7）非承包人的原因导致工程暂时停工；

（8）物价上涨，法规变化及其他。

2. 索赔成立的前提条件

索赔的成立，应该同时具备以下三个前提条件：

（1）与合同对照，事件已造成了承包人工程项目成本的额外支出，或直接工期损失；

（2）造成费用增加或工期损失的原因，按合同约定不属于承包人的行为责任或风险责任；

（3）承包人按合同规定的程序和时间提交索赔意向通知和索赔报告。

以上三个条件必须同时具备，缺一不可。

6.3.3　工程项目施工合同索赔的依据及证据

1. 工程项目施工合同索赔的依据

针对具体的索赔要求（工期或费用），索赔的具体依据也不相同。总体而言，索赔的依据主要是三个方面。

1）合同文件

合同文件是索赔的最主要依据，包括合同协议书；中标通知书；投标书及其附件；合同专用条款；合同通用条款；标准、规范及有关技术文件；图纸；工程量清单；工程报价单或预算书。

合同履行中，发包人与承包人有关工程的洽商、变更等书面协议或文件应视为合同文件的组成部分。

2）法律、法规

建设工程合同文件适用的国家法律和行政法规。还有双方在专用条款内约定的适用的国家标准、规范，以及另外明示的法律、行政法规。

3）工程建设惯例

内容略。

2. 工程项目施工合同索赔的证据

常见的工程索赔证据有多种类型：

（1）各种合同文件，包括施工合同协议书及其附件、中标通知书、投标书、标准和技术规范、图纸、工程量清单、工程报价单或者预算书、有关技术资料和要求、施工过程中的补充协议等；

（2）工程各种往来函件、通知、答复等；

（3）各种会谈纪要；

（4）经过发包人或者工程师批准的承包人的施工进度计划、施工方案、施工组织设计和现场实施情况记录；

（5）工程各项会议纪要；

（6）气象报告和资料，如有关温度、风力、雨雪的资料；

（7）施工现场记录，包括有关设计交底、设计变更、施工变更指令，工程材料和机械设备的采购、验收与使用等方面的凭证及材料供应清单、合格证书，工程现场水、电、道路等开通、封闭的记录，停水、停电等各种干扰事件的时间和影响记录等；

（8）工程有关照片和录像等；

（9）施工日记、备忘录等；

（10）发包人或者工程师签认的签证；

（11）发包人或者工程师发布的各种书面指令和确认书，以及承包人的要求、请求、通知书等；

（12）工程中的各种检查验收报告和各种技术鉴定报告；

（13）工地的交接记录（应注明交接日期，场地平整情况，水、电、路情况等），图纸和各种资料交接记录；

（14）建筑材料和设备的采购、订货、运输、进场、使用方面的记录、凭证和报表等；

（15）市场行情资料，包括市场价格、官方的物价指数、工资指数、中央银行的外汇比率等公布材料；

（16）投标前发包人提供的参考资料和现场资料；

（17）工程结算资料、财务报告、财务凭证等；

（18）各种会计核算资料；

（19）国家法律、法令、政策文件。

6.3.4 工程项目施工合同索赔的分类

索赔存在于合同实施过程中的任何时间，按照不同的分类标准可以把索赔分为不同的种类。

1. 按索赔有关当事人分类

（1）承包人与发包人之间的索赔；

（2）承包人与分包人之间的索赔；

（3）承包人或发包人与供货人之间的索赔；

（4）承包人或发包人与保险人之间的索赔。

2. 按索赔目的和要求分类

（1）工期索赔。由于非承包人的责任而导致施工进程延误，要求批准顺延合同工期的索赔，称为工期索赔。工期索赔形式上是对权利的要求，以避免在原定合同竣工日不能完工时，被发包人追究拖期违约责任。一旦获得批准合同工期顺延后，承包人不仅免除了承担拖期违约赔偿费的严重风险，而且可能提前工期得到奖励，最终仍反映在经济收益上。

（2）费用索赔，目的是要求经济补偿。当施工的客观条件改变导致承包人增加开支，要求对超出计划成本的附加开支给予补偿，以挽回不应由他承担的经济损失。

3. 按照索赔的处理方式分类

（1）单项索赔，是指某一事件发生对乙方造成工期延长或额外费用支出时，乙方即可对这一事件的实际损失在合同规定的索赔有效期内提出的索赔。就发生的事件而言。可能涉及内容比较简单、分析比较容易、处理起来比较快的事件，也可能涉及内容比较复杂、索赔数额比较大、处理起来比较麻烦的事件。

（2）综合索赔，又称总索赔，一揽子索赔。综合索赔是指乙方在工程竣工结算前，将施工过程中未得到解决的或乙方对甲方答复不满意的单项索赔集中起来，综合提出一份索赔报告，双方就综合索赔将会进行长时间的谈判协商。综合索赔中涉及的事件一般都是单项索赔中遗留下来的、意见分歧较大的难题，责任的划分、费用的计算等都各持己见，不能立即解决。

4. 按索赔管理策略上的主动性分类

（1）索赔。主动寻找索赔机会，分析合同缺陷，抓住对方的失误，研究索赔的方法，总结索赔的经验，提高索赔的成功率。把索赔管理当成工程及合同管理的组成部分。

（2）反索赔。在索赔管理策略上表现为防止被索赔，不给对方留有进行索赔的漏洞。使对方找不到索赔的机会，在工程管理中体现为签署严密的合同条款，避免自方违约。当对方提出索赔时，对索赔的证据进行质疑，对索赔理由进行反驳，以达到减少索赔额度甚至否定对方索赔要求的目的。

在实际工作中，索赔与反索赔是同时存在且互为条件的，应当培养工作人员加强索赔与反索赔意识。

5. 按索赔事件的性质分类

（1）工程延误索赔。因发包人未按合同要求提供施工条件，如未及时交付设计图纸、施工现场、道路等，或因发包人指令工程暂停或不可抗力事件等造成工期拖延的，承包人对此提出索赔。这是工程中常见的一类索赔。

（2）工程变更索赔。由发包人或监理工程师指令增加或减少工程量或增加附加工程、修改设计、变更工程顺序等，造成工期延长和费用增加，承包人对此提出索赔。

（3）合同被迫终止的索赔。由发包人或承包人违约以及不可抗力事件等造成合同非正常终止，无责任的受害方因其蒙受经济损失而向对方提出索赔。

（4）工程加速索赔。由于发包人或工程师指令承包人加快施工速度，缩短工期，引起承包人的人、财、物的额外开支而提出的索赔。

（5）意外风险和不可预见因素索赔。在工程实施过程中，因人力不可抗拒的自然灾害、特殊风险以及一个有经验的承包人通常不能合理预见的不利施工条件或外界障碍，如地下水、地质断层、溶洞、地下障碍物等引起的索赔。

（6）其他索赔。如因货币贬值、汇率变化、物价变化、工资上涨、政策法令变化等引起的索赔。

6. 按索赔依据的范围分类

（1）合同内索赔，是指索赔所涉及的内容可以在履行的合同中找到条款依据，并可根据合同条款或协议预先规定的责任和义务划分责任，按违约规定和索赔费用、工期的计算办法提出索赔。一般情况下，合同内索赔的处理解决相对顺利些。

（2）合同外索赔，与合同内索赔依据恰恰相反，该项索赔所涉及的内容难于在合同条款及有关协议中找到依据，但可能来自民法、经济法或政府有关部门颁布的有关法规所赋予的权力。如在民事侵权行为、民事伤害行为中找到依据所提出的索赔，就属于合同外索赔。

（3）道义索赔。是指乙方无论在合同内或合同外都找不到进行索赔的依据。没有提出索赔的条件和理由。但他在合同履行中诚恳可信，为工程的质量、进度及配合上尽了最大的努力，且由于工程实施过程中估计失误赔了过多的钱，恳请甲方尽力给予救助。在此情况下，甲方在详细了解实际情况后，为了使自己的工程获得良好的进展，出于同情和信任合作的乙方而慷慨给予补偿，甲方支付的这种道义救助，能够获得乙方更理想的合作，最终对甲方并无损失。因为乙方这种并非管理不善和质量事故造成的亏损过大，往往是在投标时估价不足造成的，换言之，若乙方充分地估价了实际情况，在合同价中也应含有这部分。即这部分索赔支出，在正常的情况下，并不属于甲方额外的支出。

6.3.5　工程项目施工合同索赔的程序

合同实施阶段中的每一个施工索赔事项，都应依照国际工程施工索赔的惯例和工程项目合同条件的具体规定。具体的索赔程序如图 6-1 所示。可以归纳为 3 个步骤：提出索赔要求；报送索赔资料，提交索赔报告；索赔处理。

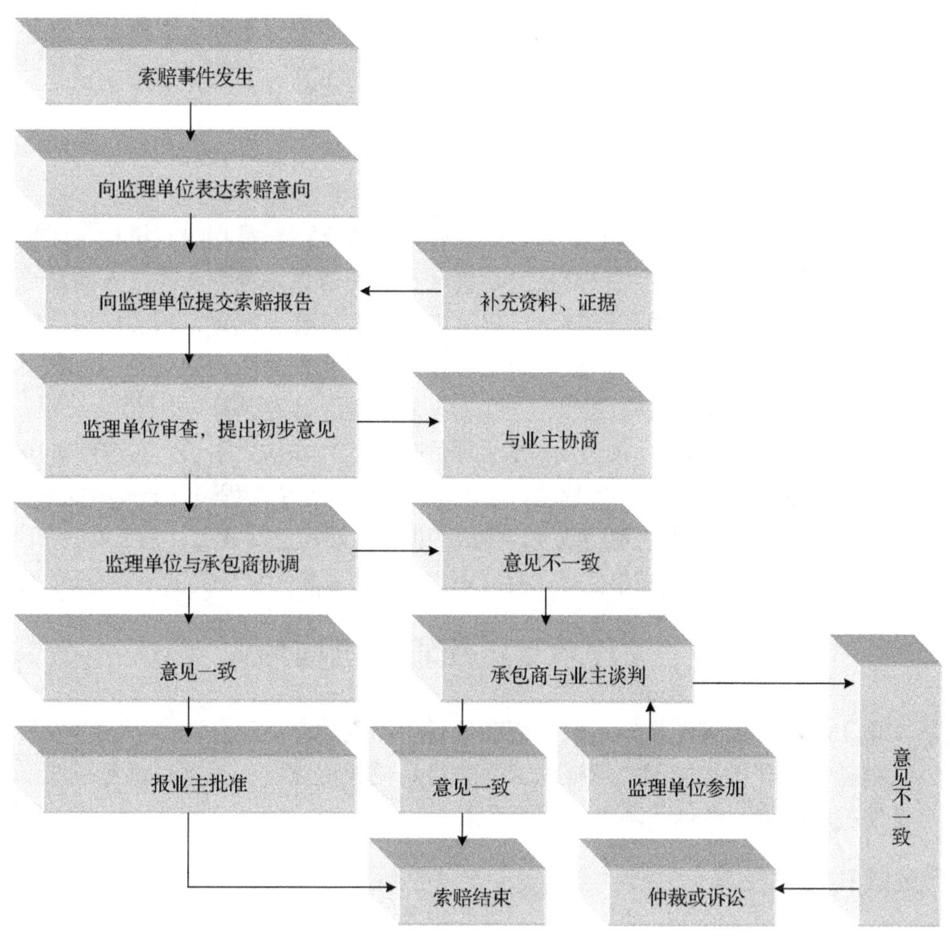

图 6-1　索赔程序

复　习　题

1．简述工程项目施工合同的分类。

2．工程项目施工合同的特点是什么？

3．工程项目施工合同的主要内容有哪些？

4．工程项目施工合同的签订原则是什么？

5．业主与承包商在施工合同管理方面有什么不同？

6．工程项目施工索赔的成立条件有哪些？

7．工程项目施工索赔的程序是什么？

第 7 章　工程项目组织管理

学习目的：了解组织概念；掌握工程项目管理组织机构的形式；了解工程项目组织管理模式；了解项目经理应具备素质与项目团队建设与运行。

学习重点：常用的工程项目组织结构的基本组织模式。

学习难点：工程项目管理主体内组织形式的选择与设计。

组织是工程项目管理的基本职能之一。组织有两种含义：一是指组织机构，即按一定的领导体制、部门设置、层次划分、职责分工。规章制度和信息系统等构成的人的结合体；二是指组织行为，即通过一定权力和影响力，对所需资源进行合理配置，以实现一定的目标。组织构成的要素一般包括管理层次、管理跨度、管理部门和管理职责四个方面。各要素之间密切相关、相互制约，在组织结构设计时，必须考虑各要素间的平衡与衔接。

项目组织是从事项目具体工作的组织，是由项目的行为主体构成的，为完成特定的项目任务而成立的一次性的临时组织。因此，工程项目组织是指为完成整个工程项目分解结构图中的各项工作的个人、单位、部门按一定的规则或规律构成的群体，通常包括业主、施工单位、项目管理单位（监理单位）以及设计和供应单位等，有时还包括投资者和为项目提供服务的部门等。

7.1　工程项目组织管理机构形式

为了实现工程项目的管理目标，使人们在项目中高效地完成工作，必须设计项目管理机构形式。工程项目管理机构的形式应根据工程项目规模和特点、工程项目承包模式、项目管理单位自身情况等确定。常见的项目组织管理形式如下。

7.1.1　直线式组织结构

直线式是一种最简单的组织机构形式。在这种组织机构中，各种职能均按直线垂直排列，项目经理直接进行单线垂直领导。通常独立的单个中小型工程项目都采用直线式组织结构。这种组织形式与项目的结构分解图具有较好的对应性。直线式组织结构如图 7-1 所示。

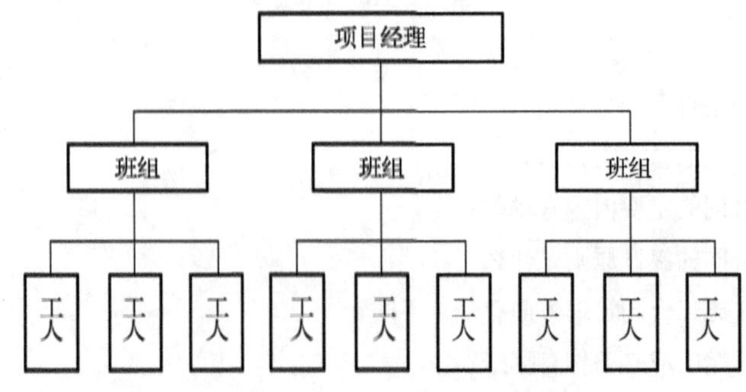

图 7-1　直线式组织结构示意图

直线式组织机构的主要优点是结构简单，权力集中，易于统一指挥，隶属关系明确，职责分明，决策迅速。但由于不设职能部门，领导没有参谋和助手，要求领导者通晓各种业务，成为“全能式”人才。无法实现管理工作专业化，不利于管理水平的提高。

7.1.2　职能式组织结构

职能式组织机构是在个管理层次之间设置职能部门，各职能部门分别从职能角度对下级执行者进行业务管理。在职能式组织机构中，各级领导不直接指挥下级，而是指挥职能部门。各职能部门可以在上级领导的授权范围内，就其所辖业务范围向下级执行者发布命令和指示。职能式组织结构如图 7-2 所示。

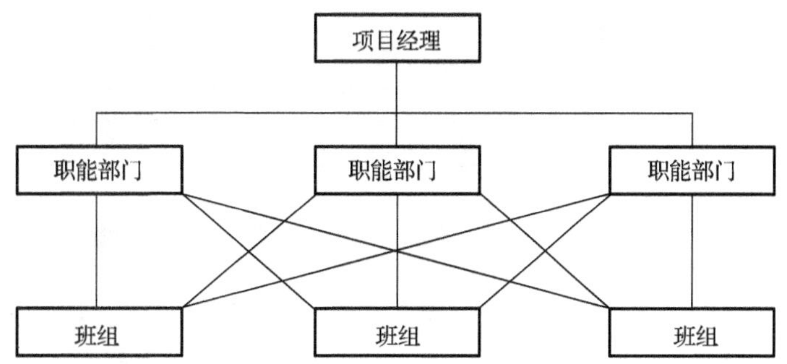

图 7-2　职能式组织结构示意图

职能式组织结构通常适用于工程项目规模大，但子项目又不多的情况。它包括了工程项目经理部的组织形式。

职能式组织结构的主要优点是强调管理业务的专门化，注意发挥各类专家在项目管理中的作用。由于管理人员工作单一，易于提高工作质量，同时可以减轻领导者的负担。但是，由于这种机构没有处理好管理层次和管理部门的关系，形成多头领导，使下级执行者接收多方指令，容易造成职责不清。

在职能式组织结构中，最常见的形式是直线职能式。它吸收了直线制和职能制两种组织机构的优点而形成的一种组织结构形式。与职能制组织结构形式相同的是，在各管理层次之间设置职能部门，但职能部门只作为本层次领导的参谋，在其所辖业务范围内从事管理工作，不直接指挥下级，和下一层次的职能部门构成业务指导关系。职能部门的指令，必须经过同层次领导的批准才能下达。各管理层次之间按直线式的原理构成直接上下级关系。直线职能式组织结构如图 7-3 所示。

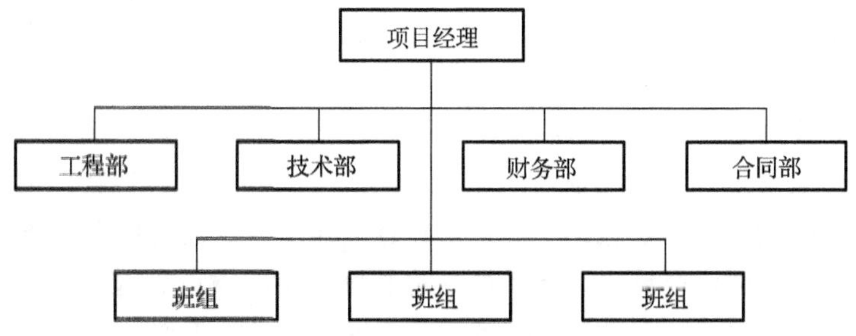

图 7-3　直线职能式组织结构示意图

直线职能式组织结构既保持了直线制统一指挥的特点，又满足了职能制对管理工作专业化分工的要求。其主要特点是集中领导、职责清楚，有利于提高管理效率。但这种组织机构中各职能部门之间的横向联系差，信息传递路线长，职能部门与指挥部门之间容易产生矛盾。

7.1.3 矩阵式组织结构

矩阵式组织机构是把按职能划分的部门和按工程项目（或产品）设立的管理机构，依照矩阵方式有机地结合起来的一种组织机构形式。这种组织机构以工程项目为对象设置，各项目管理机构内的管理人员从各职能部门临时抽调，归项目经理统一管理，待工程完工交付后又回到原职能部门或到另外工程的组织机构中工作。矩阵式组织结构如图 7-4 所示。

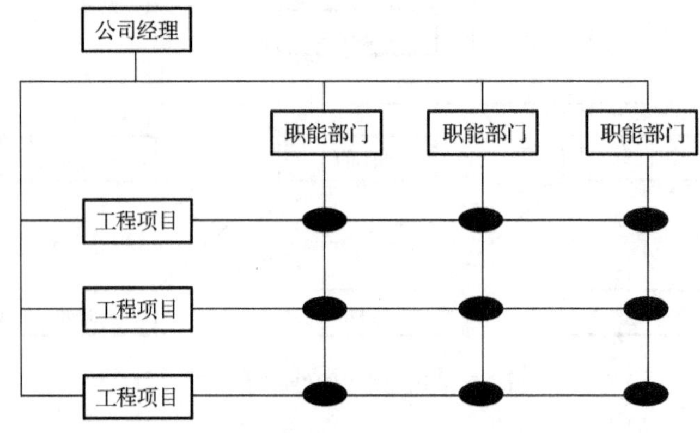

图 7-4　矩阵式组织结构示意图

矩阵式组织机构的优点是能根据工程任务的实际情况灵活地组建与之相适应的管理机构，具有较大的机动性和灵活性。它实现了集权与分权的最优组合，有利于调动各类人员的工作积极性，使工程项目管理工作顺利地进行。但是，矩阵式组织机构经常变动，稳定性差，尤其是业务人员的工作岗位频繁调动。此外，矩阵中的每一个成员都受项目经理和职能部门经理的双重领导，如果处理不当，会造成矛盾，产生扯皮现象。

7.2　工程项目组织管理模式

7.2.1 总分包模式

将工程项目全过程或其中某个阶段（如设计和施工）的全部工作发包给一家资质条件符合要求的承包单位，由该承包单位再将若干专业性较强的部分工程任务发包给不同的专业承包单位去完成，并统一协调和监督各分包单位的工作。这样，业主只与总包单位发生直接关系，而不与各专业分包单位发生关系，如图 7-5 所示。

总分包模式中还有一种特殊的项目组织管理模式——项目总承包管理模式。它是指业主将项目设计与施工的主要部分发包给专门从事设计与施工组织管理的项目管理公司，该公司自己既没有设计力量，也没有施工队伍，而是将其所承接的设计和施工任务全部分包给其他设计单位和施工单位，项目管理公司专心致力于工程项目管理工作。

采用总分包模式的特点如下。

（1）有利于项目的组织管理。由于业主只与总承包商签订合同，合同结构简单，有利于合同管理。同时，由于合同数量少，业主的组织管理和协调工作量小，可发挥总承包商多层次协调的积极性。

（2）有利于控制工程造价。由于总包合同价格可以较早确定，业主可以承担较小风险。

（3）有利于控制工程质量。由于总承包商和分包商之间通过分包合同建立了责、权、利关系，在承包商内部，工程质量既有分包商的自控，又有总承包商的监督管理，从而增加了工程质量监控环节。

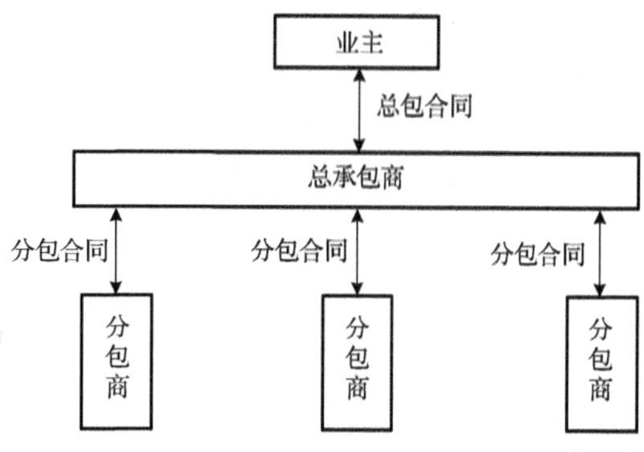

图 7-5　总分包合同结构

（4）有利于缩短建设工期。总承包商具有控制的积极性，分包商之间也有相互制约作用。此外，在工程设计与施工总承包的情况下，由于设计与施工由一个单位统筹安排，两个阶段能够有机地融合，一般均能做到设计阶段和施工阶段的相互搭接。

（5）招标发包工作难度大。由于合同条款不易准确确定，容易造成较多的合同纠纷。对业主而言，尽管合同量最少，但合同管理的难度一般较大。

（6）对总承包商而言，责任重、风险大，需要具有较高的管理水平和丰富的实践经验。当然，获得高额利润的潜力也比较大。

7.2.2　平行承包模式

业主将工程项目的设计、施工以及设备和材料采购的任务分别发包给多个设计单位、施工单位和设备材料供应厂商，并分别与各承包商签订合同，对业主负责。这时，各承包商之间的关系是平行的，如图 7-6 所示。

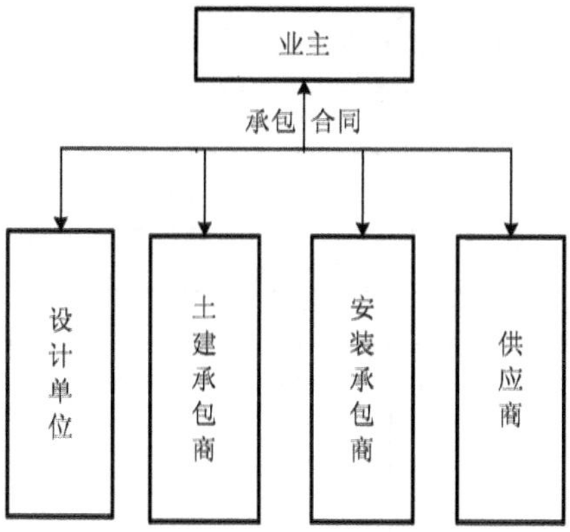

业主
承包合同
设计单位
土建承包商
安装承包商
供应商

图 7-6　平行承包合同结构

采用平行承包模式的特点如下。

（1）有利于业主择优选择承包商。由于合同内容比较单一、合同价值小、风险小，对不具备总承包管理能力的中小承包商较为有利，使他们有可能参与竞争。业主可以在更大的范围内进行选择，为择优选择承包商创造了条件。

（2）有利于控制工程质量。整个工程经过分解分别发包给各承包商，合同约束与相互制约使每一部分能够较好地实现质量要求。如主体工程与装修工程分别由两个施工单位承包，当主体工程不合格时，装修单位不会同意在不合格的主体工程上进行装修，这相当于有了他人控制，比自己控制更有约束力。

（3）有利于缩短建设工期。由于设计和施工任务经过分解分别发包，设计和施工阶段有可能形成搭接关系，从而缩短整个项目的建设工期。

（4）组织管理和协调工作量大。由于合同数量多，使项目系统内结合部分数量增加，要求业主及其委托的监理单位具有较强的组织协调能力。

（5）工程造价控制难度大。一是由于总合同价不易短期确定，从而影响工程造价控制的实施；二是由于工程招标任务量大，需控制多项合同价格，从而增加了工程造价控制的难度。

（6）相对于总承包模式而言，平行承包模式不利于发挥那些技术水平高、综合管理能力强的承包商的综合优势。

7.2.3　联合体承包模式

当工程项目规模巨大或技术复杂、承包市场竞争激烈，由一家公司总承包有困难时，可由几家公司联合起来成立联合体（Joint Venture，JV）去竞争承揽工程建设任务，以发挥各公司的特长和优势。联合体通常由一家或几家公司发起，经过协商确定各自投入联合体的资金份额、机械设备等固定资产及人员数量等，签署联合体章程，建立联合体组织机构，产生联合体代表，以联合体的名义与业主签订工程承包合同。其合同结构如图 7-7 所示。

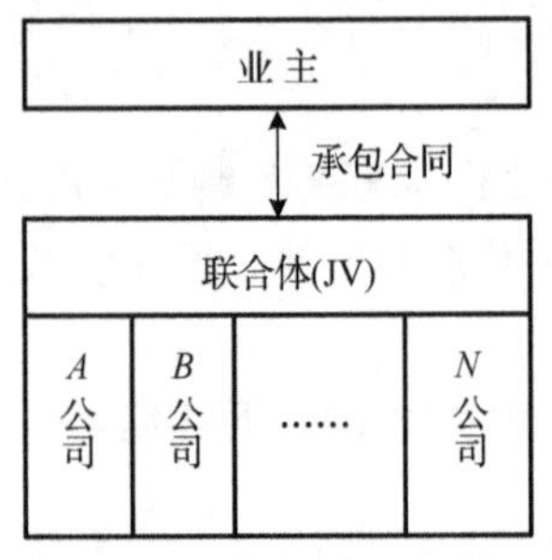

图 7-7　联合体承包合同结构

采用联合体承包模式的特点：

（1）对业主而言，与总分包模式相同，合同结构简单，组织协调工作量小，而且有利于工程造价和建设工期的控制。

（2）对联合体而言，可以集中各成员单位在资金、技术和管理等方面的优势，克服单一公司力不能及的困难，不仅增强了竞争能力，同时也增强了抗风险能力。

7.2.4　合作体承包模式

当工程项目包含工程类型多、数量大，或专业配套需要，一家公司无力实行总承包，而业主又希望承包方有一个统一的协调组织时，就可能产生几家公司自愿结成合作伙伴，成立一个合作体，以合作体的名义与业主签订工程承包意向合同（也称基本合同）。达成协议后，各公司再分别与业主签订工程承包合同，并在合作体的统一计划、指挥和协调下完成承包任务。其合同结构如图 7-8 所示。

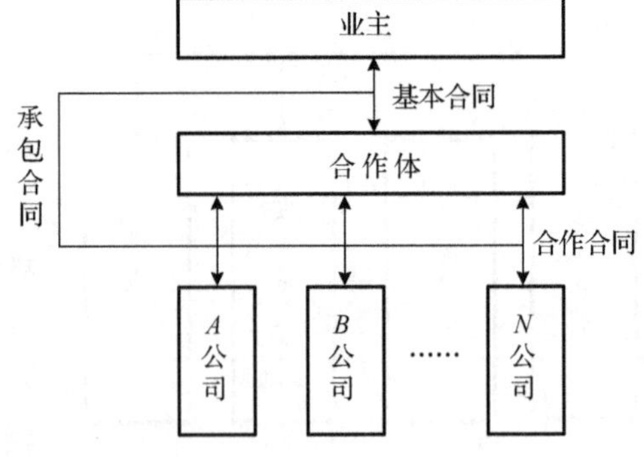

图 7-8　合作体承包合同结构

采用合作体承包模式的特点：

（1）业主的组织协调工作量小，但风险较大。由于承包单位是一个合作体，各公司之间能相互协调，从而减少了业主的组织协调工作量。但当合作体内某一家公司倒闭破产时，其他成员单位及合作体机构不承担项目合同的经济责任，这一风险由业主承担。

（2）各承包商之间既有合作的愿望，又不愿意组成联合体。参加合作体的各成员单位都没有与建设任务相适应的力量，都想利用合作体增强总体实力。他们之间既有合作的愿望，但又出于自主性的要求，或彼此之间信任度不够，不采取联合体的捆绑式经营方式。

7.2.5　其他承包模式

其他承包模式见表 7-1。

表 7-1　其他承包模式

承包模式	定　义	特　点
EPC 承包模式	指一家总承包商或承包商联合体对整个工程的设计（Engineering）、材料设备采购（Procurement）、工程施工（Construction）实施全面、全过程的“交钥匙”承包	（1）业主组织协调工作量少，但合同管理难度大。 （2）有利于控制工程造价。 （3）有利于缩短建设工期。 （4）对总承包商而言，责任重、风险大，需要具有较高的管理水平和丰富的实践经验
CM 承包模式	由业主委托一家 CM 单位承担项目管理工作，该 CM 单位以承包商的身份进行施工管理，并在一定程度上影响工程设计活动，组织快速路径（Fast-Track）的生产方式，使工程项目实现有条件的“边设计、边施工”	（1）采用快速路径法施工。 （2）CM 单位有代理型（Agency）和非代理型（Non-Agency）两种。代理型的 CM 单位不负责工程分包的发包，与分包商的合同有业主直接签订。而非代理型的 CM 单位直接与分包商签订分包合同。 （3）CM 合同采用成本加酬金方式
Partnering 模式	在充分考虑建设各方利益的基础上确定建设工程共同目标的一种管理模式，它一般要求业主与参建各方在相互信任、资源共享的基础上达成一种短期或长期的协议，通过建立工作小组相互合作，及时沟通以避免争议和诉讼的产生，共同解决建设工程实施过程中出现的问题，共同分担工程风险和有关费用，以保证参与各方目标和利益的实现	（1）出于自愿； （2）高层管理的参与； （3）Partnering 协议不是法律意义上的合同； （4）信息的开放性

7.3　施工企业的项目经理与项目团队

7.3.1　施工企业项目经理

建筑施工企业项目经理，是指受企业法定代表人委托，对工程项目施工过程全面负责的项目管理者，是建筑施工企业法定代表人在工程项目上的代表人。

1. 项目经理的作用

（1）项目经理是企业任命的一个项目的项目管理班子的负责人，但它并不一定是一个企业法定代表人在工程项目的代表人，因为一个企业法定代表人在工程项目上的代表人在法律上赋予其的权限范围太大；

（2）项目经理的任务仅限于主持本项目管理工作，其主要任务是项目目标的控制和组织协调；

（3）在有些文献中明确界定，项目经理不是一个技术岗位，而是一个管理岗位；

（4）项目经理是一个组织系统中的管理者，至于他是否有人权、财权和物资采购权等管理权限，则由其上级确定。

2. 项目经理的职责

（1）贯彻执行国家和工程所在地政府的有关法律、法规和政策，执行企业的各项管理制度；

（2）严格财务制度，加强财经管理，正确处理国家、企业与个人利益关系；

（3）执行项目承包合同中由项目经理负责履行的各项款项；

（4）对工程项目施工进行有效控制，执行有关技术规范和标准，积极推广应用新技术，确保工程质量和工期，实现安全、文明生产，努力提高经济效益。

3. 项目经理的权力

项目经理在承担工程项目施工的管理过程中，应当按照建筑施工企业与建设单位签订的工程承包合同，与本企业法定代表人签订项目承包合同，并在企业法定代表人授权范围内，行使以下管理权力：

（1）组织项目管理班子；

（2）以企业法定代表人的代表身份处理与所承担的工程项目有关的外部关系，受托签署有关合同；

（3）指挥工程项目建设的生产经营活动，调配并管理进入工程项目的人力、资金、物资、机械设备等生产要素；

（4）选择施工作业队伍；

（5）进行合理的经济分配；

（6）企业法定代表人授予的其他管理权力。

4. 项目经理的主要任务

项目经理的主要任务有施工安全管理、施工成本管理、施工进度控制、施工质量控制、工程合同管理、工程信息管理、工程组织与协调等。

5. 项目经理应具备的素质与能力

1）项目经理应具备的素质

在市场经济环境中，项目经理的素质是最重要的，特别对专业化的项目经理。不仅应具备一般领导者的素质，还应符合项目管理的特殊要求。

（1）项目经理应有高度的使命感和社会责任感。注重社会公德，注重项目对社会的贡献和历史作用，保障社会利益与保护生态环境，严守法律和规章，具有全局的观念。

（2）项目经理对企业和其他项目相关者负有职业责任。项目经理必须有良好的职业道德，将用户利益放在首位，不以权谋私，有工作热情和敬业精神，努力完成任务。

（3）由于项目是一次性的，项目管理是常新的工作，富于挑战性，所以他应具有创新精神，务实的态度，有强烈的管理雄心和愿望，勇于决策，勇于承担责任和风险，并努力追求工作的完美。

（4）为人诚实可靠，讲究信用，言行一致，实事求是。以项目的总目标和整体利益出发，公平公正地对待各方利益。

（5）任劳任怨，忠于职守。

（6）具有团队精神，能够与他人合作共事。

2）项目经理的能力

项目经理业务素质是各种能力的综合体现，包括核心能力、必要能力和增效能力三个层次。其中，核心能力是创新能力；必要能力包括决策能力、组织能力和指挥能力；增效能力包括控制能力和协调能力。这些能力是项目经理有效地行使职责，充分发挥领导作用所应具备的主观条件。

（1）创新能力。创新能力是项目经理在项目管理活动中，善于敏锐地发现问题，提出大胆而新颖的推测和设想，继而拿出可行的解决方案的能力。项目经理的创新能力关系到项目的成败和投资效益的好坏。

（2）决策能力。决策能力是指项目经理根据外部经营条件和内部经营实力，构建多种建设管理方案并选择合理方案、确定建设方向的能力。项目经理的决策能力是项目组织生命机制旺盛的重要因素，也是检验其领导水平的一个重要标志。

（3）组织能力。组织能力是指项目经理为了实现项目目标，运用组织理论指导项目建设活动，有效地、合理地组织各个要素的能力。如果项目经理具有高度的组织能力，并能充分发挥，就能使项目建设活动形成一个有机的整体，保证其高效率地运转。

（4）指挥能力。项目经理的指挥能力，表现在正确下达命令的能力和正确指导下级的能力两个方面。坚持下达命令的单一性和指导的多样性的统一，是项目经理指挥能力的基本内容。

（5）控制能力。项目经理的控制能力，体现在自我控制能力、差异发现能力和目标设定能力等方面。自我控制能力，是指项目经理通过检查自己的工作，进行自我调整的能力；差异发现能力，是对执行结果与预期目标之间产生的差异能及时测定和评议的能力；目标设定能力，是指项目经理应善于制定量化的工作目标和与实际结果进行比较的能力。

（6）协调能力。协调能力是指项目经理解决各方面的矛盾，使各部门以及全体工，为实现项目目标密切配合、统一行动的能力。协调能力具体表现在以下几个方面。

① 解决矛盾的能力。由于人与人之间在职责分工和收益分配上的差异和认识水平上的不同，不可避免地会出现各种矛盾。项目经理应善于分析产生矛盾的根源，掌握矛盾的主要方面，提出解决矛盾的良方。

② 沟通能力。项目管理中出现不协调的现象，往往是由于沟通不到位。为此，项目经理应具有及时沟通情况、善于交流思想的能力。

③ 鼓动和说服能力。项目经理应有谈话技巧，给人以激励和鼓舞。

当然，项目经理业务能力的高低，在很大程度上取决于其知识水平的高低，因此他应具有广博的理论知识和丰富的实践知识。

7.3.2　项目团队

项目团队是指一组相互联系、同心协力工作，以实现项目目标，满足项目需求的人员集合体。一个有效协作的团队，一方面需要项目经理作出努力，另一方面也需要项目团队中每位成员积极努力地工作。

1. 项目团队的特点

（1）共同的目标。对于一个项目，要使项目团队工作有成效，每个团队成员必须有明确的任务，因为项目成员要完成的任务是项目目标分解的结果。

（2）合理分工与协作。每个成员都应该明确自己的任务、权力和职责，以及各个成员之间的相互关系，这才能形成一个真正的项目团队。

（3）高度的凝聚力。凝聚力指成员在项目内的团结与吸引力、向心力，也是维持项目团队正常运转的所有成员之间的相互吸引力。

（4）团队成员相互信任。成功团队的另一重要特征就是信任，一个团队成效的大小受到团队成员相互信任程度的影响。

（5）有效的沟通。高效的项目团队还需具有全方位的、各种各样的信息沟通渠道，保证沟通直接、高效、层次少，提高项目团队凝聚力。

2. 项目团队的组建

一个项目团队从开始到终止，是一个不断成长和变化的过程，这个过程一般分为五个阶段：组建阶段、磨合阶段、正规阶段、成效阶段和解散阶段。

（1）组建阶段。一方面，团队成员收集有关项目的信息，试图弄清项目的意义。另一方面，团队成员研究和学习项目，明确自己的目标和任务。

（2）磨合阶段。团队形成之后，队员已经明确了项目的工作内容以及各自的职责，于是开始执行分配到的任务，进入磨合阶段。在此阶段，问题逐渐暴露，工作气氛趋于紧张，团队士气较组建阶段明显下沉，成员之间由于立场、观念、方法、行为等方面的差异而产生各种冲突，甚至出现敌视、强烈情绪以及向领导者挑战的情形。

（3）规范化阶段。经受了磨合期的考验，团队成员之间、团队与项目经理之间的关系已确立。人们逐渐发展出融洽的关系。团队经过这个社会化的过程后，建立了忠诚和友谊。

（4）执行与成效阶段。在该阶段，团队运营结构完全有效并被成员所接受。团队精神和集体的合力在这一阶段得到了充分的体现，每位队员在这一阶段的工作和学习中都取得了长足的进步和巨大的发展，这是一个 1+1>2 的阶段。

（5）解散阶段。随着项目的竣工，该项目团队解散。

复　习　题

1. 职能式、直线式、矩阵式项目组织形式分别有哪些优缺点？适用范围如何？
2. 工程项目组织管理模式有哪些？各有哪些特点？
3. 项目经理应具备哪些素质？
4. 试阐述项目团队的建设与运行。

第 8 章　工程项目质量管理

学习目的： 理解质量管理的基本概念；理解质量管理的 PDCA 循环；理解工程项目质量控制的内涵；了解工程项目施工质量验收的划分和要求；熟悉常用的质量数据及其计算方法；掌握排列图、因果分析图、频数分布直方图等分析方法；了解分层法及相关图法等分析方法。

学习重点： 常用的质量数据及其计算方法；排列图、因果分析图、频数分布直方图等分析方法。

学习难点： 频数分布直方图分析方法。

8.1　概　　述

8.1.1　质量与质量管理

1. 质量与工程项目质量

质量有狭义和广义两种含义。狭义的质量是指产品本身所具有的特性。产品本身特性一般包含五个内容，即性能、寿命、可靠性、安全性和经济性。其中性能是指为达到产品的使用目的所提出的各项功能要求，即产品应达到的设计和使用要求；寿命是指在规定的条件下，能够工作的期限；可靠性指产品在规定的时间和条件下，完成规定工作的能力；安全性是指产品在使用过程中确保安全的程度；经济性是指产品在建造和使用过程中所支付费用的多少。广义的质量除包括产品本身所具有的特性外，还包含形成产品过程和使用产品过程中的工作质量。工作质量是指企业的经营管理、技术、组织、服务等各项工作对于提高产品质量的保证程度。工作质量主要由信息工作质量、研究开发设计工作质量、组织生产工作质量、经营管理工作质量、技术工作质量、服务工作质量等组成。

建设工程项目质量是指通过项目实施形成的工程实体的质量，是反映建筑工程满足相关标准规定或合同约定的要求。其质量特性主要体现在适用性、安全性、耐久性、可靠性、经济性及与环境的协调性六个方面。

2. 质量管理与工程项目质量管理

质量管理就是在一定技术经济条件下，为保证和提高产品质量而进行的一系列管理工作。这些管理工作通常包括质量方针和质量目标的建立、质量策划、质量控制、质量保证和质量改进等。

工程项目质量管理是指在工程项目实施过程中，指挥和控制项目参与各方关于质量的相互协调的活动，是围绕着使工程项目满足质量要求，而开展的策划、组织、计划、实施、检查、监督和审核等所有管理活动的总和。由于建筑产品质量是关系到建筑产品能否发挥效用以及企业声誉好坏的重要因素。建筑业企业要把质量管理作为企业管理的最主要工作抓紧抓好。

8.1.2 工程项目质量管理原则

1. 坚持以顾客为关注焦点

顾客是组织的生存基础，没有顾客组织将无法生存。工程质量是建筑产品使用价值的集中体现，用户最关心的就是工程质量的优劣。因此，组织在项目施工中必须树立以顾客为关注焦点的目标，切实保证质量。

2. 坚持以人为控制核心

人是质量的创造者。一方面质量控制应该“以人为本”，把人作为质量控制的动力，在管理中充分发挥人的积极性、创造性，只有这样，项目质量控制才能达到既定的目标；另一方面工程质量是项目各方面、各部门、各环节工作质量的集中反映，提高工程项目质量依赖于上自项目经理下至一般员工的共同努力。所以，质量控制必须坚持“以人为控制核心”，做到人人关心质量控制，人人做好质量控制工作。

3. 坚持预防为主

预防为主的思想，是指事先分析影响产品质量的各种因素，找出主导因素，采取措施加以重点控制，使质量问题消灭在发生之前或萌芽状态，做到防患于未然。提倡严格把关和积极预防相结合，并以预防为主的方针，才能使工程质量在施工全过程处于控制之中。

4. 坚持和提升质量标准

质量标准是评价工程质量的尺度，数据是质量控制的基础。工程质量是否持续符合质量要求，必须通过严格检查加以控制。同时，努力提升质量标准的水平，进而保证组织的质量竞争力和增强顾客的满意度。

5. 坚持持续的过程控制

围绕质量目标坚持持续的过程控制是项目质量管理的基础。过程指的就是工程质量产生、形成和实现的过程。质量控制不能仅限于施工过程，必须贯穿于从勘察设计直到使用维护的全过程，把所有影响工程质量的环节和因素控制起来，有机地协调好各个过程的接口问题，坚持持续不断的改进和管理，使过程的质量风险降至最低。

8.1.3 全面质量管理

全面质量管理（Total Quality Management）是 20 世纪中叶开始在欧美和日本广泛应用的质量管理理念和方法，我国从 20 世纪 80 年代开始引进和推广全面质量管理。全面质量管理是指一个组织以产品质量为核心，以全员参与为基础，目的在于通过让顾客满意和本组织所有者及社会等相关方受益而建立起一套科学严密高效的质量体系，从而提供满足用户需要的产品的全部活动，达到长期成功的管理途径。

全面质量管理的主要特点如下。

（1）全面质量管理的对象是全面的。既对产品质量进行管理，又对工作质量进行管理，是针对广义的质量要求进行的管理。

（2）全面质量管理的范围是全面的。即对一项工程从可行性研究、勘察设计、现场施工、竣工验收及交工后维修服务的全过程都进行质量管理。

（3）全面质量管理的参与者是全面的。即企业各个部门、各个岗位的全体成员都参与质量管理，通过全体成员的工作质量来保证最终的产品质量。

（4）全面质量管理的手段方法是全面的。由于影响产品质量的因素多种多样，相互关系错综复杂，所以，要针对具体情况采用技术的、经济的、管理的、组织的、制度的手段方法进行质量管理。

8.1.4　质量管理的 PDCA 循环

质量管理工作的运转方式是 PDCA 循环。即质量管理工作体系按计划（Plan）、实施（Do）、检查（Check）、处理（Action）四个阶段，把企业管理工作开展起来。PDCA 循环是美国质量管理专家戴明（W.E.Deming）根据质量管理工作经验总结出来的一种科学的质量管理工作方法和工作程序，因此 PDCA 循环也称戴明环，如图 8-1 所示。

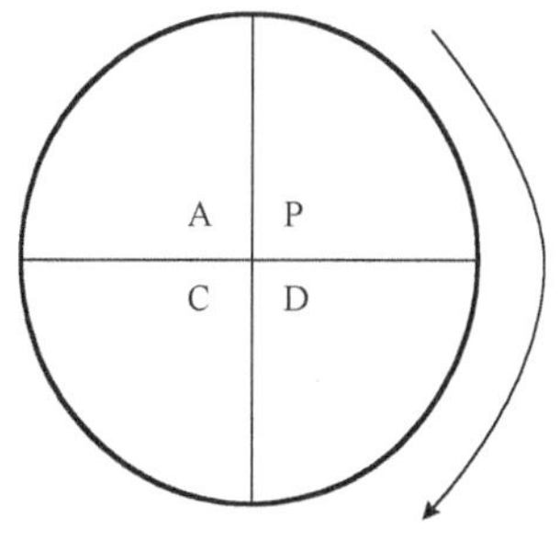

图 8-1　质量管理工作运行方式

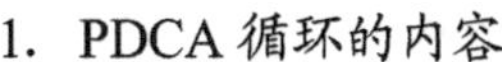
1. PDCA 循环的内容

PDCA 循环的内容包括四个阶段、八个步骤。

1）计划阶段

明确提出质量管理方针目标、制订出改进措施计划。计划阶段包括四个步骤。

第一步：调查分析质量现状，找出存在的质量问题。

第二步：分析产生质量问题的各种原因或影响因素。

第三步：找出影响质量的主要原因或影响因素。

第四步：针对主要原因或影响因素制订改进措施计划。

2）实施阶段

按制订的改进措施计划组织贯彻执行。实施阶段只有一个步骤。

第五步：按计划组织实施。

3）检查阶段

通过计划要求和实施结果的对比，检查计划是否得以实现。检查阶段只有一个步骤。

第六步：对照计划，检查实施结果。

4）处理阶段

就是对检查结果好的，给以肯定；对检查结果差的，找出原因，准备改进。处理阶段有两个步骤。

第七步：总结成功经验，制定标准。

第八步：将遗留问题转入下一个 PDCA 循环中。

2. PDCA 循环的特点

作为质量管理工作体系运转方式的 PDCA 循环，有以下四个特点。

（1）完整性。四个阶段、八个步骤一个不少地做完，才算完成了一件工作，缺少任何一个内容，都不是 PDCA 循环。

（2）程序性。四个阶段、八个步骤必须按次序进行，既不能颠倒着做，又不能跳跃着做。

（3）连续性与渐近性。计划、实施、检查、处理不间断地循环进行，这就是 PDCA 循环的连续性。每经过一个 PDCA 循环，都会使质量有所提高，即下一个 PDCA 循环是在上一个 PDCA 循环已经提高了的质量水平之上进行的。这样，PDCA 循环的连续运转，就使质量水平得到提高。这是 PDCA 循环的渐近性，如图 8-2(a)所示。

（4）系统性。PDCA 循环作为一种科学的工作程序，可应用于企业各方面的管理工作。企业有 PDCA 循环，项目经理部有 PDCA 循环，施工队、班组以及个人都有 PDCA 循环，并且下面的 PDCA 循环服从上面的 PDCA 循环，上面的 PDCA 循环指导约束下面的 PDCA 循环。企业上下形成一个大环套小环，小环保大环的 PDCA 循环系统，如图 8-2(b)所示。

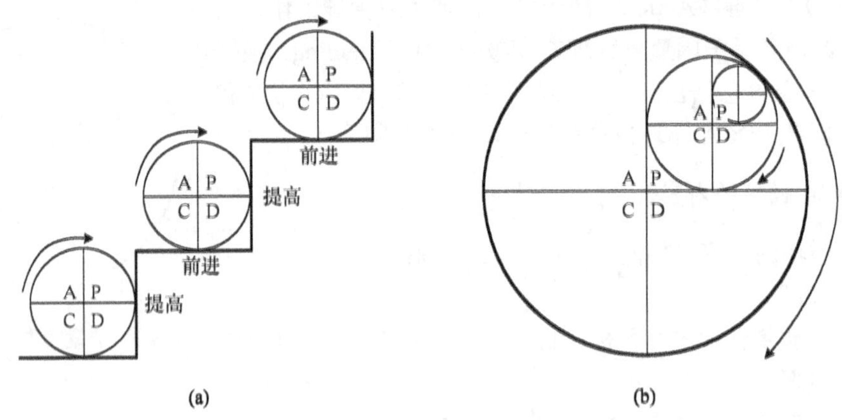

图 8-2　PDCA 循环示意图

8.2　工程项目质量控制

8.2.1　项目质量控制的目标与内容

质量控制是质量管理的一部分，致力于满足质量要求。质量控制的目标就是实现由项目决策所决定的项目质量要求，使项目的适用性、安全性、耐久性、可靠性、经济性及与环境的协调性等方面满足建设单位需要并符合国家法律、行政法规和技术标准、规范的要求。质量控制的范围涉及项目质量形成全过程的各个环节。质量控制的工作内容包括了作业技术和活动，即包括专业技术和管理技术两方面。质量控制应贯彻预防为主与检验把关相结合的原则，在项目形成的每一个阶段和环节，即质量环的每一阶段，都应对影响其工作质量的人、机、料、法、环（4M1E）因素进行控制，并对质量活动的成果进行分阶段验证，以便及时发现问题，查明原因，采取措施，防止类似问题重复发生，并使问题在早期得到解决，减少经济损失。

8.2.2　项目决策阶段的质量控制

项目决策阶段包括项目的可行性研究和项目决策。项目的可行性研究直接影响项目的决策质量和设计质量。所以，在项目的可行性研究中，应进行方案比较，提出对项目质量的总体要求，使项目的质量要求和标准符合项目所有者的意图，并与项目的其他目标相协调，与环境目标相协调。项目决策是影响项目质量的关键阶段，项目决策的结果应能充分反映项目所有者对质量的要求和意愿。在项目决策过程中，应充分考虑项目费用、时间和质量等目标之间的对立统一关系，确定项目应达到的质量目标和水平。

8.2.3　项目设计阶段的质量控制

项目设计阶段是影响项目质量的决定性环节，没有高质量的设计就没有高质量的项目。在项目设计过程中，应针对项目特点，根据决策阶段已确定的质量目标和水平，使其具体化。设计质量是一种适合性质量，即通过设计，应使项目质量适应项目使用的要求，以实现项目的使用价值和功能；应使项目质量适应项目环境的要求，使项目在其生命周期内安全、可靠；应使项目质量适应用户的要求，使用户满意。实现设计阶段质量控制的主要方法是方案优选、价值工程等。

8.2.4　项目施工阶段的质量控制

工程施工中的质量控制属于生产过程的质量控制。施工质量控制不仅要保证工程的各个要素（材料、设备、工作过程、工艺等）符合规定（合同、设计文件、质量保证体系）要求，而且要保证各部分的成果，即分部分项工程符合规定，还要保证最终整个工程符合质量要求，达到预定的功能，整个系统能够经济、安全、高效地运行。这个阶段质量控制的对象是承（分）包商、供应商或工程小组。

1. 质量影响因素的控制

影响工程项目质量的因素主要有五大方面：人、材料、设备、方法和环境。对这五方面的因素予以控制，是保证工程项目质量的关键。

1）人的控制

人是指直接参与工程建设的决策者、组织者、指挥者和操作者。人，作为控制的动力，是要充分调动人的积极性，发挥其主导作用；作为控制的对象，是要避免产生失误。因此，应提高人的素质，健全岗位责任制，改善劳动条件，公平合理地激励劳动热情；应根据项目特点，从确保质量出发，在人的技术水平、人的生理缺陷、人的心理行为和人的错误行为等方面控制人的使用；更为重要的是提高人的质量意识，形成人人重视质量的项目环境。

2）材料的控制

材料主要包括原材料、成品、半成品、构配件和周转材料等。各类材料是工程施工的基本物质条件，材料质量是工程质量的基础。对材料的质量控制主要通过严格的检查验收，正确合理的使用，进行收、发、储、运的技术管理，杜绝使用不合格材料等环节来进行控制。

3）机械设备的控制

机械设备的控制，包括生产机械设备控制和施工机械设备控制。

生产机械设备的控制：在工程项目设计阶段，主要是控制设备的选型和配套；在工程项目施工阶段，主要是控制设备的购置、设备的检查验收、设备的安装质量和设备的试车运转。要求按生产工艺、配套投产、充分发挥效能来确定设备类型；按设计选型购置设备；设备进场时，要按设备的名称、型号、规格、数量的清单逐一检查验收；设备安装要符合有关设备的技术要求和质量标准；试车运行正常，要能配套投产。

施工机械设备的控制：在项目施工阶段，必须综合考虑施工现场条件、建筑结构形式、机械设备性能、施工工艺和方法、施工组织与管理、建筑技术经济等各种因素，制订出合理的机械化施工方案，使之合理装备、配套使用、有机联系，以充分发挥建筑机械的效能，力求获得较好的综合经济效益。

施工机械设备是实现施工机械化的重要物质基础，是现代化工程建设中必不可少的设施，对工程项目的施工进度和质量均有直接影响。从保证工程项目施工质量角度出发，应着重从机械设备的选型、机械设备的主要性能参数和机械设备的使用操作要求三方面予以控制。

4）方法的控制

方法的控制也可称为对技术因素的控制。广义的方法控制是指施工承包企业为完成项目施工过程而采取的施工方案、施工工艺、施工组织设计、施工技术措施、施工检测手段和施工程序安排所进行的控制；而狭义的方法则是指对施工方案所进行的控制，它要求施工承包企业做出的施工方案应结合工程实际，能解决工程难题，从技术、组织、管理、工艺、操作、经济等方面进行全面分析、综合考虑，力求方案技术可行、经济合理、工艺先进、措施得力、操作方便，有利于提高质量、加快进度、降低成本。

5）环境的控制

影响工程项目质量的环境因素较多，有工程技术环境，如工程地质、水文、气象等；工程管理环境，如质量保证体系、质量管理制度和各参建单位之间的协调等；劳动环境，如劳动组合、劳动工具、工作面等。环境因素对工程质量的影响，具有复杂而多变的特点，如气象条件就变化万千，温度、湿度、大风、暴雨、酷暑、严寒都直接影响工程质量，往往前一工序是后一工序的环境，前一分项、分部工程是后一分项、分部工程的环境。因此，根据工程特点和具体条件，应对影响质量的环境因素，采取有效的措施严加控制。尤其在施工现场，应建立起文明施工和文明生产的环境，保持材料、构配件堆放有序，道路畅通，工作场所清洁整齐，施工秩序井井有条，从而为确保工程质量和施工安全创造良好条件。

2. 施工阶段质量控制的基本环节

根据项目实施的不同时间阶段，可以将工程项目实施阶段的质量控制分为事前控制、事中控制和事后控制。

1）事前质量控制

在项目实施前所进行的质量控制就称为事前质量控制，其控制的重点是做好项目实施的准备工作，分析可能导致质量目标偏离的各种影响因素，针对这些影响因素制定有效的防范措施，防患于未然。该项工作应贯穿于项目实施的全过程。其主要工作内容如下。

（1）技术准备。熟悉和审查项目的有关资料、图样；调查分析项目的自然条件、技术经济条件；确定项目实施方案及质量保证措施；确定计量方法和质量检测技术等。

（2）物质准备。对项目所需材料、构配件的质量进行检查与控制，对永久性生产设备或装置进行检查与验收；对项目实施中所使用的设备或装置应检查其技术性能，不符合质量要求的禁止使用；准备必备的质量检测设备、机具及质量控制所需的其他物质。

（3）组织准备。建立项目组织机构及质量保证体系，指派管理者代表；对项目参与人员分层次进行培训教育，提高其质量意识和素质；建立与保证质量有关的岗位责任制等。

（4）现场准备。不同的项目现场准备的内容亦不相同。例如，建筑施工项目的现场准备包括控制网、水准点标桩的测量；“五通一平”，生产、生活临时设施等的准备；组织机具、材料进场；拟定有关试验、试制和技术进步项目计划等；软件开发项目的现场准备包括清理机房、安装调试硬件设备、调试网络等。

2）事中质量控制

在项目实施过程中对影响施工质量的各种因素所进行的质量控制就是事中控制。事中质量控制的目标是确保工序质量合格，杜绝质量事故发生；控制的关键是坚持质量标准；控制的策略是全面控制实施过程，重点控制工序质量、工作质量和质量控制点。其具体措施是：工序交接有检查，质量预控有对策，项目实施有方案，质量保证措施有交底，动态控制有方法，配制材料有试验，隐蔽工程有验收，项目变更有手续，质量处理有复查，行使质控有否决，质量文件有档案。

3）事后质量控制

一个项目、工序或工作完成形成成品或半成品的质量控制称为事后质量控制。事后质量控制包括对质量活动结果的检查、验收及评定；对工序质量偏差的纠正；对不合格产品进行整改和处理。控制的重点是发现施工质量方面的缺陷，并通过分析提出施工质量改进的措施，保持质量处于受控状态。

因此，施工阶段的质量管理可以理解成对所投入的资源和条件、对生产过程各环节、对所完成的工程产品进行全过程质量检查与控制的一个有机的系统过程。这三项控制活动实质上就是质量管理 PDCA 循环的具体化，在每一次滚动循环中不断提高，达到质量控制的持续改进。

3. 施工过程中的质量控制

工程施工过程中的质量控制可分为两个层次：第一层是实施单位（如承包商、供应商、工程小组）内部建立质量控制系统，包括领导、协调、计划、组织、控制等，通过生产过程的内部监督和调整及质量检查达到质量保证的目标。第二层是项目经理行使对质量的控制权，包括行使质量检查的权力；行使对承包商质量管理体系和质量文件的批准、确认、变更权力；对不符合质量标准的工程（包括材料、设备、工程）的处置权力；在工程中做到隐蔽工程不经签字不得覆盖；上道工序间不经质量验收，下道工序不能施工；已完分项工程不经质量检查，不能验收，不能量方，不能结算工程价款。

1）工序质量控制

工序是指一个（或一组）工人在一个工作地对一个（或若干个）劳动对象连续完成的各项生产活动的总和。工序质量包括两方面内容：一是工序活动条件的质量；二是工序活动效果的质量。就质量控制而言，这两者是互为关联的。一方面要控制工序活动条件的质量，使每道工序投入品的质量符合要求；另一方面应控制工序活动效果的质量，使每道工序所形成的产品（或结果）达到其质量要求或标准。

工序质量控制的原理是：采用数理统计方法，通过对工序样本数据进行统计、分析，来判断整个工序质量的稳定性。若工序不稳定，则应采取对策和措施予以纠正，从而实现对工序质量的有效控制。其基本步骤如下。

（1）检测。采用必要的检测工具和手段，抽取工序样本并对工序样本进行检测。

（2）分析。采用数理统计方法对所得数据进行分析，为正确判断工序质量状况提供依据。

（3）判断。根据分析结果，判断工序状态。如数据是否符合正态分布状态；是否在控制图的控制界限之间；是否在质量标准规定的范围之内；是属于正常状态还是异常状态；是由偶然因素引起的质量变异，还是由系统因素引起的质量变异等。

（4）对策。根据判断的结果，采取相应的对策。若出现异常情况，则应查找原因，予以纠正，并采取措施加以预防，以达到控制工序质量的目的。

工序质量控制的基本原则是：严格遵守工序作业标准或规程，主动控制工序活动条件的质量，及时控制工序活动效果的质量，合理设置工序质量控制点。工序质量控制点是指在不同时期工序质量控制的重点。质量控制点的涉及面较广，根据项目的特点，质量控制点可能是材料、操作环节、技术参数、设备、作业顺序、自然条件、项目环境等。质量控制点的设置，主要视其对质量特征影响的程度及危害程度加以确定。

2）工程质量检查

工程质量检查是按照国家施工及验收规范、质量标准所规定的检查项目，用规定的方法和手段，对分项工程、分部工程和单位工程进行质量检测，并与质量标准的规定相比较，确定工程质量是否符合要求。

在工程项目施工中，应建立并认真贯彻执行以下质量检查制度。

（1）原材料、半成品和各种加工预制品的检查制度。

材料产品质量的优劣是保证工程质量的基础。在订货时应依据质量标准签订合同，必要时应先鉴定样品，经鉴定合格的样品应予封存，作为材料验收的依据。必须保证材料符合质量标准和设计要求方可使用。

（2）班组的自检和交接制度。

按照生产者负责质量的原则，所有生产班组必须对本班组的操作质量负责。完成或部分完成施工任务时，应及时进行自检，如有不合格的项目应及时进行返工处理，使其达到合格的标准。而后，经工长组织质量检查员和下道工序的生产班组进行交接检查，确认质量合格后，方可进行下道工序施工。

（3）隐蔽工程验收制度。

隐蔽工程验收是指将被其他分项工程所隐蔽的分项工程或分部工程，在隐蔽前所进行的验收。隐蔽工程验收的主要项目有：地基基础、主体结构各部位钢筋、现场结构焊接、防水工程等。隐蔽工程验收后，要办理隐蔽工程验收手续，列入工程档案。对于隐蔽工程验收中提出的不符合质量标准的问题，要认真处理，处理后要经复核合格并写明处理情况。未经隐蔽工程验收或验收不合格的，不得进行下道工序施工。

（4）预检制度。

预检是指该分项工程在未施工前所进行的预先检查。预检的项目主要有：建筑物位置线、基础尺寸线、模板、墙体轴线和门窗洞口位置线、楼层 50cm 水平线等。预检后要办理预检手续，列入工程档案。对于预检中提出的不符合质量标准的问题，要认真处理，处理后要经复核合格并写明处理情况。未经预检或预检不合格的，不得进行下一道工序施工。

（5）基础、主体工程检查验收制度。

单位工程的基础完成后必须进行验收，方可进行主体工程施工；主体工程完成后必须经过验收，方可进行装修施工。结构验收可以分阶段进行，一般工程在主体完成后，作一次结构验收。有人防地下室的工程，可分两次进行结构验收（地下室一次、主体一次）。如需提前装修的工程，可分层进行验收。结构验收单经建设单位、设计单位、施工单位三方代表签证后，由质量监督站进行核验。

3）工程质量监督

（1）工程开工前，建设单位应持建设单位介绍信、施工许可证、开工批准书（外国企业还需要工商行政管理部门批准的登记注册证件）、工程的基本情况和地质勘探报告、设计图纸等到质量监督站办理注册监督手续，并按规定交纳监督费。质量监督站在办理注册监督手续后，确定该工程的质量监督员，拟定质量监督计划，确定质量监督重点，并进行质量监督工作的交底。

（2）工程施工中，质量监督站按确定核验的部位和项目进行检查，并随时对施工质量进行抽查。对质量监督站确定核验的部位、项目，工程项目的施工人员应按计划提前两天通知质量监督员到现场核验。经核验合格后，方可进行下道工序施工。

（3）工程完工后，项目经理应首先请建设单位、设计单位和本企业领导进行检验评定，在验评的基础上，由建设单位、施工单位向质量监督站申报核验，同时提交工程技术资料。经质量监督站核验合格后，方可交付使用和报竣工面积。

4）成品保护

在施工过程中，要对已完的和正在施工的分项工程进行保护。否则，一旦造成损伤，将会增加修理工作量，造成工料浪费，拖延工期。甚至有的损伤难以恢复到原样，成为永久性的缺陷。因此，搞好成品保护，是一项关系到保证工程质量、降低工程成本和按期竣工的重要工作。

做好成品保护工作，要抓好以下几个环节：

（1）进行职业道德教育。教育全体职工要对国家、人民负责，爱护公物，尊重他人和自己的劳动成果，施工操作时，要珍惜已完的和部分完成的工程。

（2）合理安排施工顺序。按正确的施工流程组织施工，不得颠倒工序，防止后道工序损坏或污染前道工序。例如，应先喷浆而后安装灯具，避免安装灯具后又修理浆活，从而污染灯具。

（3）采取行之有效的保护措施。

① 提前保护可以防止可能发生的损伤和污染。例如，为了保证清水墙面洁净，在脚手架、安全网横杆、进料口四周和临近的水刷石墙面上，提前钉上塑料布或贴上纸；为了保护清水楼梯踏步的无磕损，提前加护棱角的角铁；为了保护门洞、门框不受损伤，在小车轴的高度，应钉铁皮或木条。

② 包裹覆盖用于保护高级装饰工程。例如，大理石、花岗石柱面完成后可用立板加塑料布（或线毯）捆扎，防止磕碰；大理石、花岗石、现制磨石地面应用苫布、塑料布或棉毯覆盖加以保护；铝合金门窗可用塑料条粘贴保护，塑料条开胶后应及时补贴。

③ 局部封闭是在施工过程中对部分楼梯、通道、房间临时封闭。在预制磨石楼梯、水泥抹面楼梯完成后，应将楼梯口暂时封闭，待达到上人强度并采取保护措施后再开启；室内塑料墙纸、木地板油漆等完成后均应立即锁门。

8.3 工程项目施工质量验收

工程项目的质量验收，主要是指工程施工质量的验收。所谓“验收”，是指建筑工程在施工单位自行质量检查评定的基础上，参与建设活动的有关单位共同对检验批、分项、分部、单位工程的质量进行抽样复验，根据相关标准以书面形式对工程质量达到合格与否作出确认。正确地进行工程项目质量的检查评定和验收，是施工质量控制的重要环节。

8.3.1 施工质量验收的划分

建筑工程质量验收应划分为单位（子单位）工程、分部（子分部）工程、分项工程和检验批等几个层次。

1. 单位工程的划分

（1）具备独立施工条件并能形成独立使用功能的建筑物及构筑物为一个单位工程。如一个学校中的一栋教学楼、某城市的广播电视塔等。

（2）规模较大的子单位工程，可将其能形成独立使用功能的部分划分为一个子单位工程。一般可根据工程的建筑设计分区、使用功能的显著差异、结构缝的设置等实际情况划分子单位工程。

（3）室外工程可根据专业类别和工程规模划分单位（子单位）工程。

2. 分部工程的划分

（1）分部工程的划分应按专业性质、建筑部位确定。如建筑工程可划分为地基与基础、主体结构、建筑装饰装修、建筑屋面、建筑给水排水及采暖、建筑电气、智能建筑、通风与空调、电梯等 9 个分部工程。

（2）当分部工程规模较大或较复杂时，可按材料种类、施工特点、施工程序、专业系统及类别等划分为若干子分部工程。如智能建筑分部工程中就包含了火灾及报警消防联动系统、安全防范系统、综合布线系统、智能化集成系统、电源与接地、环境、住宅（小区）智能化系统等子分部工程。

3. 分项工程的划分

分项工程应按主要工种、材料、施工工艺、设备类别等进行划分。例如，混凝土结构工程按主要工种分为模板工程、钢筋工程、混凝土工程等分项工程；按施工工艺又可分为预应力、现浇结构、装配式结构等分项工程。

4. 检验批的划分

分项工程可由一个或若干个检验批组成。所谓检验批是按统一的生产条件或按规定的方式汇总起来供检验用的，由一定数量样本组成的检验体。检验批是施工质量验收的最小单位，是分项工程乃至整个建筑工程质量验收的基础。检验批可根据施工、质量控制和专业验收需要按楼层、施工段、变形缝等进行划分。

8.3.2　施工质量验收的要求

1. 检验批质量验收

检验批质量合格的标准如下：

（1）主控项目和一般项目的质量经抽样检验合格；

（2）具有完整的施工操作依据、质量检查记录。

主控项目是指建筑工程中对安全、卫生、环境保护和公众利益起决定性作用的检验项目。而除主控项目以外的检验项目都称为一般项目。检验批的合格质量主要取决于对主控项目和一般项目的检验结果。主控项目对检验批的基本质量有决定性影响，不允许有不符合要求的检验结果，即这种项目的检查具有否决权，因此必须全部符合有关专业工程验收规范的要求。而一般项目则可按专业规范的要求处理。

质量控制资料反映了检验批从原材料到最终验收的各施工过程的操作依据、检查情况以及质量保证所必需的管理制度等。对其完整性的检查，实际是对过程控制的确认，这是检验批合格的前提。

2. 分项工程质量验收

分项工程的验收在检验批的基础上进行，其合格标准如下：

（1）分项工程所含的检验批均应符合合格质量的规定；

（2）分项工程所含的检验批的质量记录应完整。

3. 分部（子分部）工程质量验收

分部工程的验收在其所含各分项工程验收的基础上进行，其合格标准如下：

（1）分部（子分部）工程所含分项工程的质量均应验收合格；

（2）质量控制资料应完整；

（3）地基与基础、主体结构和设备安装等分部工程有关安全及功能的检验和抽样检测结果应符合有关规定；

（4）观感质量验收应符合要求。

4. 单位（子单位）工程质量验收

单位工程质量验收也称质量竣工验收，是建筑工程投入使用前的最后一次验收，也是最重要的一次验收。验收合格的条件有 5 个：

（1）单位（子单位）工程所含分部（子分部）工程的质量应验收合格；

（2）质量控制资料应完整；

（3）单位（子单位）工程所含分部工程有关安全和功能的检验资料应完整；

（4）主要功能项目的抽查结果应符合相关专业质量验收规范的规定；

（5）观感质量验收应符合要求。

8.3.3　施工质量验收不合格的处理

施工质量验收是以检验批的施工质量为基本验收单元。检验批质量不合格可能是由于使用的材料不合格，或施工作业质量不合格，或质量控制资料不完整等所致，其处理方法有：

（1）经返工重做或更换器具、设备的检验批，应重新进行验收。这种情况是指主控项目不能满足验收规范规定或一般项目超过偏差限制的子项不符合检验规定的要求时，应及时处理的检验批。其中，严重的缺陷应推倒重来；一般的缺陷通过返修或更换器具、设备予以解决，在重新验收后如能符合相应的专业工程质量验收规范，则应认为该检验批合格。

（2）经有资质的检测单位鉴定达到设计要求的检验批，应予以验收。这种情况是指个别检验批发现如试块强度等不满足要求，难以确定是否验收时，应请具有资质的法定检测单位检测。当鉴定结果能够达到设计要求时，该检验批应允许通过验收。

（3）经有资质的检测单位鉴定达不到设计要求，但经原设计单位核算认可，能够满足安全和使用功能的检验批，可予以验收。一般情况下，规范标准给出了满足安全和功能的最低限度要求，而设计往往在此基础上留有一定余量。不满足设计要求和符合相应规范标准的要求，两者并不矛盾。

（4）经返修或加固的分项、分部工程，虽然改变外形尺寸但仍能满足安全使用要求，可按技术处理方案和协商文件进行验收。这种情况是指可能影响结构的安全性和使用功能的更为严重的缺陷、更大范围内的缺陷，经过加固处理后能够满足安全使用的基本要求，但会造成一些永久性的缺陷，如改变结构的外形尺寸、影响一些次要的使用功能等。为了避免社会财富更大的损失，在不影响安全和主要使用功能的条件下，可按处理技术方案和协商文件进行验收。

（5）经过返修或加固仍不能满足安全使用要求的分部工程、单位（子单位）工程，严禁验收。

8.3.4 施工质量验收的程序和组织

1. 检验批及分项工程

检验批及分项工程应由监理工程师（或建设单位项目技术负责人）组织施工单位专业质量检验员、专业技术负责人等进行验收。验收前，施工单位先填好“检验批和分项工程质量验收记录”，并由项目专业质量检验员和项目专业技术负责人分别在检验批和分项工程质量检验记录中相关栏目签字，然后由监理工程师组织，严格按规定程序进行验收。

2. 分部工程

分部工程由总监理工程师或建设单位项目负责人组织施工单位项目负责人和技术、质量负责人等进行验收；地基与基础、主体结构分部工程的勘察、设计单位工程项目负责人和施工单位技术、质量部门负责人也应参加相关分部工程的验收。

3. 单位工程

（1）单位工程完成后，施工单位首先要依据质量标准、设计图纸等组织有关人员进行自检，并对检查结果进行评定，符合要求后向建设单位提交工程验收报告和完整的质量资料，请建设单位组织验收。

（2）建设单位收到工程验收报告后，应由建设单位（项目）负责人组织施工（含分包单位）、设计、监理等单位（项目）负责人进行单位（子单位）工程验收。

（3）单位工程有分包单位施工时，分包单位对所承包的工程项目应按标准规定的程序检查评定，总包单位应派人参加。分包工程完成后，应将工程有关资料交总包单位。

（4）当参加验收各方对工程质量验收意见不一致时，可请当地建设行政主管部门或工程质量监督机构协调处理，也可以由各方认可的咨询单位调解。

（5）单位工程质量验收合格后，建设单位应在规定时间内将工程竣工验收报告和有关文件，报建设行政管理部门备案。

8.4　工程项目质量统计分析方法

统计质量管理是 20 世纪 30 年代发展起来的科学管理理论与方法，它把数理统计方法应用于产品生产过程的抽样检验，通过研究样本质量特性数据的分布规律，分析和推断生产过程质量的总体状况，为工业生产的事前质量控制和过程质量控制，提供了有效的科学手段。数理统计方法在建筑业中的应用日趋广泛，尤其是在进场材料的抽样检验、试块试件的检测试验等方面应用显著。在生产实践中形成的应用数理统计原理所创立的排列图法、因果分析法、分层法、频数分布直方图法、相关图法等定性和定量方法，对施工现场的质量管理都有实际的应用价值。

8.4.1　常用的数据

数理统计方法就是通过研究一系列质量特性数据的分布规律来为工程质量管理工作服务。数据是进行质量管理的基础，“一切用数据说话”，才能做出科学的判断。通过收集、整理质量数据，可以帮助我们发现、分析质量问题，以便及时采取对策措施，预防和纠正质量事故。常用的数据有以下几种。

1. 平均值

子样平均值用来表示数据的集中程度，也称为子样的算术平均值，即

$$\bar{X}=\frac{1}{n}(X_1+X_2+\cdots+X_n)=\frac{1}{n}\sum_{i=1}^{n}X_i \tag{8-1}$$

式中，$\bar{X}$ 为子样的算术平均值；X_i 为所测得的第 i 个数据；n 为子样的个数。

2. 中位数

中位数是指将收集到的质量数据按大小次序排列后处在中间位置的数据值，故又称为中值。它也表示数据的集中位置。当子样数 n 为奇数时，取中间一个数为中位数；n 为偶数时，则取中间 2 个数的平均值作为中位数。

3. 极差

极差是指一组数据中最大值与最小值之差，常用 R 表示。它表示数据分散的程度。

4. 标准偏差

子样标准偏差反映数据分散的程度，常用 S 表示，其表达式为

$$S=\sqrt{\frac{1}{n-1}\sum_{i=1}^{n}(X_i-\bar{X})^2}\quad (n<30) \tag{8-2}$$

$$S=\sqrt{\frac{1}{n}\sum_{i=1}^{n}(X_i-\bar{X})^2}\quad (n\geqslant 30) \tag{8-3}$$

式中，S 为子样标准偏差；$(X_i-\bar{X})$ 为第 i 个数据与子样平均值 $\bar{X}$ 之间的离差。

5. 变异系数

变异系数是用平均数的百分率表示标准偏差的一个系数，用以表示相对波动的大小，即

$$C_V=\frac{S}{\bar{X}}\times 100\% \tag{8-4}$$

式中，C_V 为变异系数；S 为子样标准偏差；$\bar{X}$ 为子样平均值。

8.4.2 排列图

1. 排列图法的适用范围

在质量管理过程中，通过抽样检查或检验试验所得到的关于质量问题、偏差、缺陷、不合格等方面的统计数据，以及造成质量问题的原因分析统计数据，均可采用排列图方法进行状况描述。

2. 排列图法的基本原理

排列图法又叫巴氏图法或巴雷特图法，也叫主次因素分析图法。排列图有两个纵坐标，左侧纵坐标表示产品频数，即不合格产品件数；右侧纵坐标表示累计频率，即不合格产品累计百分数。图中横坐标表示影响产品质量的各个因素或项目，按影响质量程度的大小，从左到右依次排列。每个直方形的高度表示该因素影响的大小，图中曲线称为巴雷特曲线。

在排列图上，通常把曲线的累计百分数分为三级，与此相对应的因素分三类。A 类因素对应于累计频率 0～80%，是影响产品质量的主要因素，应重点管理；B 类因素对应于累计频率 80%～90%，为次要因素，需次重点管理；与累计频率 90%～100%相对应的为 C 类因素，属一般影响因素，可按照常规适当加强管理。运用排列图，便于找出主次矛盾，使错综复杂的问题一目了然，有利于采取对策，加以改善。

例 8-1　现以砌砖工程为例，按有关规定对检查项目进行测试，检查结果按不合格的大小次序排列，并计算出各自的频数以及累计频率，如表 8-1 所示。试找出影响砌砖工程质量的主要因素。

表 8-1　砌砖工程不合格项目及频率汇总表

序号	实测项目	实测点数	超差点数（频数）	频率（%）	累计频率（%）
1	门窗洞口	392	36	55.38	55.38
2	墙面垂直	1589	20	30.77	86.15
3	墙面平整	1589	7	10.77	96.92
4	砌砖厚度	36	2	3.08	100
合　计		3606	65	100%	

解：依表中数据绘制排列图，如图 8-3 所示。

由图可知，影响砌砖质量的主要因素是门窗孔洞偏差和墙面的垂直度，二者累计频率达到了 86.15%。故应采取措施以确保工程质量。

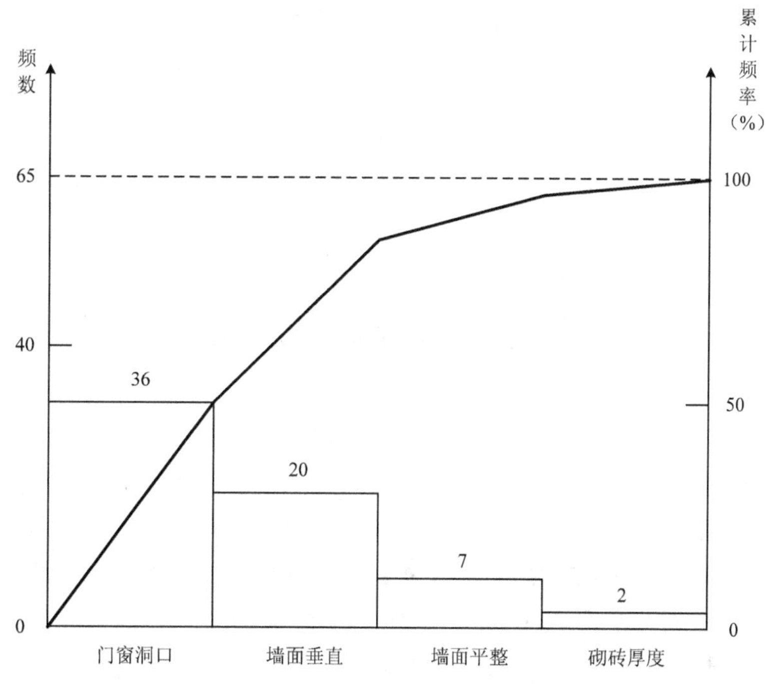

图 8-3　不合格大小次序排列图

8.4.3　因果分析图

因果分析图又叫特性要因图、鱼刺图、树枝图。这是一种逐步深入研究和讨论质量问题的图示方法。在工程实践中，任何一种质量问题的产生，往往是多种原因造成的。这些原因有大有小，把这些原因依照大小次序分别用主干、大枝、中枝和小枝图形表示出来，逐层深入地排查可能引起质量问题的原因，最后便可一目了然地系统观察出产生问题的所有可能原因。

运用因果分析图可以帮助我们制定对策，解决工程质量上存在的问题，从而进行有的放矢的处置和管理，以达到控制质量的目的。

例 8-2　现以混凝土强度不足的质量问题为对象来阐明因果分析图的画法。

解：因果分析图的绘制步骤如下。

① 确定特性。特性就是需要解决的质量问题，如混凝土强度不足放在主干箭头的前面。

② 确定影响质量特性的大枝。如影响混凝土强度不足的因素主要是人、材料、工艺、设备和环境五个方面。

③ 进一步画出中、小细枝，即找出中、小原因，如图 8-4 所示。

④ 最后针对影响质量的因素，有的放矢地制定对策，落实解决问题的人和时间，并以计划表的形式表示，且注明限期改正的时间。

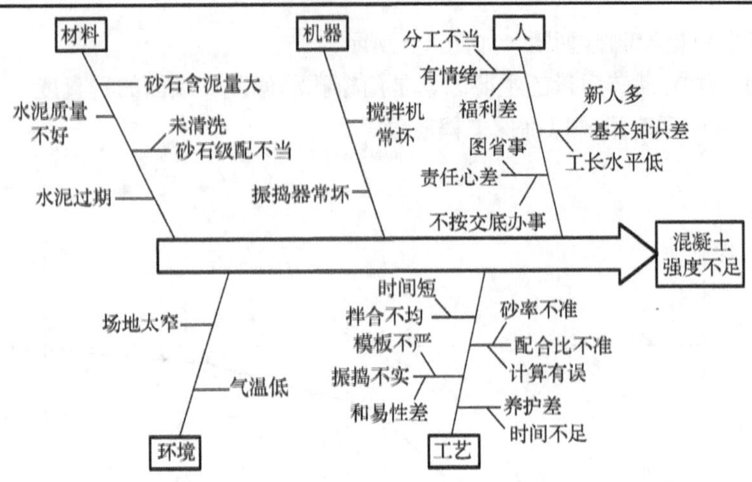

图 8-4　混凝土强度不足因果分析图

8.4.4　分层法

分层法又称分类法或分组法，就是将收集到的质量数据，按统计分析的需要进行分门别类的整理，使之系统化，以便找到产生质量问题的原因，及时采取措施加以预防。

分层方法多种多样，可按班次、日期分类；按操作者（男、女、新、老工人）或其工龄、技术、等级分类；按施工方法分类；按设备型号、生产组织分类；按材料成分、规格、供料单位及时间分类；按工程类型分类；按合同结构等分类。

例 8-3　现以钢筋焊接质量的调查数据为例，采用分层法进行统计分析。共调查钢筋焊接点 50 个，其中不合格的有 19 个，不合格率为 $(19/50)\times100\%=38\%$。为了查清焊接不合格的原因，需要分层收集数据。据查该批钢筋由三个焊工操作，并采用两种不同型号的焊条。

解：分别按操作者分层和按供应焊条的工厂分层进行分析，结果如表 8-2 及表 8-3 所示。

表 8-2　按操作者分层

操作者	不合格（个）	合格（个）	不合格率（%）
甲	6	13	32
乙	3	9	25
丙	10	9	53
合计	19	31	38

表 8-3　按供应焊条工厂分层

工厂	不合格（个）	合格（个）	不合格率（%）
甲	9	14	39
乙	10	17	37
合计	19	31	38

从表中可以看出，操作工人乙的质量较好，用工厂乙的焊条质量较好。

若进一步分析，可提出综合分层表（表 8-4）。综合分层结论是：用甲厂的焊条，采取工人乙的操作方法较好；用乙厂的焊条，应采用工人甲的操作方法。这样，可提高钢筋焊接质量。

表 8-4　综合分层焊接质量　　（单位：个）

操作者		甲　厂	乙　厂	合　计
甲	不合格	6	0	6
	合　格	2	11	13
乙	不合格	0	3	3
	合　格	5	4	9
丙	不合格	3	7	10
	合　格	7	2	9
合计	不合格	9	10	19
	合　格	14	17	31

8.4.5　频数分布直方图

频数分布直方图又称质量分布图或简称直方图，它是将所收集的质量数据按一定的规定进行整理、分析，然后画成长方形（长柱形）的统计图。由于这种图中的每一个长方形代表一定范围内实测数据出现的频数，所以该图称为频数分布直方图。

1. **直方图的绘制**

下面以实例说明直方图的绘制方法。今从某工程公司混凝土构件预制厂连续抽取试块，测取某混凝土强度数据共计 200 个（一般情况数据应取 100 个左右）。其作图步骤归纳如下。

（1）将收集的实测数据汇总列表，并从中找出最大值(X_{max})与最小值(X_{min})。例中数据见表 8-5，其中 $X_{max}=299$，$X_{min}=271$。

表 8-5　混凝土试块抗压强度数据表

296	287	284	287	286	278	287	283	290	278	294	273	282	282	273	285	289	283	299	280
281	286	281	289	286	290	286	292	286	287	289	279	281	283	289	288	278	275	284	279
279	287	279	283	290	291	278	284	289	279	288	271	271	279	280	284	286	283	289	288
286	287	284	287	287	294	290	286	297	285	285	291	284	290	286	289	270	273	286	284
293	289	296	281	285	281	287	282	284	286	287	292	290	277	280	285	289	277	279	277
283	294	287	293	283	288	283	279	280	299	291	290	287	276	283	283	286	285	283	285
280	287	288	285	286	280	288	289	281	299	285	287	283	283	289	283	291	280	277	293
284	290	285	284	290	298	290	280	283	284	288	283	278	281	284	289	281	273	275	284
286	285	284	283	291	292	294	270	290	281	284	290	289	283	286	277	287	277	290	294
285	284	284	288	281	278	288	280	290	284	293	281	297	283	289	296	288	281	294	279

（2）计算极差值 R。

$$R=X_{max}-X_{min}=299-271=28$$

（3）确定组数 K。K 值可参考表 8-6 选用。

经验证明，组数太少，会掩盖各组内数据变动的情况；组数太多，会使组的高度参差不齐，不易看出明显的规律。通常要使每组平均至少包含 4～5 个数据。本例取 $K=10$。

表 8-6　分组数参考表

数据总数 n	适当分组数 K	一般使用组数
50 个以下	7 组以下	10
50～100	6～10	
100～200	7～12	
200 个以上	10～20	

（4）确定组距 h。组距 h 等于极差 R 除以 K，并取近似整数值。

$$h=\frac{X_{\max}-X_{\min}}{K}=\frac{R}{K} \tag{8-5}$$

本例中，$h=\dfrac{299-271}{10}=2.8$（取 3）。

（5）计算组界值。为了避免数据刚好落在分组的界线上，分组的组界值应按下式计取：

第一组数据的组界值如下。

$$\text{下界值：} X_{\min}-\frac{h}{2}$$

$$\text{上界值：} X_{\min}+\frac{h}{2}$$

以第一组的上界值为第二组的下界值，第二组的下界值加上组距 h 即为第二组的上界值，以此类推。

例中第一组：上界值为 $X_{\min}+\dfrac{h}{2}=271+\dfrac{3}{2}=272.5$

下界值为 $X_{\min}-\dfrac{h}{2}=271-\dfrac{3}{2}=269.5$

第二组：上、下界值分别为 275.5 和 272.5

第三组：上、下界值分别为 278.5 和 275.5

其余各组组界值如表 8-7 所示。

（6）编制频数分布表。根据确定的组界值，统计频数和计算频数值，编制频数分布表。例中频数分布如表 8-7 所示。

表 8-7　混凝土抗压强度频数分布统计表

序号	组 界 值	频 数	频 率
1	269.5～272.5	4	0.020
2	272.5～275.5	6	0.030
3	275.5～278.5	13	0.065
4	278.5～281.5	30	0.150
5	281.5～284.5	40	0.200
6	284.5～287.5	42	0.210
7	287.5～290.5	38	0.190
8	290.5～293.5	12	0.060
9	293.5～296.5	9	0.045
10	296.5～299.5	6	0.030
Σ		200	1.000

（7）绘制频数分布直方图。以横坐标表示分组的组界值，纵坐标表示各组数据的频数。将频数分布表中数据绘制在图上，形成以组距为底边、频数为高度的若干直方形，构成频数分布直方图。

例中，混凝土强度分布如图 8-5 所示。

（8）最后，在直方图上要注明数据个数 n、平均值 $\bar{X}$、标准偏差 S、极差 R、测取数据的日期等。

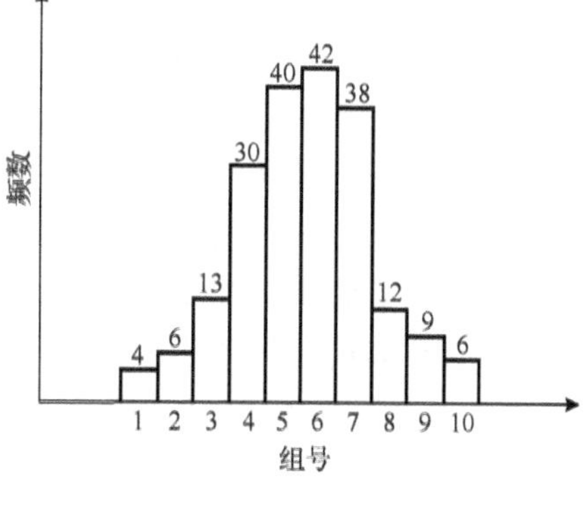

图 8-5　混凝土强度分布直方图

2. 直方图的定量表示

直方图的定量表示需要有一个定量的表达方式，以对直方图加以概括。一般情况下，质量分布应符合正态分布曲线，该曲线的分散和集中情况可用 $\bar{X}$（算术平均值）来表示集中位置，用 R（极差）和 S（标准偏差）来表示分散程度，用 C_V（变异系数）来表示两组数据间的相对波动程度。

下面仍结合混凝土强度数据分析如下。

（1）平均值 $\bar{X}$。平均值又称算术平均数，表示质量分布的集中位置与波动水平。当质量形成正态分布时，平均值 $\bar{X}$ 代表大部分质量数据所取得的数值的大小，也就是说，大部分质量数据密集在平均值的附近。例中：

$$\bar{X} = \frac{296 + 287 + \cdots}{200} = 285$$

（2）极差 R。极差 R 是反映数据分散程度的参数，R 越小，说明工序越稳定。例中：

$$R = R_{\max} - R_{\min} = 299 - 271 = 28$$

（3）标准偏差 S。标准偏差 S 反映各个数据对平均值 $\bar{X}$ 的偏离程度。例中：

$$S = \sqrt{\frac{1}{200}\sum_{i=1}^{200}(X_i - \bar{X})^2} = 5.7$$

（4）变异系数 C_V，表示两组数据间的相对波动程度。例中：

$$C_V = \frac{S}{X} = \frac{5.7}{285} = 0.02$$

3. 直方图的分析

1）直方图图形分析

直方图形象直观地反映了数据分布情况，即数据分布的集中或离散状况，通过对直方图的观察和分析可以看出生产是否稳定及其质量的状况。常见直方图的典型形状有以下几种，如图 8-6 所示。

（1）正常型——又称为“对称型”。它的特点是中间高、两边低、左右基本对称，说明相应工序处于稳定状态，如图 8-6(a)所示。

（2）孤岛型——在远离主分布中心的地方出现小的直方形，形如孤岛。孤岛的存在表明生产过程中出现了异常因素。例如，原材料改变发生的质量变化，或由于短期内操作不当发生的质量变动，如图 8-6(b)所示。

（3）双峰型——直方图出现两个中心，形成双峰状。这往往是由于把两个总体的数据混在一起作图所造成的，如把两个班组的数据混为一批，如图 8-6(c)所示。

（4）偏向型——直方图的顶峰偏向一侧，故又称偏坡型。它往往是因为计数值或计量值只控制一侧界限或剔除了不合格数据造成的，如图 8-6(d)所示。

（5）陡壁型——直方图的一侧出现陡峭绝壁状态。这里由于人为地剔除一些数据，进行不真实的统计，如图 8-6(e)所示。

（6）平顶型——在直方图顶部呈平顶状态。一般是由多个数据混在一起造成的，或者是在生产过程中有缓慢变化的因素在起作用所造成的，如图 8-6(f)所示。

（7）锯齿型——直方图出现参差不齐的形状，即频数不是相邻区间减少，而是隔区间减少，形成了锯齿状。造成这种现象的原因不是生产上的问题，而主要是绘制直方图时分组过多或测量仪器精度不够而造成的，如图 8-6(g)所示。

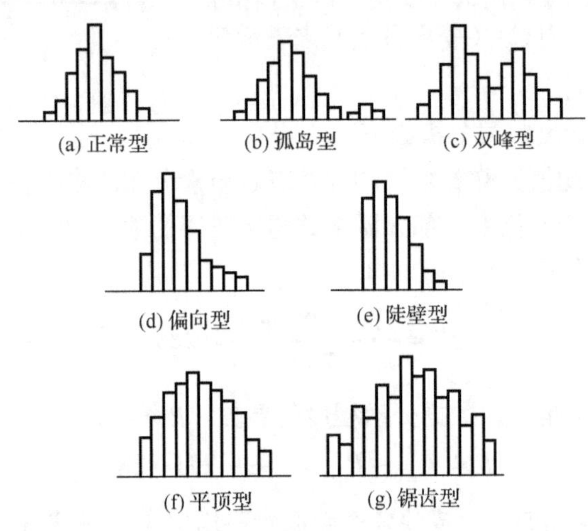

图 8-6　直方图的类型

2）对照标准分析比较

当工序处于稳定状态（直方图为正常型）时，还需进一步将直方图与规格标准进行对照，确定工序满足标准要求的程度。主要分析内容为：直方图的平均值 $\bar{X}$ 与质量标准中心 μ 的重合程度，直方图的分布范围 B 与公差范围 T 的关系。在图 8-7 中标出了标准范围 T、标准上偏差 T_U、标准下偏差 T_L 和实际尺寸范围 B。将实际产品质量分布的直方图与标准图形对比，找出存在的差异。常见的差异类型分析如下。

（1）理想型——实际平均值 $\bar{X}$ 与规格标准中心 μ 重合，实际尺寸分布与标准范围两边有一定余量，约为 $T/8$，如图 8-7(a)所示。

（2）偏向型——虽在标准范围之内，但分布中心偏向一边，说明存在系统偏差，必须采取措施，如图 8-7(b)所示。

（3）陡壁型——此种图形反映数据分布过分地偏离规格中心，已超出质量标准界限的一侧，造成超差，出现不合格产品。这是由于工序控制不好造成的，应采取措施使数据中心与规格中心重合，如图 8-7(c)所示。

（4）无富余型——又称双侧压线型。分布虽然落在规格范围之内，但分布宽度边界恰达到标准范围的上下界限，致使两侧均无余地，其质量能力处于临界状态，稍有波动就会出现超差，出现废品，如图 8-7(d)所示。

（5）能力不足型——又称双侧超越线型。此种图形实际尺寸分布已超出标准范围的上下界限，已产生不合格产品，如图 8-7(e)所示。

（6）能力富余型——又称过于集中型。实际尺寸分布与标准范围的上下界限余量过大，属控制过严而不经济，如图 8-7(f)所示。

以上分析表明了满足标准公差范围的程度，也就是说，如果在施工过程中能正确控制偏离标准的差异，就能稳定地生产出合格的产品。

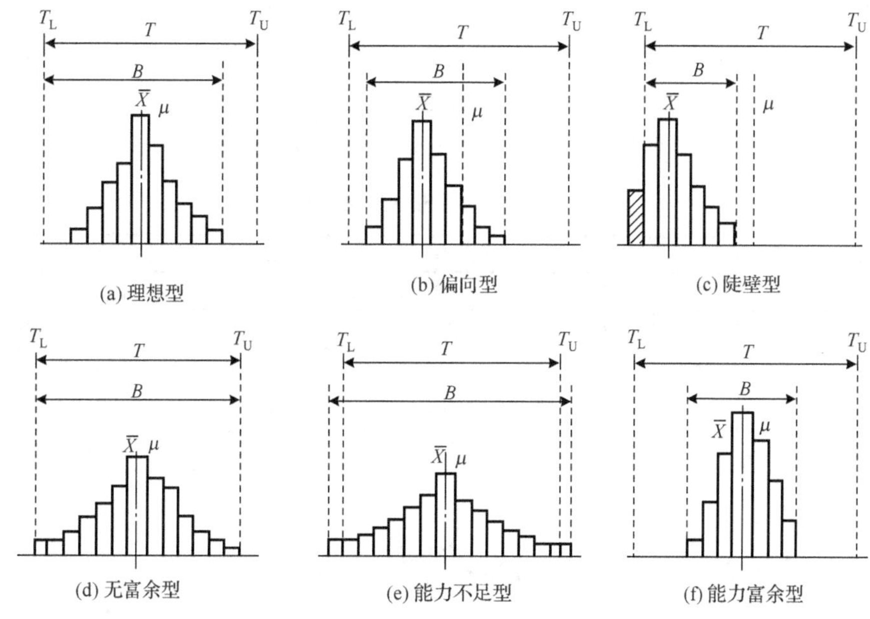

图 8-7　与标准对照的直方图

8.4.6　相关图

产品质量与影响质量的因素之间，常常有一定的依存关系，但它们之间不是一种严格的函数关系，即不能由一个变量的值精确地求出另一个变量的值。这种依存关系称为相关关系。相关图又叫散布图，就是把两个变量之间的相关关系用直角坐标系表示出来，借以观察判断两个质量特性之间的关系，通过控制容易测定的因素达到控制不易测定的因素的目的，以便对产品或工序进行有效的控制。相关图的形式如下。

正相关：当 X 增大时，Y 也增大；负相关：当 X 增大时，Y 却减少；非线性相关：两种因素之间不呈直线关系；无相关：Y 不随 X 的增减而变化。

分析中，除了绘制相关图之外，还必须计算相关系数，以确定两种因素之间关系的密切程度。相关系数计算公式为

$$r = \frac{S(XY)}{\sqrt{S(XX)S(XY)}} \tag{8-6}$$

式中：$S(XX) = \sum_{i=1}^{n}(X_i - \overline{X})^2 = \sum_{i=1}^{n} X_i^2 - \frac{\left(\sum_{i=1}^{n} X_i\right)^2}{n}$；

$$S(YY) = \sum_{i=1}^{n}(Y_i - \overline{Y})^2 = \sum_{i=1}^{n} Y_i^2 - \frac{\left(\sum_{i=1}^{n} Y_i\right)^2}{n};$$

$$S(XY)=\sum_{i=1}^{n}(X_i-\overline{X})(Y_i-\overline{Y})=\sum_{i=1}^{n}X_iY_i-\frac{\sum_{i=1}^{n}X_i\sum_{i=1}^{n}Y_i}{n};$$

$$\overline{X}=\frac{1}{n}\sum_{i=1}^{n}X_i;\quad \overline{Y}=\frac{1}{n}\sum_{i=1}^{n}Y_i。$$

相关系数值可以为正，也可以为负。正值表示正相关，负值表示负相关。相关系数的绝对值总是在 0～1，绝对值越大，表示相关关系越密切。

例 8-4 根据表 8-8 所列数据，计算相关系数，确定其相关关系。

表 8-8 数据汇总表

序号	1	2	3	4	5	6	7	8	9	10	11	合计
X_i	5	5	16	20	30	40	50	60	65	90	120	495
Y_i	4	6	8	13	16	17	19	25	25	29	46	208
X_i^2	25	25	100	400	900	1600	2500	3600	4225	8100	14400	35875
Y_i^2	16	36	45	169	256	289	361	625	625	841	2116	5398
X_iY_i	20	30	80	260	480	680	950	1500	1625	2610	4520	13755

解：

$$S(XX)=\sum_{i=1}^{n}X_i^2-\frac{(\sum_{i=1}^{n}X_i)^2}{n}=35875-\frac{(495)^2}{11}=13600$$

$$S(YY)=\sum_{i=1}^{n}Y_i^2-\frac{(\sum_{i=1}^{n}Y_i)^2}{n}=5398-\frac{(208)^2}{11}=1465$$

$$S(XY)=\sum_{i=1}^{n}X_iY_i-\frac{\sum_{i=1}^{n}X_i\sum_{i=1}^{n}Y_i}{n}=13755-\frac{495\times208}{11}=4395$$

$$r=\frac{S(XY)}{\sqrt{S(XX)S(XY)}}=\frac{4395}{\sqrt{13600\times1465}}=0.98$$

由 $r=0.98$，则相关关系为正相关，且两因数 X、Y 关系密切。

复　习　题

1．什么是工程项目质量管理？工程项目质量管理的原则有哪些？

2．什么是质量管理的“PDCA”循环？

3．影响工程项目质量的因素有哪些？

4．工程项目施工过程中的质量控制包括哪些内容？

5．施工质量验收划分为哪几个层次？

6．常用的工程项目质量统计分析方法有哪些？

7．试将钢筋加工质量检查中所收集的数据（表 8-9）画成排列图，确定改善重点，并根据生产实践经验，作出因果分析图及拟定对策。

表 8-9 钢筋加工质量检查中不合格项目统计表

序号	检 查 项 目	频数	频率（%）	累计频率（%）
1	平整度超差	2		
2	弯起钢筋高度超差	6		
3	弯起钢筋位置超差	3		
4	对焊接头强度超差	8		
5	加工长度超差	1		

8．已知某项目检测其 200 块混凝土试件强度如表 8-10 所示，试绘制其频数分布直方图并作出必要的分析评定。

表 8-10 试件强度列表

组 范 围	组中值	频数
13.095～13.145	13.12	8
13.145～13.195	13.17	2
13.195～13.245	13.22	1
13.245～13.295	13.27	17
13.295～13.345	13.32	27
13.345～13.395	13.37	25
13.395～13.445	13.42	42
13.445～13.495	13.47	27
13.495～13.545	13.52	25
13.545～13.595	13.57	17
13.595～13.645	13.62	0
13.645～13.695	13.67	9

第 9 章　工程项目成本管理

学习目的：熟悉工程项目成本概念与构成；熟悉施工成本管理的内容；掌握项目施工成本控制的方法。

学习重点：施工成本管理的内容；施工成本控制方法。

学习难点：施工成本控制方法。

9.1　概　　述

工程项目成本是指工程项目从设计到完成期间所需全部费用的总和。工程项目成本包括基础投资、前期的各种费用、项目建设期贷款利息、管理费及其他各种费用等。准确估算项目投资额、科学制定资金筹措方案是降低项目成本、提高投资效益的重要途径。同时，只有依据现行的经济法规和价格政策，准确地估算出有关财务数据，才能控制计划成本，提高投资效益。

工程项目成本包括工程项目决策成本、招标费用、勘察设计成本和建筑工程成本。

（1）决策成本是指在项目初期完成市场调查，可行性研究等工作所耗用的资金。

（2）招标费用是指投资者不管是自行招标或委托招标都需要一笔费用开支。

（3）勘察设计成本是根据可行性研究报告进行勘察；根据勘察资料和可行性研究报告进行设计，这些工作耗用的费用总和构成勘察设计成本。

（4）建筑工程成本是为完成一定的建筑工程和设备安装工程所消耗的生产资料价值和支付给劳动者的劳动报酬。

9.1.1　工程项目成本的构成

目前我国的建筑安装工程费由人工费、材料费、施工机具使用费、企业管理费、利润、规费和税金组成。其中人工费、材料费、施工机具使用费、企业管理费和利润包含在分部分项工程费、措施项目费、其他项目费中，如图 9-1 所示。

1. 人工费

人工费是指按工资总额构成规定，支付给从事建筑安装工程施工的生产工人和附属生产单位工人的各项费用。构成人工费的基本要素有两个，即人工工日消耗量和人工日工资单价。

2. 材料费

材料费是指施工过程中耗费的原材料、辅助材料、构配件、零件、半成品或成品、工程设备（指构成或计划构成永久工程一部分的机电设备、金属结构设备、仪器装置及其他类似的设备和装置）的费用。构成材料费的基本要素是材料消耗量和材料基价。

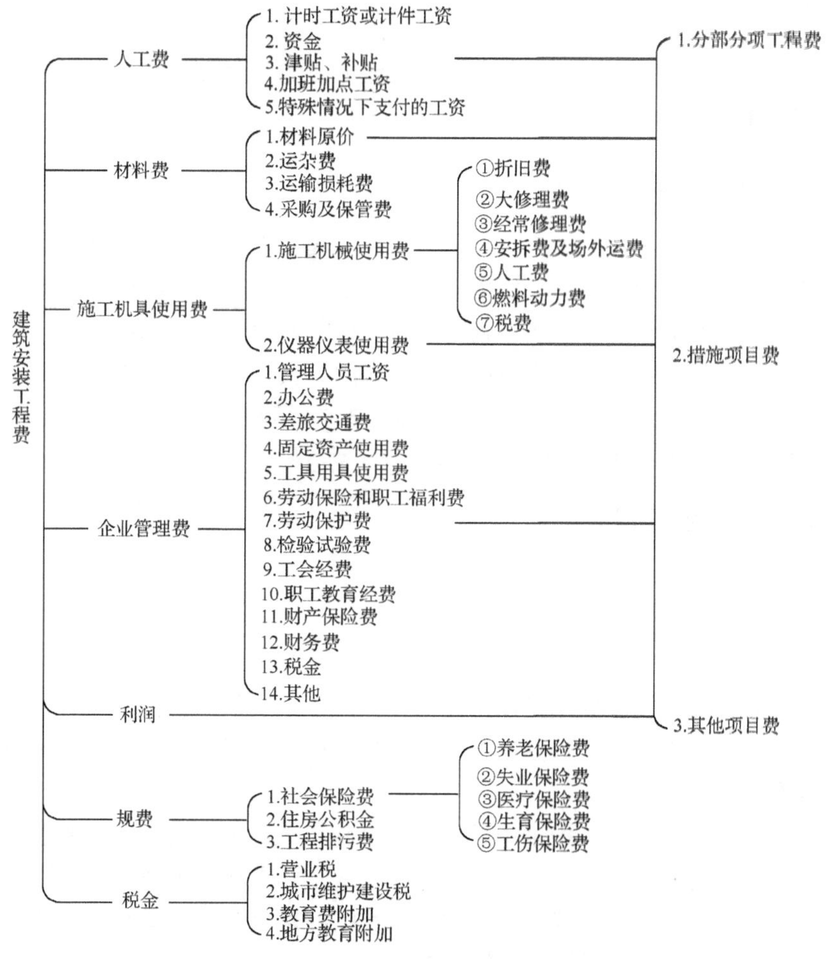

图 9-1　建筑安装工程费用的组成

3. 施工机具使用费

建筑安装工程费中的施工机具使用费，是指施工作业所发生的施工机械、仪器仪表使用费或其租赁费。

4. 企业管理费

企业管理费是指建筑安装企业组织施工生产和经营管理所需费用。

5. 利润

利润是指施工企业完成所承包工程获得的盈利。

6. 规费

规费是指按国家法律、法规规定，由省级政府和省级有关权力部门规定必须缴纳或计取的费用。建筑安装工程间接费由规费和企业管理费组成。

7. 税金

税收是政府依照法律规定，按照预先规定的标准，对个人或组织无偿征收实物或货币的总称，是国家财政收入的一种形式，是国家参与国民收入分配和再分配的工具。工程造价中的税金是指按国家税法规定应计入建筑安装工程造价内的营业税、城市维护建设税、教育费附加以及地方教育附加。

9.1.2　施工成本的概念和构成

施工成本是指在建筑企业以施工项目作为成本核算对象的施工过程中所消耗的生产资料转移价值和劳动者的必要劳动所创造的价值的货币形式。即某施工项目在施工中所发生的全部生产费的总和，包括消耗的原材料、辅助材料、构配件等费用，周转材料的摊销费或租赁费，施工机械的使用费或租赁费，支付给生产工人的工资、奖金、工资性质的津贴等，以及进行施工组织与管理所发生的全部费用支出。施工成本管理的内容包括成本预测、成本计划、成本控制、成本核算、成本分析和成本考核。

9.1.3　施工成本的主要形式

1. 按成本管理要求划分

按成本管理要求，分为预算成本、计划成本和实际成本。

（1）预算成本。工程预算成本是以施工图预算为依据按预算价格计算的成本。它反映了各地区建筑业的平均成本水平。预算成本是确定工程造价的基础，也是编制计划成本的依据和评价实际成本的依据。

（2）计划成本。是指在施工中采用技术组织措施和实现降低成本计划要求所确定的工程成本。计划成本是以施工定额为基础，并考虑降低成本要求和采用技术组织措施效果后编制的以施工预算为根据确定的工程成本。计划成本反映的是企业的成本水平，是建筑企业内部进行经济控制和考核工程活动经济效果的依据。

（3）实际成本。实际成本是施工项目在报告期内实际发生的各项费用的总和。把实际成本与计划成本比较，可揭示成本的节约和超支，考核企业施工技术水平及技术组织措施的贯彻执行情况和企业的经营效果。实际成本与预算成本比较，可以反映工程盈亏情况。因此，计划成本和实际成本是反映施工企业成本水平的，它受企业本身的生产技术、施工条件及生产经营管理水平所制约。

2. 按生产费用计入成本的方法划分

按生产费用计入成本的方法来划分，分为直接成本和间接成本。

（1）直接成本是指施工过程中耗费的构成工程实体或有助于工程实体形成的各项费用支出，是可以直接计入工程对象的费用，包括人工费、材料费、施工机械使用费和施工措施费等。

（2）间接成本是指为施工准备、组织和管理施工生产的全部费用的支出，是非直接用于也无法直接计入工程对象，但为进行工程施工所必须发生的费用，包括管理人员工资、办公费、差旅交通费等。按生产费用计入成本的方法划分，如图 9-2 所示。

3. 按成本与施工所完成的工程量关系划分

按成本与施工所完成的工程量关系来划分，分为固定成本和变动成本。

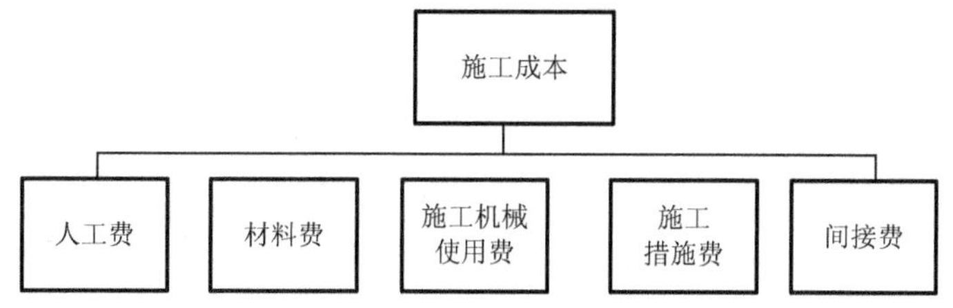

图 9-2　施工成本组成分解

（1）固定成本。固定成本是指在一定期间和一定的工程量范围内，其发生的成本额不受工程量增减变动的影响而相对固定的成本。如折旧费、大修理费、管理人员工资、办公费、照明费等。这一成本是为了保持企业一定的生产经营条件而发生的。一般来说，对于企业的固定成本每年基本相同，但是，当工程量超过一定范围则需要增添机械设备和管理人员，此时固定成本将会发生变动。此外，所谓固定，反映其总额而言，关于分配到每个项目单位工程量上的固定费用则是变动的。

（2）变动成本。变动成本是指发生总额随着工程量的增减变动而成正比例变动的费用。如直接用于工程的材料费、实行计划工资制的人工费等。

将施工过程中发生的全部费用划分为固定成本和变动成本，对于成本管理和成本决策具有重要作用。它是成本控制的前提条件。由于固定成本是维持生产能力所必需的费用，要降低单位工程量的固定费用，只有通过提高劳动生产率，增加企业总工程量数额并降低固定成本的绝对值，降低变动成本只能从降低单位分项工程的消耗定额入手。

9.2　成本预测与计划

9.2.1　成本预测

1. 成本预测的概念

工程项目成本预测是指通过成本信息和工程项目的具体情况，对未来的成本水平及其发展趋势做出科学的估计，其实质是工程项目在施工以前对成本进行核算。

2. 成本预测的作用

1）为成本决策提供依据

预测的要点在于揭示和描述成本变动趋势，从而为确定经营目标和方向提供依据。但预测本身并不是目的，其目的在于提供反映未来状况的情况，以便作出尽可能合理的定性分析和尽可能精确的定量分析，为成本决策提供有科学依据和有说服力的数据。

2）编制成本计划的基础

计划是对未来的具体要求和部署，预测是对未来事件的描述，两者通过决策环节相联结。预测提出可行的备选方案，决策从备选方案中确定最佳的可行方案，计划则是对决策确定的最佳方案作出实施的具体规划。所以，成本预测是企业编制成本计划过程中必不可少的科学分析阶段，是成本计划的基础工作。没有成本预测，也就无所谓成本决策，更谈不上对决策所选方案进行成本计划。

9.2.2 成本计划

1. 成本计划与目标成本

所谓目标成本即项目（或企业）对未来期产品成本所规定的奋斗目标，它比已经达到的实际成本要低，但又是经过努力可以达到的。目标成本管理是现代化企业经营管理的重要组成部分，它是市场竞争的需要，是企业挖掘内部潜力，不断降低产品成本，提高企业整体工作质量的需要，是衡量企业实际成本节约或开支，考核企业在一定时期内成本管理水平高低的依据。

施工项目的成本管理实质就是一种目标管理。项目管理的最终目标是低成本、高质量、短工期，而低成本是这三大目标的核心和基础。目标成本有很多形式，在制定目标成本作为编制施工成本计划和预算的依据时，可能以计划成本、定额成本或标准成本作为目标成本，还将随成本计划编制方法的变化而变化。施工成本计划是以货币形式编制施工项目在计划期内的生产费用、成本水平、成本降低率以及为降低成本所采取的主要措施和规划的书面方案，是建立施工成本管理责任制，开展成本控制和核算的基础。一个施工成本应包括从开工到竣工所必需的施工成本，是该施工项目降低成本的指导文件，是设立目标成本的依据。成本计划是目标成本的一种形式。

一般而言，目标成本的计算公式如下：

$$\text{项目目标成本}=\text{预计结算收入}-\text{税金}-\text{项目目标利润}$$

$$\text{目标成本降低额}=\text{项目的预算成本}-\text{项目的目标成本}$$

$$\text{目标成本降低率}=\frac{\text{目标成本降低额}}{\text{项目的预算成本}}$$

2. 施工成本计划的组成

施工项目的成本计划一般由施工项目降低直接成本计划和间接成本计划组成。如果项目设有附属生产单位，成本计划还包括产品成本计划和作业成本计划。

1）施工项目降低直接成本计划

施工项目降低直接成本计划主要反映工程成本的预算价值、计划降低额和计划降低率。一般包括以下几方面的内容。

（1）总则。包括对施工项目的概述，项目管理机构及层次介绍，有关工程的进度计划、外部环境特点，对合同中有关经济问题的责任，成本计划编制中依据其他文件及其他规格也均应作适当介绍。

（2）目标及核算原则。包括施工项目降低成本计划及计划利润总额、投资和外汇总节约额、主要材料和能源节约额、货款和流动资金节约额等。核算原则是指参与项目的各单位在成本、利润结算中采用何种核算方式。

（3）降低成本计划总表或总控制方案。项目主要部分的分部成本计划，如施工部分，编写项目施工成本计划，按直接费、间接费、利润的合同中标数、计划支出数、计划降低额分别填入。如有多家单位参与施工时，要分单位编制后再汇总。

（4）对施工成本计划中计划支出数估算过程的说明要对材料、人工、机械费、运费等主要支出项目加以分解。

（5）计划降低成本的来源分析。应反映项目管理过程中计划采取的增产节约、增收节支和各项措施及预期效果。

2）间接成本计划

间接成本计划主要反映施工现场管理费用的计划数、预算收入数及降低额。间接成本计划应根据工程项目的核算期，以项目总收入费的管理费为基础，制订各部门费用的收支计划，汇总后作为工程项目的管理费用的计划。在间接成本计划中，收入应与取费口径一致，支出应与会计核算中管理费用的二级科目一致。间接成本的计划的收支总额，应与项目成本计划中管理费一栏的数额相符。各部门应按照节约开支、压缩费用的原则，制订“管理费用归口包干指标落实办法”，以保证该计划的实施。

3. 成本计划表

成本计划表通常由成本计划任务表、技术组织措施表、降低成本计划表和施工现场管理费计划表构成。

（1）项目成本计划任务表。它主要是反映工程项目预算成本、计划成本、成本降低额、成本降低率的文件。它是落实成本降低任务的依据，其格式如表 9-1 所示。

表 9-1　项目成本计划任务表

工程名称：　项目经理：　日期：　单位：

项目	预算成本	计划成本	计划成本降低额	计划成本降低率
1. 直接费用				
人工费				
材料费				
机械使用费				
其他直接费				
2. 间接费用				
施工管理费				
合　计				

（2）技术组织措施表。它是预测项目计划期内施工工程成本各项直接费用计划降低额的依据。是提出各项节约措施和确定各项措施的经济效益的文件。由项目经理部有关人员分别就应采取的技术组织措施预测它的经济效益，最后汇总编制而成。编制技术组织措施表的目的是在不断采用新工艺、新技术的基础上提高施工技术水平，改善施工工艺过程，推广工业化和机械化施工方法以及通过采纳合理化建议达到降低成本的目的。格式如表 9-2 所示。

表 9-2　技术组织措施表

工程名称：　日期：

项目经理：　单位：

措施项目	措施内容	涉及对象			降低成本来源		成本降低额				
		实物名称	单价	数量	预算收入	计划开支	合计	人工费	材料费	机械费	其他直接费

（3）降低成本计划表。它是根据企业下达给项目的降低成本任务和项目经理部自己确定

的降低成本指标而制订的项目成本降低计划。它是编制成本计划任务表的重要依据。格式如表 9-3 所示。

表 9-3　降低成本计划表

工程名称：　日期：

项目经理：　单位：

分项工程名称	成本降低额					
	总计	直接成本				间接成本
		人工费	材料费	机械费	其他直接费	

（4）施工现场管理费计划表。反映发生在项目经理部的各项施工管理费的预算收入，计划数和降低额。格式如表 9-4 所示。

表 9-4　施工现场管理费计划表

成 本 项 目	预 算 收 入	计 划 成 本	降 低 额
1．工作人员工资			
2．生产工人辅助工资			
3．工资附加费			
4．办公费			
5．差旅交通费			
6．固定资产使用费			
7．工具用具使用费			
8．劳动保护费			
9．检验试验费			
10．工程保养费			
11．财产保险费			
12．取暖、水电费			
13．排污费			
14．其他			
合　计			

4. 施工成本计划的编制

编制成本计划的程序，因项目的规模大小、管理要求不同而不同，大中型项目一般采用分级编制的方式，即先由各部门提出部门成本计划，再由项目经理部汇总编制全项目工程的成本计划；小型项目一般采用集中编制方式，即由项目经理部先编制各部门成本计划，再汇总编制全项目的成本计划。成本计划的编制程序流程图如图 9-3 所示。

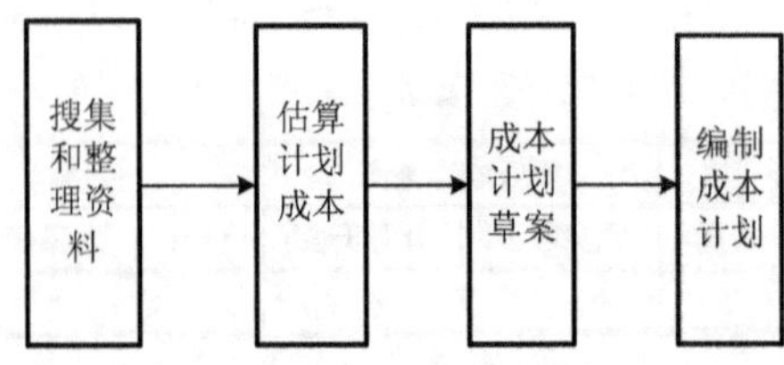

图 9-3　成本计划的编制程序流程图

工程项目成本计划的编制方法主要有以下几种方法。

1）定额估算法

通常以“两算”对比差额与技术组织措施带来的节约来估算计划成本的降低额，公式为

计划成本降低额＝“两算”对比定额差＋技术组织措施计划节约额

“两算”是指施工图预算和施工预算。施工图预算，是以施工图为依据，按照预算定额和规定的取费标准以及图纸工程量计算出项目成本，反映为完成施工项目建筑安装任务所需的直接成本和间接成本。它是招标投标中计算标底的依据，评标的尺度，是控制项目成本支出、衡量成本节约或超支的标准，也是施工项目考核经营成果的基础。施工预算是施工单位（各项目经理部）根据施工定额编制的，作为施工单位内部经济核算的依据。两算对比的差额实质是反映两种定额：施工定额和预算定额产生的差额。因此，又称定额差。技术组织措施带来的节约额，是指包括直接费在内的全部节约额。

如某项目预算成本 7000 万元，两算对比差额为 350 万元，采用技术组织措施计划节约额为 90 万元。则计划成本降低额＝350＋90＝440（万元）。

2）施工预算法

根据施工图纸中的实物工程量，套用施工消耗定额，计算工料消耗量，进行工料汇总，再乘以相应的工料单价用货币形式反映其施工生产消耗水平。公式为

计划成本＝施工预算成本－技术组织措施节约额

3）成本习性法

成本习性法是固定成本和变动成本在编制成本计划中的应用，主要按照成本习性，将成本分成固定成本和变动成本两类，以此作为计划成本。

施工项目计划成本＝项目变动成本总额＋项目固定成本总额

如某工程项目，经过费用分解测算，测得其变动成本总额为 200 万元，固定成本总额 400 万元，则该工程项目计划成本＝200＋400＝600（万元）。

4）按实计算法

以该项目施工图预算的工料分析资料作为控制计划成本的依据。根据施工项目经理部执行施工定额的实际水平和要求，由各职能部门归口计算各项计划成本。

（1）人工费的计划成本＝计划用工量×实际水平的工资价格

（2）材料费的计划成本$=\sum$(主要材料的计划用量×实际价格)

$+\sum$(周转材料的使用量×日期×租赁单价)

（3）机械使用费的计划成本$=\sum$(施工机械的计划台班数×规定的台班单价)

（4）现场二次搬运费等措施费的计划成本，根据施工方案和统计资料按实测算。

（5）间接费用的计划成本，一般根据历史成本的间接费用进行测算。

5. 降低施工成本的途径

降低成本计划中施工成本的可能途径如下。

（1）加强施工管理，提高施工组织水平。主要是正确选择施工方案，合理布置施工现场；采用先进的施工方法和施工工艺，不断提高工业化、现代化水平；组织均衡生产，搞好现场调度和协作配合；注意竣工收尾，加快工程进度，缩短工期。

（2）加强技术管理，提高工程质量。主要是研究推广新产品、新技术、新结构、新材料、新机器及其他技术新措施，制订并贯彻降低成本的技术组织措施，提高经济效果，加强施工过程的技术质量检验制度，提高工程质量，避免返工损失。

（3）加强劳动工资管理，提高劳动生产率。主要是改善劳动组织，合理使用劳动力，减少窝工浪费；执行劳动定额，实行合理的工资和奖励制度；加强技术教育和培训工作，提高工人的文化技术水平和操作熟练程度；加强劳动纪律，提高工作效率，压缩非生产用工和辅助用工，严格控制非生产人员比例。

（4）加强机械设备管理，提高机械使用率。主要是正确选配和合理使用机械设备，搞好机械设备的保养修理，提高机械的完好率、利用率和使用效率，从而加快施工进度、增加产量、降低机械使用费。

（5）加强材料管理，节约材料费用。主要是改进材料的采购、运输、收发、保管等方面的工作，减少各个环节的损耗，节约采购费用；合理堆置现场材料，组织分批进场，避免和减少二次搬运；严格材料进场验收和限额领料制度；制订并贯彻节约材料的技术措施，合理使用材料，尤其是三大材，大搞节约代用、修旧利废和废料回收，综合利用一切资源。

（6）加强费用管理，节约施工管理费 。主要是精简管理机构，减少管理层次，压缩非生产人员，实行定额管理，制定费用分项分部门的定额指标，有计划地控制各项费用开支。

（7）积极采用降低成本的新管理技术。如系统工程、工业工程、全面质量管理、价值工程等，其中价值工程是寻求降低成本途径的行之有效的方法。

9.3　成本控制与核算

9.3.1　成本控制概述

1. 成本控制的概念

施工成本控制是指在施工过程中，对影响施工成本的各因素加强管理，并采用各种有效措施，将施工中实际发生的各种消耗和支出严格控制在成本计划范围内，随时揭示并即时反馈，严格审查各项费用是否符合标准，计算实际成本和计划成本之间的差异并进行分析，消除施工中的损失浪费现象，发现和总结先进经验。

2. 成本控制的作用

施工成本控制的目的在于降低项目成本，提高经济效益。然而项目成本的降低，除了控制成本支出，还必须增加工程预算收入。因为，只有在增加收入的同时节约支出，才能提高施工成本的降低水平。由此可见，增加工程预算收入也是施工项目降低成本的主要来源。

施工成本控制是推行项目经理承包责任制的动力，成本目标是项目经理项目承包责任制中经济承包目标的综合体现，项目经理要实现这一目标，就必须利用生产要素市场机制，管好项目，控制消耗，将质量、工期、成本三大目标结合起来综合控制。这样，不仅实现了成本控制，也带动了施工项目的全面管理。

施工成本控制应贯穿于施工项目从投标阶段开始直到项目竣工验收的全过程，它是企业全面成本管理的重要环节。它可分为事前控制、事中控制（过程控制）、事后控制。

3. 施工成本控制的原则

1）可控性原则

成本的可控性原则是指成本活动都是以企业特定的单位或个人为责任单元进行的，这些责任单元对其职责范围内生产消耗的大小负有直接责任。

一般而言，可控性成本应具备以下三个条件：①未来发生的成本耗费是可以通过一定途径和方法预测的；②对发生的成本耗费能够进行计量；③有权对发生的成本耗费进行限制和调整。

只有同时具备上述三个条件的成本才属于可控制成本。成本的可控性是由成本控制主体所处的管理层次、管理权限、控制范围等确定的。在成本控制过程中，要认真分析成本的可控性，并且依其可控性追溯成本责任，以便有效地实施成本控制。

2）全面性原则

影响成本的因素是多方面的，全面性原则要求成本控制要贯穿于成本形成的各个阶段、影响成本的各个环节，需要企业职工自上而下的共同参与。

施工成本的全面性首先体现在对建筑产品成本形成的全过程控制上，即从施工准备开始，经过工程施工，到竣工交付使用后的保修期结束，其中每一项经济业务，都要纳入成本控制的范围。

成本控制的全面性还表现在成本控制的全方位上。成本控制的对象应该包括生产耗用的全部费用。不仅要控制构成产品实体的直接材料成本，以及直接人工成本、制造费用，而且要控制销售费用、管理费用等期间费用。同时，成本控制还必须综合考虑成本、质量和效益三者之间的关系，在保证质量、满足人们需要的前提下降低成本。

3）分级归口管理原则

实行成本的分级归口管理就是将企业的成本目标层层分解，落实到各车间、部门、班组、机台、岗位和个人。成本目标指标下达采用纵向对口、横向结合、逐级下达、层层分解的办法。分级归口管理的内容包括：目标的设定和分解，目标的责任到位和执行，检查目标的执行结果，评价目标和修正目标，形成目标管理的 P（计划）D（实施）C（检查）A（处理）循环。

4）例外管理原则

日常成本控制主要是通过对各种成本差异进行分析研究，及时发现问题，挖掘降低成本的潜力，提出改进工作和纠正缺点的措施。但实际上，每个企业日常出现的成本差异往往是成千上万、千头万绪的，管理人员不可能将全部时间和精力都用于每一个发生成本差异的因素的分析和研究上。为了提高成本控制的效率，管理人员应把工作重点放在那些属于不正常的不符合常规的关键性差异上，对它们追根求源，查明发生的原因，及时反馈给有关责任中心，使之迅速采取有效措施，消除这些不正常差异。这就是成本控制中的例外管理原则。所有的不符合常规的、不正常的关键性差异，就称为“例外”。例如，在成本管理中常见的成本盈亏异常现象，即盈余或亏损超过了正常的比例；本来是可以控制的成本，突然发生了失控现象；某些暂时的节约，但有可能对今后的成本带来隐患等，都应该视为“例外”问题，进行重点检查，深入分析，并采取相应的积极的措施加以纠正。

5）目标管理原则

目标管理是贯彻执行计划的一种方式，它把计划的方针、任务、目的和措施等逐一加以分解，提出进一步的具体要求，并分别落实到执行计划的有关部门、单位甚至个人。目标管理的内容包括:目标的设定和分解，目标的责任到位和执行。检查目标的执行结果，修正目标和评价目标。成本控制作为目标管理的一项重要内容，其工作的开展要遵循目标管理的原理。必须以目标成本为依据，作为对项目各种经济活动进行控制和指导的准绳，力求做到以最少的成本支出，获得最佳的经济效益。

6）经济原则

项目施工成本控制的根本目的在于降低施工成本和提高经济效益。项目成本控制必须突出经济效益和社会效益，正确处理产值、竣工面积、工程质量和成本的关系。任何承建单位决不能只顾追求产值而不顾竣工面积、工程质量和成本，同时也不能为片面追求降低成本而不顾工程质量、产值和竣工面积。必须统筹兼顾，不能顾此失彼。

4. 施工成本控制的对象

1）以施工成本形成的过程作为控制对象

（1）工程投标阶段。投标的报价，确定承包合同的合同价，由此确定工程项目的收入额。

（2）施工准备阶段。应结合设计图纸的自审、会审和其他资料，编制实施性施工组织设计，通过多方案的技术经济比较，从中选择经济合理、先进可行的施工方案，编制明细而具体的成本计划，对项目成本进行事前控制。

（3）施工阶段。施工阶段要完成工程实体的建造，是各项成本实际支出的关键环节，也是控制成本支出的关键。

（4）竣工阶段。对竣工验收过程发生的费用和保修费用进行控制。

2）以施工项目的职能部门、施工队和生产班组作为成本控制对象

控制成本的支出，必须从形成各项费用支出的主体入手进行有效控制，因此，各职能部门、施工队和生产班组作为成本控制对象，接受项目经理部主管部门的指导、监督、检查和考评。与此同时，项目的职能部门、施工队和班组还应对自己承担的责任成本进行自我控制。

3）以分部分项工程作为项目成本的控制对象

这是最直接、最具体的控制对象。施工项目的最终完成，必须依靠分项工程、分部工程的逐渐完成而实现。因此，对分部分项工程进行控制，实际是对直接成本的控制。可通过编制施工预算提出控制措施和控制目标，然后实施。

4）以对外经济合同作为成本控制对象

施工项目的对外经济业务，都要以经济合同为纽带建立制约关系，以明确双方的权利和义务。在签订经济合同时，必须强调要将合同的数量、单价、金额控制在预算收入以内。因为，合同金额超过预算收入，就意味着成本亏损；反之，就能降低成本。

5. 施工成本控制的内容

1）施工前期的成本控制

在投标阶段通过进行成本预测，提出投标决策意见，中标以后，标书为依据确定项目成本控制目标。在施工准备阶段，制订施工项目管理规划，编制明细而具体的成本计划，为成本控制实施做好准备。在施工前期，还应根据项目建设时间的长短和参加建设人数的多少，

编制间接费用预算，并对上述预算进行明细分解，以项目经理部有关部门责任成本的形式落实，为今后的成本控制和绩效考评提供依据。

2）施工期间的成本控制

施工期间的成本控制应抓以下环节。

（1）加强施工任务单和限额领料单的管理，落实执行降低成本的各项措施，做好施工任务单的验收和限额领料单的结算。

（2）将施工任务单和限额领料单的结算资料进行对比，计算分部分项工程的成本差异，分析差异产生的原因，并采取有效的纠偏措施。

（3）做好月度成本原始资料的收集和整理，正确计算月度成本，分析月度预算成本和实际成本的差异，充分注意不利差异，认真分析有利差异的原因，特别重视盈亏比例异常现象的原因分析，并采取措施尽快加以纠正。

（4）在月度成本核算的基础上实行责任成本核算。即利用原有会计核算的资料，重新按责任部门或责任者归集成本费用，每月结算一次，并与责任成本进行对比，由责任者自行分析成本差异和产生差异的原因，自行采取纠正措施，为全面实施责任成本创造条件。

（5）经常检查对外合同履约情况，防止发生经济损失。

（6）加强施工成本计划执行情况的检查与协调。

3）竣工验收及保修阶段的成本控制

（1）精心安排、干净利落地完成竣工扫尾工作，把竣工扫尾时间缩短到最低限度。

（2）重视竣工验收工作，顺利交付使用。

（3）及时办理结算，避免漏项。

（4）工程保修期间，应由项目经理指定保修工作的责任者，根据实际情况提出保修计划，以此作为控制保修费用的依据。

4）项目成本控制步骤

项目成本控制步骤如图 9-4 所示。

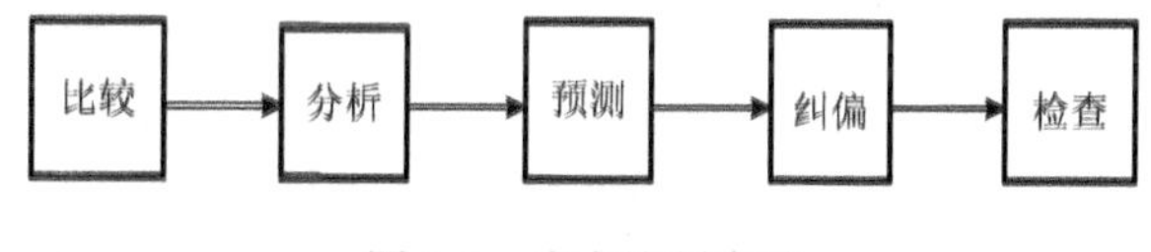

图 9-4 成本控制步骤

9.3.2 成本控制的方法

1. 施工成本的过程控制方法

施工阶段是控制建设工程项目成本发生的主要阶段，它通过确定成本目标并按计划成本进行施工、资源调配，对施工现场发生的各项成本费用进行有效控制，具体的处理方法如下。

1）人工费的控制

（1）人工消耗量的控制。依据施工定额中分项工程的人工消耗量，采用下达任务单的方式，将施工中的用工量限定在定额消耗量内。

（2）人工单价的控制。施工图预算中的人工单价＝预算定额规定的人工单价＋调价系数的调价。项目经理部与劳务市场或施工队签订劳务合同时，应将人工工日单价控制在施工图预算单价以下，将人工费的余额用于定额外人工费和奖励费用。使人工费限定在预算收入范围内，不产生人工费超支。

2）材料费的控制

（1）材料消费量的控制。依据施工定额中的材料消耗定额规定的完成分项工程的材料消耗量，采用限额领料单的方式。将施工中各项材料消耗量都限定在定额消耗量内。

（2）材料单价的控制。目前施工图预算将材料价分为了两类（六材、特材与除此之外的其他材料），材料单价的控制也应分别处理。

六材和特材（特材的种类按现行预算定额的规定），采用市场价。其价格控制应采用在合同中列入“按实结算”材料价差的条文，来补偿实际支出的差额。

其他材料，根据施工图预算中的材料单价＝预算定额规定的材料预算单价＋调价系数的调价，项目经理部与材料市场签订材料供应合同时，应将材料单价控制在施工图预算材料单价之内，以此来限定地方材料的采购成本，达到控制材料费的目的。

3）施工机械使用费的控制

施工图预算中的机械使用费＝预算定额规定的机械使用费＋调价系数的调价

由于项目施工的特殊性，实际的机械利用率不可能达到预算定额的取定水平，再加上预算定额中机械台班预算单价中的施工机械原价和折旧率的滞后性，施工图预算的机械使用费往往小于实际发生的机械使用费，形成机械使用费超支。

基于上述原因，对施工机械使用费的控制应采用增加合同收入的办法来实现。即在合同中列入机械费补贴的条款，来控制机械费的支出。

4）施工分包费用的控制

分包工程价格的高低，必然对项目经理部的施工成本产生一定的影响。因此，施工成本控制的重要工作之一是对分包价格的控制。项目经理部应在确定施工方案的初期就要确定需要分包的工作范围。决定分包范围的因素主要是施工项目的专业性和项目规模。对分包费用的控制，主要是做好分包工程的询价、订立平等互利的分包合同、建立稳定的分包关系网络、加强施工验收和分包结算等工作。

2. 赢得值法

赢得值法作为一项先进的项目管理技术，最初是美国国防部于 1967 年首次确立的。20 世纪 80 年代以后在国际上被工程公司普遍采用赢得值原理对项目执行效果进行评价，对项目进行费用和进度综合控制，从而会使得工程项目建设的经济效益显著提高，能否采用赢得值原理进行项目管理和控制，已经成为衡量工程公司项目管理水平和项目控制能力的标志之一。

用赢得值原理对项目执行效果进行定量评估和控制，其基本参数有三项，即计划工作的预算费用（简称 BCWS），已完工作的预算费用（简称 BCWP），已完工作的实际消耗费用（简称 ACWP），其中 BCWP 即所谓赢得值。在项目的费用进度控制中引入赢得值概念，可以科学地、定量地评估项目实施的执行效果，在项目实施过程中，根据这三项参数，可以形成三条可供定量分析的曲线。

第一条曲线叫做 BCWS 曲线，即计划工作的预算值曲线，简称计划值曲线。BCWS 曲线是综合进度计划和预算费用后得出的，含义是按照项目的进度计划，把每项工作或费用的预算值如人工时、设备材料费和其他费用等，在该项工作或费用的计划进度周期内分配展开。

然后按月统计当月计划完成的预算费用即得出当月计划工作预算费用值 BCWS 曲线。这条曲线是项目控制的基准曲线，这条曲线是在项目开始后，用批准的控制估算值建立的。

第二条曲线叫做 BCWP 曲线，即已完工作的预算值曲线，也叫赢得值曲线。BCWP 曲线含义是：按月统计已完工作量，并将此已完工作量的值乘以预算单价，逐月累加即生成赢得值曲线。赢得值与实际消耗的人工时或实际消耗的费用无关，它是用预算值或单价来计算已完工作量所取得的实物进展的值。它是测量项目实际进展所取得的效绩的尺度。

第三条曲线叫做 ACWP 曲线，即已完工作的实际费用消耗曲线，简称实耗值曲线。ACWP 的含义是：对应已完工作量实际消耗的费用，逐项记录实际消耗的费用并逐月累加，即可生成实耗值曲线。

费用和进度综合控制的 BCWP 和 ACWP 值，每月检测和报告一次。通过图中 BCWS、BCWP、ACWP 三条曲线的对比，可以直观地综合反映项目费用和进度的进展情况。

BCWP 与 BCWS 对比，由于两者均以预算值作为计算基准，因此两者的偏差，即反映出项目进展的进度偏差（SV=BCWP－BCWS）。SV=0，表示项目进展进度与计划进度相符；SV>0，表示进度提前；SV<0，表示进度拖后。

ACWP 与 BCWP 对比，由于两者均以已完工作量为计算基准，因此两者的偏差，即反映出项目进展的费用偏差（CV=BCWP－ACWP）。CV=0，表示实际消耗费用与预算费用相符；CV>0，表示实际消耗费用低于预算；CV<0，表示实际消耗费用超预算。

运用赢得值原理进行执行效果的评估，则可以直接判断检测当月进度是提前还是拖后，同时费用是节省还是超支。如图 9-5 所示。

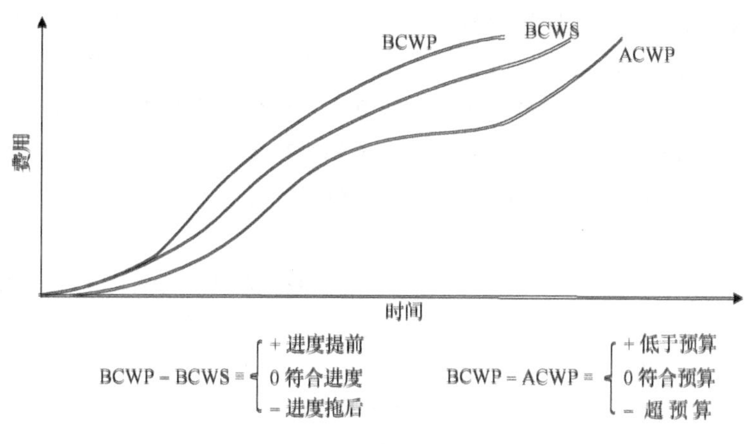

图 9-5　赢得值图

3. 偏差控制法

项目施工成本控制中的偏差控制法是在制订出计划成本的基础上，通过采用成本分析方法找出计划成本与实际成本间偏差和分析产生偏差的原因与变化发展趋势，进而采取措施以减少或消除偏差，实现目标成本的一种科学管理方法。施工过程中进行成本控制的偏差有三种：

实际偏差＝预算成本－实际成本

计划偏差＝计划成本－预算成本

目标偏差＝计划成本－实际成本

施工成本控制的目的是尽量减少目标偏差。由于目标偏差＝实际偏差＋计划偏差，所以要减少项目的目标偏差，只有采取措施减少施工中发生的实际成本偏差。

1）偏差控制法的程序

（1）找出偏差。在项目施工过程中定期地（每日或每周）、不断地寻找和计算三种偏差，并以目标偏差为对象进行控制。通常寻找偏差可用成本对比方法进行。通过在施工过程中不断记录实际发生的成本费用，然后将记录的实际成本与计划成本进行对比，从而发现目标偏差。还可将实际成本、计划成本二者的发展变化用图表示出来。

（2）根据成本偏差，用因果分析图分析产生的原因，然后设计纠偏措施，制定对策，协调成本计划。对策要列成对策表，落实执行责任。最后，应对责任的执行情况进行考核。

2）常用的偏差分析方法

常用的偏差分析方法有横道图法、时标网络图法、表格法和曲线法。

（1）横道图法。

用横道图进行投资偏差分析，是用不同的横道标识拟完工程计划投资、已完工程实际投资和已完工程计划投资，在实际工作中往往要根据拟完工程计划投资和已完工程实际投资确定已完工程计划投资后，再确定投资偏差与进度偏差。根据拟完工程计划投资与已完工程实际投资确定已完工程计划投资的方法是：

① 已完工程计划投资与已完工程实际投资的横道位置相同。

② 已完工程计划投资与拟完工程计划投资的各子项工程的投资总值相同。

（2）时标网络图法。

时标网络图是在确定施工计划网络图的基础上，将施工的实施进度与日历工期相结合而形成的网络图。根据时标网络图可以得到每一时间段的拟完工程计划投资，已完工程实际投资可以根据实际工作完成情况测得，在时标网络图上考虑实际进度前锋线就可以得到每一时间段的已完工程计划投资。实际进度前锋线表示整个项目前实际完成的工作面情况，将某一确定时点下时标网络图中各个工序的实际进度点相连就可以得到实际进度前锋线。

（3）表格法。

表格法是进行偏差分析最常用的一种方法，可以根据项目的具体情况、数据来源，投资制作的要求等条件来设计表格，因而适用性较强。表格法的信息量大，可以反映各种偏差变量和指标。对全面深入地了解项目投资的实际情况非常有益；另外，表格法还便于用计算机辅助管理，提高投资控制工作的效率。如表 9-5 所示。

表 9-5　投资偏差分析表

项目编号	（1）	011	012	013
项目名称	（2）	土方工程	打桩工程	基础工程
单位	（3）	m^2	m	m^2
计划单价	（4）	5	6	8
拟完工程量	（5）	10	11	10
拟完工程计划投资	（6）＝（4）×（5）	50	66	80
已完工程量	（7）	12	16.67	7.5
已完工程计划投资	（8）＝（4）×（7）	60	100	60
实际单价	（9）	5.83	4.8	10.67
其他款项	（10）			

续表

已完工程实际投资	(11) = (7) × (9) + (10)	70	80	80
投资局部绝对偏差	(12) = (11) − (8)	10	−20	20
投资局部相对偏差	(13) = (11) ÷ (8)	1.17	0.8	1.33
投资累计绝对偏差	(14) = ∑ (12)			
投资累计相对偏差	(15) = ∑ (11) ÷∑ (8)			
进度局部绝对偏差	(16) = (6) − (8)	−10	−34	20
进度局部相对偏差	(17) = (6) ÷ (8)	0.83	0.66	1.33
进度累计绝对偏差	(18) = ∑ (16)			
进度累计相对偏差	(19) = ∑ (6) ÷∑ (8)			

（4）曲线法。

曲线法是用投资时间曲线进行偏差分析的一种方法。在用曲线法进行偏差分析时，通常有三条投资曲线：即已完工程实际投资曲线 a，已完工程计划投资曲线 b，拟完工程计划投资曲线 P。如图 9-6 所示，图中曲线 a 和 b 的竖向距离表示投资偏差，曲线 P 和 b 的水平距离表示进度偏差。图中所反映的累计偏差，而且主要是绝对偏差。用曲线法进行偏差分析，具有形象直观的优点，但不能直接用于定量分析，如果能与表格法结合起来，则会取得较好的效果。

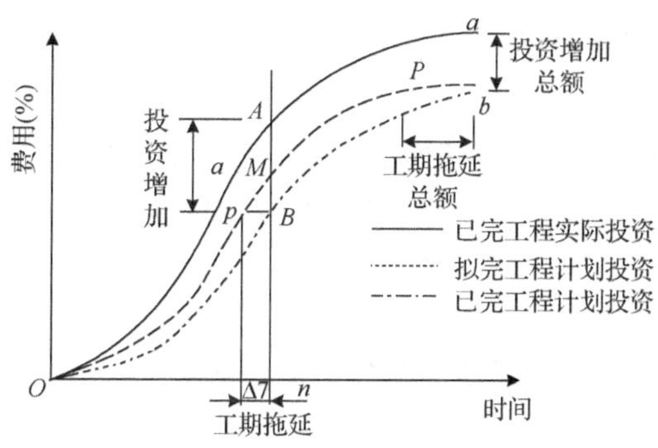

图 9-6　三种投资参数曲线

9.3.3　成本核算

1. 施工成本核算的概念

施工承包核算包括两个基本环节：一是按照规定的成本开支范围对施工费用进行归集和分配，计算出施工费用的实际发生额；二是根据成本核算对象，采用适当的方法，计算出该施工项目的总成本和单位成本。施工成本管理需要正确及时地核算施工过程中发生的各项费用，计算施工项目的实际成本。施工成本核算所提供的各种成本信息，是成本预测、成本计划、成本控制、成本分析和成本考核等各个环节的依据。

2. 施工成本核算的基本内容

施工成本核算一般以单位工程为对象，但也可以按照承包工程项目的规模、工期、结构类型、施工组织和施工现场等情况，结合成本管理要求，灵活划分成本核算对象。施工成本核算的基本内容包括人工费核算；材料费核算；周转材料费核算；结构件费核算；机械使用费核算；措施费核算；分包工程成本核算；企业管理费核算；项目月度施工成本报告编制。

3. 成本核算的程序

施工成本核算程序是指企业在具体组织工程成本核算时应遵循的步骤与顺序。按照核算的内容的详细程度，成本核算程序主要分为两大步骤。

1）总分类核算

施工企业对施工过程中发生的各项工程成本，应先按其用途和发生的地点进行归集。其中直接费可以直接计入受益的各个工程成本核算对象的成本中；间接费用则需要先按照发生地点进行归集，然后再按照一定的方法分配计入受益的各个工程成本核算对象中，并在此基础上，计算当期已完工程或已竣工工程的实际成本。

2）工程成本的明细分类核算

为了详细地反映工程成本在各个成本核算对象之间进行分配和汇总的情况，以便计算各项工程的实际成本，施工企业除了进行工程成本的总分类核算，还应设置各种施工生产费用明细账，组织工程成本的明细分类核算。

施工企业一般应按工程成本核算对象设置“工程成本明细账”，用来归集各项工程所发生的施工费用。此外，施工企业还应按部门以及成本核算对象或费用项目分别设置“辅助生产明细账”“机械作业明细账”“待摊费用明细账”和“间接费用明细账”等，以便于归集和分配各项施工生产费用。

工程成本明细分类核算的具体步骤如下：①分配各项施工生产费用；②分配待摊费用和预提费用；③分配辅助生产费用；④分配机械作业；⑤分配施工间接费用；⑥结算工程价款；⑦确认合同毛利；⑧结算完工施工产品成本。

9.4　成本分析与考核

施工成本分析，应该随着项目施工的进展，动态地、多形式地开展，而且要与生产诸要素的经营管理相结合。这是因为成本分析必须为生产经营服务。即通过成本分析，及时发现矛盾，从而改善生产经营，同时又可降低成本。

9.4.1　施工成本分析作用与原则

1. 施工成本分析的作用

1）有助于恰当评价成本计划的执行结果

施工项目的经济活动错综复杂，在实施成本管理时制订的成本计划，其执行结果往往存在一定偏差，如果简单地根据成本核算资料直接做出结论，则势必影响结论的正确性。反之，若在核算资料的基础上，通过深入的分析，则可能做出比较正确的评价。

2）揭示成本节约和超支的原因，进一步提高企业管理水平

成本是反映施工项目经济活动的综合性指标，它直接影响着项目经理部和施工企业生产经营活动的成果，如果施工项目降低了原材料的消耗，减少了其他费用的支出，提高了劳动

生产率和设备利用率，这必定会在成本下综合反映出来。借助成本分析、用科学方法，从指标、数字着手，在各项经济指标相互联系中系统地对比分析，揭示矛盾，找出差距，就能正确地查明影响成本高低的各种因素及原因，了解生产经营活动中哪一部门、哪一环节工作做出了成绩或产生了问题，从而可以采取措施，不断提高项目经理部和施工企业经营管理的水平。

3）寻求进一步降低成本的途径和方法，不断提高企业的经济效益

对施工成本执行情况进行评价，找出成本升降的原因，归根到底，是为了挖掘潜力，寻求进一步降低成本的途径和方法。只有把企业的潜力充分挖掘出来，才会使企业的经济效益越来越好。

2. 施工成本分析的原则

（1）实事求是。成本分析一定要有充分的事实依据，应用“一分为二”的辩证方法，对事物进行实事求是的评价，并要尽可能做到措词恰当，能为绝大多数人所接受。

（2）定量分析与定性分析相结合。施工成本状况及其变动，既有质的特征，又有量的界限。因此，施工成本分析包括定性和定量两个方面。定性分析在于揭示影响工程成本各因素的性质、内在联系及其变动趋势；定量分析目的在于确定成本指标变动幅度及其各因素的影响程度。定性分析是定量分析的基础，定量分析是定性分析的深化，两者相辅相成，互为补充，缺一都不能发挥成本分析应起的作用。

（3）成本分析与技术经济指标相结合。技术经济指标是反映施工项目技术经济情况，与施工方案、技术、工艺等密切相关的一系列指标。施工项目各项技术经济指标的完成情况，都直接或间接地影响工程成本的高低。因而，只有结合技术经济指标的变动对工程成本进行分析，才能深入成本分析，从根本上查明影响成本波动的具体原因，寻求降低成本的途径。另一方面，通过成本分析，也可以从资金耗费效果上促进项目经理部各部门更好地完成各项技术经济指标，有利于从经济的角度，改善项目的施工状况。

（4）成本分析与成本责任制相结合。在施工项目内部，建立健全完善的成本责任制，把成本分析工作与各部门经济效果和工作质量的考核、评比和奖惩结合起来，是成本分析工作深入持久的必要保证。 在完善的成本责任制下，企业应根据各部门的特点和责任范围。开展班组成本分析、施工队成本分析和施工成本分析，把成本分析植根于广泛深入的调查研究之中。尤其是班组、施工队一级的成本分析，应根据项目施工生产情况、适当选择一定专题作为分析的主要内容，并逐渐缩短分析的时期，这样，才能为成本分析的有效控制提供有价值的成本信息。

9.4.2 施工成本分析的方法

成本分析的方法有基本方法和综合成本分析方法。

1. 成本分析的基本方法

1）综合指标法

就是通过技术经济指标的对比，检查计划的完成情况，分析产生差异的原因，进而挖掘内部潜力的方法。这种方法，具有通俗易懂、简单易行，便于掌握的特点，因而得到了广泛的应用，但在应用时必须注意各技术经济指标的可比性。

2）因素分析法

因素分析法是利用指数分析法，通过指数体系，分析各种因素的变动对施工项目工程成本的影响程度，从数量上说明成本变动的具体原因。因素分析法按照所分析变动因素的多少，分为两因素分析法和多因素分析法。在进行分析时，首先要假定众多因素中的一个因素发生了变化，而其他因素不变，然后逐个替换，并分别比较其计算结果，以确定各个因素的变化对成本的影响程度。因素分析法的计算步骤如下。

（1）确定分析对象（即所分析的技术经济指标），并计算出实际与计划（预算）数的差异。

（2）确定该指标是由哪几个因素组成的，并按其相互关系进行排序。

（3）以计划（预算）数为基础，将各因素的计划（预算）数相乘，作为分析替代的基数。

（4）将各因素的实际数按照上面的顺序进行替换计算，并将替换后的实际数保留下来。

（5）将每次替换计算所得的结果，与前一次的计算结果相比较，两者的差异即该因素对成本的影响程度。

（6）各个因素的影响程度之和，应与分析对象的总差异相等。

3）差额计算法

差额计算法是因素分析法的一种简化形式，它利用各因素的计划与实际的差额来计算其对成本的影响程度。

必须说明，在应用因素分析法进行成本分析时，各个因素的排列顺序应该固定不变。否则，就会得出不同的计算结果，也会产生不同的结论。

2. 综合成本分析法

所谓综合成本是指涉及多种生产要素，并受多种因素影响的成本费用，如分部分项工程成本、月（季）度成本、年度成本等。这些成本都是随着项目施工的进展而逐步形成的，与生产经营有着密切的关系。因此，做好上述成本的分析工作，无疑将促进项目的生产经营管理、提高项目的经济效益。

1）分部分项工程成本分析

分部分项工程成本分析是针对施工项目主要的、已完的分部分项工程进行的成本分析，是施工成本分析的基础。通过分部分项工程成本分析，可以基本了解项目成本形成全过程，为竣工成本分析和今后的项目成本管理提供一份宝贵的参考资料。

分部分项工程成本分析的资料来源是：预算成本来自施工图预算，计划成本来自施工预算，实际成本来自施工任务单的实际工程量、实耗人工和限额领料单的实耗材料。

分部分项工程成本分析的方法是:进行预算成本、计划成本和实际成本的对比，分别计算实际偏差和目标偏差，分析偏差产生的原因，为今后的分部分项工程成本寻求节约途径。

2）月（季）度成本分析

月（季）度的成本分析，是施工项目定期的、经常性的中间成本分析。对于有一次性特点的施工项目来说，有着特别重要的意义。因为，通过月（季）度成本分析，可以及时发现问题，以便按照成本目标指示的方向进行监督和控制，保证项目成本目标的实现。

月（季）度的成本分析的依据是当月（季）的成本报表。分析的方法，通常有以下几个方面。

（1）通过实际成本与预算成本的对比，分析当月（季）的成本降低水平；通过累计实际成本与累计预算成本的对比，分析累计的成本降低水平，预测实现项目成本目标的前景。

（2）通过实际成本与计划成本的对比，分析计划成本的落实情况，以及目标管理中的问题和不足，进而采取措施。加强成本管理，保证成本计划的落实。

（3）通过对各成本项目的成本分析，可以了解成本总量的构成比例和成本管理的薄弱环节。对超支幅度大的成本项目，应深入分析超支原因，并采取相应的增收措施，防止今后再超支；对预算定额规定的“政策性”亏损成本项目，则应从控制支出着手，把超支额压缩到最低限度。

（4）通过主要技术经济指标的实际与计划的对比而分析产量、工期、质量、“三材”节约率、机械利用率等对成本的影响。

（5）通过对技术组织措施执行效果的分析，寻求更加有效的节约途径。

（6）分析其他有利条件和不利条件对成本的影响。

3）年度成本分析

企业成本要求一年结算一次，不得将本年成本转入下一年度。而项目成本则以项目的寿命周期为结算期，要求从开工到竣工到保修期结束连续计算，最后结算出成本总量及其盈亏。由于项目的施工周期一般都比较长，除了要进行月（季）度成本的核算和分析，还要进行年度成本的核算和分析。这不仅是为了满足企业汇编年度成本报表的需要，同时也是项目管理的需要。因为通过年度成本的综合分析，可以总结一年来成本管理的成绩和不足，为今后的成本管理提供经验和教训，从而可对项目成本进行更有效的管理。

年度成本分析的依据是年度成本报表。年度成本分析的内容除了月（季）度成本分析的六个方面，重点是针对下一年度的施工进展情况规划切实可行的成本管理措施，以保证项目成本目标的实现。

4）竣工成本的综合分析

凡是有几个单位工程而且是单独进行成本核算（即成本核算对象）的施工项目，其竣工成本分析应以各单位工程竣工成本分析资料为基础，再加上项目经理部的经营效益（如资金调度，对外分包等所产生的效益）进行综合分析。如果施工项目只有一个成本核算对象（单位工程），就以该成本核算对象的竣工成本资料作为成本分析的依据。

单位工程竣工成本分析，应包括三方面内容：①竣工成本分析；②主要资源节超对比分析；③主要技术节约措施及经济效果分析。

9.4.3　成本考核

施工成本考核是指在施工项目完成后，对施工成本形成中的各责任者，按施工成本目标责任制的有关规定，将成本的实际指标与计划、定额、预算进行对比和考核，评定施工成本计划的完成情况和各责任者的业绩，并以此给予相应的奖励和处罚。

施工成本考核是衡量成本降低的实际成果，也是对成本指标完成情况的总结和评价。成本考核制度包括考核目的、时间、范围、对象、方式、依据、指标、组织领导、评价与奖惩原则等内容。具体可分为以下几类。

（1）施工成本考核按时间可分为月度考核、阶段考核和竣工考核三种。

（2）施工成本考核按考核对象可以分为两个层次。一是施工企业对项目经理的考核，二是项目经理对所属部门、施工队班组的考核。

以施工成本降低额和施工成本降低率作为成本考核的主要指标，要加强公司层对项目经理部的指导，并充分依靠技术人员、管理人员和作业人员的经验和智慧，防止项目管理在企业内部异化为靠少数人承担风险的以包代管模式。通过成本考核，做到有奖有罚，赏罚分明，才能有效地调动每一位员工在各自施工岗位上努力完成目标成本的积极性，从而降低施工成本，提高企业的效益。

9.5　工程项目全寿命周期成本管理

项目业主的成本管理习惯上称为造价管理，其实质是投资控制。业主的投资控制主要体现在投资机会研究、可行性研究、投资决策、工程设计、施工招标等阶段中。工作的重点是前期的一系列估算，为投资决策提供依据。全寿命周期成本（life cycle costing）管理是工程项目投资决策的一种分析工具，是一种用来选择决策备选方案的方法。主要以价值工程的思想和手段，综合考虑工程项目的建造成本和运营、维护成本，从而实现更为科学的建筑设计和更为合理的材料设备的选择。以便在确保设计质量的前提下，实现降低项目全寿命周期成本的目标。

承包商的成本管理发生在中标签约之后，主要工作包括投标报价、中标后在合同价格的基础上制订工程费用计划、费用目标分解、对目标实施监控并实施合理的索赔。主要的措施是降低企业的管理费用和施工过程中的资源消耗及向分包商转移风险。因此从纵向看，建设项目成本管理贯穿项目生命周期的始终；从横向看，包括业主、承包商、分包商、供货商在内的所有参与方都要参与项目的成本管理。

9.5.1　寿命周期成本

1. 影响工程寿命周期成本的因素

（1）物理因素。物理因素是指工程产品在闲置或者使用过程中所发生的实体性磨损。主要表现在工程产品外观以及内部结构的逐渐破损。

（2）经济因素。随着工程产品使用年限的增加或者其他相关因素的变化，继续使用该产品将在经济上变得不合理。例如，由于土地升值，对于业主来说，将原有建筑产品占用的土地用于开发可能比改造建筑产品在经济上更合理。

（3）技术因素。一方面，随着工程产品使用年限的增加或者其他相关因素的变化，原有工程产品变得无法发挥其功能或者无法满足业主对其功能的要求。另一方面，由于技术进步，社会上出现了技术更先进、生产效率更高、原材料及能源耗费更少的工程产品（如空调、照明、电梯等），原有工程产品在技术上显得落后。为了降低经营费用或者提高效率，而放弃原有工程产品。

（4）社会和法律因素。由于人们非经济性的需求欲望变化引起的工程寿命周期的变化。例如，当前我国对建筑节能及人们对于建筑产品的生态型要求越来越高，原来的建筑产品无法达到这一要求，其工程寿命周期的变化就是社会和法律因素引起的。

2. 工程寿命周期成本的分类

1）工程寿命周期经济成本

工程寿命周期经济成本是指工程项目从项目构思到项目建成投入使用直至工程寿命终结

全过程所发生的一切可直接体现为资金耗费的投入的总和，包括建设成本和使用成本。建设成本是指建筑产品从筹建到竣工验收所投入的全部成本费用。使用成本则是指建筑产品在使用过程中发生的各种费用，包括各种能耗成本、维护成本和管理成本等。从其性质上说，这种投入可以是资金的直接投入，也包括资源性投入，如人力资源、自然资源等；从其投入时间上说，可以是一次性投入，如建设成本，也可以是分批、连续投入，如使用成本。

2）工程寿命周期环境成本

根据国际标准化组织环境管理体系（ISO 14040）精神，工程寿命周期环境成本是指工程产品系列在其全寿命周期内对于环境的潜在和显在的不利影响。工程建设对于环境的影响可能是正面的，也可能是负面的，前者体现为某种形式的收益，后者则体现为某种形式的成本。在分析及计算环境成本时，应对环境影响进行分析甄别，剔除不属于成本的系列。在计量环境成本时，由于这种成本并不直接体现为某种货币化数值，必须借助其他技术手段将环境影响货币化。

3）工程寿命周期社会成本的构成

工程寿命周期社会成本是指工程产品在从项目构思、产品建成投入使用直至报废过程中对社会的不利影响。与环境成本一样，工程建设及工程产品对于社会的影响可以是正面的，也可以是负面的。因此，也必须进行甄别，剔除不属于成本的系列。例如，建设某个工程项目可以增加社会就业率，有助于社会安定，这种影响就不应计算为成本。另一方面，如果一个工程项目的建设会增加社会的运行成本，例如，由于工程建设引起大规模的移民，可能增加社会的不安定因素，这种影响就应计算为社会成本。

3. 工程寿命周期成本的构成

工程寿命周期成本是工程设计、开发、建造、使用、维修和报废等过程中发生的费用，也即该项工程在其确定的寿命周期内或在预定的有效期内所需支付的研究开发费、制造安装费、运行维修费、报废回收费等费用的总和。对于不同的工程项目，图 9-7 中的数据可能有所不同，而且在一般情况下，运营及维护成本往往大于项目建设的一次性投入。因此，在分析寿命周期成本时，首先要明确寿命周期成本所包括的费用项目，也就是必须建立寿命周期成本的构成体系。

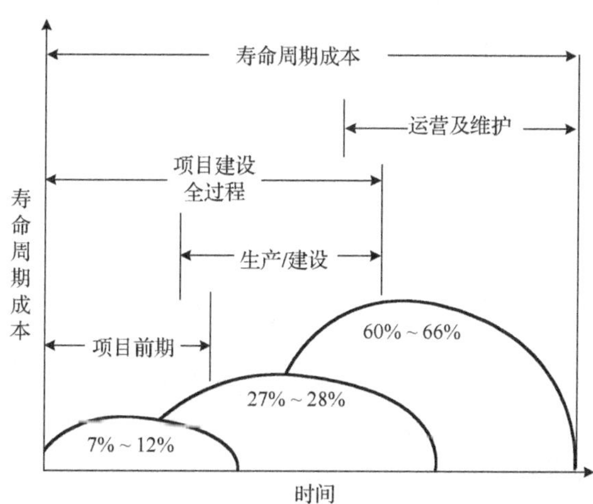

图 9-7　典型寿命周期成本状态

如图 9-8 所示为典型的费用构成体系，寿命周期成本的一级构成包括设置费（或建设成本）和维持费（或使用成本）。在工程竣工验收之前发生的成本费用归入建设成本，工程竣工验收之后发生的成本费用（贷款利息除外）归入使用成本。图 9-8 之所以具有典型示例性，是因为该图不一定包括了寿命周期成本的全部项目。在实际使用时，应根据数据（资料）的齐全情况、各项费用的重要性以及问题的性质等，参考图 9-8 编制出符合工程项目实际情况的费用构成体系。

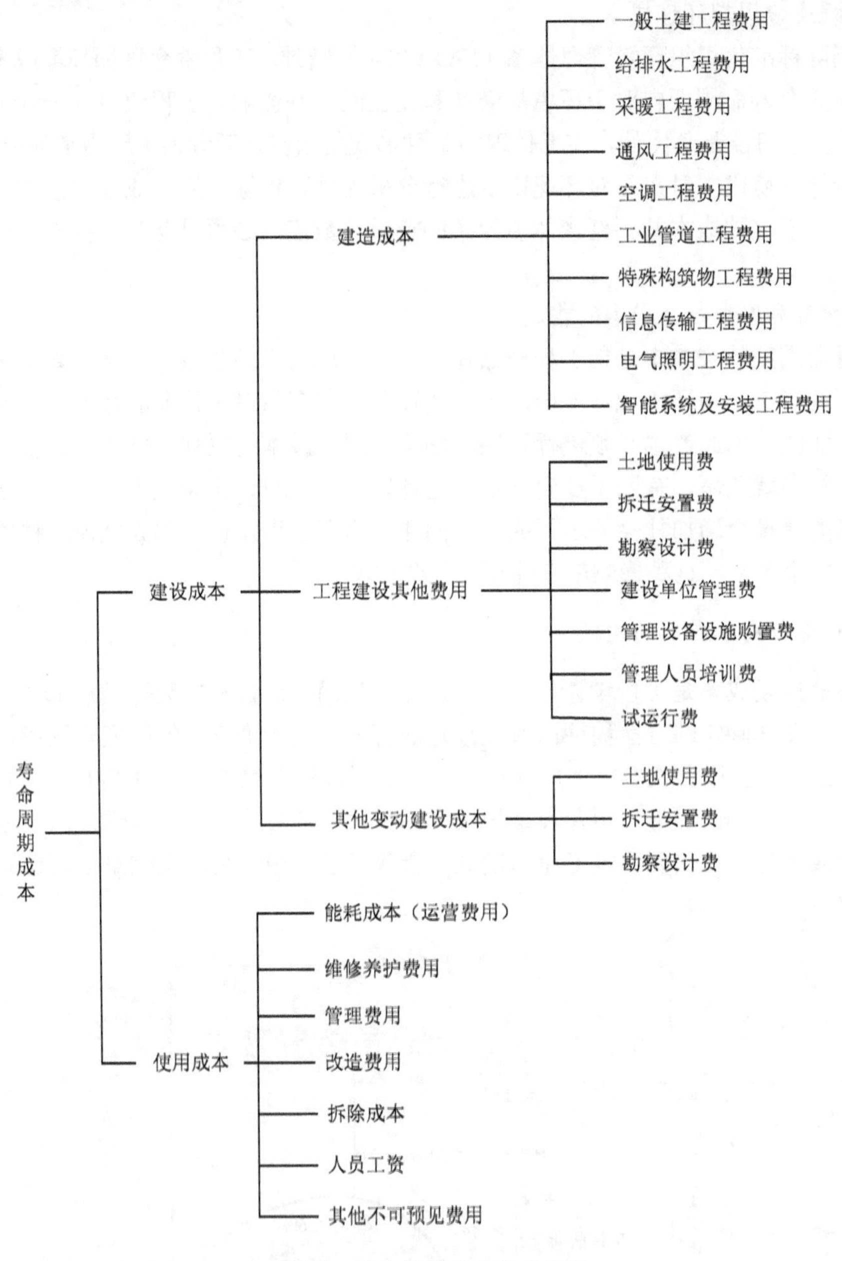

图 9-8　寿命周期成本构成体系

9.5.2　寿命周期的成本分析

寿命周期成本分析又称为寿命周期成本评价，它是指为了从各可行方案中筛选出最佳方案以有效地利用稀缺资源，而对项目方案进行系统分析的过程或者活动。换言之，“寿命周期成本评价是为了使用户所用的系统具有经济寿命周期成本，在系统的开发阶段将寿命周期成本作为设计的参数，而对系统进行彻底的分析比较后作出决策的方法”。

寿命周期成本分析是对于项目全寿命周期而言的，而非一些人为设定的时间跨度（如一个五年计划）。图 9-9 表示了一幢建筑在整个寿命周期内不同阶段的寿命周期成本发生情况。

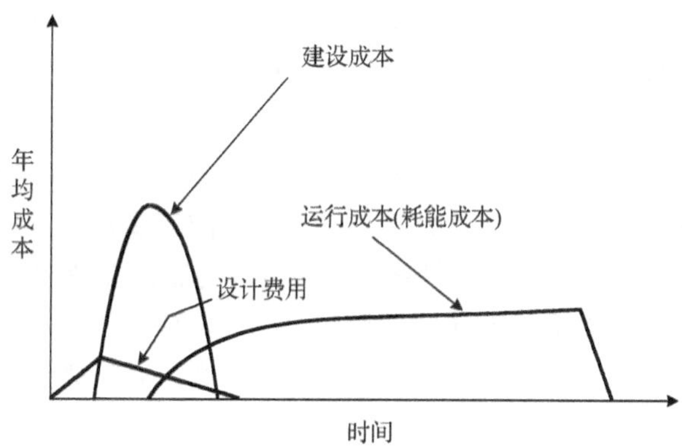

图 9-9 寿命周期不同阶段的成本发生情况

在通常情况下，要从寿命周期成本最低的立场出发，首先是确定寿命周期成本的各要素，把各要素的成本降低到普通水平；其次是将设置费和维持费两者进行权衡，以便确定研究的侧重点从而使总费用更为经济；然后再从寿命周期成本和系统效率的关系这个角度进行研究。此外，由于寿命周期成本是在长时期内发生的，对费用发生的时间顺序必须加以掌握。器材和劳务费用的价格一般都会发生波动，在估算时要对此加以考虑。同时，在寿命周期成本分析中必须考虑“资金的时间价值”。

9.5.3 寿命周期成本评价法的一般步骤

1. 明确系统（对象）的任务

本阶段的主要工作在于了解评价工作的基本情况，如业主的目的和意图、业主的资金能力，明确业主对于工程产品的功能要求，特征、进度、成本、质量等总体要求等。换句话说，必须明确系统的要求是什么，也就是要明确系统能完成哪些工作，满足哪些性能。这个系统的任务必须以目的或目标的形式具体地、定量地加以明确。如果目的或目标不明确，那么以后制订的方案就会与任务不相适应，或在选择方案时有产生片面性的危险。

2. 资料收集

为了能有效地进行寿命周期成本评价，取得所需的各类资料是一项很重要的工作。评价工作所涉及的资料和数据相当庞杂，包括历史的、现实的和预测数据资料。数据资料的客观性、准确性、完备性直接关系到评价工作的效果，进而影响决策和对策，因此，对于数据资料的要求是很严格的，不允许有臆测、虚假的成分。即使是预测数据资料，也应该具有客观性和合理性。

3. 方案创造

为了更好地进行权衡，对系统各组成部分要考虑多种方案，以便从中选出可以完成任务而且经济性高的最佳方案。如果只有一个方案，就没有取舍的余地。在该步骤中，应掌握所能想到的各种方案及其特征以及通过选定的系统获得预期效果所需的费用概算。

4. 明确系统的评价要素及其定量化方法

寿命周期成本评价最终要根据系统的效率和费用两个方面来进行评价。因此，效率和费用两者应考虑哪些要素、用什么方法加以定量化，就成为重要的问题。一般来说，费用（包括设置费和维持费）的标准比效率的标准较为容易确定，因为费用的各种计算方法已比较普及，而且资料（数据）也较齐全。

至于效率，如果只针对单一的目标和效果，比较容易确定，但在一般情况下，系统的评价要素都不止一个，有时甚至有许多个。例如，机动车的速度是最重要的效率要素，然而，人们要乘坐它并进行操纵，因此，安全性和可操纵性能也就不能忽视。

由于寿命周期成本必须考虑资金的时间价值，因此，建造进度和系统的使用年限将直接影响最终的寿命周期成本。为此，在进行寿命周期评价时，必须确定不同方案的建设进度和系统的使用年限。

5. 方案评价

方案评价可按以下步骤进行。

（1）评价方案的“粗筛选”。显然，对效率很低的方案进行详细研究是不经济的，所以，要通过这个阶段进行“粗筛选”。具体做法是：先从已确定的评价要素着眼，以最重要的评价要素为依据对各方案进行一次评价，将评价显然不高的方案排除掉。

（2）对经过“粗筛选”剩下的方案进行有效度和费用的详细估算。

（3）用固定费用法和固定效率法进行试评。

（4）从效率和费用两个方面对系统进行有效度和费用的详细估算。

6. 编制评价报告

评价完毕之后，应抓住重点，将分析的目的、前提条件、使用的资料（数据）、假设和推定的条件、分析的过程和结论等整理成书面资料。形成评价报告书。

寿命周期成本评价的最终结果是提出评价报告书。但是，评价过程中所使用过的各种资料和运算，以及不予采用的各种方案等，最好也能保存起来。现在所采用的最佳方案，只是在给定的条件下为“最佳”，如果以后条件有了变化，这次未加采用的方案也许在以后会有用处。因此，对不采用的各种方案，也要说明其未被采用的理由。

7. 工程项目全寿命周期目标体系

按照工程项目的使命构造工程项目的全生命期目标体系。它应作为衡量创新的价值尺度。

（1）质量（功能）目标。现代工程追求工作质量、工程质量、最终整体功能、产品或服务质量的统一性。更注重运营过程，高效率地发挥功能价值。

工程不仅要达到预定的使用功能要求，而且要满足人们追求一些新的质量理念。

（2）费用目标。过去人们过于注重建设费用（一次性总投资或总成本），现在更注重新的费用目标，即全生命期费用（建造费用和运行费用）的目标。

① 降低工程过程中的社会成本。社会成本是工程过程中引起的其他方费用支出，如工程招标投标中未中标单位的花费。

② 降低环境成本。例如，项目的环保投入较低，运行人员健康受损，造成社会保险和医疗费增加。环境污染使社会处理污染的费用增加。

(3) 时间目标。工程的时间目标不仅包括工期（建设期），而且包括工程的设计寿命，服务寿命目标和产品的市场周期（产品市场发展、成熟、衰退时间）。

(4) 项目相关者各方面满意。相关者各方面满意作为组织成功的新的尺度。建设工程项目必须顾及各方的利益，使他们满意。项目相关者各方面以及他们的主要利益如下。

① 用户：产品或服务价格、安全性、产品或服务的人性化。

② 投资者：投资额、投资回报率、降低投资风险。

③ 承包商和供应商：工程价格、工期、企业形象、关系（信誉）。

④ 政府：繁荣与发展地区经济、增加地方财力、改善地方形象、政绩显赫、就业和其他社会问题。

⑤ 生产者（员工）：工作环境（安全、舒适、人性化）、工作待遇、工作的稳定性。

⑥ 项目周边组织：保护环境、保护景观和文物、工作安置、拆迁安置或赔偿、对项目的使用要求。

复 习 题

1. 简述建筑工程成本的含义。
2. 简述建筑工程费用项目的构成。
3. 简述施工成本管理的具体工作内容。
4. 简述施工成本控制的意义和目的。
5. 简述施工成本控制的方法。

第 10 章　工程项目安全与环境管理

学习目的：了解工程项目安全与环境管理的目的、特点和要求；熟悉并掌握工程项目安全管理的实施方法、环境管理的措施，以及工程项目安全事故的处理。

学习重点：工程项目安全管理的实施方法、环境管理的措施，以及工程项目安全事故的处理。

学习难点：工程项目安全管理的实施方法，以及工程项目安全事故的处理。

10.1　概　　述

10.1.1　工程项目安全与环境管理的目的

工程项目安全管理的目的是防止和尽可能减少生产安全事故，保护产品生产者和使用者的健康与安全，保障人民群众的生命和财产免受损失；控制影响或可能影响工作场所内员工、临时工作人员、合同方人员、访问者和其他有关部门人员健康和安全的条件和因素；避免因管理不当对工作人员或因使用不当对使用者造成的健康和安全的危害。

工程项目环境管理的目的是保护和改善施工现场的环境，控制作业现场的各种粉尘、废水、废气、固体废弃物以及噪声、振动对环境的污染和危害，注意节约资源和避免资源的浪费。

10.1.2　工程项目安全与环境管理的特点

（1）复杂性。工程项目的安全和环境管理涉及大量的露天作业，受到气候条件、工程地质和水文地质、地理条件和地域资源等不可控因素的影响较大。

（2）多变性。一方面是工程项目建设现场材料、设备和工具的流动性大；另一方面由于技术进步，项目不断引入新材料、新设备和新工艺，加大了相应的管理难度。

（3）协调性。工程项目建设涉及的工种甚多，包括大量的高空作业、地下作业、用电作业、爆破作业、施工机械、起重作业等较危险的工程，并且各工种经常需要交叉或平行作业。

（4）持续性。工程项目建设一般具有建设周期长的特点，从设计、实施直至投产阶段，诸多工序环环相扣。前一道工序的隐患，可能在后续的工序中暴露，酿成安全事故。

（5）经济性。产品的时代性、社会性与多样性决定环境管理的经济性。

（6）多样性。产品的时代性和社会性决定了环境管理的多样性。

10.1.3　工程项目安全与环境管理的要求

1. 工程项目决策阶段

建设单位应按照有关建设工程法律法规的规定和强制性标准的要求，办理各种有关安全与环境保护方面的审批手续。对需要进行环境影响评价或安全预评价的建设工程项目，应组织或委托有相应资质的单位进行建设工程项目环境影响评价和安全预评价。

2. 工程项目设计阶段

设计单位应按照有关建设工程法律法规的规定和强制性标准的要求，进行环境保护设施和安全设施的设计，防止因设计考虑不周而导致生产安全事故的发生或对环境造成不良影响。

在进行工程设计时，设计单位应当考虑施工安全和防护需要，对涉及施工安全的重点部分和环节在设计文件中应进行注明，并对防范生产安全事故提出指导意见。对于采用新结构、新材料、新工艺的建设工程和特殊结构的建设工程，设计单位应在设计中提出保障施工作业人员安全和预防生产安全事故的措施建议。在工程总概算中，应明确工程安全环保设施费用、安全施工和环境保护措施费等。设计单位和注册建筑师等执业人员应当对其设计负责。

3. 工程项目施工阶段

建设单位在申请领取施工许可证时，应当提供建设工程有关安全施工措施的资料。

对于依法批准开工报告的建设工程，建设单位应当自开工报告批准之日起 15 日内，将保证安全施工的措施报送建设工程所在地的县级以上人民政府建设行政主管部门或者其他有关部门备案。

对于应当拆除的工程，建设单位应当在拆除工程施工 15 日前，将拆除施工单位资质等级证明，拟拆除建筑物、构筑物及可能涉及毗邻建筑的说明，拆除施工组织方案，堆放、清除废弃物的措施的资料报送建设工程所在地的县级以上的地方人民政府主管部门或者其他有关部门备案。

施工企业在其经营生产的活动中必须对本企业的安全生产负全面责任。企业的代表人是安全生产的第一负责人，项目经理是施工项目生产的主要负责人。施工企业应当具备安全生产的资质条件，取得安全生产许可证的施工企业应设立安全机构，配备合格的安全人员，提供必要的资源；要建立健全职业健康安全体系以及有关的安全生产责任制和各项安全生产规章制度。对项目要编制切合实际的安全生产计划，制定职业健康安全保障措施；实施安全教育培训制度，不断提高员工的安全意识和安全生产素质。

建设工程实行总承包的，由总承包单位对施工现场的安全生产负总责并自行完成工程主体结构的施工。分包单位应当接受总承包单位的安全生产管理，分包合同中应当明确各自的安全生产方面的权利、义务。分包单位不服从管理导致生产安全事故的，由分包单位承担主要责任，总承包和分包单位对分包工程的安全生产承担连带责任。

4. 工程项目验收试运行阶段

项目竣工后，建设单位应向审批建设工程项目环境影响报告书、环境影响报告或者环境影响登记表的环境保护行政主管部门申请，对环保设施进行竣工验收。环保行政主管部门应在收到申请环保设施竣工验收之日起 30 日内完成验收。验收合格后，才能投入生产和使用。

对于需要试生产的建设工程项目，建设单位应当在项目投入试生产之日起 3 个月内向环保行政主管部门申请对其项目配套的环保设施进行竣工验收。

10.2 工程项目安全管理

10.2.1 工程项目安全管理的主要内容

1. 落实安全生产管理制度

现阶段正在执行的主要安全生产管理制度包括安全生产责任制度；安全生产许可制度；政府安全生产监督检查制度；安全生产教育培训制度；安全措施计划制度；特种作业人员持证上岗制度；专项施工方案专家论证制度；危及施工安全工艺、设备、材料淘汰制度；施工起重机械使用登记制度；安全检查制度；生产安全事故报告和调查处理制度；“三同时”制度；安全预评价制度；意外伤害保险制度等。

2. 贯彻安全技术管理

编制施工组织设计时，必须结合工程实际，编制切实可行的安全技术措施，要求全体人员必须认真贯彻执行。执行过程中发现问题，应及时采取妥善的安全防护措施。要不断积累安全技术措施在执行过程中的技术资料，进行研究分析，总结提高，以利于以后工程的借鉴。

3. 坚持安全教育和安全技术培训

组织全体人员认真学习国家、地方和本企业安全生产责任制、安全技术规程、安全操作规程和劳动保护条例等。新工人进入岗位之前要进行安全纪律教育，特种专业作业人员要进行专业安全技术培训，考核合格后方能上岗。要使全体职工经常保持高度的安全生产意识，牢固树立“安全第一”的思想。

4. 组织安全检查

为了确保安全生产，必须严格进行安全检查。安全检查员要经常查看现场，及时排除施工中的不安全因素，纠正违章作业，监督安全技术措施的执行，不断改善劳动条件，防止工伤事故的发生。

5. 进行事故处理

人身伤亡和各种安全事故发生后，应立即进行调查，了解事故产生的原因、过程和后果，提出鉴定意见。在总结经验教训的基础上，有针对性地制定防止事故再次发生的可靠措施。

10.2.2 工程项目安全管理的工作程序

工程项目安全管理的工作程序如图 10-1 所示。

10.2.3 工程项目安全管理的实施方法

1. 建立健全施工项目的安全管理网络，确保网络体系的正常运行

施工项目安全管理的对象是参加项目的所有人、物及环境，因此安全生产必须靠全员来

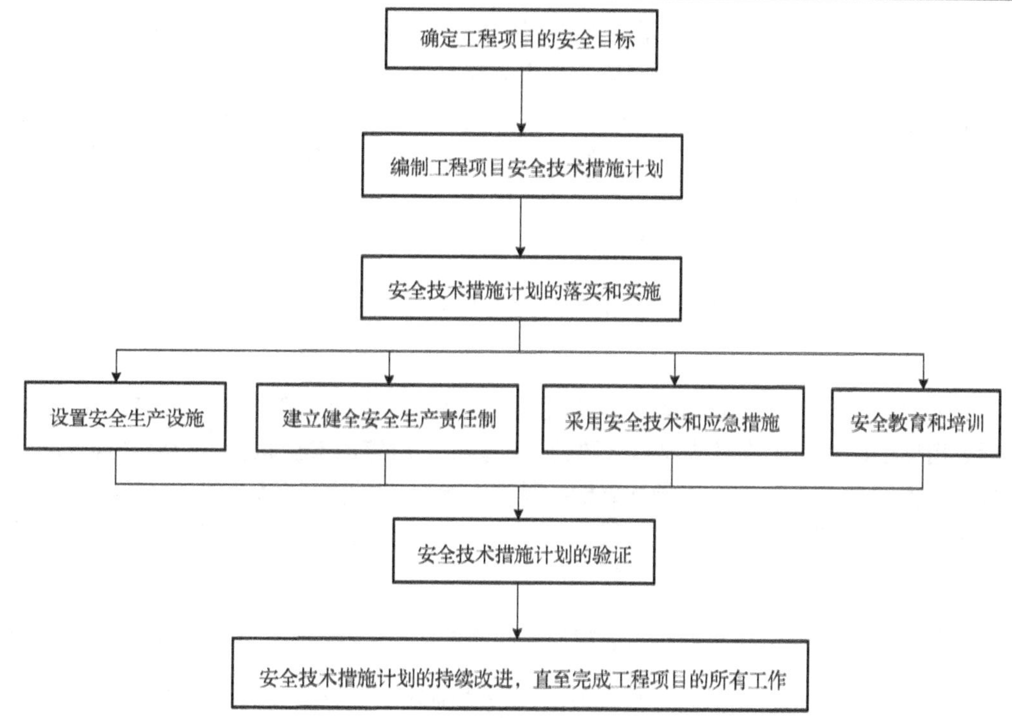

图 10-1　工程项目安全管理的工作程序

完成。为了把全员的工作做好，仅靠一个项目经理是力不从心的，所以一定要建立一个健全的安全管理网络体系，该体系应该由项目经理牵头，由有关部门、各施工队、班组中具有一定安全管理知识的人员组成。具体的操作方法是：项目部成立安全领导小组，项目经理任组长，一名副经理任副组长，项目部其他领导、安全员、各施工队长为成员。同时，在基层施工队和生产班组中都要指派一名专（兼）职安全员负责此项工作。领导小组要定期召开会议，汇报总结并布置阶段性安全工作，研究解决重大安全问题。

2. 做好对施工项目的风险评估，制定风险削减计划和应急措施，实现对施工项目重要环境因素（事故危险源）的实时监控

要想做好对施工项目的安全管理，首要工作就是分析项目在施工过程中可能出现什么样的事故，对可能造成事故的隐患进行评价，然后对这些危险源有针对性地制订削减计划，削减计划可采用先进的工艺技术实施技术保证，也可以指派具有丰富经验的人员进行现场作业或负责指挥和监督，同时还可以采用屏蔽隔离法，时间、人、物、轨迹交叉回避法，能量控制法等。在制订了风险消减计划后，由于其他不定因素影响，还可能发生事故。为了把事故损失控制在最小范围，还要制定应急措施，应急措施要做到组织、人员、救护方法三落实。而且要把计划、措施告知员工，以增加全员的风险意识，提高自主管理意识。

3. 编制施工组织设计，采用先进工艺技术，科学布置，利用人、物和环境，实行文明施工，以形成良好的劳动条件

一个施工项目从启动到竣工投产，在时间概念上，一般都要历时数天、数月，甚至数年；在工序上成千上万；在人员配置上为多工种协同作战，因此安全管理难度很大。为了合理组

织安排工程项目的安全文明生产，在项目开工前就要认真编制好施工组织设计。在施工组织设计中，要绘制平面布置图，把原材料、半成品存在区、预制场、施工区、住宅区、食堂、厕所、水、电、气、路、停车场及其他占地进行划分，在施工过程中严格按施工组织设计执行，不允许随心所欲打乱仗。在执行的同时，要强化文明施工的管理，做到物以类别，标识齐全。确保电灯亮、道路通、设备完好，砖成垛、砂成方、工完料净场地清。用物的安全状态、人的安全行为为项目的安全生产提供基本保证。

4. 制订切实可行的安全目标、指标，并分解到各部门、单位、班组，做到千斤重担众人挑，人人肩上有指标

制订安全目标、指标，是保证项目实现效益最大化，激励日常安全管理的有效办法。安全目标、指标的制订，要依照法律和行政的要求提出，所定的安全目标、指标要具有严肃性、合理性及可操作性。一旦目标、指标确定，就要分解到各单位，并讨论制定保证措施，以文件的形式下达到各部门、单位，以便人人头上有压力、肩上有担子，从而使项目的安全管理贯穿于生产经营活动的全方位、全过程。

5. 制定项目安全生产和文明施工管理制度，并采取有效措施加以落实，用制度管人、管事

制定项目安全生产和文明施工管理制度，应明确规定各级人员的岗位安全生产责任制。基本要求是：一个独立的职责，必须由一个人全权负责，要做到人人有责可负，同时要有奖惩办法，各种操作规程，原则要做到公平待人、对事，用制度规范人们的行为，以形成良好的安全生产秩序。

6. 做好对员工的安全知识培训和安全意识教育，努力提高全员的安全生产技能及自我保护意识，力求在施工项目上营造良好的安全生产氛围

安全知识培训和安全意识教育是提高员工安全生产意识和技能的主要途径，由于项目部是一个临时机构，集聚的人员可能来自方方面面，他们对本项目的安全生产要求不一定尽知，因此必须对所有人员进行安全培训与教育。具体方法可采用入厂人员集中授课，由安全管理人员和工程技术人员进行施工项目有关安全生产和文明施工要求及工艺技术知识的教育，并进行考试，对不合格者再培训再考试，直到合格，不合格不许上岗。在做好一般教育的基础上，还要加强对特种作业人员的专门培训，凡特殊工种都要做到持证上岗。另外，施工队每周要进行一次安全讲话教育，生产班组每天都要进行班前讲话。

7. 做好火灾、爆炸、高处坠落、坍塌、触电、机械伤害、中暑、中毒、物体打击、冻伤、车辆伤害和环境污染等事故预防工作，认真制定各种预防措施并加以落实

“安全第一，预防为主，综合治理”，是安全管理工作的原则，根据施工项目的施工环境，要认真编制各种预防措施，并在施工过程中予以落实。保证做到无人员伤亡、无财产损失、无环境污染事故发生。

8. 实行生产安全“五同时”，做到管生产必须管安全

为实施安全对策，必须首先明确由谁来实施的问题。在施工项目安全管理中，在推行全员安全管理的同时，根据“管生产必须管安全”的原则，实行安全生产责任制，形成以项目

经理为第一责任人的安全生产管理网络，明确各安全责任人的职责范围及对安全工作应负的责任。这是施工项目安全管理中最基本的一项安全制度，是各安全管理规章制度的核心。就施工项目来说，项目经理是安全生产第一责任者，对本工程项目的安全生产负总责。而安全生产责任制的核心是实现安全生产的“五同时”。这就要求项目经理牢固树立“安全第一”的思想，在指挥生产的同时，必须负责安全管理工作。在计划、布置、检查、总结、评比生产的同时，计划、布置、检查、总结、评比安全工作，从而使施工项目管理有针对性、科学性、原则性和实践性，确保整个项目施工期间安全生产无事故，确保职工的安全、健康。

9. 组织做好定期和不定期的安全检查工作

安全生产检查的目的是切实落实责任，严格现场管理，促进隐患治理，层层落实各级安全生产责任。而建立健全施工项目的安全管理网络体系，做到把责任落实到人，把责任区划分到人，促使做好定期和不定期的安全检查，是消除各类隐患，实现安全生产的有效手段。

要做好施工项目的安全检查工作，应该从以下几个方面考虑：一是提高检查的权威性。施工项目的负责人要亲自参与组织安全检查，挑选责任心强、业务素质高的同志充实检查队伍。项目部要开展月检，施工队要实行周检，班组要进行日检。二是完善安全检查档案制度，做到有记录、有整改、有反馈，使前一次检查的整改情况成为下一次检查的首选对象，确保检查工作闭合循环，提高检查的针对性。三是采取各种方式，提高检查效果。一方面是自查自改、双向检查和下发限期整改通知单、填报整改情况反馈表等；另一方面是结合重点工作，不定期开展专项检查，如对各种作业票证检查等，对查出的问题要在整改的基础上严肃处理，不讲情面。

10. 对事故实行“四不放过”原则，杜绝同类事故发生

在施工项目安全管理中，稍有疏忽，事故隐患就会引发事故的发生。因此，在做好安全检查，把隐患当事故处理的同时，一旦发生事故，应严格按“四不放过”原则执行，分析清楚原因、落实防范措施、教育职工，特别对那些既是事故受害者，又是事故责任者，要按上级有关指示精神，根据责任大小，严格落实经济责任制，并在职工中大力宣传，不能因同情受害者而免于对其处罚。

实践证明，只有依靠科学技术，规范项目管理，严格落实以上 10 个管理内容，才能保证工程项目的安全施工。

10.3　工程项目安全事故及处理

10.3.1　工程项目安全事故的分类

1. 职业伤害事故

职业伤害事故是指因生产过程及工作原因或与其相关的其他原因造成的伤亡事故。

1）按照事故发生的原因分类

按照我国《企业职工伤亡事故分类》（GB 6441—1986）规定，职业伤害事故分为 20 类，

即物体打击、车辆伤害、机械伤害、起重伤害、触电、淹溺、灼烫、火灾、高处坠落、坍塌、冒顶片帮、透水、放炮、火药爆炸、瓦斯爆炸、锅炉爆炸、容器爆炸、其他爆炸、中毒和窒息、其他伤害。

2）按事故严重程度分类

我国《企业职工伤亡事故分类》（GB 6441—1986）规定，按事故严重程度分类，事故分为：

（1）轻伤事故，是指只有轻伤的事故。轻伤是指损失工作日低于105日的失能伤害。

（2）重伤事故，是指有重伤无死亡的事故。重伤是指相当于损失工作日等于和超过105日的失能伤害。

（3）死亡事故。死亡事故分为重大伤亡事故和特大伤亡事故。其中，重大伤亡事故指一次事故中死亡1～2人的事故；特大伤亡事故指一次事故死亡3人以上（含3人）的事故。

3）按事故造成的人员伤亡或者直接经济损失分类

依据2007年6月1日起实施的《生产安全事故报告和调查处理条例》规定，按生产安全事故（以下简称事故）造成的人员伤亡或者直接经济损失，事故分为：

（1）特别重大事故，是指造成30人以上死亡，或者100人以上重伤（包括急性工业中毒，下同），或者1亿元以上直接经济损失的事故。

（2）重大事故，是指造成10人以上30人以下死亡，或者50人以上100人以下重伤，或者5000万元以上1亿元以下直接经济损失的事故。

（3）较大事故，是指造成3人以上10人以下死亡，或者10人以上50人以下重伤，或者1000万元以上5000万元以下直接经济损失的事故。

（4）一般事故，是指造成3人以下死亡，或者10人以下重伤，或者1000万元以下直接经济损失的事故。

目前，在建设工程领域中，判别事故等级较多采用的是《生产安全事故报告和调查处理条例》。

2. 职业病

职业病是指企业、事业单位和个体经济组织等用人单位的劳动者在职业活动中，因接触粉尘、放射性物质和其他有毒、有害因素而引起的疾病。

职业病包括10大类，分别是：职业性肺病及其他呼吸系统疾病、职业性皮肤病、职业性眼病、职业性耳鼻喉口腔疾病、职业性化学中毒、物理因素所致职业病、职业性放射性疾病、职业性传染病、职业性肿瘤、其他职业病。

10.3.2　工程项目安全事故的处理

1. 安全事故的预防

在建筑施工中，常见的安全事故主要有高处坠落、物体打击、机械伤害、触电、坍塌、中毒、火灾等。安全管理应将防止这些常见的事故作为工作的重点，采取相应的技术管理措施，防患于未然。

2. 安全事故处理的原则（“四不放过”原则）

①事故原因未查清不放过；②事故责任人未受到处理不放过；③事故责任人和周围群众没有受到教育不放过；④事故没有制定切实可行的整改措施不放过。

3. 安全事故处理程序

安全事故应该按下列程序进行处理。

1）按规定向有关部门报告事故情况

事故发生后，事故现场有关人员应当立即向本单位负责人报告；单位负责人接到报告后，应当于 1 小时内向事故发生地县级以上人民政府安全生产监督管理部门和负有安全生产监督管理职责的有关部门报告，并有组织、有指挥地抢救伤员、排除险情；应当防止人为或自然因素的破坏，便于事故原因的调查。

由于建设行政主管部门是建设安全生产的监督管理部门，对建设安全生产实行的是统一的监督管理，因此，各个行业的建设施工中出现了安全事故，都应当向建设行政主管部门报告。对于专业工程的施工中出现生产安全事故的，由于有关的专业主管部门也承担着对建设安全生产的监督管理职能，因此，专业工程出现安全事故，还需要向有关行业主管部门报告。

（1）情况紧急时，事故现场有关人员可以直接向事故发生地县级以上人民政府安全生产监督管理部门和负有安全生产监督管理职责的有关部门报告。

（2）安全生产监督管理部门和负有安全生产监督管理职责的有关部门接到事故报告后，应当依照下列规定上报事故情况，并通知公安机关、劳动保障行政部门、工会和人民检察院。

① 特别重大事故、重大事故逐级上报至国务院安全生产监督管理部门和负有安全生产监督管理职责的有关部门；

② 较大事故逐级上报至省、自治区、直辖市人民政府安全生产监督管理部门和负有安全生产监督管理职责的有关部门；

③ 一般事故上报至设区的市级人民政府安全生产监督管理部门和负有安全生产监督管理职责的有关部门。

安全生产监督管理部门和负有安全生产监督管理职责的有关部门依照前款规定上报事故情况，应当同时报告本级人民政府。国务院安全生产监督管理部门和负有安全生产监督管理职责的有关部门以及省级人民政府接到发生特别重大事故、重大事故的报告后，应当立即报告国务院。必要时，安全生产监督管理部门和负有安全生产监督管理职责的有关部门可以越级上报事故情况。

安全生产监督管理部门和负有安全生产监督管理职责的有关部门逐级上报事故情况，每级上报的时间不得超过 2 小时。事故报告后出现新情况的，应当及时补报。

2）组织调查组，开展事故调查

（1）特别重大事故由国务院或者国务院授权有关部门组织事故调查组进行调查。重大事故、较大事故、一般事故分别由事故发生地省级人民政府、设区的市级人民政府、县级人民政府负责调查。省级人民政府、设区的市级人民政府、县级人民政府可以直接组织事故调查组进行调查，也可以授权或者委托有关部门组织事故调查组进行调查。未造成人员伤亡的一般事故，县级人民政府也可以委托事故发生单位组织事故调查组进行调查。

（2）事故调查组有权向有关单位和个人了解与事故有关的情况，并要求其提供相关文件、资料，有关单位和个人不得拒绝。事故发生单位的负责人和有关人员在事故调查期间不得擅离职守，并应当随时接受事故调查组的询问，如实提供有关情况。事故调查中发现涉嫌犯罪的，事故调查组应当及时将有关材料或者其复印件移交司法机关处理。

3）现场勘查

事故发生后，调查组应迅速到现场进行及时、全面、准确和客观的勘查，包括现场笔录、现场拍照和现场绘图。

4）分析事故原因

通过调查分析，查明事故经过，按受伤部位、受伤性质、起因物、致害物、伤害方法、不安全状态、不安全行为等，查清事故原因，包括人、物、生产管理和技术管理等方面的原因。通过直接和间接地分析，确定事故的直接责任者、间接责任者和主要责任者。

5）制定预防措施

根据事故原因分析，制定防止类似事故再次发生的预防措施。根据事故后果和事故责任者应负的责任提出处理意见。

6）提交事故调查报告

事故调查组应当自事故发生之日起 60 日内提交事故调查报告；特殊情况下，经负责事故调查的人民政府批准，提交事故调查报告的期限可以适当延长，但延长的期限最长不超过 60 日。事故调查报告应当包括下列内容：①事故发生单位概况；②事故发生经过和事故救援情况；③事故造成的人员伤亡和直接经济损失；④事故发生的原因和事故性质；⑤事故责任的认定以及对事故责任者的处理建议；⑥事故防范和整改措施。

7）事故的审理和结案

重大事故、较大事故、一般事故，负责事故调查的人民政府应当自收到事故调查报告之日起 15 日内作出批复；特别重大事故，30 日内作出批复，特殊情况下，批复时间可以适当延长，但延长的时间最长不超过 30 日。

有关机关应当按照人民政府的批复，依照法律、行政法规规定的权限和程序，对事故发生单位和有关人员进行行政处罚，对负有事故责任的国家工作人员进行处分。事故发生单位应当按照负责事故调查的人民政府的批复，对本单位负有事故责任的人员进行处理。

负有事故责任的人员涉嫌犯罪的，依法追究刑事责任。

10.4　工程项目环境管理

10.4.1　施工单位环境管理的措施

1. 组织措施

1）实行环保目标责任制

把环保指标以责任书的形式层层分解到有关单位和个人，列入承包合同和岗位责任制，建立一支懂行善管的环保自我监控体系。项目经理是环保工作的第一责任人，是施工现场环境保护自我监控体系的领导者和责任者。建筑企业要把环保政绩作为考核项目经理的一项重要内容。

2）加强检查和监控工作

要加强检查，加强对施工现场粉尘、废气的监测、监控工作。要与文明施工现场管理一起检查、考核、奖罚。及时采取措施消除粉尘、废气和污水的污染。

3）保护和改善施工现场的环境，要进行综合治理

一方面，施工单位要采取有效措施控制人为噪声、粉尘的污染和采取技术措施控制烟尘、污水、噪声污染；另一方面，建设单位应该负责协调外部关系，同当地居委会、村委会、办事处、派出所、居民、施工单位、环保部门加强联系。要做好宣传教育工作，认真对待来信来访，凡能解决的问题，立即解决，一时不能解决的扰民问题，也要说明情况，求得谅解并限期解决。

2. 技术措施

在编制施工组织设计时，必须有环境保护的技术措施。在施工现场平面布置和组织施工过程中都要执行国家、地区、行业和企业有关防治空气污染、水源污染、噪声污染等环境保护的法律、法规和规章制度。

1）防施工噪声

主要是科学安排施工，合理选择和调整施工时间和机械配置。

（1）在建筑施工过程中，应对施工进行科学安排，尽可能将施工作业时间安排在白天。在居民区附近路段，严禁晚上进行大规模施工活动，以减少对居民的干扰。

（2）从施工机械方面进行合理选择，在一些环境敏感区附近施工时，要及时调整施工设备，增加轻型振动设备，减少施工设备震动和噪声对沿线居民产生的影响。

2）防大气污染

（1）材料堆放应采取必要挡风措施，减少扬尘。

（2）组织好材料和土方运输，防止扬尘和材料散落造成环境污染。

（3）材料运输宜采用封闭性较好的自卸车运输或采取覆盖措施。

（4）对施工场地、材料运输及进出料场的道路应经常洒水防尘。

（5）除设有符合规定的装置外，禁止在施工现场焚烧油毡、橡胶、塑料、皮革、树叶、枯草、各种包皮等以及其他会产生有毒、有害烟尘和恶臭气体的物质。

（6）机动车都要安装 PVC 阀，对那些尾气排放超标的车辆要安装净化消声器，确保不冒黑烟。

（7）工地茶炉、大灶、锅炉，尽量采用消烟除尘型和消烟节能回风灶，烟尘降至允许排放量。

（8）工地搅拌站除尘是治理的重点，有条件的应采用现代化先进设备降低粉尘污染；或者使用商品混凝土。

3）防止水源污染

（1）禁止将有毒有害废弃物作土方回填。

（2）施工现场搅拌站废水，现制水磨石的污水，电石（碳化钙）的污水须经沉淀池沉淀后再排入城市污水管道或河流。最好将沉淀水用于工地洒水降尘或采取措施回收利用。上述污水未经处理不得直接排入城市污水管道或河流中。

（3）现场存放油料必须对库房地面进行防渗处理。如采用防渗混凝土地面，铺油毡等。使用时，要采取措施，防止油料跑、冒、滴、漏，污染水体。

（4）施工现场 100 人以上的临时食堂，污水排放时可设置简易有效的隔油池，定期掏油和杂物，防止污染。

（5）工地临时厕所，化粪池应采取防渗漏措施。中心城市施工现场的临时厕所可采取水冲式厕所，蹲坑上加盖，并有防蝇、灭蝇措施，防止污染水体和环境。

（6）化学药品、外加剂等要妥善保管，库内存放，防止污染环境。

4）加强回收处置与重复利用

（1）在杜绝污染源减少污染物的同时，对已造成的污染物及时进行回收处理、通过技术手段重复再利用也是至关重要的技术措施。

（2）对建筑垃圾进行分类处理。砂、石类可作混凝土的骨料，碎砖头作三合土或回填料，落地灰、碎屑等经粉碎后作砂浆骨料，塑料桶、箱、盒、编织袋等可处理给废品收购站。

（3）在混凝土搅拌机及冲刷集中的地方建贮水池、集水井及时回收废弃水，经沉淀处理后再用于工程或冲刷。

（4）人员较多的大型施工场地，可在厕所附近建沼气池，作垃圾、粪便处理，用产生的沼气烧水、做饭、照明，不仅消除了生活污染、废气污染，而且还可节省施工费用。

（5）将废机油回收用于模板工程作隔离剂或用作防腐。

（6）金属类、木材类、纤维类等废弃物除部分重复利用外可处理给废品收购站视作再生资源。

10.4.2 建设单位环境管理的措施

1. 施工招标时对施工单位的环保措施进行审查

施工招标时应将施工单位的环境保护素质作为评标定标的条件之一，要求施工单位设立专兼职环保管理人员，拟订详细而切实可行的环保方案。

2. 加强合同管理，提高环保意识

为了保证建筑施工过程中施工单位对环境保护的重视，应在施工承包合同中，增加有关环境保护方面的条款。例如，临时用地、清场、道路使用、文物保护、环境保护等，明确承包人对保护环境的责任和义务。从而促使施工单位提高环境保护意识，加强环保治理。

3. 建立环保监督机构

建设单位应主动与环保行政职能部门相配合，成立环境保护管理办公室，负责对施工单位的环境保护措施及其实施情况进行检查监督，对于不利于环保的措施和操作程序提出意见。

4. 进行施工期间的环保监测

施工期间，由环保行政职能部门对施工过程中的噪声污染、大气污染、水质污染、景观破坏等情况进行实时监测，对于出现超标或不利于环保的严重行为及时通知施工单位整改，采取补救措施，严重者应追究法律责任。

5. 发挥监理工程师的监督作用

监理工程师在环保管理中的作用很重要，不仅要抓好合同、进度、质量和建设资金使用的管理，还要负责对施工单位的环保工作的实施情况进行监督；检查工程设计中不利于环保的各种工程隐患；检查环保工程设计是否得以实施、质量是否达到要求；检查环保工程资金的使用是否落到实处；配合环保职能部门做好施工期间的环保检测和监督工作。此外，对于施工单位存在的造成环境严重破坏和污染的施工活动，监理工程师必须依据相关环保法规、政策规定加以严格控制，并责成施工单位采取有效措施进行整改。

6. 充分利用工程支付的调节手段，将环境保护工作落到实处

在施工承包合同中应订立专门条款，加强工程支付管理，充分利用工程支付的调节作用，强化施工期间的环保工作。

7. 妥善进行环境补偿

在施工期间，建设单位要严格遵守有关法律，对各种环境问题进行补偿。如使用地方道路及污染的补偿、施工噪声及震动补偿、临时用地超期补偿、林地补偿等，以便能及时对损坏的道路进行修复，对损坏的建筑物进行加固，对占用的林地补偿同等数量的林地等，从而减少对环境的进一步影响。

复　习　题

1. 工程项目安全与环境管理的目的是什么？
2. 工程项目安全与环境管理的特点是什么？
3. 简述工程项目安全管理的主要内容。
4. 简述工程项目安全管理的实施方法。
5. 简述工程项目安全事故的分类。
6. 工程项目安全事故的处理原则是什么？
7. 施工单位与建设单位在环境保护措施上有什么区别？

第 11 章　工程项目风险管理

学习目的： 熟悉工程项目风险识别的步骤和方法；掌握工程项目风险识别的方法；掌握工程项目风险应对的策略。

学习重点： 风险与风险管理的概念；工程项目风险识别的步骤和方法；工程项目风险分析的过程、内容和方法；风险应对的策略；工程项目风险监控的概念、内容、控制措施与应急计划。

学习难点： 工程项目风险分析方法。

11.1　概　　述

11.1.1　风险与风险管理

1. 风险的概念

关于风险的概念，至今尚无标准的、统一的定义，而被人们普遍接受的有以下两种：一是风险是损失发生的不确定性；二是风险是在一定的条件下，一定期限内，某一事件其预期结果与实际结果之间的变动程度。变动程度越大，风险越大；反之，则越小。

由以上风险的概念可知：一般来说，风险需要具备下列要素：①不确定性；②事件的影响，即产生损失的后果。

因此，可以认为：肯定发生损失后果的事件不是风险，没有损失后果的不确定性事件也不是风险。

2. 风险管理的概念

风险管理是指采用科学的方法对存在的风险进行识别、估计、评价、应对和监控，选择最佳风险管理措施对风险予以处理，保证以较低的成本投入，最大限度地减少风险损失，获得比较安全保障的过程。

11.1.2　工程项目风险与风险管理

1. 工程项目风险的概念和特点

工程项目风险是指在项目建设过程中，由于各种各样的原因发生潜在风险和损失的可能性和概率。工程项目风险具有以下特点。

1）工程项目风险的客观性与必然性

在工程项目建设中，无论是自然界的风暴、地震、滑坡灾害还是与人们活动紧密相关的施工技术、施工方案不当造成的风险损失，都是不以人的意志为转移的客观现实。它们的存在与发生，就总体而言是一种必然现象。从而使得项目风险的发生也是客观必然的。

2）工程项目风险的不确定性

风险活动或事件的发生及其后果都具有不确定性。表现在：风险事件是否发生、何时发生、发生之后会造成什么样的后果等均是不确定的。

3）工程项目风险具有一定的规律性和可预测性

不确定性是风险的本质属性，但这种不确定性并不是指对客观事物变化的全然不知，并非表明人们对它束手无策。工程项目的环境变化、项目的实施有一定的规律性，所以风险的发生和影响也有一定的规律性，它是可以进行预测的。可以根据以往发生过的类似事件的统计资料和经验，经过分析、研究，对风险发生的频率及其造成的损失程度做出统计分析和主观判断或估计，从而对可能发生的风险进行预测与衡量。风险分析的过程实际上就是风险预测和衡量的过程。

4）工程项目风险的可变性

在一定条件下任何事物总是会发展变化的。风险活动或事件也不例外，当引起风险的因素发生变化时，必然会导致风险的变化。风险的可变性集中表现在：风险性质的变化；风险后果的变化；出现了新的风险或风险因素已经消除。

5）工程项目风险的相对性

（1）风险主体是相对的。风险总是相对于事件的主体而言的，同样的不确定事件对不同的主体有不同的影响。例如，工程合同的某些缺陷，可能为承包人索赔创造了条件。这对工程项目业主而言是一种风险，但对承包人而言是一个机会。

（2）风险大小是相对的。人们对于风险活动或事件都有一定的承受能力，但是这种能力因活动、人和时间而异。例如，某一房产开发项目遇到了销路不畅的风险，对于具有多个房地产项目的大公司而言，可能还有几个做得较成功的项目，因此无关紧要；但对仅有这 1～2 个项目的小公司来说，则可能会导致其破产。

6）工程项目风险的阶段性

（1）潜在风险阶段。是指风险正在酝酿之中，但尚未发生的阶段。该阶段是没有损失的，但是潜在风险可以逐步发展变化。

（2）风险发生阶段。是指风险已变成现实，事件正在发展的阶段。此时风险正在发生，但其后果还没有形成。若不正确应对，风险就会造成后果。

（3）造成后果阶段。其是指已经造成了人身、财产或其他损失或伤害的阶段。通常这一后果的产生是无法挽回的，只能设法减少损失或伤害的程度。

7）工程项目风险的行为相关性

工程项目风险的行为相关性是指决策者面临的风险与其决策行为是紧密关联的。不同的决策者对同一风险事件会有不同的决策行为，具体反映在其采取的不同策略和不同的管理方法上。因此也会面临不同的风险结果。风险的行为相关性表明，任何一种风险实质上都是由决策行为与风险状态结合而成的，是风险状态与决策行为的统一，风险状态是客观的，但其结果会因不同的决策行为而不同。

8）工程项目风险的结果双重性

工程项目风险的结果双重性是指由风险所引发的结果可能是损失也可能是收益。传统上都把工程项目风险作为损失来看待，因此工程项目风险的双重性也指风险与收益机会共存。风险越大，收益越大；反之，风险越小，收益亦越小。这就是风险结果双重性的风险报酬原则。工程项目风险结果的双重性应使我们认识到，对待风险不应只是消极对待其损失一面，还应将风险当作一种机会，通过风险管理尽量获得风险收益。

9）工程项目风险的全面性

（1）工程项目风险的多样性。即在一个项目中有许多种类的风险存在，如政治风险、经济风险、法律风险、自然风险、合同风险、合作者风险等。这些风险之间有复杂的内在联系。

（2）工程项目生命周期的每个阶段都存在风险。例如，在目标设计中可能存在构思的错误、重要边界条件的遗漏、目标优化的错误；可行性研究中可能有方案的失误、调查不完全、市场分析错误；技术设计中存在专业不协调、地质不确定、图纸和规范错误；施工中物价上涨，实施方案不完备，资金缺乏，气候条件变化；运行中市场发生变化，产品不受欢迎，运行达不到设计能力，操作失误，等等。

（3）工程项目风险影响的全局性。例如，反常的气候条件造成工程的停滞，影响整个后期计划，影响后期所有参加者的工作。它不仅造成工期的延长，而且造成费用的增加，造成对工程质量的危害。即使是局部的风险，其影响也会随着项目的发展逐渐扩大。例如，一个活动受到风险干扰，可能影响与它相关的许多活动，所以在项目中风险影响随时间推移有扩大的趋势。

2. 工程项目风险的分类

1）按项目的系统要素分类

（1）项目环境要素风险：如政治、法律、经济、社会以及自然条件风险等。

（2）项目系统结构风险：如技术风险、资源消耗的增加以及其他异常情况。

（3）项目行为主体产生的风险：如业主方面的风险、承包商以及咨询监理单位等的风险。

2）按风险对目标的影响分类

（1）工期风险。即造成局部的（工程活动、分项工程）或整个工程的工期延长，不能及时投产。

（2）费用风险。包括：财务风险、成本超支、投资追加、报价风险、收入减少、投资回收期延大或无法收回、回报率降低。

（3）质量风险。包括材料、工艺、工程不能通过验收，工程试生产不合格，经过评价工程质量未达标准。

（4）生产能力风险。项目建成后达不到设计生产能力，可能是由于设计、设备问题，或生产原材料、能源、水、电供应问题。

（5）市场风险。工程建成后产品未达到预期的市场份额，销售不足，没有销路，没有竞争。

（6）信誉风险。即造成对企业形象、企业信誉的损害。

（7）人身伤亡，工程或设备的损坏。

（8）法律责任。即可能被起诉或承担相应法律的或合同的处罚。

3）按管理的过程和生产要素分类

战略风险、决策风险、技术风险、计划与控制风险、运营管理风险等。

3. 工程项目风险管理的概念和特点

工程项目风险管理是指采用科学的方法对工程项目建设风险进行识别、评价，并在此基础上采用应对和监控措施，有效地控制风险，可靠地实现工程项目的总目标。工程项目风险管理具有以下特点。

（1）工程项目风险管理尽管有一些通用的方法，如概率分析法、模拟法、专家咨询法等，而要研究具体项目的风险，还必须与项目的特点相联系。一般情况，项目的特点如下。

① 该项目的复杂性、系统性、规模、新颖性、工艺的成熟程度。

② 项目的类型和所在的领域。不同领域的项目具有不同的风险，有不同风险的规律性、行业性特点。例如，航空航天开发项目与建筑工程项目就有截然不同的风险。

③ 项目所处的地域，如国度、环境条件等。

（2）风险管理需要大量地占有信息，了解情况，要对项目系统以及系统的环境有十分深入的了解，并要进行预测，所以不熟悉情况是不可能进行有效的风险管理的。

（3）风险管理仍在很大程度上依赖于管理者的经验及管理者过去工程的经历、对环境的了解程度和对项目本身的熟悉程度。

（4）风险管理在项目管理中属于一种高层次的综合性管理工作。它涉及企业管理和项目管理的各个阶段的各个方面，涉及项目管理的各个子系统。

（5）风险管理的目的并不是消灭风险。在工程项目中，大多数风险是不可能由项目管理者消灭或排除的，而在于有准备地、理性地进行项目实施，减少风险的损失。

11.1.3　工程项目风险管理的主要工作

1. 风险识别

是风险管理的第一步，其是对工程项目所面临的和潜在的风险加以分析、判断、归类的过程。工程项目周围存在的风险是各种各样的，包括项目外部的和内部的、技术的和非技术的。这些风险存在于什么地方？发生的条件是什么？发生的可能性有多大？发生后的损失又是如何？这些在风险识别中均应有初步的分析和判断。

2. 风险估计与评价

是在风险识别的基础上，通过对所收集大量资料的分析，利用概率统计理论，对风险进行定量化分析，估计和预测风险发生的可能性和相应损失的大小。进而对风险发生的概率、损失程度和其他因素进行综合考虑，为风险管理者进行风险决策、管理技术选择提供可靠的科学的数据。

3. 风险应对

就是在风险发生时实施风险管理计划中的预定措施。风险应对措施包括两类：一类是在风险发生前，针对风险因素采取控制措施，以消除或减轻风险。其具体的措施包括规避、缓解、分散、抑制和利用等。另一类是在风险发生前，通过财务安排减轻风险对项目目标实现程度的影响。其具体的措施有自留、转移等。

4. 风险监控

跟踪已识别的风险，监视残余风险和识别新的风险，保证计划执行，并评估这些计划对降低风险的有效性。

11.2 工程项目风险识别

11.2.1 风险识别的步骤

1）项目状态分析

这是一个将项目原始状态与可能状态进行比较及分析的过程。项目原始状态是指项目立项、可行性研究及建设计划中的预想状态，是一种比较理想的状态；可能状态则是基于现实、基于变化的一种估计。比较这两种状态下的项目目标值的变化，如果这种变化是恶化的，则为风险。

2）对项目进行结构分解

通过对项目的结构分解，可以使存在风险的环节和子项变得容易辨认。

3）历史资料分析

通过对以前若干个相似项目情况的历史资料分析，有助于识别目前项目的潜在风险。

4）确认不确定性的客观存在

风险管理者不仅要辨识所发现或推测的因素是否存在不确定性，而且要确认这种不确定性是客观存在的，只有符合这两个条件的因素才可以视作风险。

5）建立风险清单

如果已经确认了是风险，就需将这些风险一一列出，建立一个关于本项目的风险清单。开列风险清单必须做到科学、客观、全面，尤其是不能遗漏主要风险。

6）进行风险分类

将风险清单中的风险进行分类，可使风险管理者更彻底地了解风险，管理风险时更有目的性、更有效果，并为下一步分析和评价风险做好准备。

11.2.2 风险识别的方法

1. 头脑风暴法

头脑风暴法，是通过专家会议，发挥专家的创造性思维来获取未来信息的一种直观预测和识别方法。头脑风暴法通过主持专家会议的人在会议开始时的发言激起专家的思维“灵感”，促使专家感到急需回答会议提出的问题而激发创造性的思维，在专家回答问题时产生信息交流，受到相互启发，从而诱发专家产生“思维共振”，以达到互相补充并产生“组合效应”，获取更多的未来信息，使预测和识别的结果更准确。

2. 德尔菲法

德尔菲法又称专家调查法，是通过函询收集若干位与该项目相关领域的专家的意见，然后加以综合整理，再匿名反馈给各位专家，再次征询意见。这样反复经过4～5轮，逐步使专家的意见趋向一致，作为最后预测和识别的根据。应用德尔菲法应注意：

（1）专家人数不宜太少，一般 10～50 人为宜。

（2）对风险的分析往往受组织者、参加者的主观因素影响，因此有可能出现偏差。

（3）预测分析的时间不宜过长，时间越长准确性越差。

3. 因果分析法

因果分析图因其图形像鱼刺，故也称鱼刺图分析法。图中主干是风险的后果，枝是风险因素和风险事件，分支为相应的小原因。用因果分析图来分析风险，可以从原因预见结果，也可以从可能的后果中找出将诱发结果的原因。

4. 情景分析法

情景分析法又称幕景分析法，是根据发展趋势的多样性，通过对系统内外相关问题的系统分析，设计出多种可能的未来前景，然后用类似于撰写电影剧本的手法，对系统发展态势做出自始至终的情景和画面的描述。

5. 访谈法

访谈法是通过对资深项目经理或相关领域专家进行访谈来识别风险。负责访谈的人员首先要选择合适的访谈对象；其次，应向访谈对象提供项目内外部环境、假设条件和约束条件等信息。访谈对象根据自己丰富的经验、掌握的项目信息，对项目风险进行识别。

6. SWOT 技术

SWOT 技术是综合运用项目的优势和劣势、机会与威胁等方面，从多视角对项目风险进行识别。

11.3　工程项目风险分析与评价

11.3.1　风险分析过程

1. 采集数据

首先必须采集与所要分析的风险相关的各种数据。所采集的数据必须是客观的、可统计的。某些情况下，直接的历史数据资料还不够充分，尚需主观评价，特别是那些对投资者来讲在技术、商务和环境方面都比较新的项目，需要通过专家调查方法获得具有经验性和专业知识的主观评价。

2. 完成不确定性模型

以已经得到的有关风险的信息为基础，对风险发生的可能性和可能的结果给以明确的定量化。通常用概率来表示风险发生的可能性。

3. 对风险影响进行评价

在不同风险事件的不确定性已经模型化后，紧接着就要评价这些风险的全面影响。通过评价把不确定性与可能结果结合起来。

11.3.2 风险分析的内容

1. 风险存在和发生的时间分析

即风险可能在项目的哪个阶段、哪个环节上发生。有许多风险有明显的阶段性，有的风险是直接与具体的工程活动相联系的。这个分析对风险的预警有很大的作用。

2. 风险的影响和损失分析

风险的影响是个非常复杂的问题，有的风险影响面较小，有的风险影响面很大，可能引起整个工程的中断或报废。而风险之间常常是有联系的。

经济形势的恶化不但会造成物价上涨，而且可能会引起业主支付能力的变化；通货膨胀引起了物价上涨，则不仅会影响后期的采购、工人工资及各种费用支出，而且会影响整个后期的工程费用。设计图纸提供不及时，不仅会造成工期拖延，而且会造成费用提高（如人工和设备闲置、管理费开支），还可能在按原计划可以避开的冬雨季施工，造成更大的拖延和费用增加。

3. 风险发生的可能性分析

风险发生的可能性分析，是研究风险自身的规律性，通常可用概率表示。

4. 风险级别

风险因素非常多，涉及各个方面，但人们并不是对所有的风险都予以十分重视。否则将大大增加管理费用，而且谨小慎微，反过来会干扰正常的决策过程。在二维坐标表示的风险预测图中，一个具体的风险所处点的位置可定出该风险的级别，如 ABC 分类法。

A 类：损失期望值很大的风险。通常发生的可能性很大，而且一旦发生损失也很大。

B 类：损失期望值一般的风险。通常发生的可能性不大，损失也不大的风险，或可能性很大但损失极小，或损失比较大但可能性极小的风险。

C 类：损失期望值极小的风险，即发生的可能性极小，即使发生损失也很小的风险。

在具体的风险管理中 A 类是重点，B 类要顾及，C 类可以不考虑。

5. 风险的起因和可控性分析

对风险起因的研究是为风险预测、对策研究、责任分析服务的。

风险的可控性是指人对风险影响的可能性，如有的风险是人力（业主、项目管理者或承包商）可以控制的，而有的却不可控制。可控的，如承包商对招标文件的理解风险，实施方案的安全性和效率风险，报价的正确性风险等；不可控制的，如物价风险，反常的气候风险等。

11.3.3 风险分析的方法

1. 列举法

通过对同类已完工项目的环境、实施过程进行调查分析、研究，可以建立该类项目的基本风险结构体系，进而可以建立该类项目的风险知识库（经验库）。它包括该类项目常见的风险因素。在对新项目决策或用专家经验法进行风险分析时给出提示，列出所有可能的风险因素，以引起人们的重视，或作为进一步分析的引导。

2. 专家经验法

专家经验法（Delphi 法）不仅用于风险因素的罗列，而且用于对风险影响和发生可能性的分析，一般采用专家会议的方法。

（1）组建有代表性的专家小组，一般以 4～8 人最好，专家应具有实践经验和代表性。

（2）通过专家会议，对风险进行界定、量化。召集人应让专家尽可能多地了解项目目标、项目结构、环境及工程状况，详细地调查并提供信息，有可能时请专家进行实地考察。并对项目的实施、措施的构想做出说明，使大家对项目有一个共识，否则容易增加评价的离散程度。

（3）召集人有目标地与专家合作，一起定义风险因素和结构，以及可能的成本范围，作为讨论的基础和引导。专家对风险进行讨论，按以下次序逐渐深入：

①引导讨论各个风险的原因；②风险对实施过程的影响；③风险对具体工程的影响范围，如技术、工期、费用等；④将影响统一到对成本的影响上，估计影响量。

（4）风险评价。各个专家对风险的程度（影响量）和出现的可能性，给出评价意见。在这个过程中，如果有不同的意见，可以提出讨论，但不能提出批评。为了获得真正的专家意见，可以采用匿名的形式发表意见，也可以采用争吵技术进行分析。

（5）统计整理专家意见，得到评价结果。专家咨询得到的风险期望的各单个值（风险期望值为风险损失值与风险发生可能性的乘积），按统计方法进行信息处理。总风险期望值为各单个风险期望值之和，而各个风险期望值与各个风险影响值和出现的可能性有关。它们可分别由专家意见结合相加得到。

3. 其他分析方法

人们对风险分析、评价方法做了许多研究，有许多常用的切实可行的分析评价方法，如对历史资料进行统计分析的方法、模拟方法即蒙特卡罗法、决策树分析法、敏感性分析、因果关系分析、头脑风暴法、价值分析法、变量分析法等。

11.4　工程项目风险应对

11.4.1　风险应对的原则

（1）风险应对的思想应贯穿于项目建设的全过程。

（2）风险应对应该具有针对性。

（3）风险应对措施应该具有可行性。

（4）风险应对措施应考虑可行性。

11.4.2　工程项目风险应对策略

1. 风险回避

风险回避即以一定的方式中断风险使其不发生或不再发展，从而避免可能发生的潜在损失。这是对付风险损失最彻底的一种策略，也是一种消极的风险处置方法。虽然采取回避能消除风险，但同时也失去了实施项目可能带来的收益，所以这种方法一般适用于以下情况：

（1）某风险所致的损失频率和损失幅度都相当高。

（2）应用其他风险管理方法的成本超过其产生的效益时。

2. 风险转移

风险转移是指将自己可能面临的风险转移给他人，以避免风险损失的一种方法。风险转移主要有以下两种方式。

1）保险风险转移

保险是最重要的风险转嫁方式，是指通过购买保险的办法将风险转移给保险公司或保险机构。

2）非保险风险转移

非保险风险转移是指通过保险以外的其他手段将风险转移出去。非保险风险主要有：担保合同；租赁合同；委托合同；分包合同；责任约定；合资经营；实行股份制等。

3. 风险分担

这是针对风险较大，投资人无法独立承担，或是为了控制项目的风险来源而采用的风险应对方法，如发行股票，进行项目分包等方式。

4. 风险自留

风险自留就是将风险留给自己承担。当管理者明知有风险但为了获利又必须冒险，同时不愿意将可能的获利与别人分享时，可以采用风险自留策略。

5. 损失控制

这是一种主动的、积极的风险应对策略，损失控制可以分为预防损失和减少损失两方面的工作。预防损失的主要作用在于降低或消除损失发生的概率，而减少损失的作用在于降低损失的严重性或控制损失的进一步发展，使损失最小化。

11.5　工程项目风险监控

11.5.1　风险监控的概念

风险监控就是通过对风险规划、识别、估计、评价、应对全过程的监视和控制，从而保证风险管理能达到预期的目标，它是项目实施过程中的一项重要工作。其目的是：核对风险管理策略和措施的实际效果是否与预见的相同；寻找机会改善和细化风险规避计划，获取反馈信息，以便将来的决策更符合实际。

11.5.2　风险监控的内容

（1）风险应对措施是否按计划正在实施。

（2）风险应对措施是否如预期的那样有效，收到显著的效果，或者是否需要制订新的应对方案。

（3）对工程项目建设环境的预期分析，以及对项目整体目标实现可能性的预期分析是否仍然成立。

（4）风险的发生情况与预期的状态相比是否发生了变化，并对风险的发展变化做出分析判断。

（5）识别到的风险哪些已发生，哪些正在发生，哪些有可能在后面发生。

（6）是否出现了新的风险因素和新的风险事件，它们的发展变化趋势又如何等。

11.5.3　风险控制措施

通过项目风险监控，不但可以把握工程项目风险的现状，而且可以了解工程项目风险应对措施的实施效果、有效性，以及出现了哪些新的风险事件。从而对工程项目风险重新进行评估，并对风险应对计划作重新调整。

（1）权变措施。风险控制的权变措施，即未事先计划或考虑到的应对风险的措施。工程项目是一开放性系统，建设环境较为复杂，有许多风险因素在风险计划时是考虑不到的，或者对其没有充分的认识。因此，对其的应对措施可能会考虑不足，而在风险监控时才发现某些风险的严重性甚至是一些新的风险。若在风险监控中面对这种情况，就要求能随机应变，提出应急应对措施。

（2）纠正措施。纠正措施就是使项目未来预计绩效与原定计划一致所作的变更。借助于风险监视的方法，发现被监视工程项目风险的发展变化，或是否出现了新的风险。若监视结果显示，工程项目风险的变化在按预期发展，风险应对计划也在正常执行，这表明风险计划和应对措施均在有效地发挥作用。若一旦发现工程项目列入控制的风险在进一步发展或出现了新的风险，则应对项目风险作深入分析的评估，并在找出引发风险事件影响因素的基础上，及时采取纠正措施（包括实施应急计划和附加应急计划）。

（3）项目变更申请。如提出改变工程项目的范围、改变工程设计、改变实施方案、改变项目环境、改变工程项目费用和进度安排等的申请。一般而言，如果频繁执行应急计划或权变措施，则需要对项目计划进行变更以应对项目风险。

在工程项目施工阶段，无论是业主、监理单位、设计单位，还是承包商，认为原设计图纸、技术规范、施工条件、施工方案等方面不适应项目目标的实现，或可能会出现风险，均可向监理工程师提出变更要求或建议，但该变更申请或建议一般要求是书面的。

工程变更一般应遵循的原则有：①工程变更的必要性与合理性。②变更后不降低工程的质量标准，不影响工程完工后的运行与管理。③工程变更在技术上必须可行、可靠。④工程变更的费用及工期是经济合理的。⑤工程变更尽可能不对后续施工在工期和施工条件上产生不良影响。

（4）风险应对计划更新。

风险是一随机事件，可能发生，也可能不发生；风险发生后的损失可能不严重，比预期的要小，也可能损失较严重，比预期的要大。通过风险监视和采取应对措施，可能会减少一些已识别风险的出现概率和后果。因此，在风险监控的基础上，有必要对项目的各种风险重新进行评估，将项目风险的次序重新进行排列，对风险的应对计划也相应进行更新，以有效地控制新的风险和重要风险。

11.5.4　项目风险应急计划

工程项目风险应急计划是假定风险事件肯定发生的条件下，所确定的在工程项目风险事件发生时所实施的行动计划。该计划主要包括项目预备费计划和项目技术措施后备计划。

1. 项目预备费计划

工程项目预备费或应急费，在一般的工程概算中也称不可预见费，是指在实施前难以预料而在实施过程中又可能发生的、在规定范围内的工程和费用，以及工程建设期内发生的价差。预备费包括基本预备费和价差预备费两项。

（1）基本预备费。指工程建设过程中初步设计范围以内的设计变动增加的费用、国家的政策性变动增加的费用等。

（2）价差预备费。指工程建设过程中，因人工、材料、施工机械使用费和工程设备价格上涨而导致费用增加的部分。

在工程概算中，预备费一般取工程直接费和间接费之和的5%左右。但在工程项目风险管理中，宜根据工程项目具体风险的情况，按已识别的风险及其排列，分别考虑每一风险事件的预备费用，然后汇总。

应对风险的预备费用一般是不能分散到项目的具体费用中的，一般也是不宜随便动用的。

2. 项目技术措施后备计划

工程项目技术措施后备计划是专门应对技术类风险的，是一系列事先研究好的工程技术方案，如工程质量保证措施、施工进度调整方案等。这些工程技术方案是针对具体的项目风险而制订的，不同风险有不同的技术方案。仅当项目风险事件发生时，才能启动这些方案，常常也需要和项目预备费计划协调实施。

复　习　题

1. 简述工程项目风险的概念及其特征。
2. 简述工程项目风险管理的主要工作。
3. 如何应对工程项目风险？

第 12 章　建设工程项目进度管理

学习目的： 通过本章学习，能够对工程项目进度管理有宏观的把握和认识，并且掌握工程项目进度计划的编制与调整方法，以及进度的控制措施。

学习重点： 工程项目进度控制的概念；工程项目进度计划的编制；工程项目进度计划的监测。

学习难点： 工程项目进度计划的编制方法；工程项目进度监测方法。

工程项目进度管理是指将工程项目建设各阶段的工作内容、工作程序、持续时间和衔接关系，根据进度总目标及优化资源的原则来编制进度计划，并将该计划付诸实施。工程项目进度管理包括为确保项目按期完成所必需的工作定义、工作顺序、时间估计、进度计划制订和进度控制这些工作过程。

要对一个工程项目进行进度管理，首先要对这个项目做进度计划，对项目的内容、工程量进行分解；其次对每个工作包分配责任人，建立责任体系，明确项目参加人员的工作内容；最后，在项目的实施过程中，通过各种方法保证项目按照计划的内容开展，保证项目各项工作能按时完成，并且达到质量要求。

总体来说，建设工程项目施工进度管理是一项系统的管理工程，为了使建设工程项目按时保质地交付使用，避免延误工期，给各方带来经济损失，施工企业在项目施工中一定要做好进度管理工作，制订科学合理的进度计划，在施工过程中督促施工各方严格执行，并认真检查和记录进度情况，及时发现偏差并采取有效措施进行纠偏，确保实际工程能够按计划完成。

12.1　概　　述

12.1.1　工程项目进度

进度通常是指工程项目实施结果进展的情况，在工程项目实施过程中要消耗时间、劳动力、材料、成本等才能完成项目的任务。因此，项目实施结果应该以项目任务的完成情况（如工程的数量）来表达。但由于工程项目技术系统的复杂性，常常很难选定一个恰当的、统一的指标来全面反映工程的进度，因为有时时间、费用与计划都吻合，但工程实物进度即工作量，未达到目标，则后期就必须投入更多的时间和费用。

在现代工程项目管理中，人们已赋予进度综合的含义，它将工程项目的工期、成本、资源等有机地结合起来，形成一个综合的指标，来全面反映项目各个活动的进展情况。

12.1.2　工程项目进度控制

1. 进度控制的概念

工程项目进度控制是指项目管理者围绕目标工期的要求，对工程项目建设各阶段的工作内容、工作程序、持续时间和衔接关系，编制计划并付诸实施，然后在实施过程中不断检查计划的实际执行情况，若出现偏差，分析产生进度偏差的原因和对工期的影响程度，进行相应调整和修改；通过对进度影响因素实施控制及各种关系协调，综合运用各种可行方法、措施，将项目的计划工期控制在事先确定的目标工期范围之内。在兼顾费用、质量控制目标的同时，努力缩短建设工期。

2. 项目进度控制的任务

施工项目进度控制的主要任务是编制施工总进度计划并控制其执行。包括按期完成整个施工项目的任务；编制单位工程施工进度计划并控制其执行，按期完成单位工程的施工任务；编制分部分项工程施工进度计划，并控制其执行，按期完成分部分项工程的施工任务；编制季度、月、旬作业计划，并控制其执行，完成规定的目标等。

3. 进度计划控制的依据和内容

在进度计划控制的过程中，主要依据项目进度计划、进度报告、变更申请、进度管理计划这些文件资料，通过对造成进度变化的因素施加影响，判断进度是否已发生变化，并在变化实际发生和正在发生时，对这种变化实施管理，来实现对工程项目进度计划的控制。

4. 工程项目进度控制的基本原理

工程项目进度控制的基本原理可以概括为三大系统的相互作用。即由进度计划系统、进度监测系统、进度调整系统共同构成了进度控制的基本过程。见图 12-1。

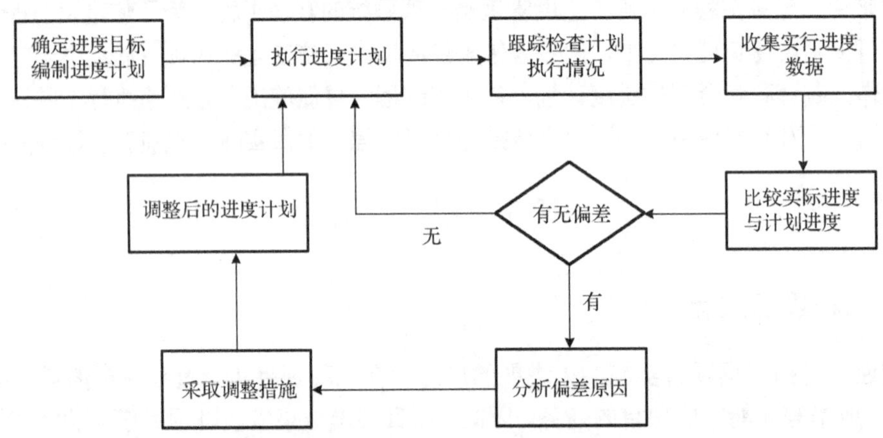

图 12-1　进度控制基本原理示意图

进度控制人员必须事先对影响工程项目进度的各种因素进行调查分析，预测它们对工程项目进度的影响程度，确定合理的进度控制目标，编制可行的进度计划，使工程建设工作始终按计划进行。在计划执行过程中不断检查工程项目实际进展情况，并将实际状况与计划安排进行对比，从中得出偏离计划的信息。然后在分析进度偏差及其产生原因的基础上，通过采取组织、技术、合同、经济等措施对原进度计划进行调整或修正，再按新的进度计划实施。这样在进度计划的执行过程中不断检查和调整，以保证工程项目进度得到有效的控制与管理。

5. 建设工程项目进度控制的措施

1）项目进度控制的组织措施

组织是目标能否实现的决定性因素，为实现项目的进度目标，应充分重视健全项目管理的组织体系。在项目组织结构中，应有专门的工作部门和符合进度控制岗位资格的专人负责进度控制工作，这些工作的主要环节包括进度目标的分析和论证、编制进度计划、定期跟踪进度计划的执行情况、采取纠偏措施以及调整进度计划。这些工作任务和相应的管理职能应在项目管理组织设计的任务分工表和管理职能分工表中标示并落实。

2）项目进度控制的管理措施

该措施涉及管理的思想、管理的方法、管理的手段、承发包模式、合同管理和风险管理等。在理顺组织的前提下，科学和严谨的管理显得十分重要。

用工程网络计划的方法编制进度计划，必须很严谨地分析和考虑工作之间的逻辑关系，通过工程网络的计算可发现关键工作和关键路线，也可知道非关键工作可使用的时差，工程网络计划的方法有利于实现进度控制的科学化。

另外，承发包模式的选择直接关系到工程实施的组织和协调。为了实现进度目标，应选择合理的合同结构，避免过多的合同交界面影响工程的进展。工程物资的采购模式对进度也有直接的影响，对此应作比较分析。

3）项目进度控制的经济措施

经济措施涉及资金需求计划、资金供应的条件和经济激励措施等。为确保进度目标的实现，应编制与进度计划相适应的资源需求计划（资源进度计划），包括资金需求计划和其他资源（人力和物力资源）需求计划，以反映工程实施的各时段所需要的资源。通过资源需求的分析，可发现所编制的进度计划实现的可能性，若资源条件不具备，则应调整进度计划。

资金供应条件包括可能的资金总供应量、资金来源（自有资金和外来资金）以及资金供应的时间。在工程预算中应考虑加快工程进度所需要的资金，其中包括为实现进度目标所采取的经济激励措施所需要的费用。

4）项目进度控制的技术措施

技术措施涉及对实现进度目标有利的设计和施工技术的选用，尤其需要不断探索、推广和采用先进的施工工艺、方法、新材料和新设备。不同的设计理念、设计技术路线、设计方案会对工程进度产生不同的影响，在设计工作的前期，特别是在设计方案评审的选用时，应对设计技术与工程进度的关系作分析比较。在工程进度受阻时，应分析是否存在设计技术的影响因素，从而确定进度目标有无设计变更的可能性。

施工方案对工程进度有直接的影响，在决策其选用时，不仅应分析技术的先进性和经济合理性，还应考虑对其进度的影响。在工程进度受阻时，应分析是否存在施工技术的影响因素，从而确定进度目标有无改变施工技术、施工方法和施工机械的可能性。

12.1.3　成本、质量、进度的关系

建筑工程中的成本、质量、进度三者是融为一体的，非正常有序地施工，盲目地赶工难免会导致施工质量问题和施工安全问题的出现，会造成返工，并且会引起施工成本的增加，影响建设单位投资效益的尽快发挥。为了保证施工质量，片面的精做细干又会使工程延后，

成本增加。因此，施工进度控制不仅关系到施工进度目标能否实现，它还直接关系到工程的质量和成本。

12.2　工程项目进度计划的编制

进度计划是进度控制的依据，是实现工程项目工期的保证。因此，进度控制首先要根据工程特点，科学合理地编制一个完备的进度计划。

工程项目进度计划是在既定施工方案的基础上，根据规定工期和各种资源供应条件，按照施工过程的合理施工顺序，以及组织施工的原则，用横道图或网络图，对一个工程从开始施工到全部竣工，确定其全部施工过程在时间、空间上的安排和相互配合关系。

因此，可借助工程项目进度计划，确定工程各个施工过程的施工顺序、施工持续时间以及相互衔接和合理配合关系，达到控制工程施工进度的目的，保证在规定工期内完成施工质量要求。

12.2.1　进度计划编制前的调查研究

调查研究的目的是掌握足够充分、准确的资料，从而为确定合理的进度目标、编制科学的进度计划提供可靠依据。调查研究的内容包括：工程任务情况、实施条件、设计资料；有关标准、定额、规程、制度；资源需求与供应情况；资金需求与供应情况；有关统计资料、经验总结及历史资料等。施工进度计划制订前应统计工程的实物工程量、需用工日数、需用机械台班数等信息，它们是编制进度计划的内容，也是安排时间进度的部分依据。

12.2.2　目标工期的设定

进度控制目标主要分为项目的建设周期、设计周期和施工工期这三类目标工期。其中建设周期可根据国家基本建设统计资料确定；设计周期国家已经制定颁布了设计周期定额可供查阅；施工工期可参考国家颁布的施工工期定额，并综合考虑工程特点及合同要求等确定。

12.2.3　进度计划系统的构成

通常情况下，一个建设项目进度计划系统是逐步形成的。进度计划可以从不同角度划分为多种类型，并组成进度计划系统，这里从五个角度按照实际应用中涉及的进度计划进行分类，见表 12-1。

表 12-1　进度计划系统构成表

划分类别	子系统进度计划
按项目进度控制不同的需要和不同的用途划分	由多个相互关联的不同计划深度的进度计划组成的计划系统
	由多个相互关联的不同计划功能的进度计划组成的计划系统
	由多个相互关联的不同项目参与方的进度计划组成的计划系统
	由多个相互关联的不同计划周期的进度计划组成的计划系统
按不同深度划分	总进度规划
	项目子系统进度规划
	项目子系统中的单项工程进度计划

续表

划 分 类 别	子系统进度计划
按不同功能划分	控制性进度规划
	指导性进度规划
	实施性进度计划
按不同项目参与方划分	业主方编制的整个项目实施的进度计划
	施工和设备安装进度计划
	采购和进货进度计划
按不同周期划分	五年建设进度计划
	年度、季度、月度和旬计划

在建设工程项目进度计划系统中，各进度计划或各子系统进度计划编制和调整时，必须注意其相互间的联系和协调。

12.2.4　工程项目进度计划的编制依据

工程项目进度计划的编制可以依据经过审批的全套施工图及采用的各种标准图和技术资料；工期要求及开、竣工日期；工程难易程度；工程条件的落实情况；劳动定额及机械台班定额；其他有关要求和资料，如工程合同等。

12.2.5　施工进度计划编制的步骤

施工进度计划的编制步骤如图 12-2 所示。

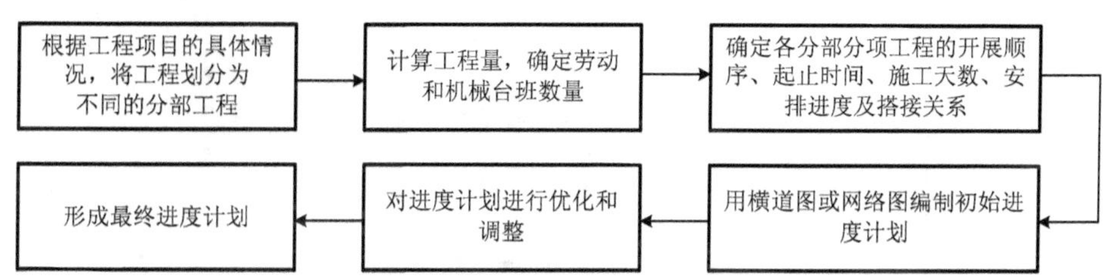

图 12-2　施工进度计划编制流程图

12.2.6　工程项目进度计划的编制方法

进度计划的编制方法主要有横道图法、网络图法、里程碑法、进度曲线法等多种方法，其中横道图法和网络图法是最常用的方法。

1. 横道图进度计划的编制方法

横道图是用水平线条表示工作流程的一种图表，见图 12-3。它是一种最简单、运用最广泛的传统的进度计划表示方法，尽管还有许多新的计划技术，但横道图在建设领域中的应用仍非常普遍。

用横道图表示的进度计划，应包括两个基本部分，左侧是工作划分和基本数据部分，右侧是横道线部分。通常横道图的表头为工作及其简要说明，项目进展表示在时间表格上。在图表中横向表示时间进度，纵向表示作业过程，水平线条的长度表示作业持续时间，即进度线（横道）与时间坐标相对应。按照所表示工作的详细程度，时间单位可以为小时、天、周、月等。横道图用于小型项目或大型项目的子项目上，或用于计算资源需要量和概要预示进度，也可用于其他计划技术的表示结果。

工作	进度计划 /天											
	1	2	3	4	5	6	7	8	9	10	11	12
支模板		①			②			③				
绑扎钢筋					①			②		③		
浇筑混凝土							①		②			③

图 12-3　用横道图表示的进度计划

2. 工程网络计划的编制方法

网络图是由箭线和节点组成的，用来表示工作流程的、有向和有序的网状图形，见图 12-4。在网络图中可确切地表明各项工作的相互联系和制约关系，并可以计算出工程各项工作的最早和最晚开始时间，从而可以找出关键工作和关键线路。

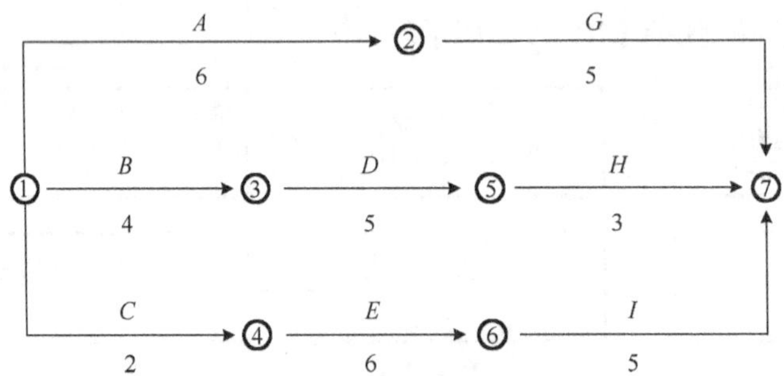

图 12-4　用网络图表示的进度计划

关键线路是指在该项目中，直接影响项目总工期的那一部分连贯的工作。通过不断改善网络计划，就可以求得各种优化方案。如求得工期最短；各种资源最均衡；在某种有限制的资源条件下，编出最优的网络计划；在各种不同工期下，选择工程成本最低的网络计划等优化方案。

工程网络计划若按工作和事件在网络图中的表示方法，可以划分为以下几类。

（1）事件网络：以节点表示事件的网络计划。

（2）工作网络：以箭线表示工作的网络计划（又称为双代号网络计划）；以及以节点表示工作的网络计划（又称为单代号网络计划）。

工程网络计划按计划平面的个数划分：单平面网络计划；多平面网络计划（又称为多阶网络计划，分级网络计划）。

我国常用的工程网络计划类型包括双代号网络计划、双代号时标网络计划、单代号网络计划及单代号搭接网络计划。其中，双代号时标网络计划兼有网络计划与横道计划的优点，它能够清楚地将网络计划的时间参数直观地表达出来，随着计算机应用技术的发展成熟，目前已成为应用最广泛的一种网络计划。

3. 里程碑法

又称可交付成果法，该方法是在横道图上或网络图上表示出一些关键事项，这些事项能够被明显地确认，反映进度计划执行中各个阶段的目标。一般是处于关键线路上的一些关键项目，这些事项对项目进度计划能否顺利实现具有重大的影响。

通过这些关键事项在一定时间内的完成情况可反映项目进度计划的进展情况，因而这些关键事项称为“里程碑”。

4. 进度曲线法

这种方法是以时间为横轴，以完成累计工作量（该工作量的具体表示内容可以是实物工程量的大小、工时消耗或费用支出额，也可以用相应的百分比来表示）为纵轴，按计划时间累计完成任务量的曲线作为预定的进度计划。从整个项目的实施进度来看，项目的初期和后期速度比较慢，因而进度曲线大体呈 S 形，见图 12-5。

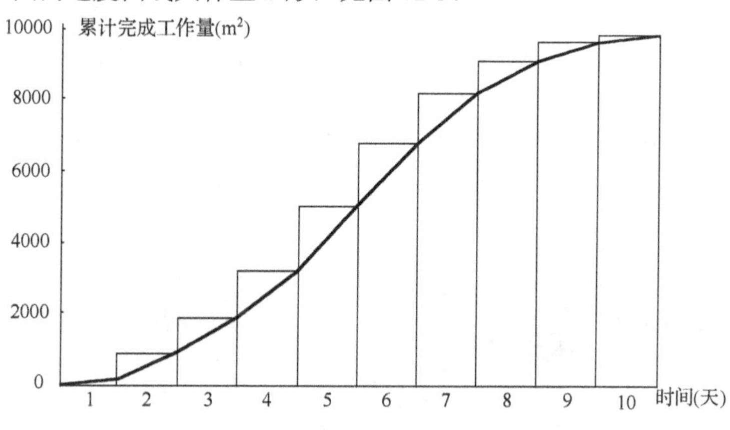

图 12-5　以进度曲线形式表示的进度计划图

12.3　工程项目进度计划的监测与调整

进度计划在实施过程中，由于各种条件的不断变化，需要对进度计划进行不断的监控和调整，以确保最终能够实现工期目标。

12.3.1　工程项目进度计划的监测

1. 进度计划执行中的跟踪检查途径

（1）定期收集进度报表资料。

进度报表是反映工程实际进度的主要方式之一。进度控制人员应按照计划规定的内容，定期填写进度报表，通过收集进度报表资料掌握工程实际进展情况。

（2）现场实地检查工程进展情况。

派管理人员常驻现场，随时检查进度计划的实际执行情况，这样可以加强进度监测工作，掌握工程实际进度的第一手资料，使获取的数据更加及时、准确。

（3）定期召开现场会议

定期召开现场会议，通过与进度计划执行单位的有关人员面对面的交谈，既可以了解工程实际进度状况，同时也可以协调有关方面的进度关系。

2. 实际进度数据的加工处理

为了进行实际进度与计划进度的比较，必须对收集到的实际进度数据进行加工处理，形成与计划进度具有可比性的数据。

3. 实际进度与计划进度的对比分析

将实际进度数据与计划进度数据比较，可以确定工程项目进度实际执行状况与计划目标的差距。常用的进度比较方法有横道图、S 形曲线、香蕉形曲线、前锋线、列表比较法等。

1）横道图比较法

横道图比较法是指将项目实施过程中检查实际进度收集的数据，经加工整理后直接用横道线平行绘于原计划的横道线下，进行实际进度与计划进度的比较方法。其特点是形象、直观地反映实际进度与计划进度的比较情况。

横道图比较法分为匀速进展横道图比较法和非匀速进展横道图比较法。

（1）匀速进展横道图比较法。

每项工作累计完成的任务量与时间呈线性关系，完成的任务量可以用实物工程量、劳动消耗量或费用支出表示，或用其物理量的百分比表示。见图 12-6。

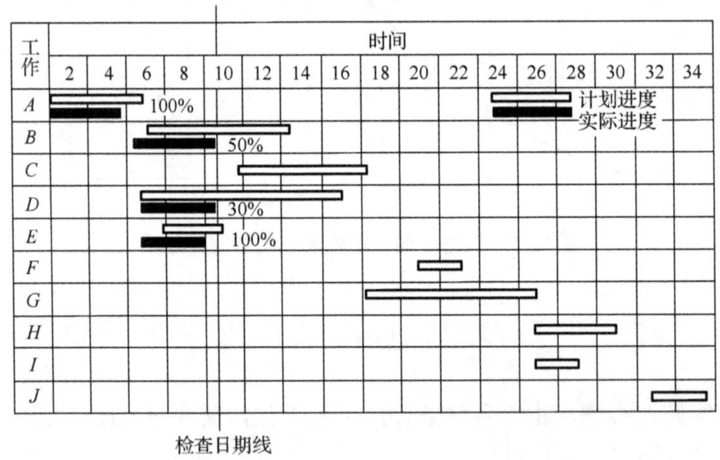

图 12-6　实际进度与计划进度比较横道图

采用匀速进展横道图比较法的步骤为：编制横道图进度计划；在进度计划上标出检查日期；将实际进度用粗黑线标于计划进度的下方；比较分析实际进度与计划进度，若粗黑线右端落在检查日期的左侧，表明实际进度拖后，若粗黑线右端落在检查日期的右侧，表明实际进度超前，若粗黑线右端与检查日期重合，表明实际进度与计划进度一致。

（2）非匀速进展横道图比较法。

要标出其对应时刻完成任务量的累计百分比，并将该百分比与其同时刻计划完成任务量的累计百分比相比较，判断工作实际进度与计划进度之间的关系。实际工作中，非匀速进展更为普遍。见图 12-7。

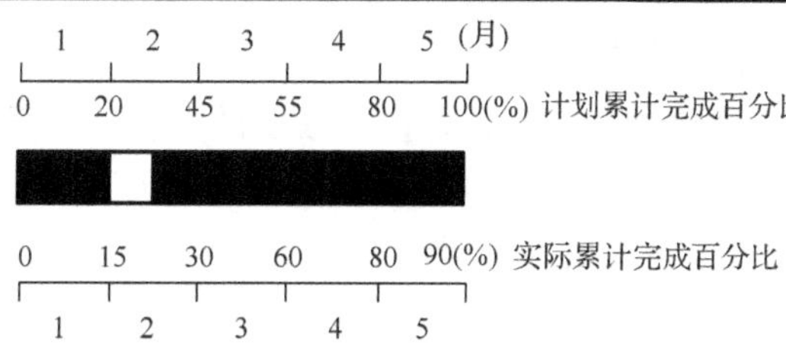

图 12-7　非匀速进展横道图比较法

非匀速进展横道图比较的方法步骤为：编制横道图进度计划；在横道线上方标出计划完成任务量累计百分比曲线；用粗线标出实际进度，并在粗线下方标出实际完成任务量累计百分比；比较分析实际进度与计划进度，若同一时刻横道线上方累计百分比大于横道线下方累计百分比，表明实际进度拖后，二者之差为拖欠的任务量，若同一时刻横道线上方累计百分比小于横道线下方累计百分比，表明实际进度超前，二者之差即超前的任务量；若同一时刻横道线上方累计百分比等于横道线下方累计百分比，表明实际进度与计划进度一致。

2）S 形曲线比较法

（1）S 形曲线的概念。

以横坐标表示进度时间，纵坐标表示累计完成工作任务量，而绘制成的按时间累计完成任务量的一条曲线将是一条 S 形曲线，因其形似英文字母“S”，S 形曲线便由此得名。

S 形曲线比较法，就是将进度计划确定的计划累计完成工作任务量的 S 形曲线和实际累计完成工作任务量的 S 形曲线分别绘制在同一坐标系中，并将实际进度与计划进度比较，判断实际进度与计划进度相比是超前还是滞后，即得出其他各种有关进度信息的进度计划执行情况的检查方法。见图 12-8。

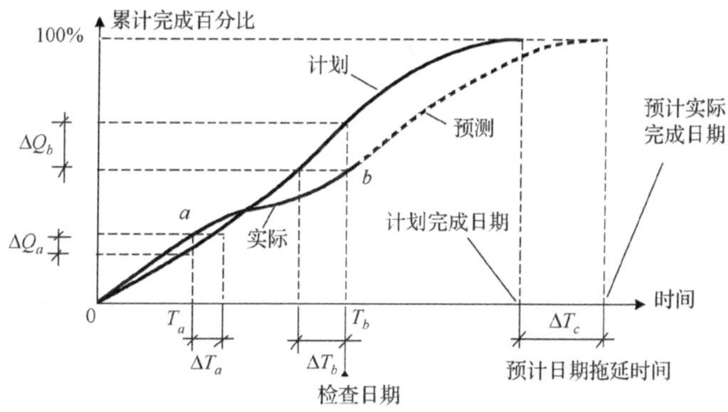

图 12-8　S 形曲线比较图示例

项目实施过程中，每隔一段时间就应将实际进展情况绘制在原计划的 S 形曲线上进行直观比较。

（2）S 形曲线的绘制方法。

首先确定出单位时间计划和实际完成的任务量，然后计算出单位时间计划和实际累计完成的任务量，并将其转化为单位时间计划和实际累计完成任务量的百分比形式，根据单位时间累计完成量的百分比数据，绘制出计划和实际的 S 形曲线。

（3）S 形曲线的比较分析。

根据 S 形曲线比较法比较实际进度和计划进度两条曲线，可以得出以下分析与判断结果。

① 实际进度与计划进度的比较情况。

对应于任意检查日期，如果相应的实际进度曲线上的一点，位于计划 S 形曲线左侧，表示此时实际进度比计划进度超前，位于右侧则表示实际进度比计划进度滞后。

② 实际进度比计划进度超前或滞后的时间。

ΔT_a表示 T_a时刻实际进度超前的时间；ΔT_b表示 T_b时刻实际进度滞后的时间。

③ 实际比计划超出或拖欠的工作任务量。

ΔQ_a表示 T_a时刻超前完成的任务量；ΔQ_b表示在 T_b时刻拖后的任务量。

④ 预测工作进度。

若工程按原计划速度进行，则此项工作的总计拖延时间的预测值为ΔT_c。

3）“香蕉”曲线比较法

（1）香蕉形曲线的概念。

网络计划中的任何一项工作均具有最早开始和最迟开始这两种不同的开始时间，于是，工程网络计划中的任何一项工作，其逐日累计完成的工作任务量就可借助于两条 S 形曲线概括表示。

一条曲线是各项工作均按最早开始时间开始而绘制的 S 形曲线，称为 ES 曲线；另一条曲线是各项工作均按最迟开始时间开始而绘制的 S 形曲线，称为 LS 曲线。两条曲线具有相同的起点和终点，所以形成了形如香蕉的闭合曲线，故将其称为香蕉形曲线，如图 12-9 所示。

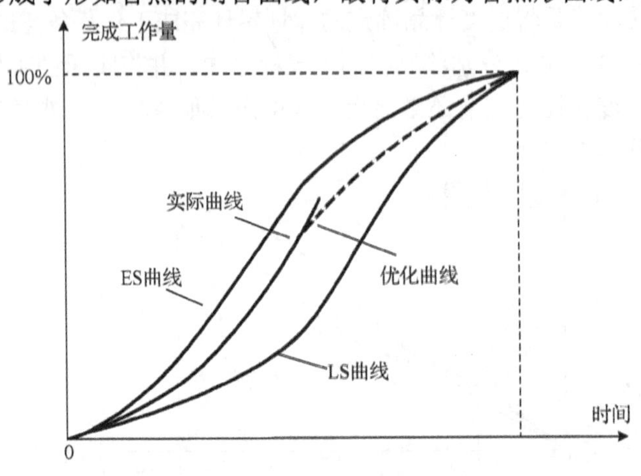

图 12-9　“香蕉”曲线比较图

（2）香蕉形曲线的绘制。

香蕉形曲线是由两条 S 形曲线构成的，因此其绘制方法与 S 形曲线绘制方法相同，绘制完成的正确图形应是两条 S 形曲线除在开始点和结束点相重合外，ES 曲线的其余各点均落在 LS 曲线的左侧。

（3）香蕉形曲线的作用。

一个科学合理的进度计划优化曲线应处于香蕉曲线所包络的区域之内，这说明实际工程进度被控制于工作的最早开始时间和最迟开始时间的要求范围之内，呈正常状态。而一旦按实际进度描出的点落在 ES 曲线的上方（左侧）或 LS 曲线的下方（右侧），则说明与计划要求相比实际进度超前或滞后，已产生进度偏差。香蕉形曲线还可用于对工程进度计划的合理安排，实际进度与计划进度的比较，以及对后续工程进度进行预测。与 S 形曲线相比，它能获得更多的信息。

4）前锋线比较法

（1）前锋线的概念。

前锋线比较法是通过绘制某检查时刻工程项目实际进度前锋线，进行工程实际进度与计划进度比较的方法，它主要适用于时标网络计划。所谓前锋线，是指在原时标网络计划上，从检查时刻的时标点出发，用点画线依次将各项工作实际进展位置点连接而成的折线。图 12-10 前锋线比较法就是通过实际进度前锋线与原进度计划中各工作箭线交点的位置来判断工作实际进度与计划进度的偏差，进而判定该偏差对后续工作及总工期影响程度的一种方法。

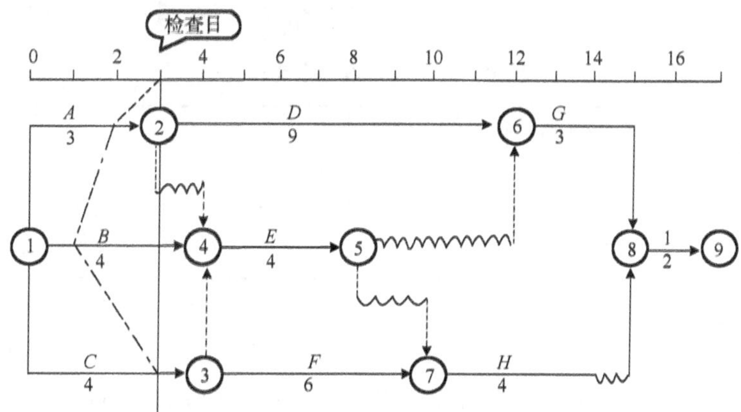

图 12-10　时标网络前锋线比较图

（2）前锋线的绘制。

采用前锋线比较法进行实际进度与计划进度的比较，其步骤如下。

首先绘制时标网络计划图，为清楚起见，可在时标网络计划图的上方和下方各设一时间坐标。然后绘制实际进度前锋线，一般从时标网络计划图上方时间坐标的检查日期开始绘制，依次连接相邻工作的实际进展位置点，最后与时间网络计划图下方坐标的检查日期相连接。工作实际进展位置点的标定方法有两种。

① 按该工作已完成任务量比例进行标定。

假设各项工作均为匀速进展，根据实际进度检查时刻工作已完任务量占其计划完成总任务量的比例，在工作箭线上从左至右按相同的比例标定其实际进展位置点。

② 按尚需作业时间进行标定。

当某些工作的持续时间难以按实物工程量来计算而只能凭经验估算时，可以先估算出检查时刻到该工作全部完成尚需作业的时间，然后在该工作箭线上从右向左逆向标定其实际进展位置点。

（3）前锋线的比较分析。

前锋线可以直观地反映出检查日期有关工作实际进度与计划进度之间的关系。

① 工作实际进展位置点落在检查日期的左侧，表明该工作实际进度拖后，拖后时间为二者之差。

② 工作实际进展位置点与检查日期重合，表明该工作实际进度与计划进度一致。

③ 工作实际进展位置点落在检查日期的右侧，表明该工作实际进度超前，超前时间为二者之差。

④ 预测进度偏差对后续工作及总工期的影响。

通过实际进度与计划进度的比较确定进度偏差后，还可根据工作的自由时差和总时差预测该进度偏差对后续工作及项目总工期的影响。前锋线比较法既适用于工作实际进度与计划进度之间的局部比较，又可用来分析和预测工程项目整体进度状况。

5）列表比较法

当工程进度计划用非时标网络图表示时，可以采用列表比较法进行实际进度与计划进度的比较。这种方法是记录检查日期应该进行的工作名称及其已经作业的时间，然后列表并计算有关时间参数，并根据工作总时差进行实际进度与计划进度比较的方法。其表格形式如表 12-2 所示。

表 12-2　工程进度检查比较表

工作代号	工作名称	检查计划时间需作业时间	到计划最迟完成时尚有时间	原有总时差	尚有总时差	情 况 判 断
5-8	F	4	4	1	0	拖后 1 周，但不影响工期
6-7	G	1	0	0	−1	拖后 1 周，影响工期 1 周
4-8	H	3	4	2	1	拖后 1 周，但不影响工期

采用列表比较法进行实际进度与计划进度的比较，其步骤如下。

（1）对于实际进度检查日期应该进行的工作，根据已经使用的时间，确定其尚需作业时间。

（2）根据原进度计划，计算检查日期应该进行的工作从检查日期到该工作原计划最迟完成时尚余的时间。

（3）计算工作尚有总时差，其值等于工作从检查日期到原计划最迟完成时间尚余时间与该工作尚需作业时间之差。

（4）比较实际进度与计划进度，可能有以下几种情况：若工作尚有总时差与原有总时差相等，说明该工作实际进度与计划进度一致；若工作尚有总时差大于原有总时差，说明该工作实际进度超前，超前的时间为二者之差；若工作尚有总时差小于原有总时差，且尚有总时差为正，说明该工作实际进度拖后，拖后的时间为二者之差，但不影响总工期；若工作尚有总时差小于原有总时差，且尚有总时差为负值，说明该工作实际进度拖后，拖后的时间为二者之差，此时工作实际进度偏差将影响总工期。

12.3.2　工程项目进度计划的调整

进度控制的目的是通过控制以实现工程的进度目标，但如果只重视进度计划的编制，而不重视进度计划的调整，那么进度便无法得到控制。为了实现进度目标，进度控制的过程应该是进度计划随着项目的进展不断调整的过程。

在项目进度监测过程中，一旦发现实际进度偏离计划进度，必须认真分析产生偏差的原因及其对后续工作及总工期的影响，并采取合理的调整措施，确保进度目标的实现。具体过程见图 12-11。

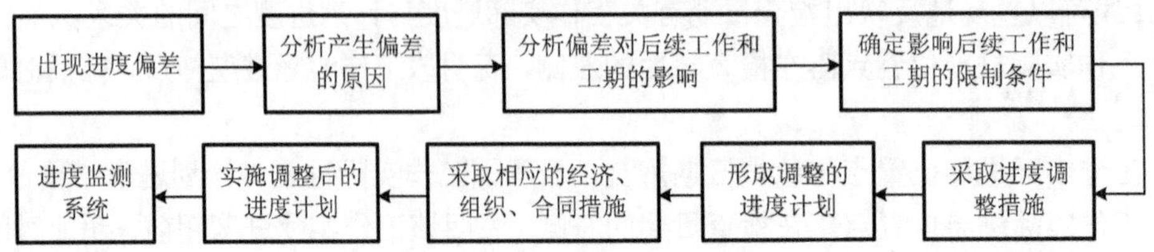

图 12-11　项目进度调整系统

在图 12-11 中，分析进度偏差是否影响其后续工作和总工期这一过程，在实际工作中需要借助网络计划图进行判断。根据该项工作是否处于关键线路、其进度偏差是否超过该项工作的总时差和自由时差来判断对后续工作和总工期的影响。

进度计划执行过程中如发生实际进度与计划进度不符，究竟有无必要修改与调整原定计划，使之与变化后的实际情况相适应，还应视进度偏差的具体情况而定。

若实际进度的实施情况影响项目进度目标的实现，那么原进度计划需要做必要调整，施工项目进度计划的调整有以下方法。

1. 调整工作顺序，改变某些工作间的逻辑关系

不打乱原网络计划总的逻辑关系的前提下，适当增减工作项目。增加工作项目，以补充遗漏或不具体的逻辑关系；减少工作项目，以删除提前完成或多余的工作项目，调整之后，应考虑减少对原网络计划工期的影响。当施工方法或组织方法改变时，在不影响原网络计划工期和其他工作的顺序的前提下，适当调整逻辑关系，一般只调整组织方法。

2. 缩短某些工作的持续时间

当关键线路上某项工程的施工时间超出计划时间时，为避免延误整个工期，可以适当增加施工力量或缩短施工时间来加快施工进度，使工程进度与计划进度保持平衡。当关键线路的实际进度比计划进度提前时，就可以考虑能否将原计划工期压缩，以提前完工，若不能压缩，可适当延长后续关键工作中施工难度大、资源占用量大的工序的施工时间，借此降低资源或费用。

3. 调整项目进度计划

当施工中的进度与计划进度不符时，应采取措施，进行纠偏，原则上不改变工程总进度计划。因此可适当调整分项工程的进度计划，然后再在施工过程中进行控制实施，实施过程中又发现偏差的，再予以纠偏，如此不断反复循环调整和实施，确保工程能保质按时完成。

复　习　题

1. 建设工程项目进度控制的基本原理是什么？
2. 建设工程项目进度控制的措施有哪些？
3. 建设工程项目进度计划的编制方法有哪些？
4. 如何对建设工程项目进度计划进行监测？
5. 建设工程项目进度计划的调整是如何实施的？

第 13 章 案例分析

案例一：合同管理案例

【背景】某大型综合体育馆工程，发包方（简称甲方）通过邀请招标的方式确定本工程由承包商乙中标，双方签订了工程总承包合同。在合同履行过程中发生了如下事件。

事件一：在征得甲方书面同意的情况下，承包商乙将桩基础工程分包给具有相应资质的专业分包商丙，并签订了专业分包合同。

事件二：在桩基础施工期间，由于分包商丙自身管理不善，造成甲方现场周围的建筑物受损，给甲方造成了一定的经济损失，甲方就此事件向承包商乙提出了赔偿要求。

事件三：另外，考虑到体育馆主体工程施工难度高、自身技术力量和经验不足等情况，在甲方不知情的情况下，承包商乙又与另一家具有施工总承包一级资质的某知名承包商丁签订了主体工程分包合同，合同约定承包商丁以承包商乙的名义进行施工，双方按约定的方式进行结算。

【问题】

（1）什么是工程分包？什么是工程转包？

（2）事件一中，承包商乙与分包商丙签订的桩基础工程分包合同是否有效？简述理由。

（3）事件二中，对分包商丙给甲方造成的损失，承包商乙要承担什么责任？简述理由。

（4）事件三中，承包商乙将主体工程分包给承包商丁，在法律上属于何种行为？简述理由。

【分析】

（1）工程分包，是相对总承包而言的。所谓工程分包，是指施工总承包企业将所承包的建设工程中的专业工程或劳务作业依法发包给其他建筑业企业完成的活动。

工程转包，是指承包单位承包建设工程，不履行合同约定的责任和义务，将其承包的全部建设工程转给他人或者将其承包的全部建设工程肢解以后，以分包的名义分别转给其他单位承包的行为。

（2）有效。根据有关规定，在征得建设单位书面同意的情况下，施工总承包企业可以将非主体工程或劳务作业依法分包给具有相应专业承包资质或劳务分包资质的其他建筑业企业。

（3）对分包商丙给甲方造成的损失，承包商乙要承担连带责任。根据《中华人民共和国建筑法》第二十九条的规定，建筑工程总承包单位按照总承包合同的约定对建设单位负责；分包单位按照分包合同的约定对总承包单位负责。总承包单位和分包单位就分包工程队建设单位承担连带责任。

（4）该主体工程的分包在法律上属于违法分包行为。根据《建设工程质量管理条例》第七十八条的规定，下列行为均为违法分包：总承包单位将建设工程分包给不具备相应资质条件的单位的；建设工程总承包合同中未有约定，又未经建设单位认可，承包单位将其承包的部分建设工程交由其他单位完成的；施工总承包单位将建设工程主体结构的施工分包给其他单位的；分包单位将其承包的建设工程再分包的。

案例二：合同管理案例

【背景】某发包人与某总承包人签订了一份建设工程施工总承包合同。同时，发包人又与某门窗施工单位签订了该工程的门窗施工合同；总承包人经发包人同意后，与有资质的幕墙施工单位签订了幕墙分包合同。结构施工完成后，由于发包人装修材料迟迟不能明确，导致总承包人现场停工 30 天。随后，总承包人以书面形式向发包人提交了费用索赔及工期索赔函件。

【问题】

（1）发包人与门窗单位签订施工合同是否正确？为什么？

（2）承包人与幕墙单位签订施工合同是否正确？为什么？

（3）总承包人的费用索赔及工期索赔函件是否成立？为什么？

【分析】

（1）不正确。因为发包人可以与总承包人订立建设工程合同，也可以分别与勘察人、设计人、施工人订立勘察、设计、施工承包合同。发包人不得将应当由一个承包人完成的建设工程肢解成若干部分发包给几个承包人。

（2）正确。因为总承包人或者勘察、设计、施工承包人经发包人同意，可以将自己承包的部分工作交由第三人完成。第三人就其完成的工作成果与总承包人向发包人承担连带责任。

承包人不得不将其承包的全部建设工程转包给第三人，或者将其承包的全部建设工程肢解以后以分包的名义，分别转包第三人。禁止承包人将工程分包给不具备相应资质条件的单位。禁止分包单位将其承包的工程再分包。建设工程主体结构的施工必须由承包人自行完成。

（3）成立。因为发包人致使工程中途停建、缓建的，发包人应当赔偿承包人因此造成的停工、窝工、倒运、机械设备调迁、材料和构件积压等损失和实际费用。

案例三：招投标管理案例

【背景】单位拟建一职工活动中心综合楼，经当地主管部门批准，自行组织该项目的施工公开招标工作。经研究确定了以下招标程序：（1）成立项目施工招标工作小组；（2）编制招标文件；（3）发布招标邀请书；（4）报名投标者的资格预审；（5）向合格的投标者发招标文件及设计图纸、技术资料等；（6）建立评标组织，制订评标、定标办法；（7）公开开标会议，审查投标书；（8）组织评标，决定中标单位；（9）发中标通知书；（10）建设单位与中标单位签订合同。

【问题】

（1）上述过程是否合适，若有不合适之处请改正。

（2）该建设单位评标组织在进行评标时，应主要比较投标单位的哪些条件？

（3）施工单位在进行投标报价时，常用的方法有哪些？

（4）该建设单位应符合哪些基本条件才可以进行招标活动？

【分析】

（1）①第 3 条“发布招标邀请书”，应改为“发布（刊登）招标通告（公告）”；②第 2、3 条中间应加一条制订标底；③第 5、6 条中间应加一条组织投标单位查勘现场，并对投标文件答疑。

（2）应主要对以下条件进行比较：①投标报价合理；②建设工期适当；③施工方案先进可行；④企业质量业绩充分，社会信誉良好。

（3）主要有：①扩大标价法；②开口升级报价法；③多方案报价法；④突然袭击法。

（4）①建设单位必须是法人，依法成立的其他组织；②有与招标工程相适应的经济、技术管理人员；③有组织编制招标文件的能力；④有审查投标单位资质的能力；⑤有组织开标、评标、定标的能力。

案例四：组织管理案例

【背景】某综合办公大楼工程由半地下室、主楼、裙房三部分组成，建筑面积22483m^2，主楼为20层办公楼，主体为内筒外框架钢结构，外饰全玻璃幕墙。工期要求紧。该项目部所在企业为房屋建筑工程施工总承包公司，项目经理为国家一级注册建造师，大中专学生占管理人员总数的76%，技工、高级技工占员工总数62%。

【问题】

（1）最适合该工程的项目组织形式是什么？说明原因。

（2）项目经理部的外部关系协调包括哪几个方面？

【分析】

（1）最适合该工程的项目组织形式是：工作队式项目组织。因为该项目较复杂、工期紧、建筑面积大，属于大型项目；建筑企业为国家一级企业，且项目经理为国家一级注册建造师，能力较强，管理人员及员工素质较高，管理水平较高。

（2）外部关系协调包括：①协调好与分包方之间的关系。②协调好与劳务作业层之间的关系。③协调土建与安装分包的关系。④重视公共关系。施工中要经常和建设单位、设计单位、质量监督部门以及政府主管部门、行业管理部门取得联系，主动争取它们的支持和帮助，充分利用它们各自的优势，为工程项目服务。

案例五：组织管理案例

【背景】北京某公司在新疆某地投标承包了一栋写字楼工程，钢框架结构，面积78000m^2，高级装修。合同规定，建筑安装工程总造价11亿元，工期为2年，质量获结构长城杯奖和鲁班奖。拟委派项目经理，成立项目经理部进行施工项目管理。在项目管理期间，项目经理执行《建设工程项目管理规范》的各项规定。

【问题】

（1）委派项目经理的资格有什么要求？为什么？对其素质有什么要求？

（2）成立什么模式的项目经理部？为什么？高级职称员工应该有多少？其建立执行哪些原则？其运行有哪些要求？

（3）项目经理部通过什么文件从企业获得任务？该文件的主要内容是什么？该文件对该工程的具体目标应如何确定？

【分析】

（1）由于这是一个大型项目，故委派的项目经理应当有一级建造师资格。对该项目经理的素质要求有四点：一是有该工程要求的项目管理能力；二是具有该工程相应的施工项目管理经验和业绩；三是具有承担该项目的专业技术知识、项目管理知识、工程经济知识和法律法规知识。四是具有良好的道德品质。

（2）成立项目式项目经理部，因为这是远离公司本部的大型工程，要求项目经理部相对稳定，具有较少依靠公司的独立作战能力。高级职称员工要占项目经理部总人数 10%以上。项目经理部的建立应遵循下列原则：按项目管理规划大纲要求的组织形式设立；根据项目的特点设立；有弹性；面向现场；建立规章制度项目经理部的运行要求是：按规章制度运行；按责任制度运行；按合同运行。

（3）项目经理部通过项目管理目标责任书接受任务。该文件的主要内容有：①项目经理部与企业职能部门的关系；②供应方式；③应完成的进度、质量、安全、成本目标；④法定代表人的委托事项；奖惩依据、标准、办法、风险；⑤项目经理部解体和项目经理解职的条件和方法。

项目管理目标责任书应规定质量目标必须满足合同要求的获得两种奖励；成本目标要对造价中的成本进行分解，给项目经理下达可控责任成本；进度应通过编制施工进度计划，留有余地的确定工期，必须小于两年。

案例六：质量控制案例（施工作业过程质量控制案例）

【背景】某钢筋混凝土工程的施工由甲公司总承包，其中的桩基工程分包给乙公司。施工前甲公司复核了该工程的测量控制点，并经监理工程师审核批准。施工中发生了如下事件。

事件 1：桩中心线偏移量超过规范允许的误差。原因是桩位施工图尺寸与总平面图尺寸不一致。为此，甲公司向监理机构报送了处理方案，总监理工程师认为可行，予以批准。

事件 2：乙公司根据监理工程师批准的处理方案进行了补桩和整改，并在规定时间内向监理机构提交了索赔报告。

事件 3：按合同规定由建设单位采购的一批钢筋供方虽然提供了质量合格证，但在使用前的抽样检验中材质不合格。

事件 4：在部分桩基施工完毕后，对留置的混凝土试块进行试验，其结果未达到设计要求的强度。

【问题】

（1）总监理工程师批准上述处理方案，在工作程序上是否妥当？并简述监理工程师施工过程中处理质量问题的工作程序要点。

（2）施工单位和监理工程师在桩位偏移这一质量问题上是否有责任？

（3）乙公司提出的索赔报告，总监理工程师应如何处理？

（4）简述施工工序质量控制的步骤。

（5）对施工过程中发生的事件 3、事件 4，监理工程师应如何处理？

【分析】

（1）监理工程师批准处理方案在工作程序上不妥，因为没有得到建设单位和设计单位的认可。监理工程师处理质量问题的工作程序为：

① 发出质量问题通知单，责令承包单位报送质量问题调查报告。

② 审查相关单位提出的质量问题处理方案。

③ 跟踪检查承包单位对已批准处理方案的实施情况。

④ 验收处理结果。

⑤ 向建设单位提交有关质量问题的处理报告。

⑥ 完整的处理记录整理归档。

（2）施工单位和监理工程师在桩位偏移这一质量问题上没有责任，责任在设计单位。

（3）乙公司提出的索赔报告监理机构不予受理，分包单位与建设单位无合同关系。

（4）对工序质量的控制步骤如下：

① 实测。采用必要的检测手段，对样品进行检验，测定其质量特性指标。

② 分析。即对检测数据进行整理、分析，找出规律。

③ 判断。判断该工序质量是否达到了规定的标准。

④ 纠正或认可。如果未达到，应采取措施纠正；如果符合要求则予以确认。

（5）对于事件 3，应责令承包单位停止使用该批钢筋。如果该批钢筋可降级使用，应与建设、设计、施工单位共同确定处理方案；如不能用于工程则指令退场。

（6）对于事件 4，责令停止相关部位的继续施工，请具有资质的法定检测单位进行该部分混凝土结构的检测。如能达到设计要求，予以验收；否则要求返修或加固处理。

案例七：质量验收案例

【背景】某混合结构住宅楼工程，设计采用混凝土小型砌块砌筑，墙体加芯柱，竣工验收合格后，用户入住。但用户在使用过程中发现墙体只有少量钢筋，而没有浇筑混凝土。经法定检测单位检测发现大约有一半的墙体中未按设计要求加芯柱，存在重大质量隐患。

【问题】

（1）该混合结构住宅楼达到什么条件，方可竣工验收？

（2）试述该工程质量验收的基本要求。

（3）该工程已交付使用，施工单位是否需要对此问题承担责任？为什么？

【分析】

（1）验收条件：

① 完成建设工程设计和合同规定的内容；

② 有完整的技术档案和施工管理资料；

③ 有工程使用的主要建筑材料、建筑构配件和设备的进场试验报告；

④ 有勘察、设计、施工、工程监理等单位分别签署的质量合格文件；

⑤ 工程质量和使用功能符合规范规定的设计要求。

（2）基本要求：

① 质量应符合统一标准和砌体工程及相关专业验收规范的规定；

② 应符合工程勘察、设计文件的要求；

③ 参加验收的各方人员应具备规定的资格；

④ 质量验收应在施工单位自行检查评定的基础上进行；

⑤ 隐蔽工程在隐蔽前应由施工单位通知有关单位进行验收，并形成验收文件；

⑥ 设计结构安全的试块、试件以及有关材料，应按规定进行见证取样检测；

⑦ 检验批的质量应按主控项目和一般项目验收；

⑧ 对涉及结构安全和使用功能的重要分部工程应进行抽样检测；

⑨ 承担见证取样检测及有关结构安全检测的单位应具有相应资质；

⑩ 工程的观感质量应由验收人员通过现场检查，并应共同确认。

（3）施工单位必须对此问题承担责任，原因是该质量问题是由施工单位在施工过程中未按设计要求施工造成的，并且主体结构工程质量保修期为工程设计使用年限。

案例八：成本管理案例

【**背景**】某项目进展到 21 周后，对前 20 周的工作进行了统计检查，有关情况列于表 13-1。

表 13-1 检查记录表

工作代号	计划完成工作预算成本 BCWS（万元）	已完成工作量（%）	实际发生成本 ACWP（万元）	挣值 BCWP（万元）
A	200	100	210	
B	220	100	220	
C	400	100	430	
D	250	100	250	
E	300	100	310	
F	540	50	400	
G	840	100	800	
H	600	100	600	
I	240	0	0	
J	150	0	0	
K	1600	40	800	
L	0	30	1000	
M	0	100	800	
N	0	60	420	
合计				

注：L、M、N 原来没有计划，统计时已经进行了施工。I、J 虽有计划，但是没有施工

【**问题**】

（1）挣值法使用的三项成本值是什么？

（2）求出前 20 周末每项工作的 BCWP 及 20 周末的 BCWP。

（3）计算 20 周末的合计 ACWP、BCWS。

（4）计算 20 周的 CV 与 SV，并分析成本和进度状况。

（5）计算 20 周的 CPI、SPI，并分析成本和进度状况。

【**分析**】

（1）挣值法的三个成本值是：已完成工作预算成本（BCWP）、计划完成工作预算成本（BCWS）和已完成工作实际成本（ACWP）。

（2）对表 13-1 进行计算，求得第 20 周末每项工作的 BCWP；20 周末总的 BCWP 为 6370 万元（表 13-2）。

表 13-2　计算结果

工作代号	计划完成工作预算成本 BCWS（万元）	已完成工作量（%）	实际发生成本 ACWP（万元）	挣值 BCWP（万元）
A	200	100	210	200
B	220	100	220	220
C	400	100	430	400
D	250	100	250	250
E	300	100	310	300
F	540	50	400	270
G	840	100	800	840
H	600	100	600	600
I	240	0	0	0
J	150	0	0	0
K	1600	40	800	640
L	0	30	1000	1200
M	0	100	800	900
N	0	60	420	550
合计	5340	—	6240	6370

（3）20 周末 ACWP 为 6240 万元，BCWS 为 5340 万元（表 13-2）。

（4）CV = BCWP – ACWP = 6370 – 6240 = 130（万元），由于 CV 为正，说明成本节约 130 万元。

SV = BCWP – BCWS = 6370 – 5340 = 1030（万元），由于 SV 为正，说明进度提前 1030 万元。

（5）CPI = BCWP/ACWP = 6370/6240 = 1.02，由于 CPI > 1，成本节约 2%。

SPI = BCWP/BCWS = 6370/5340 = 1.19，由于 SPI > 1，进度提前 19%。

案例九：成本管理案例

【背景】某业主与承包商签订了某建筑安装工程施工总承包合同，合同总价为 2000 万。工期为 1 年，主要材料及构件费比例占 60%；承包合同规定：

（1）业主向承包商支付当年合同价 25%的工程预付款，预付款从未施工工程尚需的主要材料及构配件价值相当于工程预付款时起扣，每月以抵充工程款的方式陆续收回。

（2）工程质量保修金为合同总价的 3%，业主每月从承包商的工程款中按 3%的比例扣留。在保修期满后，保修金及其利息扣除已支出费用后的剩余部分退还给承包商。

（3）除设计变更和其他不可抗力因素外，合同总价不作调整。

（4）由业主直接提供的材料和设备应在发生当月的工程款中扣回其费用。

承包商各月完成的建安工作量及业主直供的材料、设备价值见表 13-3。

表 13-3　建安工作量及业主直供材料设备价值　（单位：万元）

月　份	1～6	7	8	9	10	11	12
计划完成建安工作量	900	200	200	200	190	190	120
实际完成建安工作量	900	180	220	205	195	180	120
业主直供材料设备价值	90	35	24	10	20	10	5

【问题】

（1）计算工程预付款的额度。

（2）计算工程预付款的起扣点。

（3）工程师各月应签证的工程款是多少？应签发付款凭证金额是多少？

【分析】

（1）工程预付款金额 = 2000×25% = 500（万元）

（2）工程预付款的起扣点为 2000 − 500÷60% = 1166.7（万元），起扣时间为 8 月份，因为 8 月份累计完成建安工作量 = 900 + 180 + 220 = 1300（万元）> 1166.7（万元）

（3）1～6 月份应签发付款凭证金额 = 900(1 − 3%) − 90 = 783（万元）

7 月份应签发付款凭证金额 = 180(1 − 3%) − 35 = 139.6（万元）

8 月份完成 220 万元的工作量，其中从 1300 − 1166.7 = 133.3（万元）中扣预付款，而剩余 220 − 133.3 = 86.7（万元）中不扣预付款。

8 月份应签发付款凭证金额 = 86.7 + 133.3(1 − 60%) − 220×3% − 24 = 109.42（万元）

9 月份应签发付款凭证金额 = 205×(1 − 60% − 3%) − 10 = 65.85（万元）

10 月份应签发付款凭证金额 = 195×(1 − 60% − 3%) − 20 = 52.15（万元）

11 月份应签发付款凭证金额 = 180×(1 − 60% − 3%) − 10 = 56.6（万元）

12 月份应签发付款凭证金额 = 120×(1 − 60% − 3%) − 5 = 39.4（万元）

所以，1～12 月共签发付款凭证金额为 1246 万元，甲方供料 194 万元，质保金 60 万元，预付款 500 万元，共计 2000 万元。

案例十：成本管理案例

【背景】某施工项目计划工期为两年，施工项目经理部针对该项目编制的施工项目成本计划的计划总成本为 800 万元（其中第一年计划总成本为 300 万元，第二年为 500 万元）。在该项目实施过程中，通过成本核算和有关成本与进度的记录得知，该项目开工后第一年末实际成本发生额 200 万元，经查阅施工项目成本计划，第一年所完成施工内容的计划成本为 180 万元。

【问题】试对该项目进行成本偏差与进度偏差同步分析。

【分析】

（1）该项目进行到第一年末时，使用挣值法所需的基本参数分别为：

拟完工程计划成本（BCWS）300 万元；已完工程计划成本（BCWP）180 万元；已完工程实际成本（ACWP）200 万元

成本偏差 = 已完工程计划成本（BCWP）− 已完工程实际成本（ACWP）

= 180 − 200 = − 20（万元）

进度偏差 = 已完工程计划成本（BCWP）− 拟完工程计划成本（BCWS）

= 180 − 300 = − 120（万元）

成本偏差程度 = 已完工程实际成本（ACWP）/已完工程计划成本（BCWP）= 200/180 = 1.11

进度偏差程度 = 已完工程计划成本（BCWP）/拟完工程计划成本（BCWS）= 180/300 = 0.6

（2）成本偏差为负值，表明该项目第一年末已完工程实际成本支出超过计划成本，项目处于超支状态，超支额为 20 万元。

进度偏差为负值，表明该项目实施的第一年内计划成本没有足额完成，项目实际进度落后于计划进度，拖欠的工作量为 120 万元。

进度偏差程度小于 1，表明该项目第一年计划工期的实际完成程度只有 60%，即在该项目实施的第一年里只完成了计划应完成工作量的 60%，施工进度拖后 40%。也就是说，在项目开工后第一年内，有相当于 120 万元工作量的施工内容应完成而未完成。

成本偏差程度大于 1，表明该项目第一年完成同样的工作量实际发生的成本是计划成本的 1.11 倍。

【结论】

该项目开工后第一年末实际成本发生额（200 万元）小于计划成本（300 万元），表面上看来节约了施工成本，其实则不然，实际情况是该项目施工成本不但没有节约，反而超支。这是因为：①该项目实际进度落后于计划进度（拖欠工作量 120 万元）；②该项目实际成本高于计划成本（超支额 20 万元）。综合成本偏差与进度偏差两方面的情况，该项目开工后第一年末总的施工成本偏差应为 140 万元（120 万元+20 万元）。因此，在第二年的施工活动中，施工项目经理部必须采取强有力的降低成本措施与加快进度措施，以扭转这种不利的局面。

案例十一：安全及环境管理案例

【背景】某写字楼工程外墙装修用脚手架为一字形钢管脚手架，脚手架东西长 68m，高 36m。因架体与建筑物拉结点没有按技术标准和施工方案进行设置，拉结点数量不足，现场安全检查又没有发现这一严重事故隐患，导致在使用过程中脚手架突然外向整体倾覆，架子上作业的 3 名工人坠落死亡。

【问题】

（1）上述脚手架的拉结点应如何设置？

（2）对一般脚手架定期检查应重点检查哪些内容？

（3）安全检查通常有哪些形式？

【分析】

（1）脚手架应采用刚性连墙件与建筑物可靠连接，并按 3 步 3 跨进行设置。

（2）应重点检查：杆件的设置和连接，连墙件、支撑、门洞桁架等的构造是否符合要求；地基是否有积水，底座是否松动，立杆是否悬空；扣件螺栓是否松动；高度在 24m 以上的脚手架，其立杆的沉降与垂直度的偏差是否符合技术规范的要求；架体的安全防护措施是否符合要求；是否有超载使用的现象等。

（3）安全检查的主要形式一般可分为定期安全检查，经常性安全检查，季节性安全检查，节假日安全检查，开工、复工安全检查，专业性安全检查和设备设施安全验收检查等。

案例十二：安全及环境管理案例

【背景】上海某超高层建筑由于工期紧张，外幕墙施工与室内精装修施工进行搭接施工，采用四台 SCD200/200G 型高速施工电梯完成人员及材料的运输。电梯安装位置与各楼层过桥通道连接，并设置相应的安全防护措施。幕墙甩口，等电梯拆除后实行封闭。

装饰装修由某装饰公司分包，由于该工程工期影响巨大，必须按合同工期完工，该装饰公司临时紧急调集了一批装饰普工增援油漆作业。由该项目原油漆班组每人带一名普工组成一个小组，施工现场一边操作一边简单培训后开始正式单独油饰施工。

尽管作业强度大、工作时间长，但所有工人均未出现身体不适。该装饰公司将原定于身体检查的费用直接发放给施工人员后，将该批装饰普工退回原工作班组。

由于本工程拟创省级安全工地，施工现场建立了相应的制度，对作业人员实施相应的培训。对于施工现场产生的固体废弃物，也按相关要求编制了相应的处理预案。

【问题】

（1）施工电梯与各楼层过桥通道安全防护措施主要应如何设置？

（2）指出本案例中职业卫生与防护管理方面的不妥之处，并简述正确做法。

（3）对于施工产生的固体废弃物，施工单位应如何处理？

【分析】

（1）施工电梯与各楼层过桥通道安全防护措施主要有：

① 应在两侧设置防护栏杆、挡脚板，并用安全立网封闭；

② 每层的进出口处尚应设置常闭型的防护门。

（2）不妥一：普工直接上岗进行油漆作业。正确做法：应书面告知劳动者工作场所或工作岗位所产生或可能产生的职业病危害因素、危害后果和应采取的职业病防护措施。

不妥二：普工在施工现场一边操作一边简单培训。正确做法：应对劳动者进行上岗前的职业卫生培训和在岗期间的定期职业卫生培训。

不妥三：普工油漆作业全过程中均未进行职业健康检查。正确做法：对从事接触职业病危害作业的劳动者，应当组织在上岗前、在岗期和离岗时的职业健康检查。

不妥四：将原定用于身体检查的费用直接发放给施工人员。正确做法：用于预防和治理职业病危害、工作场所卫生监测、健康监护和职业卫生培训等的费用，按照国家有关规定，应在生产成本中据实列支，专款专用。

（3）对于施工产生的固体废弃物，施工单位应按如下方式进行处理：

① 施工现场产生的固体废弃物应在所在地县级以上地方人民政府环卫部门申报登记，分类存放。

② 建筑垃圾和生活垃圾应与所在地垃圾消纳中心签署环保协议，及时清运处置。

③ 有毒有害废弃物应运送到专门的有毒有害废弃物中心消纳。

案例十三：安全及环境管理案例

【背景】某机关综合办公楼工程，建筑面积 12000m^2，9 层，框架结构。工程主体已封顶，砌筑已进展到第 5 层，室内抹灰和水电安装也已开始穿插进行。该工程共有两处电梯井，为防止出现安全事故，项目经理指派工人把工程周转下来的整张竹木胶合板立放在电梯井口进行封堵。

【问题】

（1）请问该项目部对电梯井的防护是否安全？为什么？

（2）对于电梯井，除了井口需要防护外，井内是否还需要防护？如需要防护，应采取何种防护措施？

（3）建筑施工单位项目经理安全生产岗位职责的主要内容有哪些？

【分析】

（1）该项目所采取的防护是不安全的。因为对防护立板没有采取固定加固措施，很容易发生挪动移位，失去防护作用。

（2）对于电梯井，除了井口需要防护外，井内也需要进行防护。电梯井内应每隔两层（不大于 10 米）设一道安全平网进行防护。

（3）施工单位项目经理安全生产岗位职责的主要内容：①对建设工程项目的安全施工负责；②负责落实安全生产责任制度、安全生产规章制度和操作规程；③确保安全生产费用的有效使用；④根据工程的特点组织制订安全措施计划，消除安全事故隐患；⑤及时、如实报告生产安全事故。

案例十四：风险分析案例

【背景】我国某工程联合体（某央企+某省公司）在承建非洲某公路项目时，由于风险管理不当，造成工程严重拖期，亏损严重，同时也影响了中国承包商的声誉。该项目业主是非洲某国政府工程和能源部，出资方为非洲开发银行和该国政府，项目监理是英国某监理公司。在项目实施的四年多时间里，中方遇到了极大的困难，尽管投入了大量的人力、物力，但由于种种原因，合同于 2005 年 7 月到期后，实物工程量只完成了 35% 。2005 年 8 月，项目业主和监理工程师不顾中方的反对，单方面启动了延期罚款，金额每天高达 5000 美元。为了防止国有资产的进一步流失，维护国家和企业的利益，中方承包商在我国驻该国大使馆和经商处的指导和支持下，积极开展外交活动。2006 年 2 月，业主致函我方承包商同意延长 3 年工期，不再进行工期罚款，条件是中方必须出具由当地银行开具的约 1145 万美元的无条件履约保函。由于保函金额过大，又无任何合同依据，且业主未对涉及工程实施的重大问题做出回复，为了保证公司资金安全，维护我方利益，中方不同意出具该保函，而用中国银行出具的 400 万美元的保函来代替。但是，由于政府对该项目的干预往往得不到项目业主的认可，2006 年 3 月，业主在监理工程师和律师的怂恿下，不顾政府高层的调解，无视中方对继续实施本合同所做出的种种努力，以中方不能提供所要求的 1145 万美元履约保函的名义，致函终止了与中方公司的合同。

【问题】试对该项目主要风险进行识别。

【分析】

1．外部风险：项目所在地土地全部为私有，土地征用程序及纠纷问题极其复杂，地主阻工的事件经常发生，当地工会组织活动活跃；当地天气条件恶劣，可施工日很少，一年只有三分之一的可施工日；该国政府对环保有特殊规定，任何取土采沙场和采石场的使用都必须事先进行相关环保评估并最终获得批准方可使用，而政府机构办事效率极低，这些都给项目的实施带来了不小的困难。

2．承包商自身风险：在陌生的环境特别是当地恶劣的天气条件下，中方的施工、管理、人员和工程技术等不能适应该项目的实施。

在项目实施之前，尽管中方公司从投标到中标的过程还算顺利，但是其间蕴藏了很大的风险。

业主委托一家对当地情况十分熟悉的英国监理公司起草该合同。该监理公司根据非常熟悉当地情况，将合同中几乎所有可能存在的对业主的风险全部转嫁给了承包商，包括雨季计算公式、料场情况、征地情况。中方公司在招投标前期做的工作不够充分，对招标文件的熟悉和研究不够深入，现场考察也未能做好，对项目风险的认识不足，低估了项目的难度和复杂性，对可能造成工期严重延误的风险并未做出有效的预测和预防，造成了投标失误，给项目的最终失败埋下了隐患。

随着项目的实施，该承包商也采取了一系列的措施，在一定程度上推动了项目的进展，但由于前期的风险识别和分析不足以及一些客观原因，这一系列措施并没有收到预期的效果。特别是由于合同条款先天就对中方承包商极其不利，造成了中方索赔工作成效甚微。

另外，在项目执行过程中，由于中方内部管理不善，野蛮使用设备，没有建立质量管理保证体系，现场人员素质不能满足项目的需要，现场的组织管理沿用国内模式，不适合该国的实际情况，对项目质量也产生了一定的影响。这一切都造成项目进度仍然严重滞后，成本大大超支，工程质量也不如意。

该项目由某央企工程公司和某省工程公司双方五五出资参与合作，项目组主要由该省公司人员组成。项目初期，设备、人员配置不到位，部分设备选型错误，中方人员低估了项目的复杂性和难度，当项目出现问题时又过于强调客观理由。现场人员素质不能满足项目的需要，现场的组织管理沿用国内模式。在一个以道路施工为主的工程项目中，道路工程师却严重不足甚至缺位，所造成的影响是可想而知的。在项目实施的四年间，中方竟三次调换办事处总经理和现场项目经理。

在项目的后期，由于项目举步维艰，加上业主启动了惩罚程序，这对原本亏损巨大的该项目雪上加霜，项目组也未采取积极措施稳定军心。

案例十五：进度管理案例

【背景】鞍钢烧结机工程结构形式均为框架或框—排架结构，于2001年9月1日开工建设，合同工期为370天，由于混凝土用量较大，采用商品混凝土。

【问题】

（1）简述工程项目进度控制的程序。

（2）该项目施工进度控制的目标是什么？

（3）该工程商品混凝土的运输过程是否应列入进度计划？原因是什么？

（4）如果在进度控制时，混凝土的浇筑是关键工作，由于商品混凝土的运输，该项工作拖后2天，会对工期造成什么影响？为什么？

【分析】

（1）施工进度控制的程序：确定进度控制目标、编制施工进度计划、申请开工并按指令日期开工、实施施工进度计划、进度控制总结并编写施工进度控制报告。

（2）该项目施工进度控制应以2002年9月6日（合同工期370天）竣工为最终目标。

（3）商品混凝土的运输过程不应列入进度计划，原因是混凝土的运输属于作业前的准备工作，只要能保证混凝土的浇筑按计划进行，不影响工期即可。因此不应列入施工进度计划。

（4）会使工期拖后2天。原因是网络计划的工期是由关键线路上的关键工作决定的。因此，关键工作的拖延会造成工期的拖延。

案例十六：进度管理案例

【背景】鲁艺建设工程公司承接某市供热厂工程的施工任务，该项目由油化库、空压站、汽车库、机修车库、锅炉间、烟囱等多个工业建筑和办公楼等配套设施，该项目规模大，工期紧迫，因此经业主同意后，将办公楼等配套设施分包给一家民营建筑公司。为了如期完工，施工单位经过认真分析，编制了周密的施工进度计划。

【问题】

（1）施工进度计划包括几个层次？分别是什么？

（2）简述施工项目进度计划的编制步骤。

（3）鲁艺建设工程公司作为总包单位应编制何种进度计划？

（4）民营建筑公司作为分包单位应编制何种施工进度计划？民营公司编制该进度计划的依据是什么？

（5）如果设备的进场能够满足施工的正常进行，则设备的运输过程是否需要列入进度计划？原因是什么？

【分析】

（1）施工进度计划有 4 个层次，分别是：施工总进度计划、单位工程施工进度计划、分部分项工程施工进度计划和季度、月（旬或周）作业计划。

（2）编制步骤：①划分施工过程；②计算工程量；③确定劳动量和机械台班数量；④确定各施工过程的持续施工时间（天或周）；⑤编制施工进度计划的初始方案；⑥检查和调整施工进度计划初始方案。

（3）鲁艺建设工程公司作为总包单位应编制施工总进度计划。

（4）民营建筑公司作为分包单位应编制单位工程施工进度计划。

编制依据包括施工图纸和相关技术资料、合同确定的工期、施工方案、施工条件、施工定额、气象条件、施工总进度计划等。

（5）设备的运输过程不应列入进度计划。原因是设备的运输属于作业前的准备工作，而且能够保证设备的安装按计划进行，不影响工期。因此不应列入进度计划。

案例十七：工程项目综合管理案例

【背景】某集团承建住宅项目，位于居民密集区域，总建筑面积 30000m^2，地上 16 层，地下 2 层，采用框架—剪力墙结构体系。工程开工前安排布置现场临时设施，进行施工平面布置：修建临时道路、临时排水沟，敷设临时上水管、临时电源，修建临时办公室、仓库、水泥库、砂石料堆场、工具库、电锯棚、钢筋加工厂及围墙等临时设施，所有临时设施的建设符合安全要求。由于工期紧张，为赶进度，夜间进行打桩作业到 10 点，附近居民反映噪声过大，多次向当地有关部门投诉。

【问题】

（1）简述施工现场管理的内容。

（2）《建筑施工场界噪声限值》标准对打桩施工是如何规定的？

（3）施工过程中，项目经理应如何处理居民的投诉事件？

【分析】

（1）施工现场管理是指对施工现场内的活动及空间使用所进行的管理。其主要内容包括规范场容；环境保护；防火保安；卫生防疫；施工现场综合考评等。

（2）《建筑施工场界噪声限值》标准规定：在打桩施工阶段：白天施工不允许超过85dB，夜间禁止施工。

（3）针对本案例，首先按照《建筑施工场界噪声限值》标准规定：夜间禁止打桩作业施工。针对居民的投诉事件项目经理应做好以下几方面的工作：

① 施工前公布连续施工时间，向工程周围居民、单位做好解释工作；

② 及时与建设行政主管部门和附近居民的上级主管部门联系协商，取得理解和支持；

③ 按要求报环保部门；测定噪声数据及影响程度、范围，并出具测定报告书；

④ 建设单位对确定为施工噪声扰民范围内的居民，根据受污染的程度，按有关要求给予适当的经济补偿等；

⑤ 增强全体施工人员防噪声扰民的自觉意识，采取专门的隔音、降噪措施，尽量降低施工噪声；凡强噪声施工，按当地有关规定执行，避开正常的休息时间，如中午午休时间、深夜休息时间。

案例十八：工程项目综合管理案例

【背景】某钢厂改造其烧结车间，由于工期紧，刚确定施工单位的第二天，施工单位还未来得及任命项目经理和组建项目经理部，业主就要求施工单位提供项目管理规划，施工单位在不情愿的情况下提供了一份针对该项目的施工组织设计，其内容深度满足管理规划要求，但业主不接受，一定要求施工单位提供项目管理规划。

【问题】

（1）项目经理未任命和项目经理部还未建立，就正式发表了施工组织设计，其程序是否正确？

（2）业主一定要求施工单位提供项目管理规划，其要求是否一定正确？

（3）项目管理规划是指导项目管理工作的纲领性文件。请简述施工项目管理规划的规划目标及内涵。

（4）试说明施工项目管理规划的控制原则。

【分析】

（1）程序不正确，公司还未任命项目经理，项目经理部还未建立，施工组织设计无人审核和批准，不能发表。

（2）施工组织设计可以代替施工项目管理规划，但施工组织设计的内容深度应能满足施工项目管理规划的要求；冶金建设工程中，实际上一直使用施工组织设计代替项目管理规划；施工单位可以向业主说明提供的施工组织设计的内容深度已达到项目管理规划的深度要求，不必再编制项目管理规划。

（3）施工项目管理规划的规划目标及内涵如下。

① 规划目标包括项目的管理目标、质量目标、工期目标、成本目标、安全目标、文明施工及环境保护目标、条件分析及其他内容等。

② 内涵包括施工部署、技术组织措施、施工进度计划、施工准备工作计划、资源供应计划和其他文件等。

（4）项目管理规划的控制原则为：实现最优化控制、动态控制、主动控制、全过程控制、全要素控制；建立大控制系统的观念；要对规划的实施明确项目经理部各岗位职责、对执行进行检查分析和改进，进一步进行总结。

案例十九：工程项目综合管理案例

【背景】华北某厂 1260m^3 级高炉扩容改造工程。根据招标文件要求，为了快速、高效、优质、低耗地完成扩容改建任务，该扩容改造，应采用高炉整体平移新技术。高炉分两段安装：第一段为移送；第二段为悬吊，高炉本体工程拟定在拼装平台上基本完成，尽量缩短停炉后施工工期，保证业主要求的工期。高炉本体平移作业采用滚动摩擦方式液压缸推送。要求“新、旧高炉中心线重合，标高与原设计标高相符，误差控制在 5～8m”。高炉本体移送重量约 4500t。推移高度约为 36m，推移距离约 42m。高炉本体在液压缸推动下，分步向炉基平移。

【问题】

（1）结合本案例谈谈项目目标的制定。

（2）结合本案例谈谈项目管理的总体安排。

【分析】

（1）项目的目标包括质量、安全、进度、成本等，施工组织设计、项目质量计划由项目经理部编制，并按规定程序报批和实施。如质量目标：工程质量一次验收合格率 100%，单位工程优良率 85%以上，质量达到冶金建设工程优良标准；无重大质量事故，质量管理体系持续有效运行；竭尽全力做好工程服务和投产顺产保驾工作，确保用户满意。

安全目标：工亡事故为零；重伤事故为零；重大机械设备事故为零；重大交通事故为零。

现场目标：在争创优质工程的同时，强化现场文明施工的管理，树立公司良好的形象，建设文明、规范的施工现场。

（2）项目管理实施项目经理责任制，项目经理对项目实施全方位的管理，负责项目施工全过程的质量、工期、安全、文明施工，确保履行合同，负责组织编制施工组织设计、项目质量计划及相应的项目管理文件。项目经理是工程项目质量、安全的第一责任人。

结合本案例项目管理的总体安排：强化项目管理，全面响应业主技术要求，严格科学管理、精心组织施工，优质、安全、高速建设高炉扩容改造工程。针对本工程的特点，结合类似工程的经验，对本工程的总体思路是：项目管理，科学组织；突出重点，齐头并进；有序安排，提高效率；阶段实施，步步为营；统一调度，道路畅通；质量贯标，安全可靠；发挥优势，缩短工期。

案例二十：工程项目综合管理案例

【背景】某建设单位投资兴建科研楼工程，为了加快工程进度分别与三家施工单位签订了土建施工合同、电梯安装施工合同、装饰装修施工合同。三个合同都提出了一项相同的条款：建设单位应协调现场的施工单位，为施工单位创造可利用条件，如垂直运输等。

土建施工单位开槽后发现一输气管道影响施工。建设单位代表察看现场后，认为施工单位放线有误，提出重新复查定位线。施工单位配合复查，没有查出问题。一天后，建设单位代表认为前一天复查时仪器有问题，要求更换测量仪器再次复测。施工单位只好停工配合复测，最后证明测量无错误。为此，施工单位向建设单位提出了反复检查两次的配合费用的索赔要求。

此外，土建施工企业在工程顶层结构楼板吊装施工的时候，电梯安装企业进入施工现场，而后装饰装修企业也在施工现场进行了大量垂直运输工作，三家施工单位因卷扬机吨位不足发生了矛盾。由于建设单位没有协调好三个施工单位的协作关系，它们互相之间又没有合同约束，引起了电梯安装企业和装饰装修企业的索赔要求。最终，整个工程的工期延误了 43 天。

【问题】

（1）建设单位代表在任何情况下要求重新检验，施工单位是否必须执行？其主要依据是什么？

（2）土建施工企业索赔是否有充分的理由？

（3）若再次检验不合格，施工单位应承担什么责任？

（4）电梯安装企业和装饰装修企业能否就工期延误向建设单位索赔？为什么？

【分析】

（1）建设单位代表在任何情况下要求施工单位重新检验，施工单位必须执行，这是施工单位的义务。其主要依据是《建筑工程质量管理条例》第二十六条：施工单位对建设工程的施工质量负责。

（2）土建施工企业索赔有充分的理由。因为该分项工程已检验合格，建设单位代表要求复验，复验结果若合格，建设单位应承担由此发生的一切费用。

（3）若再次检验不合格，施工单位应承担由此发生的一切费用。

（4）建设单位未履行该工程的电梯安装施工合同和装饰装修施工合同中的相关条款：即“建设单位应协调现场的施工单位，为施工单位创造可利用条件，如垂直运输等”，因此，电梯安装企业和装饰装修企业可以就工期补偿或费用补偿向建设单位提出索赔。

附录A 复习题参考答案

第2章

5．解：

方法一：按照年实际利率计算。

$i=(1+10\%/2)^2-1=10.25\%$，则5年末存款金额为

$$F=1000\times(1+10.25\%)^5=1000\times1.6289=1628.9\text{（元）}$$

方法二：按照计息周期利率计算，5年末存款金额为

$$F=1000\times(1+5\%)^{10}=1000\times1.6289=1628.9\text{（元）}$$

6．解：$A=F\left[\dfrac{i}{(1+i)^n-1}\right]=104.62$（万元）

第3章

8．解：静态投资回收期 $P_t=5-1+220/250=4.88$（年）

动态投资回收期 $P_t'=6-1+\dfrac{118.5}{141.1}=5.84$（年）

由于项目方案的投资回收期小于基准的动态投资回收期，则该项目可行。

9．解：（1）列出所有可能的组合方案。见表1。1——方案被接受，0——方案被拒绝。

表1　组合方案

序号	方案组合			组合方案	初始投资/万元	年净收益/万元	寿命/年	净现值/万元
	A	*B*	*C*					
1	0	0	0	0	0	0	10	0
2	1	0	0	*A*	3000	600	10	1026
3	0	1	0	*B*	5000	850	10	704
4	0	0	1	*C*	7000	1200	10	1052
5	1	1	0	*A*+*B*	8000	1450	10	1730
6	1	0	1	*A*+*C*	10000	1800	10	2078
7	0	1	1	*B*+*C*	12000	2050	10	1756
8	1	1	1	*A*+*B*+*C*	15000	—	—	—

（2）对每个组合方案内的各独立方案的现金流量进行叠加，作为组合方案的现金流量，并按叠加的投资额从小到大的顺序对组合方案进行排列，排除投资额超过资金限制的组合方案（*A*+*B*+*C*）见表1。

（3）按组合方案的现金流量计算各组合方案的净现值。

(4)($A+C$)方案净现值最大，所以($A+C$)为最优组合方案，故最优的选择应是A和C。

10．解：(1) 静态经济寿命(表2)

表2 静态经济寿命

使用年限 n	设备分摊费 $P-L_n$	设备分摊费 $\frac{P-L_n}{n}$	年均运营成本 C_j	使用年限内运营成本累计 $\sum_{j=1}^{n}C_j$	年均运营成本 $\frac{1}{n}\sum_{j=1}^{n}C_j$	年均总费用
①	②	③	④	⑤	⑥	⑦=③+⑥
1	30000	30000	5000	5000	5000	35000
2	50000	25000	10000	15000	7500	32500
3	60000	20000	15000	30000	10000	30000*
4	75000	18750	20000	50000	12500	31250
5	90000	18000	30000	80000	16000	34000

注："*"代表年均总费用最低

(2) 动态经济寿命

假设设备使用1年就报废，则其年均总成本为

$$
\begin{aligned}
AC_1 &= P(A/P,10\%,1)-L(A/F,10\%.,1)+C_1(A/P,10\%,1)\\
&=100000\times1.1-70000\times1+5000\times1=45000(\text{元})
\end{aligned}
$$

假设设备使用2年报废，则其年平均总成本为

$$
\begin{aligned}
AC_2 &= P(A/P,10\%,2)-L(A/F,10\%.,2)+(1/P,10\%,2)[C_1(P/F,10\%,1)+C_2(P/F,10\%,2)]\\
&=100000\times0.5762-50000\times0.4762+0.5762\times(5000\times0.9091+10000\times0.8264)\\
&=41190.83(\text{元})
\end{aligned}
$$

假设设备使用3年报废，则其年平均总成本为

$$
\begin{aligned}
AC_3 &= P(A/P,10\%,3)-L(A/F,10\%.,3)+(A/P,10\%,3)[C_1(P/F,10\%,1)\\
&\quad +C_2(P/F,10\%,2)+C_3(P/F,10\%,3)]\\
&=100000\times0.4021-40000\times0.3021+0.4021\times(5000\times0.9091\\
&\quad +10000\times0.8264+20000\times0.7513)\\
&=39318.65(\text{元})
\end{aligned}
$$

假设设备使用4年报废，则其年平均总成本为

$$
\begin{aligned}
AC_4 &= P(A/P,10\%,4)-L(A/F,10\%.,4)+(A/P,10\%,4)[C_1(P/F,10\%,1)\\
&\quad +C_2(P/F,10\%,2)+C_3(P/F,10\%,3)+C_4(P/F,10\%,4)]\\
&=100000\times0.3155-25000\times0.2155+0.3155\times(5000\times0.9091\\
&\quad +10000\times0.8264+15000\times0.7513+20000\times0.683)\\
&=38069.15(\text{元})
\end{aligned}
$$

假设设备使用5年报废，则其年平均总成本为

$$
\begin{aligned}
AC_5 &= P(A/P,10\%,5)-L(A/F,10\%.,5)+(A/P,10\%,5)[C_1(P/F,10\%,1)+C_2(P/F,10\%,2)\\
&\quad +C_3(P/F,10\%,3)+C_4(P/F,10\%,4)+C_5(P/F,10\%,5)]\\
&=100000\times0.2638-10000\times0.1638+0.2638\times(5000\times0.9091+10000\times0.8264\\
&\quad +15000\times0.7513+20000\times0.683+30000\times0.6209)\\
&=39611.35(\text{元})
\end{aligned}
$$

经过计算，该设备使用 4 年时间的年平均使用费用是最低的，因此它的经济寿命为 4 年。

11．解：

$$AC_A = 600(A/P,15\%,6) + 700 - 200(A/F,15\%,6) = 835.69$$
$$AC_B = 2400(A/P,15\%,10) + 400 - 300(A/F,15\%,10) = 863.42$$

由于 $AC_A < AC_B$，因此，保留 *A* 设备。

12．解：首先计算 *A* 设备和 *B* 设备的经济寿命如表 3 所示。

表 3　经济寿命

使用年限	*A* 设备	*B* 设备		
	年运营费用	设备分摊费 12000（*A/P*, 10%, *n*）	年运营费用	年总成本
1	15000*	13200	7000	20200
2	15500	6914	1700	14390
3	16000	4825	2700	12762
4	16500	3786	3700	12167
5	17000	3166	4700	11976*
6		2755	5700	11979

注：“*”代表年运营费用最低

由表可知，*A* 设备的经济寿命为 1 年，*B* 设备的经济寿命为 5 年。

AC_A = 15000 元；

AC_B = 11976 元。

由于 $AC_B < AC_A$，因此现有设备 *A* 应该更新。

第 4 章

3．解：

（1）$K_b = \dfrac{B_i(1-T)}{B_0(1-f)} = \dfrac{1000 \times 8\%(1-25\%)}{1000(1-2\%)} = 6.12\%$

（2）$K_P = \dfrac{D}{P_0(1-f)} = \dfrac{1}{8(1-2\%)} = 12.76\%$

5．解：

$$BEP_Q = \frac{5587}{15400 - 7925.22 - 1169.13} = 0.89（万吨）$$

$$BEP_R = \frac{5587}{(15400 - 7925.22 - 1169.13) \times 2.3} \times 100\% = 39\%$$

$$BEP_P = \frac{5587 + 7925.22 \times 2.3}{2.3} + 1169.13 = 11523.48（元）$$

$$BEP_S = \frac{5587}{15400 - 7925.22 - 1169.13} \times 15400 = 13644.87（万元）$$

附录B 复利因子表

8%复利因子

	一次支付		等额多次支付			
N	F/P	P/F	F/A	P/A	A/F	A/P
1	1.0800	0.9259	1.0000	0.9259	1.0000	1.0800
2	1.1664	0.8573	2.0800	1.7833	0.4808	0.5608
3	1.2597	0.7938	3.2464	2.5771	0.3080	0.3880
4	1.3605	0.7350	4.5061	3.3121	0.2219	0.3019
5	1.4693	0.6806	5.8666	3.9927	0.1705	0.2505
6	1.5969	0.6302	7.3359	4.6229	0.1363	0.2163
7	1.7138	0.5835	8.9228	5.2064	0.1121	0.1921
8	1.8509	0.5403	10.6366	5.7466	0.0940	0.1740
9	1.9990	0.5002	12.4876	6.2469	0.0801	0.1601
10	2.1589	0.4632	14.4866	6.7101	0.0690	0.1490
11	2.3316	0.4289	16.6455	7.1390	0.0601	0.1401
12	2.5182	0.3971	18.9771	7.5361	0.0527	0.1327
13	2.7196	0.3677	21.4953	7.9038	0.0465	0.1265
14	2.9372	0.3405	24.2149	8.2442	0.0413	0.1213
15	3.1722	0.3152	27.1521	8.5595	0.0368	0.1168
16	3.4269	0.2919	30.3243	8.8514	0.0330	0.1130
17	3.7000	0.2703	33.7502	9.1216	0.0296	0.1096
18	3.9960	0.2502	37.4502	9.3729	0.0267	0.1067
19	4.3157	0.2117	41.4463	9.6036	0.0241	0.1041
20	4.6610	0.2145	45.7620	9.8181	0.0219	0.1019
21	5.0338	0.1987	50.4229	10.0168	0.0198	0.0998
22	5.4365	0.1839	55.4567	10.2007	0.0180	0.0980
23	5.8715	0.1703	60.8933	10.3711	0.0164	0.0964
24	6.3412	0.1577	66.7647	10.5288	0.0150	0.0950
25	6.8485	0.1460	73.1059	10.6748	0.0137	0.0937
26	7.3964	0.1352	79.9544	10.8100	0.0125	0.0925
27	7.9981	0.1252	87.3507	10.9352	0.0114	0.0914
28	8.6271	0.1159	95.3388	11.0511	0.0105	0.0905
29	9.3173	0.1073	103.966	11.5184	0.0096	0.0896
30	10.0627	0.0994	113.283	11.2578	0.0088	0.0888
35	14.7853	0.0676	172.317	11.6546	0.0058	0.0858
40	21.7245	0.0460	259.056	11.9246	0.0039	0.0839
45	31.9204	0.0313	386.506	12.1084	0.0026	0.0826
50	46.9016	0.0213	573.770	12.2335	0.0017	0.0817
55	68.9138	0.0145	848.923	12.3186	0.0012	0.0812
60	101.257	0.0099	1253.21	12.3766	0.0008	0.0808
65	148.780	0.0067	1847.25	12.4160	0.0005	0.0805
70	218.606	0.0046	2720.08	12.4428	0.0004	0.0804
75	321.204	0.0031	4002.55	12.4611	0.0002	0.0802
80	471.955	0.0021	5886.93	12.4735	0.0002	0.0802
85	693.456	0.0014	8655.71	12.4820	0.0001	0.0801
90	1018.92	0.0010	12723.9	12.4877	α	0.0801
95	1497.12	0.0007	18071.5	12.4917	α	0.0801
100	2199.76	0.0005	27484.5	12.4943	α	0.0800

10%复利因子

	一次支付		等额多次支付			
N	F/P	P/F	F/A	P/A	A/F	A/P
1	1.1000	0.9091	1.000	0.9091	1.0000	1.0000
2	1.2100	0.8264	2.1000	1.7355	0.4762	0.5762
3	1.3310	0.7513	3.3100	2.4869	0.3021	0.4021
4	1.4641	0.6830	4.6410	3.1699	0.2155	0.3155
5	1.6105	0.6209	6.1051	3.7908	0.1638	0.2638
6	1.7716	0.5645	7.7156	4.3553	0.1296	0.2296
7	1.9487	0.5132	9.4872	4.4684	0.1054	0.2054
8	2.1436	0.4665	11.4359	5.3349	0.0847	0.1874
9	2.3579	0.4241	13.5795	5.7590	0.0736	0.1736
10	2.5937	0.3855	15.9374	6.1446	0.0627	0.1627
11	2.8531	0.3505	18.5312	6.4951	0.0540	0.1540
12	3.1384	0.3186	21.3843	6.8137	0.0468	0.1468
13	3.4523	0.2897	24.5227	7.1034	0.0408	0.1408
14	3.7975	0.2633	27.9750	7.3667	0.0357	0.1357
15	4.1772	0.2394	31.7725	7.6061	0.0315	0.1315
16	4.5950	0.2176	35.9497	7.8237	0.0278	0.1278
17	5.0545	0.1978	40.5447	8.0216	0.0247	0.1247
18	5.5599	0.1799	45.5992	8.2014	0.0219	0.1219
19	6.1159	0.1635	51.1591	8.3649	0.0195	0.1195
20	6.7275	0.1486	57.2750	8.5136	0.0175	0.1175
21	7.4002	0.1351	64.0025	8.6487	0.0156	0.1156
22	8.1403	0.1228	71.4027	8.7715	0.0140	0.1140
23	8.9543	0.1117	79.5430	8.8832	0.0126	0.1126
24	9.8494	0.1015	88.4973	8.9847	0.0113	0.1113
25	10.8347	0.0923	98.3470	9.0770	0.0102	0.1102
26	11.9182	0.0839	109.182	9.1609	0.0092	0.1092
27	13.1100	0.0763	121.100	9.2372	0.0083	0.1083
28	14.4210	0.0693	134.210	9.3066	0.0075	0.1075
29	15.8631	0.0630	148.631	9.3696	0.0067	0.1067
30	17.4494	0.0573	164.494	9.4269	0.0061	0.1061
35	28.1024	0.0356	271.024	9.6442	0.0037	0.1037
40	45.2592	0.0221	442.592	9.7791	0.0023	0.1033
45	72.8904	0.0137	718.905	9.8628	0.0014	0.1024
50	117.391	0.0085	1163.91	9.9148	0.0009	0.1019
55	189.059	0.0053	1880.59	9.4971	0.0005	0.1005
60	304.481	0.0033	3430.81	9.9672	0.0003	0.1003
65	490.370	0.0020	4893.71	9.9796	0.0002	0.1002
70	789.746	0.0013	7887.47	9.9873	0.0001	0.1001
75	1271.89	0.0008	12708.9	9.9921	α	0.1001
80	2048.40	0.0005	20474.0	9.9951	α	0.1000
85	3298.97	0.0003	32979.7	9.9970	α	0.1000
90	5313.02	0.0002	53120.2	9.9981	α	0.1000
95	8556.67	0.0001	85556.7	9.9988	α	0.1000
100	13780.6	α	137796	9.9993	α	0.1000

12%复利因子

	一 次 支 付		等额多次支付			
N	F/P	P/F	F/A	P/A	A/F	A/P
1	1.1200	0.8929	1.0000	0.8929	1.0000	1.1200
2	1.2544	0.7972	2.1200	1.6901	0.4717	0.5917
3	1.4049	07118	3.3744	2.4018	0.2963	0.4163
4	1.5735	0.6355	4.7793	3.0373	0.2092	0.3292
5	1.7623	0.5674	6.3528	3.6048	0.1574	0.2774
6	1.9738	0.5066	8.1152	4.1114	0.1232	0.2432
7	2.2107	0.4523	10.0890	4.5638	0.0991	0.2191
8	2.4760	0.4039	12.2997	4.9076	0.0813	0.2013
9	2.7731	0.3606	14.7757	5.3282	0.0677	0.1877
10	3.1058	0.3220	17.5487	5.6502	0.0570	0.1770
11	3.4785	0.2875	20.6546	5.9377	0.0484	0.1684
12	3.8960	0.2567	24.1331	6.1944	0.0414	0.1614
13	4.3635	0.2292	28.0291	6.4235	0.0357	0.1557
14	4.8871	0.2046	32.3926	6.6282	0.0309	0.1509
15	5.4736	0.1827	37.2797	6.8109	0.0268	0.1468
16	6.1304	0.1631	42.7533	6.9740	0.0234	0.1434
17	6.8660	0.1456	48.8837	7.1196	0.0205	0.1405
18	7.6900	0.1300	55.7497	7.2497	0.0179	0.1379
19	8.6128	0.1161	63.4397	7.3658	0.0158	0.1358
20	9.6463	0.1037	72.0524	7.4694	0.0139	0.1339
21	10.8038	0.0926	81.4987	7.5620	0.0122	0.1322
22	12.1003	0.0826	92.5026	7.6446	0.0108	0.1308
23	13.5523	0.0738	104.603	7.7184	0.0096	0.1296
24	15.1786	0.0659	118.155	7.7843	0.0085	0.1285
25	17.0001	0.0588	133.334	7.8431	0.0075	0.1275
26	19.0401	0.0525	150.334	7.8957	0.0067	0.1267
27	21.3249	0.0469	169.374	7.9426	0.0059	0.1259
28	23.8839	0.0419	190.699	7.9844	0.0052	0.1252
29	26.7499	0.0374	214.583	8.0218	0.0047	0.1247
30	29.9599	0.0334	241.333	8.0552	0.0041	0.1241
35	52.7996	0.0189	431.663	8.1755	0.0023	0.1223
40	93.0509	0.0107	767.091	8.2438	0.0013	0.1213
45	163.988	0.0061	1358.23	8.2825	0.0007	0.1207
50	289.002	0.0035	2400.02	8.3045	0.0004	0.1204
55	509.320	0.0020	4263.00	8.3170	0.0002	0.1202
60	897.596	0.0011	7471.63	8.3240	0.0001	0.1201
65	1581.87	0.0006	13173.9	8.3281	α	0.1201
70	2787.80	0.0004	23223.3	8.3303	α	0.1200
75	4913.05	0.0002	40933.8	8.3316	α	0.1200
80	8658.47	0.0001	72145.6	8.3324	α	0.1200

15%复利因子

	一 次 支 付		等额多次支付			
N	F/P	P/F	F/A	P/A	A/F	A/P
1	1.1500	0.8696	1.0000	0.8696	1.0000	1.1500
2	1.3225	0.7561	2.1500	1.6257	0.4651	0.6151
3	1.5209	0.6575	3.4725	2.2832	0.2880	0.4380
4	1.7490	0.5718	4.9934	2.8550	0.2003	0.3503
5	2.0114	0.4972	6.7424	3.3522	0.1483	0.2983
6	2.3131	0.4323	8.7537	3.7845	0.1142	0.2642
7	2.6600	0.3759	11.0668	4.1604	0.0904	0.2404
8	3.0579	0.3269	13.7268	4.4873	0.0729	0.2229
9	3.5179	0.2843	16.7858	4.7716	0.0596	0.2096
10	4.0456	0.2472	20.3037	5.0188	0.0493	0.1993
11	4.6524	0.2149	24.3493	5.2337	0.0411	0.1911
12	5.3502	0.1869	29.0017	5.4206	0.0345	0.1845
13	6.1528	0.1625	34.3519	5.5831	0.0291	0.1791
14	7.0757	0.1413	40.5047	5.7245	0.0247	0.1747
15	8.1371	0.1229	47.5804	5.8474	0.0210	0.1710
16	9.3576	0.1069	55.7175	5.9542	0.0179	0.1679
17	10.7613	0.0929	65.0751	6.0072	0.0154	0.1654
18	12.3755	0.0808	75.8363	6.1280	0.0132	0.1632
19	14.2318	0.0703	88.2118	6.1982	0.0113	0.1613
20	16.3665	0.0611	102.444	6.2593	0.0098	0.1598
21	18.8215	0.0531.	118.810	6.3125	0.0084	0.1584
22	21.6447	0.0462	137.632	6.3587	0.0073	0.1573
23	24.8915	0.0402	159.276	6.3988	0.0063	0.1563
24	28.6252	0.0349	184.168	6.4338	0.0054	0.1554
25	32.9189	0.0304	212.793	6.4641	0.0047	0.1547
26	37.8568	0.0264	245.712	6.4906	0.0041	0.1541
27	43.5353	0.0230	283.569	6.5135	0.0035	0.1535
28	50.0656	0.0200	327.104	6.5335	0.0031	0.1531
29	57.5754	0.0174	377.170	6.5509	0.0027	0.1527
30	66.2118	0.0151	434.745	6.5660	0.0023	0.1523
35	113.176	0.0075	881.170	6.6166	0.0011	0.1511
40	267.863	0.0037	1779.09	6.6418	0.0006	0.1506
45	538.769	0.0019	3585.13	6.6543	0.0003	0.1503
50	1083.66	0.0009	7217.71	6.6605	0.0001	0.1501
55	2179.62	0.0005	14524.1	6.6636	α	0.1501
60	4384.00	0.0002	29220.0	6.6651	α	0.1500
65	8817.78	0.0001	58778.5	6.6659	α	0.1500
70	17735.7	α	118231	6.6663	α	0.1500
75	35672.8	α	237812	6.6665	α	0.1500
80	71750.8	α	478332	6.6666	α	0.1500

现值定差因子（P/G）

N	1%	2%	3%	4%	5%	6%
2	0.958	0.958	0.941	0.924	0.906	0.890
3	2.895	2.841	2.772	2.702	2.634	2.569
4	5.773	5.612	5.437	5.267	5.101	4.945
5	9.566	9.233	8.887	8.554	8.235	7.934
6	14.271	13.672	13.074	12.506	11.966	11.458
7	19.860	18.895	17.952	17.066	16.230	15.449
8	26.324	24.868	23.478	22.180	20.968	19.840
9	33.626	31.559	29.609	27.801	26.124	24.576
10	41.764	38.945	36.305	33.881	31.649	29.601
11	50.721	46.984	43.530	40.377	37.496	34.869
12	60.479	55.657	51.245	47.248	43.621	40.335
13	71.018	64.932	59.416	54.454	49.984	45.961
14	82.314	74.783	68.010	61.961	56.550	51.711
15	94.374	85.183	79.996	69.735	63.284	57.553
16	107.154	96.109	86.343	77.744	70.156	63.457
17	120.662	107.535	96.023	85.958	77.136	69.399
18	143.865	119.436	106.009	94.350	84.200	75.355
19	149.754	131.792	116.274	102.893	91.323	81.304
20	165.320	144.577	126.794	111.564	98.484	87.228
21	181.546	157.772	137.544	120.341	105.663	93.111
22	198.407	171.354	148.504	129.202	112.841	98.939
23	215.903	185.305	159.651	138.128	120.004	104.699
24	234.009	199.604	170.965	147.101	127.135	110.379
25	252.717	214.231	182.428	156.103	134.223	115.971
26	272.011	229.169	194.020	165.121	141.253	121.466
27	291.875	244.401	205.725	174.138	148.217	126.858
28	321.309	259.908	217.525	183.142	155.105	132.140
29	333.280	259.674	229.407	192.120	161.907	137.307
30	354.790	291.684	241.355	201.061	168.617	142.357
31	376.822	307.921	253.354	209.955	175.228	147.284
32	399.360	324.369	265.392	218.792	181.734	152.088
33	422.398	341.016	277.457	227.563	188.13	156.766
34	445.919	357.845	289.536	236.260	194.412	161.317
35	469.916	374.846	301.619	244.876	200.412	165.741
36	494.375	392.003	313.695	253.405	206.618	170.037
37	519.279	409.305	325.755	261.839	212.538	174.205
38	544.622	426.738	337.788	270.175	218.333	178.247
39	570.396	444.291	349.786	278.406	224.000	182.163
40	596.576	461.953	361.742	286.530	229.540	185.955
42	650.167	497.560	385.495	302.437	240.234	193.171
44	705.288	533.474	408.989	317.869	250.412	199.911
46	761.870	569.618	432.177	332.810	260.079	206.192
48	819.089	605.921	455.017	347.244	269.242	212.033
50	879.089	642.316	477.472	361.183	277.910	217.456

现值定差因子（P/G）

N	7%	8%	9%	10%	15%	20%
2	0.873	0.857	0.841	0.826	0.756	0.694
3	2.506	2.445	2.386	2.329	2.071	1.852
4	4.794	4.650	4.511	4.378	3.786	3.299
5	7.646	7.372	7.111	6.862	5.775	4.906
6	10.978	10.523	10.092	9.684	7.937	6.581
7	14.714	14.024	13.374	12.763	10.192	8.255
8	18.788	17.806	16.887	16.028	12.481	9.883
9	23.140	21.808	20.570	19.421	14.755	11.434
10	27.715	25.977	24.372	22.891	16.979	12.887
11	32.466	30.266	28.247	26.396	19.129	14.233
12	37.350	34.634	32.158	29.901	21.185	15.467
13	42.330	39.046	36.072	33.377	23.135	16.588
14	47.371	43.472	39.962	36.800	24.972	17.601
15	52.445	47.886	43.806	40.152	26.693	18.509
16	57.526	52.264	47.584	43.416	28.296	19.321
17	62.592	56.588	51.281	46.581	29.783	20.042
18	67.621	60.842	54.885	49.639	31.156	20.680
19	72.598	65.013	58.386	52.582	32.421	21.244
20	77.508	69.090	61.776	55.406	33.582	21.739
21	82.339	73.063	65.056	58.109	34.645	22.174
22	87.079	76.926	68.204	60.689	35.615	22.555
23	91.719	80.672	71.235	63.146	36.499	22.887
24	96.254	84.300	74.142	65.481	37.302	23.176
25	100.676	87.804	76.926	67.696	38.031	23.428
26	104.981	91.184	79.586	69.794	38.692	23.646
27	109.165	94.439	82.123	71.777	39.289	23.835
28	113.226	97.569	84.541	73.649	39.828	23.999
29	117.161	100.574	86.842	75.414	40.315	24.141
30	120.971	103.456	89.027	77.076	40.753	24.263
31	124.654	106.216	91.102	78.639	41.147	24.368
32	128.643	108.857	93.068	80.108	41.501	24.459
33	131.643	111.382	94.931	81.485	41.818	24.537
34	134.950	113.792	96.693	82.777	42.103	24.604
35	138.135	116.092	98.358	83.987	42.359	24.661
36	141.198	118.284	99.931	85.119	42.587	24.711
37	144.144	120.371	101.416	86.178	42.792	24.753
38	146.972	122.358	102.815	87.167	42.974	24.789
39	149.688	124.247	104.134	88.091	43.137	24.820
40	152.292	126.042	105.376	88.952	43.283	24.847
42	187.180	129.365	107.643	90.505	43.529	24.889
44	161.660	132.355	109.645	91.851	43.723	24.920
46	165.758	135.038	111.410	93.016	43.878	24.942
48	169.498	137.443	112.962	94.022	44.000	24.958
50	172.905	139.593	114.325	94.889	44.096	24.970

年金定差因子（A/G）

N	7%	8%	9%	10%	12%	15%
2	0.483	0.481	0.478	0.476	0.472	0.465
3	0.955	0.949	0.943	0.936	0.925	0.907
4	1.415	1.404	1.392	1.381	1.359	1.326
5	1.865	1.846	1.828	1.910	1.775	1.723
6	2.303	2.276	2.250	2.224	2.172	2.097
7	2.730	2.694	2.657	2.022	2.551	2.450
8	3.146	3.099	3.015	3.004	2.913	2.781
9	3.552	3.491	3.431	3.372	3.257	3.092
10	3.946	3.798	3.798	3.725	3.585	3.838
11	4.330	4.239	4.151	4.064	3.895	3.655
12	4.702	4.596	4.491	4.388	4.190	3.908
13	5.065	4.940	4.818	4.669	4.468	4.144
14	5.417	5.273	5.133	5.995	4.732	4.362
15	5.758	5.594	5.435	5.279	4.980	4.565
16	6.090	5.905	5.724	5.549	5.215	4.572
17	6.411	6.204	6.002	5.807	5.435	4.925
18	6.722	6.492	6.269	6.053	5.643	5.084
19	7.024	6.770	6.524	6.286	5.838	5.231
20	7.316	7.037	6.767	6.508	6.020	5.365
22	7.872	7.541	7.223	6.919	6.351	5.601
24	8.392	8.007	7.638	7.288	6.641	5.798
25	8.639	8.225	7.832	7.458	6.771	5.883
26	8.877	8.435	8.016	7.619	6.892	5.961
28	9.329	8.829	8.537	7.914	7.110	6.096
30	9.749	9.190	8.666	8.176	7.297	6.207
32	10.138	9.520	8.944	8.409	7.459	6.297
34	10.499	9.821	9.193	8.615	7.596	9.371
35	10.669	9.961	9.308	8.709	7.658	9.402
36	10.832	10.095	9.417	8.799	7.714	6.430
38	11.140	10.344	9.617	8.956	7.814	6.478
40	11.423	10.570	9.796	9.096	7.899	6.517
45	12.036	11.045	10.160	9.374	8.057	6.583
50	12.529	11.411	10.429	9.570	8.160	6.620
55	12.921	11.690	10.626	9.708	8.225	6.641
60	13.232	11.902	10.768	9.802	8.266	6.653
65	13.476	12.060	10.870	9.867	8.292	6.659
70	13.666	12.178	10.943	9.911	8.308	6.663
75	13.814	12.266	10.994	9.941	8.318	6.665
80	13.927	12.330	11.030	9.961	8.324	6.666
85	14.015	12.377	11.055	9.974	8.328	6.666
90	14.081	12.412	11.037	9.983	8.330	6.666
95	14.132	12.437	11.085	9.989	8.331	6.667
100	14.170	12.455	11.093	9.993	8.332	6.667

参考文献

白思俊. 2002. 现代项目管理（上、中、下）. 北京：机械工业出版社.

白思俊. 2006. 现代项目管理概论. 北京：电子工业出版社.

陈旭，闫文周. 2010. 工程项目管理. 北京：化学工业出版社.

成虎. 2001. 工程项目管理. 北京：中国建筑工业出版社.

丹尼尔・W・哈尔平，罗纳德・W・伍德黑德. 建筑管理. 关柯，李小东，关为泓，等译. 2007. 北京：中国建筑工业出版社.

方东平. 2005. 建筑安全监督与管理. 北京：中国水利水电出版社.

郭献芳. 2004. 工程经济学. 北京：中国电力出版社.

何伯森. 2007. 工程项目管理的国际惯例. 北京：中国建筑工业出版社.

黄有亮. 2002. 工程经济学. 南京：东南大学出版社.

姜早龙. 2005. 工程经济学. 长沙：中南大学出版社.

赖一飞，夏滨，张清. 2006. 工程项目管理学. 武汉：武汉大学出版社.

兰峰. 2008. 房地产开发与经营. 北京：中国建筑工业出版社.

李慧民. 2009. 工程经济与项目管理. 北京：中国建筑工业出版社.

李慧民. 2013. 土木工程安全管理教程. 北京：冶金工业出版社.

李南. 2004. 工程经济学. 北京：科学出版社.

李相然. 2005. 工程经济学. 北京：中国建材工业出版社.

梁基照. 2007. 工程管理学. 北京：国防工业出版社.

梁世连，惠恩才. 2008. 工程项目管理学. 大连：东北财经大学出版社.

蔺石柱，闫文周. 2006. 工程项目管理. 北京：机械工业出版社.

刘尔烈，肖艳，王秀芹. 2007. 国际工程咨询实务. 北京：化学工业出版社.

刘尔烈. 2006. 国际工程管理概论. 天津：天津大学出版社.

刘力，钱雅丽. 2004. 建设工程合同管理与索赔. 北京：机械工业出版社.

刘晓君. 2014. 技术经济学. 北京：科学出版社.

刘伊生. 2003. 建筑企业管理. 北京：北方交通大学出版社.

卢谦. 2001. 建设工程招标投标与合同管理. 北京：中国水利水电出版社.

卢有杰. 1998. 项目风险管理. 北京：清华大学出版社.

陆惠民，苏振民，王延树. 2002. 工程项目管理. 南京：东南大学出版社.

陆宁. 2008. 工程经济学. 北京：化学工业出版社.

全国二级建造师执业资格考试用书编写委员会. 2011. 建筑工程管理与实务复习题集. 北京：中国建筑工业出版社.

全国二级建造师执业资格考试用书编写委员会. 建筑工程管理与实务. 2011. 北京：中国建筑工业出版社.

全国一级建造师执业资格考试用书编写委员会. 2014. 建设工程项目管理. 北京：中国建筑工业出版社.

全国造价工程师执业资格考试培训教材编审委员会. 2006. 工程造价管理基础理论与相关法规. 北京：中国计划出版社.

石勇民. 2007. 施工企业管理实用手册. 北京：人民交通出版社.

宋伟，王恩茂. 2007. 工程经济学. 北京：人民交通出版社.

宋伟. 2012. 工程管理案例. 北京：机械工业出版社.

王克强. 2004. 工程经济学. 上海：上海财经大学出版社.

王祖和. 2007. 现代工程项目管理. 北京：电子工业出版社.

韦海民. 2010. 建设工程合同管理. 西安：西安交通大学出版社.

吴添祖，虞晓芬，龚建立. 2012. 技术经济学概论. 3 版. 北京：高等教育出版社.

闫文周，袁清泉. 2006. 工程项目管理学. 西安：陕西科学技术出版社.

姚兵. 2001. 建筑业行业及企业发展战略概论. 广州：华南理工大学出版社.

姚玲珍，华锦阳. 2004. 工程经济学. 北京：中国建材出版社.

姚先成. 2004. 国际工程管理与现代建筑企业. 北京：中国建筑工业出版社.

张国珍. 2008. 工程项目管理. 北京：中国水利水电出版社.

中国施工企业管理协会. 2008. 工程建设企业管理. 北京：中国计划出版社.

周建国. 2007. 工程项目管理基础. 北京：人民交通出版社.

竺素娥，裘益政. 2013. 财务管理. 大连：东北财经大学出版社.

住房和城乡建设部，国家工商行政管理总局. 建设工程施工合同示范文本（GF—2013—0201）.